# 人民元 II
## 進む国際化戦略

RMB II The progress of internationalization.

著者　中国人民大学国際通貨研究所
監修　石橋春男・橋口宏行
翻訳　岩谷貴久子

# はじめに

　昨（2016）年夏、決済に使われる通貨として、一時的ながら人民元が日本円を抜き、米ドル、ユーロ、英ポンドに次いで第4位になったことは話題となった。同年9月には、中国の念願であったIMF（国際通貨基金）のSDR（特別引出権）の構成通貨となり、米ドル（41.73％）、ユーロ（30.90％）に次ぎ、人民元は第3位（10.92％）のシェアを占めることとなった（日本円8.33％、英ポンド8.09％）。
　本書の前書に当たる『人民元――国際化への挑戦』（以下、「前書」と表記する）で中国が示した人民元の国際化は、順調に進んでいるといえよう。前書において、中国は日本円や西ドイツマルクが国際化していった過程や、アジア通貨危機を研究し、国際的なホットマネー（投機資金）のターゲットとならないよう十分な配慮のもと、段階的な国際化を進めていくことを示していた。また、中国が自国通貨の国際化を進める理由として「米ドルの罠からの脱却」であることを示した。（米ドルの罠や、人民元のみならず、ある国の通貨が国際化していく過程や克服すべき課題について興味のある方は、前書を是非お勧めする。）
　ただ前書では、国際化のために国としてどのような戦略を打つのかについては、具体性に乏しかったかもしれない。対して本書では、「一帯一路」という、通貨のみならず総括的な国際戦略を打ち出し、その一環として人民元国際化を位置づけている。
　アフロ・ユーラシア大陸を貫く貿易路は、日本でも有名な絹の道（シルクロード）や海の道（海のシルクロード）として、その道に連なる国々（本書では沿線国と表記される）との交易を通じて文物の交流が栄えていた。また、これらの地域にある沿線国は、旧ソ連であったり、アラブ系の国が多いことから、中国がライバル視するアメリカの影響が相対的に低い地域でもあり、開発途上国が多いため中国は比較優位を持ってい

る。世界の経済大国・貿易大国となった21世紀の中国が、シルクロード沿線国との関係を深めようとするのは必然といえよう。

そのような中国経済や中国の国際戦略を人民元の国際化の観点から研究する本書の特徴をあげると、次の3点があげられる。

第一に、人民元国際化の意義を奥深く理解することができる。つまり、中国の通貨を知るということは、中国自体を知ることである。中国の経済力や金融システムの発展なくしては、人民元の国際化はないからである。

第二に、人民元の段階的な国際化の手順について知ることができる。特に日本の過去の実例を研究している中国は、日本円が投機の対象となり、国内産業が大きな悪影響を受けたことを十分に認識している。国内の金融システムの脆弱性を認識している中国は、政府のコントロールのもとで段階的に国際化して、国際的な投機資金の影響を排除しようとしている。

第三に、「一帯一路」について詳しく知ることができる。一帯一路とは、貿易や現地への直接投資などの経常取引に関する戦略だけではない。未だ開発途上国が多い沿線国のインフラや工業団地の整備に関して、中国は多額の金融的な支援を行っている。これまでの人民元の国際化において先行してきた経常取引だけでなく、投機を警戒して制限してきた資本取引についても、一帯一路という実需に関連して資本取引を拡大する好機となるからだ。

以上のような特徴を持つ本書は、大学や学会はもちろん、対中ビジネスに関わるビジネスパーソン、そして中国経済・金融に関心があり、より深く中国について知りたいという方々まで、幅広く参考になるであろう。

前書に続き、本書の翻訳は岩谷貴久子氏の力作である。翻訳のプロとはいえ、「一帯一路」に関連する様々な融資や国際的な銀行決済など専門的な金融用語や、普段は使わないような専門用語を次々とみごとな語学力を駆使して翻訳された。

最後に、原著者をはじめ、本書の翻訳を推進していただいた科学出版社東京代表取締役社長の向安全氏、企画から面倒を見ていただいた同

社の柳文子氏、文章のチェックをしていただいた豊浦史子氏、そして直接・間接に出版作業に携わった方々には感謝の申し上げようもない。

　とかく欧米主導となる国際関係や貿易・金融において、アジアの利害や価値観を通すには中国と日本の共闘が必須である。こうした時期に本書を世に送り出すことができたのは誠に意義深い。

2017年2月吉日

石橋春男
橋口宏行

## 人民元Ⅱ　進む国際化戦略

# 目　次

はじめに ……………………………………………………………… 3

## 第1章　人民元国際化指数（RII）……………………………… 15
### 1.1　人民元国際化指数（RII）の定義および算定 …………… 16
　　1.1.1　人民元の国際化……………………………………… 16
　　1.1.2　人民元国際化指数（RII）…………………………… 18
　　1.1.3　人民元国際化指数（RII）の構築原則 …………… 19
　　1.1.4　人民元国際化指数（RII）の指標体系 …………… 20
　　1.1.5　人民元国際化指数（RII）の計算方法および
　　　　　その経済的意味…………………………………… 23
### 1.2　人民元国際化指数（RII）およびその変動要因 ………… 24
　　1.2.1　人民元国際化指数（RII）の現状 ………………… 24
　　1.2.2　人民元国際化指数（RII）が上昇した6大要因 …… 25
### 1.3　人民元国際化指数（RII）変動の構造分析 ……………… 31
　　1.3.1　下落に転じた、人民元建て貿易決済比率………… 32
　　1.3.2　人民元の国際金融決済機能を強化………………… 34
　　1.3.3　人民元の外貨準備機能を引き続き拡大…………… 39
### 1.4　主要通貨の国際化指数の比較 …………………………… 40
　　1.4.1　米ドルの国際化指数の変動分析…………………… 41
　　1.4.2　ユーロの国際化指数の変動分析…………………… 42
　　1.4.3　日本円の国際化指数の変動分析…………………… 43
　　1.4.4　英ポンドの国際化指数の変動分析………………… 44
　　コラムA　「新常態」における経済成長の7大チャンス …… 46
　　コラムB　アジアインフラ投資銀行の設立………………… 51
　　コラムC　人民元、2016年にSDR通貨バスケット入り …… 53

## 第2章　人民元の国際化の現状 ……………………………… 57

- 2.1　人民元建てクロスボーダー貿易決済 ……………………… 58
- 2.2　人民元建て金融取引 ………………………………………… 61
  - 2.2.1　人民元建て直接投資 …………………………………… 61
  - 2.2.2　人民元建て証券投資 …………………………………… 63
  - 2.2.3　人民元建て域外貸付市場 ……………………………… 71
  - 2.2.4　人民元建て外国為替市場 ……………………………… 73
- 2.3　世界の外貨準備における人民元 …………………………… 74
  - 2.3.1　通貨による金融協力の強化 …………………………… 74
  - 2.3.2　国際準備通貨の多様化 ………………………………… 76
- 2.4　人民元相場 …………………………………………………… 77
  - 2.4.1　人民元の相場形成メカニズムのさらなる整備 ……… 77
  - 2.4.2　人民元相場の水準 ……………………………………… 78
  - 2.4.3　中国の資本取引自由度の測定 ………………………… 84
  - 2.4.4　自由度に変化のあった項目 …………………………… 85
- コラムD　中国で海外直接投資の新たな起爆剤となった
「一帯一路」……………………………………………… 92
- コラムE　滬港通：中国資本市場の開放の新たなステップ … 93
- コラムF　急成長したオフショア人民元市場 ………………… 95
- コラムG　人民元の相場形成メカニズムのさらなる市場化 … 97

## 第3章　シルクロード：過去から未来へ ………………… 99

- 3.1　古代シルクロード——陸路から海路への発展の軌跡 …… 100
  - 3.1.1　貴重な世界遺産 ………………………………………… 100
  - 3.1.2　シルクロードの形成 …………………………………… 101
  - 3.1.3　シルクロードの盛衰小史 ……………………………… 105
  - 3.1.4　「一帯一路」——シルクロードの復興 ……………… 110
- 3.2　「一帯一路」の戦略的価値 ………………………………… 114
  - 3.2.1　「一帯一路」の戦略的特徴 …………………………… 115

3.2.2 「一帯一路」戦略の含意 …………………………… 117
　　3.2.3 「一帯一路」戦略の経済的影響 …………………… 119
　3.3 「一帯一路」と中国による地球公共財の提供 ………… 124
　　3.3.1 地球公共財の早急な供給増加が必須………………… 124
　　3.3.2 地球公共財の供給者になった中国…………………… 126
　　3.3.3 「一帯一路」建設が提供する地球公共財 ………… 128
　3.4 「一帯一路」建設が直面する課題 …………………… 132
　　3.4.1 政治的課題………………………………………………… 132
　　3.4.2 軍事衝突の問題………………………………………… 133
　　3.4.3 文化衝突の問題………………………………………… 135
　コラムH　中国銀行業国際化の新時代を切り開く「一帯一路」… 137
　コラム I　地球公共財………………………………………… 140
　コラム J　「一帯一路」人民元建て決済システムの構築 ……… 141
　コラムK　中華文明の真髄：包容と平和………………………… 143

## 第4章　「一帯一路」と人民元の国際化：
## 　　　　相互促進のヒント …………………………………… 145

　4.1 人民元の国際化プロセスと「一帯一路」建設 ………… 146
　4.2 「一帯一路」建設を促進する人民元の国際化 ………… 148
　　4.2.1 「五通」の実現に資する人民元の国際化 ………… 148
　　4.2.2 地域通貨の利用による地域経済協力の促進………… 153
　4.3 人民元の国際的な地位を固める「一帯一路」 ………… 168
　　4.3.1 地域の主要通貨の決定要素…………………………… 168
　　4.3.2 高まる「一帯一路」上での人民元利用……………… 174
　コラムL　「一帯一路」建設と地域経済協力 ………………… 181
　コラムM　人民元の国際化と国際貿易融資……………………… 184
　コラムN　日本円の国際化とASEANにおける円 …………… 186
　コラムO　大メコン圏（GMS）経済協力と、
　　　　　　中国・ASEAN自由貿易圏の建設 ………………… 190

## 第5章 「一帯一路」主要貿易品と インボイス通貨の選択 …………… 193

- 5.1 中国にとって重要な意義を持つ「一帯一路」貿易 ………… 194
- 5.2 沿線国にとって重要な意義を持つ「一帯一路」貿易 ………… 196
  - 5.2.1 対中輸出への経済的貢献度が大 ……………………… 196
  - 5.2.2 大口商品輸出の経済的影響 …………………………… 198
  - 5.2.3 対中輸入の需要と成長の新たなチャンス …………… 201
  - 5.2.4 広がりつつある人民元建て投資ルート ……………… 202
- 5.3 貿易協力の強化に寄与する、人民元建て決済 ……………… 202
  - 5.3.1 インボイス通貨の選択理論 …………………………… 202
  - 5.3.2 沿線国の対中輸出に基づく実証的考察 ……………… 204
  - 5.3.3 中国の大口商品輸入に基づく実証的考察 …………… 208
- 5.4 大口商品に対する人民元評価の金融支援システム ………… 210
  - 5.4.1 「一帯一路」沿線の人民元金融サービス …………… 210
  - 5.4.2 急成長する中国先物市場 ……………………………… 213
- 5.5 大口商品の貿易決済における人民元のシェア ……………… 215

## 第6章 「一帯一路」インフラ融資における人民元 …… 221

- 6.1 「一帯一路」インフラ融資の必要性 ………………………… 222
  - 6.1.1 沿線国のインフラ整備と経済成長 …………………… 222
  - 6.1.2 インフラ建設による目覚ましい経済成長 …………… 223
  - 6.1.3 「一帯一路」沿線国におけるインフラ建設の資金調達 … 223
- 6.2 「一帯一路」インフラ融資の主なモデル …………………… 224
  - 6.2.1 プロジェクトの性格による融資モデル ……………… 225
  - 6.2.2 資金調達ルートによる融資モデル …………………… 226
  - 6.2.3 官民連携によるインフラ融資モデル ………………… 230
- 6.3 「一帯一路」インフラ融資が直面する課題と対策 ………… 232
  - 6.3.1 「市場化方式による運営」に対する反発 …………… 232
  - 6.3.2 補完すべき政策の不足 ………………………………… 233

6.3.3　不十分な法整備……………………………………… 234
　　　6.3.4　財源不足……………………………………………… 235
　6.4　人民元国際化の突破口となる「一帯一路」インフラ融資…… 237
　　　6.4.1　「一帯一路」建設は人民元の国際化の強力なエンジン … 237
　　　6.4.2　人民元が直面する低い受容度……………………… 238
　　　6.4.3　「一帯一路」インフラ建設で増大する人民元の利用 …… 240
　　　6.4.4　「一帯一路」インフラ建設で重視される保険の役割 …… 244
　　　コラムP　交通インフラ資金調達ルートの分析………………… 249

## 第7章　工業団地による人民元国際化の推進……………… 251

　7.1　工業団地とその種類…………………………………………… 252
　7.2　「一帯一路」建設における工業団地の役割………………… 253
　　　7.2.1　新たな対外貿易と輸出促進策……………………… 254
　　　7.2.2　中国の余剰生産能力………………………………… 255
　　　7.2.3　「一帯一路」沿線国の進化と経済成長の促進…… 257
　　　7.2.4　互恵精神の育成と相互理解の増進………………… 258
　　　7.2.5　「一帯一路」建設と中国政府の対応……………… 258
　7.3　工業団地の配置………………………………………………… 260
　　　7.3.1　インフラとの組み合わせ…………………………… 260
　　　7.3.2　経済回廊との組み合わせ…………………………… 262
　7.4　人民元国際化の重要な突破口となる工業団地……………… 271
　　　7.4.1　貿易ルートの強化による人民元国際化の後押し…… 271
　　　7.4.2　国内金融機関の「走出去」を後押し……………… 272
　　　7.4.3　オフショア人民元金融市場の発展に拍車………… 273
　　　コラムQ　港：産業団地配置の重点……………………………… 276

## 第8章　人民元国際化を支える電子商取引………………… 279

　8.1　クロスボーダー貿易の新たな発展を促進する電子商取引…… 280
　　　8.1.1　電子商取引の主な取引形式、特徴および優位性…… 280

8.1.2　大きく成長するクロスボーダーＥＣ………………… 282
　　8.1.3　黄金期に入った中国のクロスボーダーＥＣ………… 284
　8.2　人民元の国際化を加速させるクロスボーダーＥＣ ………… 286
　　8.2.1　人民元の通貨機能とクロスボーダーＥＣ…………… 286
　　8.2.2　人民元の通貨機能とクロスボーダー電子決済……… 287
　8.3　「一帯一路」建設で、クロスボーダー貿易の発展を
　　　　後押しするクロスボーダーＥＣ ………………………… 292
　　8.3.1　中国と「一帯一路」沿線国とのクロスボーダー貿易…… 292
　　8.3.2　電子商取引発展の巨大な潜在力を持つ
　　　　　「一帯一路」沿線国 ……………………………… 295
　　8.3.3　クロスボーダー電子決済の成長が目覚ましい
　　　　　「一帯一路」沿線国 ……………………………… 297
　8.4　「一帯一路」での国際化プロセスを加速させる
　　　　クロスボーダーＥＣ ………………………………………… 299
　　8.4.1　「一帯一路」沿線国のクロスボーダーＥＣにおける
　　　　　人民元利用の障害………………………………… 299
　　8.4.2　「一帯一路」沿線国のクロスボーダーＥＣにおける
　　　　　人民元建て決済推進のチャンス………………… 300
　　8.4.3　クロスボーダーＥＣおよび電子決済を構築する
　　　　　人民元利用環境…………………………………… 304


## 第9章　結論と提言 ……………………………………………… 307

　9.1　主な研究結論 ………………………………………………… 308
　　9.1.1　RIIの新たな進展により、推進力が持続的に増大 …… 308
　　9.1.2　「一帯一路」建設を契機に、
　　　　　地球公共財の提供が増えた中国 ………………… 309
　　9.1.3　「一帯一路」建設と、人民元国際化の相互促進 ……… 310
　　9.1.4　人民元の国際化と大口商品の決済…………………… 312
　　9.1.5　人民元国際化の効果的な突破口となる
　　　　　インフラ融資体制………………………………… 313

9.1.6　工業団地建設と人民元国際化の持続的な推進……………… 314
　　9.1.7　人民元国際化の基礎力を固める電子商取引……………… 315
　9.2　政策提言 …………………………………………………………… 316
　　9.2.1　実体経済の動向に対応して、
　　　　　人民元国際化の安定的な発展を促進する……………… 316
　　9.2.2　さまざまなレベルでの協力体制を構築し、
　　　　　運命共同体をつくる……………………………………… 317
　　9.2.3　大口商品の人民元決済の早期実現のために、
　　　　　有利な条件をつくる……………………………………… 318
　　9.2.4　インフラ建設においては、
　　　　　中国規格の推進と人民元の利用に努める……………… 319
　　9.2.5　工業団地建設は旗艦プロジェクトを重視し、
　　　　　人民元の利用を組み合わせるべきである……………… 321
　　9.2.6　クロスボーダーＥＣの障壁をなくし、
　　　　　人民元建て決済を実現すべきである…………………… 322
　　9.2.7　急がれる、人民元クロスボーダー決済システムの導入… 323


附録1　人民元建て海外預金・貸付および点心債発行の、
　　　　回顧と展望…………………………………………………… 326
　A1.1　鈍化する人民元建て海外預金の成長……………………………… 326
　A1.2　低成長の人民元建て海外貸付残高………………………………… 327
　A1.3　記録的な人民元建て海外債券の発行高…………………………… 329

附録2　中央アジア５カ国の税制および経済特区の、税制優遇政策… 331
　A2.1　中国と中央アジア５カ国の税制比較……………………………… 332
　A2.2　中央アジア５カ国の経済特区およびその優遇政策……………… 338
　A2.3　税制と中央アジア５カ国のビジネス環境………………………… 341
　A2.4　中国と中央アジア５カ国との２国間租税条約…………………… 342
　A2.5　政策提言……………………………………………………………… 344

附録３　人民元の国際化をめぐる主な出来事（2014年）……………　345

附録４　人民元の国際化をめぐる主な出来事（2015年）……………　365

　あとがき………………………………………………………………　370

# 第1章

# 人民元国際化指数（RII）

## 1.1 人民元国際化指数（RII）の定義および算定

### 1.1.1 人民元の国際化

「人民元の国際化」とは、人民元が国際的な取引において通貨としての機能を発揮し、貿易決済通貨、金融取引通貨および政府の準備通貨となるプロセスを言う。

2008年以降、世界経済の健全な発展と国際金融の安全の維持を目指した国際通貨制度の改革の声が高まり、米ドルへの過度な依存の緩和、国際通貨の多様化の推進、新興国の発言権の増大が、必然的傾向となっている。

最大の新興国であり世界第2位の経済大国である中国は、目下の国際通貨体制の改革の一翼を担うという歴史的使命を負い、人民元の国際化を通じて、世界各国に安全で信頼性の高い世界的な公共財を提供すべきだろう。人民元の国際化は、中国の国益保護、経済モデルの転換、そして産業構造の高度化を推進する成長エンジンとして、チャイナドリームを実現する重要な国家戦略のひとつとなっている。

国際金融の歴史を見ると、通貨の国際化にはいくつかの基本的条件を備える必要があるようだ。例えば、

①実体経済が安定成長を維持し、国際経済や貿易において重要なポジションにあること、②国内の金融自由化と対外開放が進んでいること、③通貨の国際化に向けたマクロ経済と市場制度の基盤が構築されていること、④安定した為替レートが維持されていること、⑤為替レートがマクロ経済に調整機能を果たしていること、などである。

人民元は基本的に通貨国際化の条件を備えており、この5年間に国際間の利用度で目を見張る進展も見せたが、国際通貨にはそれまでの使用習慣があり、貿易や金融取引における決済通貨として台頭するためには、多くの厳しい課題の克服が必要であり、人民元が主要通貨になるには、まだまだ長く苦しいプロセスに身を置かなければならないだろう。

他の通貨が国際化していった過程を見ると、人民元の国際化は、周辺

化－地域化－国際化の３段階を経ることになるだろうが、それには少なくとも 20 年の年月を要すると思われる。

　国際経済の環境および中国の経済成長に重大なマイナスの変化が生じないという前提の下、「一帯一路」建設の進展と共に、2020 年の人民元の国際化の第２段階の目標──人民元がアジア地域の主要通貨になること──が現実味を帯びてきた。そのとき、人民元は米ドル・ユーロに次ぐ世界第３位の国際通貨となっているだろう。

　人民元の国際化は、自然な市場の形成と政府の政策の方向性とが結合するプロセスである。中国経済のギアチェンジによるシナジー効果や進展の確かな足取りは、人民元国際化のために着実な足場を固め、中国の政治・軍事・文化などの総合力の上昇は、人民元国際化の根本的基盤を保証することとなった。そして海外市場が人民元に対し日々増大してきた要求は、人民元の国際化への外部要因となった。

　2014 年、中国が提唱した壮大な戦略「一帯一路」[*1] 建設は国際社会の大きな反響を呼び、人民元の国際化は稀にみる重大な歴史的チャンスをつかみ、そのプロセスは明らかに加速した。

　「一帯一路」は、世界で最も距離の長い経済回廊である。

　2014 年５月 21 日、習近平主席はアジア相互協力信頼醸成措置会議（CICA）サミットの基調講演で、「中国は各国と共に、『シルクロード経済ベルト』と『21 世紀の海上シルクロード』の建設を加速し、できるだけ早くアジアインフラ投資銀行を始動させ、地域連携プログラムにより深く関わり、アジアの発展と安全の相互促進、相乗効果を推し進めていく」と述べた。

　「一帯一路」は中国の主導で始まった新しい経済の地域化モデルで、中国国内の西部開発や経済の持続可能な発展に寄与するほか、新たな国際経済・貿易の秩序構築の一翼を担うことにもなり、人民元が主要通貨を目指す国際空間を開拓する。

　この歴史的な契機を積極的に利用し、人民元の国際化という歴史的な課題を「一帯一路」建設と連携の枠組みに加えることで、「一帯一路」

---

*1　一帯一路：【訳注】これについては、第３章以降で詳しく述べている。

による人民元の国際化の促進、人民元の国際化による「一帯一路」建設の加速という新たな構図を形成することができる。

### 1.1.2　人民元国際化指数（RII）

　国際社会においては、通常、外貨準備に占める割合で通貨の国際化レベルが評価される。各国政府は国際通貨基金（International Monetary Fund、IMF）の要望に応え、自国の外貨準備高のうち上位にある通貨をIMFに報告し、後日、IMFからこの指標が発表される。

　IMFは単独で集計して、世界の外貨準備高のうち比率が1％より大きい通貨のみを公表するため、この条件に符合する通貨は現在、アメリカドル、ユーロ、日本円、イギリスポンド、スイスフラン、カナダドル、オーストラリアドルのみとなる。すなわち、外貨準備高に占める通貨の割合という国際的に認知されている指標を用いて人民元の国際化レベルを評価することは、できないのである。

　そこで我々、中国人民大学国際通貨研究所は、人民元国際化指数（RMB Internationalization Index、RII）を策定した。当指数は、人民元の国際化を国際社会に認知させるというニーズに応え、国際経済活動における人民元の利用状況を客観的に反映するものである。

　国際通貨の基本的な機能という観点から、国際通貨の機能は実体経済と関わりを持つ商品取引やサービスを反映すべきである。それゆえRII指数が人民元の貿易決済や直接投資、国際債券の取引通貨としての機能を示すことができるようにするために、それを指針として適切な変数および指標を選択してひとつの総合指数（多変数を合成した指数）を算定して、人民元の国際化の真のレベルの評価と反映に用いることにした。

　RIIの値とその構造変化を観察することにより、人民元の国際化の程度やそれによる影響因子を直観的に評価でき、さらに人民元の国際化に作用する種々の因子の方向性やその影響度を把握することもできるため、主要通貨の世界における利用状況がダイナミックに比較できる。

　また、政府の政策決定部門や民間は、RIIを利用することで、動的進展度を正確に把握することができる。すなわち、人民元の国際化プロセ

スで発生する国内外における新たなチャンスを適時につかみ、次々と生じる新たな課題を見極めることができるので、マクロ経済政策の調整や策定を的確に行うための、操作性に優れた合理的ツール、非常に効率的な管理手段を手にすることができる。

### 1.1.3　人民元国際化指数（RII）の構築原則

　人民元国際化指数（RII）を算出するには、第1に、国際通貨の役割に立脚することである。国際間における実際の人民元の利用状況を反映するだけでなく、人民元の国際化の進むべき方向を鮮明に示し、実体経済と関わりを持つ取引・流通の手段としての人民元の機能を際立たせる。

　RII 算定の主たる目的は、世界各国における人民元の利用状況を客観的に示すことである。政府部門には政策決定のため、民間部門には人民元関連の金融商品の利用や金融戦略策定のため、RII は客観的で公正かつ信頼できる根拠を提供する。

　人々は世界金融危機により、バーチャル経済の過度の発達がもたらす弊害を思い知らされた。通貨が実体経済から乖離して国内で膨張すると、金融システムの健全な営みに重大な支障が生じる。したがって、RII はバーチャル経済やデリバティブ商品などの金融取引機能を過度に重視することなく、実体経済における取引・流通機能を強調するものでなければならない。そして指数算定時には、貿易決済に基づく適正なウェイトを付加する。

　第2に、比較可能性と機能性を総合的に検討することである。RII を算定する趣旨のひとつは、世界各国に国際取引と準備通貨選択の根拠を提供することである。すなわち、通貨間の横方向の比較可能性および動的な比較可能性に関する評価結果が得られるような設計が求められる。

　人民元と他の主要通貨との国際化指数を比較分析することで、人民元の国際化を進展させる要因や、阻害する要因を構造面から把握し、人民元の国際化と他の主要通貨の国際化との違いを理解する。そしてそこにある矛盾と問題点をあぶり出すことによって、「人民元の国際化」という目標の達成状況と推進手段の有効性を分析・考察するための簡単な評

価ツールを提供し、中国政府が人民元国際化のプロセスで発生するチャンスを的確につかみ、適切な対策を講じることによって人民元国際化を着実かつ効率よく進められるようにする。

またそれと同時に、データの入手可能性と機能性（使い勝手のよさ）にも目を向けるべきである。直接収集できない重要度の高いデータの指標については、できるだけ多くの情報に基づいて推定しなければならない。さらに、構築するRIIが正確で計算も利用もしやすいように、選択指標は内容に曖昧さのないものでなければならない。

第3に、構造の安定性と柔軟性の両方に配慮することである。評価結果の解釈に一定の継続性と動的な比較可能性を持たせるためには、RII算定の根拠となる指標および各指標のウェイト（構成比率）は頻繁に変えるべきではない。しかし、それらは硬直化させず、一定の柔軟性を保持しなければならない。なぜなら、人民元の国際化における各段階には、それぞれに戦略目標があり、しかもそうした段階的な戦略目標には、国際政治や国際経済の情勢の変化に基づく適切な調整が必要だからである。

人民元国際化の進展度を正確かつ客観的に表すためには、RIIの指標および各指標のウェイト設定が、人民元国際化の実際の状況や中国の戦略目標に即したものでなければならないし、各段階で適切に調整されるものでなければならない。

第4に、指数の算定方法がシンプルで透明性があることである。RII算定の指標選択原則、ウェイト確定原則は、合理的かつ実用的な指針の下に運用される。また、簡単で直観的な計算方法を採用し、複雑すぎる方法や、わかりにくい方法は避けるべきである。

そして、政府や関連部門における人民元の国際化問題についての共同研究に役立てるため、指数の算定方法は公開し、RIIの科学的な発展のために盤石な基盤を築いていかなければならない。

### 1.1.4　人民元国際化指数（RII）の指標体系

理論上、通貨は「価値の尺度」「交換（決済）の手段」「価値の保蔵」の3つの機能を有するものとされる。国際貿易の場合、価値の尺度とな

る通貨は通常「決済通貨」であり、RII 算定目的のひとつがまさに、国際経済活動における人民元の実際の利用状況の反映であるため、本書では「価値の尺度」と「交換（決済）の手段」の２機能を１つのものとして、すなわち「支払・決済機能」として扱う。

このため、人民元国際化指数の１次指標には、国際支払・決済機能と準備通貨機能の２種類を入れる。国際支払・決済機能は貿易と金融に二分できるため、貿易決済、金融決済、外貨準備機能を並列し、ウェイトを３分の１ずつとした（表1-1）。

RII の算定原則に基づいて実体経済取引の流通機能に目を向けると、国際貿易において人民元が果たす決済機能は、人民元の国際化を評価する重要な構成要素である。よって、具体的な３次指標としては、「世界の貿易総額に占める、人民元建て決済の割合」を選定することになる。

資本収支は国際収支表に準拠し、国内居住者と非居住者との間の金融取引活動を包括した。金融取引には大きく分けて「直接投資」「国際証券取引」「国際融資」の３つがあるが、我々は指標体系において、この３種類の金融取引における人民元の実際の機能に対して指標を設定した。本書では、証券取引に関する一部の指標について、以下のとおりに解釈している。

国際証券取引には、債券取引と株式取引がある。国際金融には巨大な情報の非対称性によるリスクが存在するため、利子という固定収益を保証する債券のリスク制御性は、株式より勝っている。このため、国際債券市場は株式市場よりもはるかに規模が大きく、国際証券市場において長年にわたり主導的地位を占めてきた。

また、主要国の株式市場においては往々にして自国通貨で値づけされるため、非居住者株式投資の通貨別統計が不足している。金融理論とデータ入手可能性の両面から考慮して、本書では国際決済銀行（Bank for International Settlements、BIS）の国際債券および手形・小切手指標を用いて国際証券取引を示すこととする。

そして BIS の統計分類基準に基づき、国際債券および手形・小切手を以下のものとする。

①内国法人および外国法人が発行した、非自国通貨建て債券および手形・

小切手のすべて
② 自国市場において外国法人が発行した、自国通貨建て債券および手形・小切手のすべて
③ 非居住者が購入した、自国市場において内国法人が発行した自国通貨建て債券および手形・小切手のすべて

以上のことから、国際債券および手形・小切手の指標が、一国の通貨の国際証券市場における国際化の度合いを非常によく表していることが見てとれる。

本書では、人民元建て国際債券および手形・小切手取引の状況をより包括的、より正確に反映するため、次の２つの指標を用いることにした。１つはストック指標、すなわち「残高」であり、もう１つはフロー指標、すなわち「発行額」である。これによって、ストック指標は人民元の現実の地位を客観的に反映することができ、フロー指標は動態的変化をより的確に捉えることができる。

もちろん、フローの累積が現在高を形成するわけであるから、ストッ

表 1-1　人民元国際化指数（RII）の指標体系

| 1次指標 | 2次指標 | 3次指標 |
| --- | --- | --- |
| 国際決済機能 | 貿易 | 世界の貿易総額に占める、人民元建て決済の割合[*1] |
| | 金融 | 世界の対外与信総額に占める、人民元建て与信の割合[*2] |
| | | 世界の国際債券および手形・小切手発行額に占める、人民元建て債券および手形・小切手の割合[*3] |
| | | 世界の国際債券および手形・小切手残高に占める、人民元建て債券および手形・小切手の割合[*4] |
| | | 世界の直接投資に占める、人民元建て直接投資の割合[*5] |
| 準備通貨機能 | 外貨準備高 | 世界の外貨準備高に占める、人民元建て準備高の割合[*6] |

\*1　世界の貿易総額に占める、人民元建て決済の割合
　　＝人民元建てクロスボーダー貿易決済の金額／世界貿易輸出入総額
\*2　世界の対外与信総額に占める、人民元建て与信の割合
　　＝人民元建て域外与信金額／世界対外与信総額
\*3　世界の国際債券および手形・小切手発行額に占める、人民元建て債券および手形・小切手の割合
　　＝人民元建て国際債券および手形・小切手発行額／世界の国際債券および手形・小切手発行額
\*4　世界の国際債券および手形・小切手残高に占める、人民元建て債券および手形・小切手の割合
　　＝人民元建て国際債券および手形・小切手残高／世界の国際債券および手形・小切手残高
\*5　世界の直接投資に占める、人民元建て直接投資の割合
　　＝人民元建て直接投資額／世界の直接投資額
\*6　世界の外貨準備高に占める、人民元建て準備高の割合
　　＝人民元建て外貨準備残高／世界の外貨準備残高

ク指標の中にはフロー指標の情報も含まれていると考えるべきで、我々はストック指標に重めのウェイトをつけることにした。

準備通貨という機能は、国際通貨の最もオーソドックスな機能であり、かつ国際通貨としての役割を最も端的に表したものである。一般に、準備通貨における一国の通貨の比率は、最も直接的で明瞭な通貨の国際化測定指標であり、この指標は現在 IMF が公表している。

ほとんどの国では、国益の観点から、通常、外貨準備高の具体的な通貨構成を公表することはなく、そのために人民元の準備通貨機能指標のデータは非常に収集しにくかった。

人民元はまだ IMF の単独集計グループに入っていないが、中国の統計制度の整備、国際協力の深まりに伴い、人民元の外貨準備中の比率指標に関するデータの入手可能性は、改善される見通しである。

RII 指標の主要データは、中国人民銀行・国際通貨基金・国際決済銀行・世界銀行（WB）・国連貿易開発会議（UNCTAD）・経済協力開発機構（OECD）を出所としている。

人民元国際化の進展に伴い、上記国際機関の指標統計はある程度改善され、貿易や国際金融における人民元の利用状況も単独で集計されるようになるだろう。そのときには、RII の指標体系は、国際金融指標統計の改善と細分化に伴って、新たに加えられる指標もあるだろう。また、指標のウェイトづけで適度な調整が行われると思われる。

## 1.1.5　人民元国際化指数（RII）の計算方法およびその経済的意味

RII の指標体系においては、一つひとつの指標自体が比率であり、等級差は存在しない。したがって無次元化する必要はなく、直接加重平均を計算して RII を算出する。すなわち、

$$\mathrm{RII}_t = \frac{\sum_{j=1}^{5} X_{jt} w_{jt}}{\sum_{j=1}^{5} w_{jt}} \times 100$$

ここで、

$\mathrm{RII}_t$ は第 $t$ 期の人民元国際化指数、

$X_{jt}$ は j 番目の変数の第 t 期における数値、
$w_j$ は j 番目の変数のウェイト　　　　を表す。

RII の経済的意味は次のように理解するべきである。人民元が世界で唯一の国際通貨とすると、RII 指標体系における各指標の数値は 100％ となる。このとき RII は 100 である。逆に、人民元が国際経済取引においてまったく使用されない場合、各指標の数値は 0 となり、RII は 0 となる。

よって、RII の数値が大きくなるほど、国際経済において、人民元が通貨として、より大きな役割を果たし、その国際化度が高まっていることを表している。例えば、RII が 10 であれば、世界各国の貿易、資本移動、外貨準備高の資産取引において、10 分の 1 の取引額を占めるのが人民元であることを意味している。

## 1.2　人民元国際化指数（RII）およびその変動要因

### 1.2.1　人民元国際化指数（RII）の現状

2014 年、中国経済は安定して推移し、経済と金融改革が加速の勢いを増した。人民元建てクロスボーダー政策やクリアリング（清算・決済）に関する整備が整い、オフショア市場[*2]が拡大したことで、貿易や国際金融取引、外貨保有高などでの人民元の受け入れが加速し、人民元の国際化レベルが大幅に上昇している。

図 1-1 に示すように、2014 年、RII は引き続き上昇傾向を見せ、第 4 四半期は 2.47[*3]、前年同期比 45.4％増となった。

2014 年の各四半期の RII はそれぞれ 2.37、2.35、2.14、2.47 で、図 1-2 に示すように、四半期平均 97.3％の伸び率を保持した。

---

＊2　オフショア市場：【訳注】国境を越えて行われる資金取引（調達、運用）に対して、規制や課税方式などを国内市場とは切り離し、比較的自由な取引を認めた、主に非居住者向けの国際金融市場のことを言う。

＊3　第 4 四半期は執筆時点での予測値。

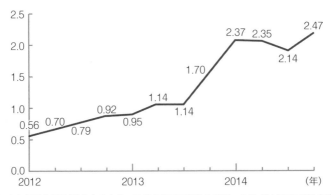

図1-1 人民元国際化指数

注:原データに統計的調整が行われたため、2013年第4四半期のRIIは、1.69(『人民元国際化報告2014』)から1.70となった。

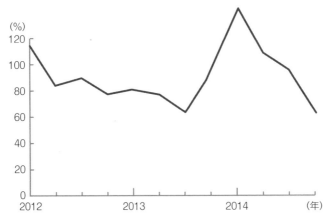

図1-2 RIIの四半期伸び率(対前年比)

## 1.2.2 人民元国際化指数(RII)が上昇した6大要因

2014年、世界経済の回復が紆余曲折し、中国では国内経済の下降圧力が増大した。しかし国内外の複雑な経済環境に直面しても、人民元の国際化は著しく躍進し、国際的な使用規模は高水準を維持した。

国際インターバンク通信協会(SWIFT)の統計によると、2014年、

人民元は加ドル・豪ドルに取って替わり、世界第5位の支払い通貨となった。市場シェアは2.17％となり、人民元は新興国通貨から常用決済通貨への転換を果たした。

2014年のRIIの上昇は主に次の6つの要因による。

第1の要因は、中国経済が「新常態」（ニューノーマル）に入り、人民元国際化の基盤が全方位的に固まったことである。同年、中国は30年間続いた高度成長の経済モデルを終え、中高速成長の「新常態」に移行し、経済構造のアンバランス、環境の悪化、資源の過度の消費など従来の成長モデルがもたらした負の遺産の解決に着手した。

中国共産党第18期中央委員会第3回全体会議（三中全会）では、新時代の改革の全面的深化のための戦略的任務が明確にされた。そこでは体制的な障害を解消し、中国市場の無限の潜在力を刺激するため、経済の「新常態」下では市場が資源配分の主導的な役割を担うとされた。

「体制改革の紅利（ボーナス）」が経済成長の協調性と持続可能性を共に引き上げ、中国経済の底力が強化されたのである。

2014年、中国の居住者1人あたりの平均可処分所得の伸び率は8％で、GDP成長率を上回った。さらに、経済成長への消費の寄与率は51.2％と、経済の成長エンジンの転換の効果が初めて現れた。サービス業の生産額シェアは48.2％になった。それはモバイルインターネット、ハイエンド装備製造など戦略的新興産業群が突如として現れ、電子商取引などの新興業態が急速に成長し、中国企業の国際競争力や価格交渉能力が大幅に向上したことによる。

民生の改善、医療・教育・社会保障などの制度整備を行い、法によって国を治め、党を厳しく管理することで、中国の社会経済が安定的発展をするための制度保障を突き固め、新政権に対する国民および国際社会の信頼を高めた。

また「簡政放権」（行政の簡素化と地方など下部への権限委譲）して商業の制度改革を行った。行政による承認事項の数を3分の2に減らし、新規登録企業を45.9％増やす「大衆創業・万衆創新」（国民による起業、国民による改革）のブームを巻き起こした。

大きな経済的下降圧力が存在するにもかかわらず、安定したマクロ経

済政策の「組合拳」（コンビネーションパンチ）を出した中国政府は、突出した矛盾と構造的問題の解決に取り組み、改革した経済の成長エンジンをプラスして中国経済の安定成長を実現した。その結果、GDP成長率は7.4％と、依然として世界の主要経済国の上位にランクインしている。

中国は、2014年を「改革深化元年」と位置づけ、積極的に変革を求めた。社会経済の発展の質を高め、確かな経済基盤と明るい発展の前途を人民元国際化の後ろ盾として、人民元に対する市場の信頼を大いに高めた。

第2の要因は、金融改革の加速化により、人民元のクロスボーダー政策の整備が進み、人民元国際化の両輪駆動モデルが形成されたことである。2014年は中国の金融改革が加速して、金融市場の開放、金利や為替レートの市場化改革で実質的なブレークスルーを成し遂げた。効率よい現代的金融体制を構築するための制度保障が整備されただけに留まらず、人民元国際化の進展のために大きな支援が行われた。

例えば、2014年3月、中国人民銀行は常態的な為替市場介入から脱却することを目標に、インターバンク直物為替市場における人民元の対米ドル相場の変動幅を1％から2％に拡大し、元相場の変動幅が双方向の弾力性を強めた。

同年7月、微衆銀行・温州民商銀行・天津金城銀行の民営3行の発起設立により、既存の金融独占状態が破られ、中小企業の融資問題緩和や中国金融市場の効率化と公平性向上の一助となった。

同年11月、中国人民銀行は金融機関の預金金利変動幅の上限を基準金利の1.2倍に拡大することを発表すると共に、「預金保険条例（草案）」を公開してパブリックコメントを募集し、金利の市場化をさらに進めた。

また、より高いレベルの改革開放という基本的な要求に順応するため、人民元のクロスボーダー政策で作業進行と承認手続きを簡略化する方向

---

＊4　自由化の試行地域：【訳注】人民元建てクロスボーダー決済は、2009年7月に上海市・広州市・深圳市・珠海市・東莞市の5都市が国内の第1次試行地域に指定されて以降、段階的に規制緩和が行われており、2010年6月には20の省・自治区・直轄市に、2011年8月には全国に拡大している。

で整備が進み、適用範囲が拡大している。自由化が試行地域*4から全国へ、企業レベルから個人レベルへ、貿易取引から資本取引・金融取引へと拡大し、これによって貿易と金融の両輪駆動モデルが整備され、人民元の国際化のプロセスが加速された。

第3の要因は、資本取引の自由度が上がり、人民元への注目度が高まったことである。中国（上海）自由貿易区と滬港通*5の機能を合わせて「先行先試」（全国に先駆けて新たな政策を試行）することで、資本取引の自由化を深いレベルに発展させている。

2014年、中国（上海）自由貿易区では経常取引や直接投資の人民元建てクロスボーダー決済業務がさらに簡略化され、経済主体が一定の条件下で、域外人民元貸付、双方向人民元プーリング事業*6および経常取引における人民元集中決済を行うことが認められた。第三者による支払いがクロスボーダー電子商取引人民元決済に加わり、自由貿易口座*7体系が構築された。

これらの措置により、人民元のクロスボーダー利用の効率や利便性が向上し、自由貿易区における人民元建てクロスボーダー業務の大規模な拡大が促された。

上海国際金融センターの建設を推進し、人民元市場の資金流出入のメカニズムおよびルートを構築するため、2014年9月、上海金取引所は人民元建て貴金属先物取引の国際市場を開設し、同年12月には、原油の先物取引も始まった。オンショア資金とオフショア資金の高度な融合が実現すると、大口商品についての中国の国際価格決定権を高めるために有利となり、人民元建て大口商品の価格決定機能が増強される。

特に注目すべきは、2014年11月の滬港通の本格始動である。滬（上海）

*5　滬港通：【訳注】上海（滬）－香港（港）間で互いの上場株式に対する直接投資を認める制度で、「滬股通」と「港股通」がある。Shanghai-Hong Kong Stock Connect。
*6　プーリング：【訳注】銀行に設置されたプーリング口座を通じて、国際的に広く展開するグループ企業内で資金を融通し合うこと。通常、企業は資金を多めに準備して安全性を保とうとする傾向があり、余剰な資金を持っているが、プーリングを導入することで、ある子会社の余剰資金を他の子会社に回すこともでき、資産を効率的に運用できる。
*7　自由貿易口座：上海自由貿易試験区の分離記帳勘定ユニット（「自由貿易口座」を開設するための認可を当局から得た金融機関）に開設する、人民元・外貨共に取り扱い可能な口座で、中国人民銀行の口座体系に属するルールの統一された専用口座を言う。Free Trade Account。FTA。ＦＴ口座。

と港（香港）双方の株式市場の総合力増強のみならず、両方の投資家の投資チャネル拡大にもなり、さらに中国の資本市場の対外開放が新たな段階に入った象徴ともなった。人民元の還流メカニズムはこれをもって基本的に完成した。

以上の資本市場開放の新たな取り組みは、人民元の国際投資通貨としての魅力を確実に高め、それによって国際金融取引における人民元の使用範囲が大幅に拡大され、金融取引機能がいっそう強化される。

第4の要因は、「一帯一路」建設が人民元国際化に戦略的な窓口を開いたことである。「一帯一路」建設は、中国の新時代的国家戦略であり、中国が国際的な責任を積極的に果たし、沿線各国との互恵的 Win-win と共同発展を推進する協力構想である。

2014年、「一帯一路」戦略構想は、G 20、APEC、ボアオ・アジア・フォーラムなどの国際会議の主要議題となり、沿線各国の大きな反響と幅広い支持が得られた。中国国内沿線の各省各市は戦略的計画と配置を進め、金融企業も非金融企業もチャンスに照準を合わせ、積極的に参加した。

「一帯一路」戦略は中国が主導する新たな経済の地域化モデルで、中国と沿線国の経済発展のために長く原動力を提供し、それによって、人民元の国際化に新しいチャンスと突破口を提供するものである。

資金流通の強化は「一帯一路」の建設が順調に進展する重要な保障であり、人民元の利用は沿線各国の流通コストを下げ、金融リスクに対する防御力を強化する有効な手段である。

「一帯一路」は、融資・投資・貿易などの多くの国際経済金融協力プロジェクトを結集した上、アジアインフラ投資銀行（AIIB）やシルクロード基金を相次いで設立した。中国は「一帯一路」建設の主導者として、また主たる推進者として、人民元が「一帯一路」建設においてより多くの国際通貨機能を発揮し、人民元の地域化段階の目標の実現を加速するだろう。

第5の要因は、人民元のオフショア市場の版図が広がり、世界の人民元建て決済システムの構築がほぼ完了したことである。中国が世界一の貿易大国としての地位を確立したことで、多くの国際企業が人民元を、資金負債管理やリスク管理のシステムに取り入れ始めた。

とりわけ、人民元の貨幣価値の長期安定と中国経済の成長持続の予想の下、オフショア人民元建て投融資の需要の規模が急伸している。ミクロ主体の市場行動は、中国との経済貿易が密接な国の人民元オフショア市場の積極的構築と発展をボトムアップで推進する。

2014年、人民元オフショア市場の構築を積極的に進めた欧州各国に対し、中国は支持と協力を表明した。人民元の決済銀行（クリアリングバンク）を指定し、人民元オフショア市場の世界での配置を最適化した。

中国国務院の承認を経て、香港・マカオ・台湾地区・シンガポールに次ぎ、シドニー・ロンドン・フランクフルト・ソウル・パリ・ルクセンブルク・トロントなどにそれぞれ1行ずつ、中国資本の銀行を現地人民元業務のクリアリングバンクとして指定した。域外人民元のクリアリングバンクの制度を整備することにより、中国は世界を網羅する人民元決済ネットワークを構築し、人民元の国際的流動性と取引の利便性は強力な技術保障を得た。

人民元オフショア市場と決済システムの整備は、海外企業の人民元の国際的な利用に対する信頼をいっそう高め、人民元の域外循環使用のルートとメカニズム開拓を促す。

人民元オフショア市場の預金規模、商品の種類、参加主体は、いずれも前年に比べて著しい成長が見られている。

このほか、2014年には、人民元クロスボーダー決済システム（China International Payment System、CIPS）が上海で運用を開始した。このシステムは、国内外のすべての直接的な参加者を結びつけ、貿易・投資等の人民元建ての国際決済業務を処理するもので、世界の主要タイムゾーンの人民元建て決済のニーズに対応し、人民元の国際化のためのハードウェアによる堅実なサポートを提供する。

第6の要因は、国際協力の不断の深化により、互恵的Win-winが大国の責任であることが明らかになったことである。2014年、中国は国際経済金融協力を積極的に展開し、2国間・多国間貿易協力に著しい進展を見た。中国とスイス・アイスランドとの自由貿易協定の正式実施、中国・ASEAN（東南アジア諸国連合）人民元クロスボーダー業務センターの設立（広西省南寧）、人民元の国際利用ルートの開拓、インターバン

ク外国為替市場における人民元とＮＺドル・英ポンド・ユーロ・シンガポールドルとの直接取引、そしてそれによる人民元とこれら主要通貨との為替コストの軽減を実現し、人民元の国際利用にまつわるコスト問題を解消した。また中国人民銀行が引き続き中央銀行レベルでの通貨スワップを進め、スイス・スリランカ・ロシア・カザフスタン・カナダの５カ国の当局と通貨スワップ協定を締結したことも、人民元利用のためのお墨つきを得る方向に動いた。

もちろん、中国は多国間の調整を取り持つ方法や国際ルールの策定にも積極的に関わりを持ち、新興国・途上国との協力を強化している。「シルクロード経済圏（ベルト）」「21世紀海上シルクロード」の構築を積極的に推進し、アジアインフラ投資銀行の設立を計画し、シルクロード基金を設立した。

中国は、責任を負う世界の大国へと成長を遂げ、互恵的Win-winの理念を積極的に国際業務に組み入れている。貿易、金融など多くの分野で協力を深化させることは、人民元が国際通貨という舞台の中心に向かうために、重要な媒体と信頼の保障を提供する。

【参考】

| コラムA | 「新常態」における経済成長の７大チャンス | P46 |
| コラムB | アジアインフラ投資銀行の設立 | P51 |

## 1.3 人民元国際化指数（RII）変動の構造分析

人民元国際化指数（RII）の計算方法に基づけば、貿易決済・金融決済・外貨準備に人民元が利用される割合の変化は、いずれもRIIの結果に影響する。

人民元の国際化の初期段階では、人民元建て貿易決済がRII上昇を推し進める形で現れていた。人民元の国際化の進展に伴い、RIIは貿易決済と金融取引決済の並行モードに移行した。

2014年、人民元建て金融取引決済のRIIの伸びに対する貢献度がよ

り突出し、前年同期比時に人民元建て外貨準備高の世界比指標も大幅に上昇した。

総合的に見ると、貿易決済が RII 指数の安定的な上昇を支え、人民元の準備通貨としての受け入れ度や国際金融取引における人民元の利用度の高まりが RII 上昇を推し進める主な原動力となっていると言えよう。

### 1.3.1 下落に転じた、人民元建て貿易決済比率

人民元建てクロスボーダー貿易決済は人民元国際化の起点である。図1-3 に示すように、2014 年の人民元建てクロスボーダー貿易決済額は、2013 年との比較で引き続き大幅な伸びを維持している。

2014 年、銀行の人民元建てクロスボーダー貿易決済業務の累計金額は 6 兆 5500 億元で、前年比 41.6％増であった。そのうち、財貿易の決済金額は 5 兆 9000 億元、サービス貿易およびその他経常取引の決済金額は 6500 億元である[*8]。

人民元建てクロスボーダー貿易決済の実際の収入は 2 兆 7300 億元、支出は 3 兆 8200 億元で、収支比は 1：1.4 であった。

人民元建てクロスボーダー貿易決済額の対世界比は、2014 年第 4 四半期が 2.96％で、2012 年年初の 1.03％から 187.38％の伸びとなった。

図1-3 人民元建てクロスボーダー貿易決済機能

＊8　2014 年 8 月より、貨物通関のない中継貿易は、サービス貿易から財貿易に調整して統計をとり、財貿易額を拡大したため、サービス貿易額は相応分減少する。

総合的に見ると、人民元建てクロスボーダー貿易決済のシェアが拡大を続けるのは、主に次の要因による。

　第1に、各国との貿易協定締結を進め、地域協力プロセスを加速したことである。2014年7月1日より「中国－スイス自由貿易協定」、「中国－アイスランド自由貿易協定」が正式に始動している。このほか韓国やオーストラリアとの自由貿易交渉を実質的に終え、さらにはスリランカ・パキスタン等とも次々と自由貿易交渉を行っており、日中韓3国間の自由貿易圏協力交渉も順調に推移している。

　こうした地域をまたぐ自由貿易協定（FTA）の矢継ぎ早の締結と実施は、互恵的 Win-Win のメカニズムに保障を提供し、包括的かつ高水準で利益バランスのとれた2国間貿易という中国の目標実現に寄与することとなり、貿易規模の拡大を直接刺激した。

　第2に、利便性の高い決済政策が絶えず生まれ、人民元建てクロスボーダー貿易決済を積極的に推進したことである。2013年7月10日、中国人民銀行から「人民元建てクロスボーダー業務フローの簡素化および関連政策の改善に関する通達」が発表され、経常取引における人民元建てクロスボーダー決済や融資業務の審査手続きが大幅に簡素化し、人民元建てクロスボーダー決済のコストダウンと効率アップが図られたことで、決済に人民元を利用する企業が増えた。

　2014年5月22日、「中国（上海）自由貿易試験区分離記帳勘定業務実施細則（試行）」および「中国（上海）自由貿易試験区分離記帳勘定業務リスク慎重管理細則（試行）」が公布された。試験区内の経済主体は、自由貿易口座というツールを頼りに、投融資、為替などの新事業を積極的に展開することができ、試験区のビジネス環境が最適化されるというものだ。

　同年6月、中国人民銀行の「国務院弁公庁　対外貿易の安定成長支援に関する若干の意見」の実施徹底についての通達により、人民元建てクロスボーダー貿易決済が個人に開放された。これにより自営業者が対外貿易に従事するための利便性が向上し、結果として貿易の人民元建て決済の規模が急速に拡大した。

### 1.3.2 人民元の国際金融決済機能を強化

　人民元の国際金融取引における決済機能がいっそう強化され、国際融資、直接投資、国際証券の取引および決済の中で、人民元建て金融取引の規模拡大が続き、増加傾向は持続している。

　2014年第4四半期現在、人民元建て国際金融取引の決済は総合で2.8％に達し、前年同期比34.0％増であった（図1-4）。

　総合的に見ると、人民元建て国際債券および手形・小切手発行額の急増は、金融決済の総合指標上昇を後押しする主な要因となっている。

#### 1．人民元建て国際融資

　2014年、人民元建て国際融資規模は緩やかに伸びた。人民元建て国際融資の対世界比は、第4四半期で0.49％となり、2012年第1四半期の0.25％から3年で倍増した（図1-5）。

　この緩やかな上昇は、主として2つの要因による。

　第1に、オフショア市場の人民元ストックが拡大したことである。

　2014年末現在、香港地区の人民元建て預金の規模は1兆35億5700

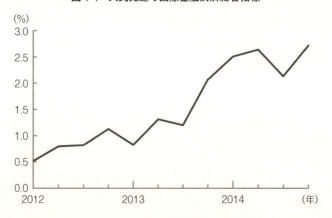

図1-4　人民元建て国際金融決済総合指標

注：人民元建て国際金融決済総合指標は、「世界の対外与信総額に占める、人民元建て与信の割合」、「世界の国際債券および手形・小切手発行額および残高に占める、人民元建て債券および手形・小切手の割合」および「世界の直接投資に占める、人民元建て直接投資の割合」で構成。

図1-5 人民元建て国際融資の対世界比

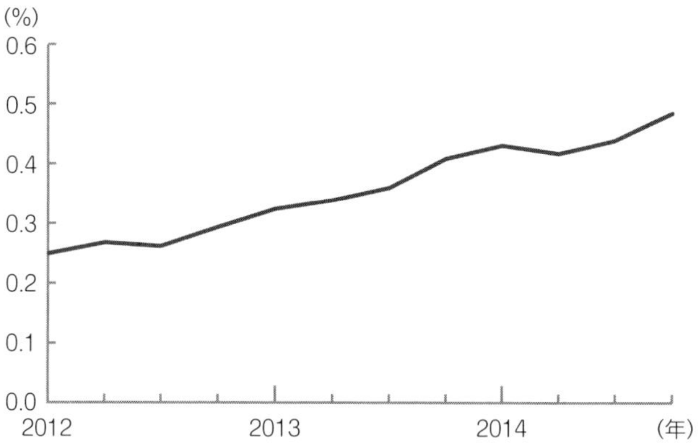

万元、シンガポールの人民元建て預金の規模も2770億元に達し、オフショア市場における人民元資金の大量蓄積は、人民元建て国際融資に資金サポートを提供した。

第2に、人民元建てクロスボーダー貸出の試行地域の範囲がさらに拡大したことである。

深圳前海、中国（上海）自由貿易地区、江蘇昆山に続き、2014年には蘇州工業園区、中新天津生態園、広西沿辺金融総合改革試験区および雲南沿辺金融総合改革試験区などが続々と人民元建てクロスボーダー貸出試行地域の資格を得た。

中国銀行・中国工商銀行・中国建設銀行の海外支店が支援した本土企業のオフショア市場における人民元建て借入金は8億元を超えた。

域外での資金調達コストは相対的に安価で、人民元建てクロスボーダー貸出は企業の財務コスト削減につながるため、人民元建てクロスボーダー貸出が試行地域で急速に発展し、人民元建て国際融資の規模が急激に拡大することになった。

## 2．人民元建て直接投資

人民元建て直接投資には、人民元FDI（Foreign Direct Investment）と人民元ODI（Overseas Direct Investment）とがある。中国経済の安定的

図1-6　人民元建て直接投資額と対世界比

回復および企業の「走出去」*9の加速に伴い、人民元建て直接投資の規模は急成長を維持している。

2014年の銀行累計人民元建てクロスボーダー直接投資の決済業務は1兆500億元で、前年同期比96.5％増であった。同年第4四半期、人民元建て直接投資規模の対世界比は6.9％に達した（図1-6）。

中国経済の安定的推移と人民元建てクロスボーダー投資の利便化政策は、結果として人民元建て直接投資の対世界比の上昇を後押しする2大要因となった。

一国の経済の発展は、外国からの直接投資を呼び込めるかどうかという根本的な要素で決まる。世界経済の回復がまだ不透明という大前提の下、経済の「新常態」に入って、7％の中高速経済成長を維持している中国は、依然として最も安全かつ確実に回収のできる投資の場であると国際社会から見られている。

2013年、中国人民銀行と中国商務省が相前後して「域外投資家による域内金融機関への投資の人民元決済に関連する事項についての通達」、「人民元建てクロスボーダー直接投資に関連する問題についての公告」を発表した。人民元建て直接投資に関する政策について明確な規範を設

---

*9　走出去：【訳注】中国において積極的な海外進出を意味する語。

けることで、中国資本の金融機関や個人にとっての人民元建てクロスボーダー直接投資の利便性の向上を図った。

　これらの利便化措置により、人民元を利用して投資を行うFDIが増え、2014年の人民元FDI額は8620億2千万元で、前年比92.3％増となった。

　これと同時に、中国企業も対外投資を活発化させた。人民元がユーロや日本円など主要通貨に対して大幅に値上がりするなか、堅調な人民元を利用して積極的に対外投資する企業が増加した。

　また、2014年7月、エコタウンを標榜する天津生態城および蘇州工業園区で、新たに4つの人民元建てクロスボーダー業務が試行され、個人の対外直接投資において、人民元建てクロスボーダー業務の新たなブレークスルーがあった。

　この2地区内の個人が、人民元を使用して新規設立・買収合併・資本参加などの形式を含む対外直接投資業務を行うことができるようになったのである。

　企業および個人は資本取引規制による制限が少なくなるため、比較的手軽に人民元を利用して対外投資を行うことができ、2014年の人民元ODI額は1865億6千万元、前年比117.9％増となった。

## 3．人民元建て国際債券および手形・小切手

　債券市場は最も重要な国際金融市場であり、国際債券市場の通貨シェアは、一国の通貨の国際利用度を評価する重要な指標のひとつである。

　2014年、人民元建て国際債券および手形・小切手の発行額は475億7800万ドルで、前年比104.68％増であった。

　この発行規模の倍増は、人民元建て国際債券および手形・小切手残高の国際的シェアの上昇を引き続き推し進める。ただし、2014年第4四半期現在、人民元建て国際債券および手形・小切手残高は940億3100万ドル、対世界比0.45％で、国際債券市場での影響力は極めて微弱である（図1-7）。

　人民元建て国際債券および手形・小切手発行の規模が拡大し続けることは、人民元の発行主体の拡大に大いに貢献する。2014年、域内の金融機関および非金融機関がオフショア市場で人民元建て債券を発行した

図1-7 人民元建て国際債券および手形・小切手の総合指標

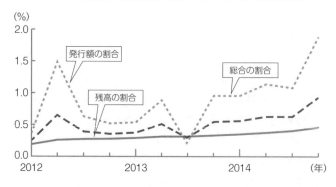

ほか、域外の金融機関・非金融機関・政府も相次いで人民元発行の輪に加わった。

　中国のインターバンク債券市場がさらに開放され、より多くの域外金融機関の債券市場取引への参加が認められたことにより、人民元建て国際債券の流動性と吸引力が増大した。人民元建て国際債券の需給規模の急激な拡大は、人民元建て国際債券の市場基盤をますます強固なものにした。

　人民元建て国際債券を供給の観点から見ると、域内機関の起債意思や起債規模は上昇傾向を呈している。国内外の利鞘を考えたのか、中国域内の金融機関、非金融機関はいずれも域外での起債を選択している。

　2014年9月、中国最大手の金融機関の数社が人民元建て国際債券を矢継ぎ早に発行した。例えば、中国農業銀行はグローバルMTNプログラムを通じて、ドバイで10億元の「酋長債」（Emirates Bond）を発行し、中国銀行・中国建設銀行は台湾で20億元の「宝島債」（Formosa Bond）を、国家開発銀行はロンドンで20億元の人民元建て債券、中国銀行はパリで20億元の「凱旋債」（Arc de Triomphe Bond）、中国工商銀行はシンガポールで40億元の「獅城債」（Lion City Bond）を発行している。金融機関の巨額の人民元建て国際債券発行は、オフショア人民元センター間の協力を強めただけでなく、国際投資家に対しては有効な資産管理ツールを提供することとなった。

　人民元の実効為替レートが相対的に安定したことに加え、人民元の利

用と投資に対するニーズが高まったことで、人民元建て債券発行を選択する域外金融機関が次第に増えた。発行地もオンショア市場のほか、オフショア市場もある。例を挙げると、2014年3月、ドイツのダイムラー社はインターバンク債券市場を通じて5億元のPPN（Private Placement Note。融資ツールの一種）を発行し、9月には、マレーシアの国営リモーゲージ機構 Cagamas Berhad が15億元のオフショア人民元建て債券を発行した。10月には、イギリス政府が30億元の3年物オフショア人民元建て債券を発行している。

人民元建て債券を需要の観点から見ると、2014年は国際金融市場が乱高下したため、主要通貨の動向に極端な細分化が現れた。

アメリカの量的金融緩和（QE）政策の終了や、アメリカ経済の力強い回復の影響を受け、ドル指数が高値で推移し、米ドル建て国際債券は売りが優勢となった。しかし、ユーロ圏は依然として泥沼に陥っていて、ユーロは大幅に下落した。激動の国際金融環境にあっては、人民元建て国際債券は供給量が全体的に低く、人民元建て債券の発行機構の信用等級が高いことに加えて、人民元の金利が相対的に高く、しかも人民元の実効為替レートは常に相対的に安定した圏内で推移するため、人民元建て国際債券は投資家に大きなリターンをもたらすことができ、人民元建て国際債券に対する国際社会のニーズは旺盛となっている。

### 1.3.3　人民元の外貨準備機能を引き続き拡大

準備通貨の地位は、一国の通貨の国際化レベルを検証する、最も簡単で最も単刀直入な方法である。中国の総合力の増大に伴い、人民元の準備通貨としての存在感が向上し、人民元を外貨準備に組み入れる国が増えている。

この傾向はアフリカ地域で顕著で、現在、人民元はアンゴラ・ナイジェリア・タンザニア・ガーナ・ケニア・南アフリカ共和国など各国中央銀行の外貨準備の構成通貨となっている。

一部の先進諸国も、準備資産を合理的に配置するため、外貨準備に人民元建て資産を保有している。例えば、イギリスは2014年10月14日、

政府が同国財務省を通じ、イングランド銀行をエージェント（コルレス）銀行、中国銀行を共同引受機構として、ロンドンで30億元の3年物オフショア人民元建て債券を発行した。これは世界初のオフショア人民元建てソブリン債券であり、人民元は準備通貨として、大きな底力を見せた。

2014年、中国人民銀行はスイス・スリランカ・ロシア・カザフスタン・カナダの中央銀行とそれぞれ初めての通貨スワップ協定を締結し、複数の国と通貨スワップ協定を更新した。2014年末の時点で、中国人民銀行は28の国と地域の通貨当局と通貨スワップ協定を締結しており、スワップの規模は累計4兆700億元に達し、残高は3兆1200億元となった。

こうした中央銀行レベルの通貨スワップを行うことにより、市場は人民元の流動性に大きな信頼を寄せた。

## 1.4　主要通貨の国際化指数の比較

国際通貨の多様化は、ひとつの動的な発展のプロセスである。貿易の構造、国際金融市場の変化はどれも国際通貨の構図に相応な調整を招くことになり、国際利用度が上昇する通貨があれば、低下する通貨がある。

本書では、国際通貨の構図の発展や変化を客観的に評価し、人民元と主要通貨の国際化レベルの差を動的に反映するため、RII算定と同様の方法で米ドル、ユーロ、日本円、英ポンドの国際化指数を算定した（表1-2）。

2014年、アメリカ経済のV字回復、米ドルの大幅高により、米ドルの国際化指数は2013年第4四半期の53.41から2014年第4四半期には55.24まで上昇し、国際通貨としての影響力がさらに向上した。

ユーロ圏は低迷から抜け出せず、欧州中央銀行は量的緩和政策を実施して経済回復を刺激すると発表した。それによるユーロ安で、ユーロの国際的信頼が損なわれ、ユーロの国際化指数は2013年第4四半期の32.02から2014年第4四半期には25.32まで下がり、国際利用度は低下している。

日本経済の構造調整は依然進行中であったが、市場はアベノミクスの将来性に対して懐疑的で、経済はマイナス成長に陥り、日本円も大幅に

表 1-2　世界主要通貨の国際化指数

| | 2013 年 | | | | 2014 年 | | | |
|---|---|---|---|---|---|---|---|---|
| | 第1四半期 | 第2四半期 | 第3四半期 | 第4四半期 | 第1四半期 | 第2四半期 | 第3四半期 | 第4四半期 |
| 米ドル | 52.84 | 55.53 | 53.47 | 53.41 | 53.05 | 55.11 | 55.27 | 55.24 |
| ユーロ | 24.69 | 27.85 | 25.19 | 32.02 | 24.38 | 23.59 | 24.68 | 25.32 |
| 日本円 | 4.10 | 4.62 | 4.58 | 4.24 | 4.17 | 4.61 | 4.12 | 3.82 |
| 英ポンド | 4.40 | 4.25 | 4.05 | 4.39 | 5.42 | 5.05 | 4.52 | 4.94 |
| 合計 | 86.03 | 92.26 | 87.30 | 94.06 | 87.03 | 88.36 | 88.59 | 89.33 |

下落した。国際化指数は 2013 年第 4 四半期の 4.24 から 2014 年第 4 四半期には 3.82 となり、日本円の国際的な影響力は低下した。

一方、欧州と一定の距離を保つイギリスの経済動向は予想よりも好調で、貿易と投資の伸びが早く、英ポンドは堅調であった。国際化指数は 2013 年第 4 四半期の 4.39 から 2014 年第 4 四半期には 4.94 まで上昇し、国際的プレゼンスは着実に上昇した。

全体的に見ると、上記の 4 大主要国際通貨の国際経済での利用度は低下傾向を見せ、人民元・豪ドル・加ドルその他エマージング通貨のシェアがいくぶん上昇している。具体的には、2014 年第 4 四半期の米ドル・ユーロ・日本円・英ポンドの国際化指数の総和は前年同期比 5.04％減であり、このことは、この 4 種類の主要通貨の国際利用度が全体の中で下降状態にあったことを意味する。

### 1.4.1　米ドルの国際化指数の変動分析

2014 年のアメリカ経済は全体的に堅調な成長を示し、世界中の経済が大きく低迷するなか、真っ先に復調した。アメリカの GDP は 2.4％増で、2010 年以来最高の経済成長を記録し、ユーロ圏、日本など他の先進国を大きく引き離している。労働市場は回復し、年間失業率は 6.2％と、2013 年同期と比べ 1.2 ポイント減少した。

アメリカ経済の力強い回復の要因は多重である。第 1 に、国際金融危機勃発以降、アメリカが「脱レバレッジ」と自国の構造調整に著しい成果を収めたこと。第 2 に、シェールガス革命による新たな投資がアメリ

カ経済成長に新しい原動力を提供したこと。第3に、オバマ政権が打ち出した「製造業回帰」「再工業化」政策、および実施した積極的な財政政策と量的緩和の金融政策が良好な成果を収め、アメリカ経済回復のための重要なエンジンを提供したこと。第4に、国際原油価格が下落し、輸出が伸び、アメリカ内外の需要が回復したことである。

年間を通じて見ると、アメリカの個人消費は安定成長を維持しており、伸び率の各月の前年比は2〜3％の範囲内で維持されている。

企業投資と消費者信頼感は2008年以前の高い水準を回復し、貿易と投資が大幅に伸びた。景気回復傾向がいっそう鮮明になり、ダウ工業株指数は1万8000ドルの大台を超えた。

力強い経済回復を支えに利上げ期待が高まり、ドル指数が2014年初めの80から急激に100に上昇するという大幅高となり、世界中の資金がアメリカ市場への還流を加速させた。

2014年第4四半期、米ドル建て国際債券および手形・小切手発行額の対世界比は44.66％、前年同期比13.78％増となり、それと共に外貨準備のうち米ドルが占める割合も62.88％まで上昇した。米ドルの国際化指数は55.24で、前年同期比3.42％増、米ドルの国際通貨としての位置は不動である。

### 1.4.2　ユーロの国際化指数の変動分析

2014年、ユーロ圏では経済の低迷が続き、年間GDP成長率は0.9％、総合購買担当者景気指数（コンポジットPMI）は引き続き下方修正され、投資全体が軟調であった。

高い失業率はソブリン[10]危機がユーロ圏にもたらした深刻な結果のひとつで、2014年、この問題がさらに悪化して失業率は11％と高い水準を記録し、そのうちギリシャやスペインの失業率は20％超、フランス・イタリア・ポルトガルの失業率も10％を超えていた。

ユーロ圏経済の成長エンジンが不足し、経済の牽引役であるドイツ、

---

＊10　ソブリン：【訳注】もともとは権力を意味し、転じて各国の政府又は政府関係機関・中央銀行の信用力（具体的には国債など）を指す。

フランスなど中心国の経済成長が鈍化、製造業は楽観を許さない状況となった。また、ウクライナ危機が深刻化し、ＥＵのロシアへの制裁が経済に深刻な損害をもたらし、同時に、ギリシャ・イタリアなどの経済の見通しを暗くした。ギリシャで左翼が選挙に勝利しても、ユーロ圏の経済成長の不確実性は高くなり、投資家の信頼を直撃した。

欧州中央銀行は量的緩和の金融政策を実施し、各国も緊縮財政政策をニュートラルに転向し、ユーロ圏経済の下向きの態勢からの転換を図ったが、回復への道のりは依然として茨の道である。

景気低迷と量的緩和政策は、ユーロ相場を2008年の金融危機勃発以来の歴史的低位まで急落させ、国際資本の大規模な撤退を誘発した。

ユーロが伝統的に強みを持っている国際債券市場で、2014年第4四半期、ユーロの国際債券および手形・小切手の発行比率が36.23％となり、前年同期比18.88％減と、米ドルに大きく遅れをとった。同期の外貨準備に占めるユーロの保有比率も22.21％まで低下した。

ユーロの国際化指数は25.32で、前年同期比20.90％減、ユーロの国際的影響力は著しく低下した。

### 1.4.3　日本円の国際化指数の変動分析

2014年、日本経済は消費増の影響を受け、好調な兆しを見せた。国際原油価格の大幅な下落に加え、消費税引き上げで、日本居住者の駆け込み需要が拡大し、第1四半期のGDPは前期比1.4％増となった。しかし、4月1日からの消費税率8％への引き上げにより、個人消費が急激に低下し、第2、第3四半期のGDPはそれぞれ前期比1.7％減と0.5％減となった。

日本円の大幅下落という状況の中、輸出がいくぶん増え、第4四半期のGDPは実質の季節調整値で前期比0.6％増となり、3四半期ぶりにプラス成長に転じた。

失業率は3.5％の水準で小幅変動だったが、GDP成長率は0.0％で、経済は低迷状態から脱却することはなかった。

円安は輸入価格の上昇をもたらし、輸出収入の伸びにはタイムラグが

存在するため、日本の国際収支は悪化し続けている。

　日本の財務省の統計データによると、日本は4年連続で巨額の貿易赤字を出しており、2014年の赤字額は12兆7800億円、このことは外需主導型の日本経済に悪影響をもたらした。日本はより緩和的な金融政策と積極的な財政政策を実施し、インフラ建設で経済回復を支えているが、産業の空洞化および経済構造調整の緩慢さの影響を受け、経済成長エンジンの駆動力は依然として弱い。この政策はむしろ国内流動性に著しい過剰をもたらし、大幅な円安と国際資本による日本円の空売りを招く恐れがある。

　2014年第4四半期、国際債券および手形・小切手残高における日本円の比率は2％で、前年同期比9.1％減であった。しかし、同期の外貨準備に占める日本円のシェアでは多少上昇があり、比率は3.96％であった。国際化指数は3.82で、前年同期比9.94％減と、日本円の国際的地位がいくぶん低下したことを示している。

## 1.4.4　英ポンドの国際化指数の変動分析

　2014年のイギリス経済は成長エンジンが力強く、GDP成長率は2.6％増と過去7年間で最高の経済成長をマークし、年間GDPは2兆2300億ユーロで世界第6位の経済大国となった。

　欧州全体の景気が低迷するなか、公共債務と財政赤字の拡大が続いているなどの問題に直面しているにもかかわらず、イギリスは国内産業がバランスのとれた拡大を続け、サービス業の需要が好調で、新たな成長エンジンを得た。

　2014年は年間を通じて失業率が下降傾向を呈し、12月の失業率は5.7％と、2008年以来の最低水準になった。物価水準は安定し、金融緩和政策の刺激効果が明らかとなった。

　注意すべきは、イギリスの経済成長がサービス業に過度に依存していることである。2014年、サービス業の生産額がGDPに占める割合は78.4％で、製造業は14.6％を占めているにすぎない。

　世界経済の成長鈍化とユーロ圏の景気低迷が背景にある現在、イギリ

ス経済の堅実な伸びは大きな外的リスクに直面している。

イギリス経済の好調な推移は、2014年上半期、英ポンド－米ドルの為替レートを高持続させ、多くの国際資本を呼び込んだ。資本市場におけるポンドの取引規模は急激に拡大し、ポンドに大きな変動性をもたらし、下半期には英ポンドの為替レートは急落した。

2014年第4四半期、英ポンド建て国際債券および手形・小切手発行額の対世界比は7.88％で、前年同期比20.12％増、同期の外貨準備高に占めるポンドの割合は3.8％、前年同期比で微減となっている。国際化指数は4.94で、前年同期比12.49％増、英ポンドの国際的な存在感が著しく強化されたことを意味している。

表1-2のデータに基づき、米ドル、ユーロ、日本円、英ポンドの世界主要4通貨の国際化指数の推移を描くと、図1-8のようになる。

【参考】

コラム Ⓒ　人民元、2016年にSDR通貨バスケット入り　　　　　　P53

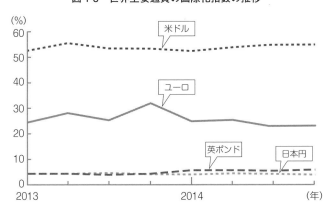

図1-8　世界主要通貨の国際化指数の推移

コラム A

# 「新常態」における経済成長の7大チャンス

　中国経済は今、「新常態」(ニューノーマル)の時代に入っており、経済成長は制御可能かつ比較的バランスのとれた運行区間に入っている。外需軟調、内需反落、不動産の調整、そして深層の構造変動力が包括的に働くなか、経済の下押し圧力がいくぶん強まっている。
　しかし、「新常態」に困難や挑戦、リスクしかないというわけではない。「中国の発展が大いに力を発揮できる重要な戦略的好機の期間に留まっている」という判断は変わっておらず、変わったのは、重要な戦略的好機の期間における内容や条件である。また、中国の経済発展が全体的に好調に向かうというファンダメンタルズを変えておらず、変えたのは、経済発展の方式と経済構造である。よって、中国経済の「新常態」は、まさに台頭せんとする国が新たな経済体系による大きな発展の好機を育んでいると言える。

　第1に、大改革と大調整による好機である。2008年の世界金融危機は、世界経済が巨大な構造的問題に直面することを露呈しただけでなく、世界経済の構図の中にはめ込まれていた中国の伝統的成長モデルの終焉となった。高い水準の投資によってもたらされたエネルギー多消費、深刻な汚染、所得格差によってもたらされた社会経済の矛盾、そして過度の統制によってもたらされた革新不足は、国家の富強や国民の富裕化、民族の復興を図る中国の足枷(いしずえ)となった。人々は、「大改革と大調整」が自国の社会経済の発展の礎を再構築する唯一の選択肢であることを思い知った。この「大改革」と「大調整」という共通認識の形成は、「新常態」が中国経済の次の発展にもたらす最大の贈り物であり、世界的な構造改革という大きな潮流の中で、中国に良好なチャンス期を与えた。
　第2に、大消費・大市場と「大国モデル」の構築による好機である。

世界各国は、中国のGDPが世界第2位に落ち着き、その市場占有率や消費規模が急上昇したこと、中国の需要が世界需要の最も重要な決定要素となり、「大国の経済効果」が全面的に現れ始めたことに驚きをもって気づいた。

①包括的な規模や範囲の経済が市場に現れ、生産効率の向上が各種のコスト上昇を効果的に相殺するため、国際市場における中国のシェアは減っていない。

②消費が増加し始め、中国の消費規模は依然として年間13％増のペースである。ニーズの拡大により、中国による調達が世界経済安定の中心的要素となり、中国は「世界の工場」から「世界の市場」へと転換し始める。

③「世界の工場・中国」と「世界の市場・中国」との結合が始まり、内外貿易の一体化の作用の下で、中国経済の安定性および世界経済の変動に対する抵抗力が大幅に高まる。

　第3に、「大縦深」（奥深いこと）と多元化した成長拠点（Growth Pole）の構築による好機である。2014年の年末には、中国の各種産業構造の指標は、すでに中国経済が脱工業化段階へ移行し始めたことを示しており、「工業化によるボーナス」が薄れ始めた。しかし、中国経済は広がりと深まりを見なければならない。すなわち「長江デルタ」「珠江デルタ」および「北京・天津地区」はサービス業による牽引への全面転換を始めたが、広大な中西部や東北地区の1人あたりGDPは依然として5000元に満たず、相変わらず、工業化が急成長する中期の段階にある。このことは、東部の産業高度化に効果的な余地を提供した上に、中西部の発展を促進するきっかけともなった。このため、中国の産業の段階的な大転換は、「工業化によるボーナス」の消失を大幅に遅らせただけでなく、多彩な成長拠点を構築することで中国経済の空間的分布をより合理的にした。

　第4に、「大量の有能人材」と2度目の人口ボーナスによる好機である。ルイスの転換点の到来や高齢化社会の到来は、中国の伝統的な人口ボーナスが消失し始めることを意味している。

　しかし、注意すべきは、現在の「従業員募集難」や「高い人件費」の

問題は、主に農村からの出稼ぎ労働者に顕著に見られるということである。中国における就業の構図は、「大学生の就職難」と「出稼ぎ労働者の不足」が併存している。年間700数万にも上る大卒者による労働市場への供給圧力から、彼らの初任給は出稼ぎ労働者の平均賃金並みになった。これはまさに中国が人口大国から人的資源の強国へと進む道であり、高等教育を受けた大勢の人々が、中国の産業高度化のために有能で低コストの大規模な産業予備軍を準備したことを物語っている。大学生や人力資源を中心とする2度目の人口ボーナスが、出稼ぎ労働者とローエンド労働力を中心とする伝統的な人口ボーナスに取って代わり始めたということである。

　第5に、「大革新」と「技術のボーナス」による経済構造を構築する好機である。中国の技術革新における各種指標を注意深く整理したところ、粗放型発展モデルが終焉を迎えたと同時に、中国のイノベーション型発展モデルが頭角を現していることが判明した。

①特許出願件数が急増し、2013年に257万7000件（伸び率15.9%）を記録し、対世界比32.1%で、世界一となった。

②R&D（研究開発）費の支出が低水準の閾値を突破し、2014年に対GDP比が2.09%に達し（伸び率12.4%）、高速で中等強度の段階に入った。

③技術市場の活況度が大幅に上昇し、2013年の技術市場の取引額は、16%増の7469億元であった。

④ハイテク製品の輸出が急増し、総額6603億米ドル、輸出総額の30%を占めた。

⑤国外で発表された科学技術論文が2013年に30万編近くとなり、世界の科学技術論文大国の仲間入りを果たした。

⑥中国は、世界最大級の科学技術研究者陣を備えている。

　以上のパラメータは、さらなる科学技術体制の改革や各種革新・創業活動の奨励を行いさえすれば、中国の技術革新のボーナスは徐々にではあっても必ず実現していくであろうことを物語っている。「made in China」（中国での製造）は「created in China」（中国での開発・制作）へとモデル転換し、労働力集約型製造業は知識集約型産業へ移行する。

第6に、大いなる高度化とアップグレード版中国経済構築による好機である。市場、技術、人材などさまざまな要因により、中国経済が全面的に底上げされる様相が現れるようになった。
① 1人あたりGDPが8000米ドル近くになると、消費が大幅に増加し始め、過去30年来の衣・食・住を中心とした工業化の消費から、ハイエンド製品やサービス消費を中心とした脱工業化消費へと転向し始めた。
② 産業がニーズに後押しされ、製造業からサービス業へ、労働集約型産業から知識・技術集約型産業へと大幅な転換を開始した。中国のアップグレード版経済の雛形が、姿を現し始めた。

第7に、大いなる開放と中国経済の対世界的飛躍への好機である。中国の経済力の全面的な向上および2008年の世界金融危機による世界経済の構図の変化は、中国に従来なかった大開放と対世界的配置のチャンスをもたらした。
① 中国が「商品輸出時代」からさらにハイグレードな「資本輸出時代」への転換を開始した。海外直接投資（FDI）が急成長し、海外M＆Aは平均伸び率が30％超と飛躍的な発展を遂げ、海外投資の総額は2014年には1000億米ドルを突破した。
② 地域的自由貿易圏の構築が、中国の市場開放による経済効果を全面的に強化する。
③ 「一帯一路」を核として、中国の空間戦略（地域戦略）と開放戦略を全面的に結合すると共に、相互接続を通じて中国の新たな国際協力の構図を構築する。
④ BRICS銀行（新開発銀行）・アジアインフラ投資銀行（AIIB）・シルクロード基金などの国際金融機関の設立は、欧米が国際金融を牛耳る構造を打ち破る。こうした開拓によって、資源配分の余地と収益モデルが効果的に拡張され、中国の発展は新しい段階に入るに違いない。

もちろん、以上の7大チャンスをうまくつかむには、各種の戦略的好機を真の成長と発展へと転化することである。それには、「新常態」が直面しているさまざまな問題や課題を効果的に解決するだけでなく、全

面的な改革の深化を踏まえ、新たな経済発展に適応する制度システムを構築することも必要である。

（中国人民大学学長　陳雨露）

**コラム B**

## アジアインフラ投資銀行の設立

　2013年10月2日、中国の習近平国家主席はインドネシアのユドヨノ大統領とジャカルタで会談した。その際、この地域におけるコネクティビティ（連結性）の構築と経済統合のプロセスを促進するため、ASEAN諸国を含む当地域の新興国のインフラ整備に資金支援するアジアインフラ投資銀行（以下「AIIB」）の設立を中国が提案したことが明らかになった。2015年3月31日、すなわちAIIB創設メンバーの締切日、国連の常任理事国のうちアメリカを除く4カ国、G20メンバー国のうちの13カ国、世界のGDP上位10カ国のうちの8カ国が、AIIBへの参加申請をした。

　アジア諸国の経済発展には深刻な不均衡が存在し、ASEAN・南アジア・中央アジア諸国のインフラ建設の多くが立ち遅れ、持続的な経済発展はボトルネック（制約）に直面している。アジア開発銀行の試算によると、2010～2020年の間、アジア各国が正常な経済成長を続けるためには、インフラ投資が8兆米ドル不足しているという。これは年間のインフラ資金の需要が約8000億米ドルであることを意味している。

　既存の国際・地域金融協力組織では、巨大な融資のニーズは根本的に満たすことができない。インフラ融資の制約要因を打ち破るため、中国はインフラ整備を専門的に資金支援するAIIBの建設を提唱し、この構想はアジア諸国の絶大な支持を得た。

　2014年10月24日、バングラデシュ・ブルネイ・カンボジア・中国・インド・カザフスタン・クウェート・ラオス・マレーシア・モンゴル・ミャンマー・ネパール・オマーン・パキスタン・フィリピン・カタール・シンガポール・スリランカ・タイ・ウズベキスタン・ベトナムという第1期創設メンバー21カ国の財務相や授権代表が、北京で「アジアインフラ投資銀行の設立に関する覚書」を締結した。2015年末までにAIIB

を設立、法定資本は 1000 億米ドル、初期払込資本目標 500 億米ドル、本部を北京に設置する計画である。

　開放・協力の理念を持つ AIIB は、アジア地域以外の国の参加も歓迎し、アジアのインフラ建設の利益を共同構築して共有する。

　2015 年 3 月 12 日、イギリスがアメリカの制止を振り切って中国財政省に参加を申請し、非アジア国として初の AIIB 参加を表明すると、ドイツ・フランス・イタリアなど欧州諸国も次々に参加表明した。AIIB 創設メンバーは、最終的にブラジル・エジプト・オーストラリアなどの、ラテンアメリカやアフリカ、オセアニアの国を含む 57 カ国となった。これによって、当初 AIIB に批判的であったアメリカや日本も態度を変えることを余儀なくされ、AIIB と協力する意向を表明した。AIIB が予想以上に国際社会に認められた根本的な理由は、革新的な理念と実務的な精神を持ち合わせていることにある。

　AIIB の設立は、アジア地域のインフラ整備を推進して、資本の利用効率を向上させるだけでなく、中国企業の「走出去」も、成熟した技術と経験をインフラ建設の分野で活かすという形で支援して、アジア諸国における Win-win の関係を実現する。

　何よりも重要なことは、AIIB は、BRICS 銀行や上海協力開発機構銀行と同様、中国主導の国際金融協力機構であるということである。中国は途上国という立場にいながら、実際の行動で国際金融システムの改革を推進し、新しい国際金融機構の構築と新たな運用ルールの制定をすることで、地球公共財を提供する。当然ながら、AIIB も制度面で人民元の周辺地域での影響力を拡大し、人民元国際化のために幅広いプラットフォームを提供するに違いない。

　　　　　　　　　　　（中国人民大学国際通貨研究所　涂永紅）

**コラム C**

# 人民元、2016年にSDR通貨バスケット入り

　特別引出権（SDR）は、米ドルの深刻化する「流動性のジレンマ」[*1]を解消するために、1969年にIMF国際通貨基金（IMF）が創設したスーパーソブリン通貨である。新たな国際準備通貨として、SDRは加盟国間または加盟国とIMFとの間で使用されている。SDRは通貨バスケットで構成され、各通貨のウェイトは、世界の輸出市場や金融市場でのシェアに応じて決定される。SDR創設時は16通貨のバスケットで、当時のすべての先進国の通貨をほとんど総なめにしていた。

　ＥＵ諸国で欧州通貨制度（EMS）が構築されると、加盟国間の通貨に固定為替レート制が導入され、共通通貨ユーロの前身「エキュー」（ECU）が創設された。国際通貨体制の変化に適応するため、1980年、IMFは通貨バスケットを米ドル・独マルク・英ポンド・仏フラン・日本円の5通貨に減らした。それ以降、5年ごとにSDRの見直し（SDR valuation review）を行い、SDR通貨バスケットおよびそのウェイトに必要な調整を行っている。

　1999年にユーロが誕生すると、IMFは、2000年に通貨バスケットの独マルクと仏フランをユーロに代えた。現在SDRは、米ドル・ユーロ・英ポンド・日本円の4種類の通貨で構成されている。50年余りの歴史を振り返ると、世界の輸出上位5カ国の通貨は、ほとんどがSDRの構成通貨であることが分かる。

　2009年、中国はクロスボーダー貿易において人民元建て決済を開始し、人民元国際化の幕が開いた。2010年のIMFによるSDR見直しでは、中国が輸出ランキング2位、経済力が3位であったにもかかわらず、人民元は依然として「事実上、国際的な取引における支払いにおいて広く使われていない」と認定され、SDR通貨バスケット入りの好機を逃してしまった。

その後、国際経済や貿易構造には複雑で難解な変化が起こっている。中国の総合的な実力が増すにつれ、人民元が国際社会に広く認知され、今や世界第5位の取引通貨へと成長して、SDR通貨バスケット入りの条件を完全に備えた。

　2015年のSDR見直しで、中国は大国としての責任をより的確に果たし、地球公共財の供給を増やすために、今度こそ、と人民元のSDR入りを切望した。国際社会からも前向きな反応があり、IMFは実際の行動で国際通貨体制の改革を推進すべきであり、人民元が2016年にSDRの構成通貨になるよう推進すべきであるとする国も多かった。

　人民元のSDR入りは、人民元国際化の歴史的ブレークスルーである。人民元国際化の将来性についての国際社会のさまざまな相違を解消することができ、市場の人民元に対するリスク予想や相場形成メカニズムを変える。人民元の利用範囲の拡大につながるものであり、人民元の「規模の経済」が得られ、人民元の取引コストを軽減し、人民元国際化の好循環を形成する。

　当然ながら、人民元のSDR入りにはリスクもある。ひとつには、アメリカやIMFは中国に、人民元の「利用の自由度」を上げるよう、すなわち資本取引の規制を徹底して放棄し、個人のクロスボーダー投資・証券取引・デリバティブ取引の制限を撤廃するよう求める条件を出してくるであろう。もうひとつには、人民元の国際的な需要が大幅に増えることであり、国際的な投機的資本取引の対象にすらなるであろう。

　中国の通貨政策やマクロプルーデンス管理[*2]が新たな課題に直面すると、金融システムや実体経済の安全と安定もホットマネー（短期的な投機資金）による経済ショックがもたらす脅威に直面することになるだろう。このため、中国は人民元の国際化を進めるなか、そしてSDR入りを果たした後にも、リスク管理のボトムライン（それ以上は下げられないレベル）を堅守しなければならない。いつどんなときでも、管轄する資本の移動は放っておくことはできず、それらの有害な短期資本の移動に対しては実効的な規制を行わなければならない。長期的な観点で言えば、リスクをコントロールしきれれば、金融危機は発生しない。中国経済が底堅い成長を実現しなければ、人民元国際化に堅固な基盤を築く

ことができないのである。

*1 流動性のジレンマ：【訳注】基軸通貨の供給と信用の維持は同時に達成できない。この矛盾を流動性のジレンマと言う。トリフィンが指摘したので「トリフィンのジレンマ」とも言う。例えば、米ドル供給を増加し続けると、アメリカの国際収支は悪化する。そのことから、米ドルに対する信認が低下する。
*2 マクロプルーデンス管理：【訳注】金融システム全体のリスクの状況を分析・評価し、制度設計・政策対応を図ることで安定を確保するとの考え方で、金融機関全体に対する業務規制や、自己資本比率を規制するバーゼル規制といったものがある。

第 2 章

# 人民元の国際化の現状

2014年、人民元の国際化は加速度的に発展した。人民元建てクロスボーダー利用の範囲が大幅に拡大し、人民元オフショア市場の急成長、国際金融協力の深まり、人民元の相場形成メカニズムの改革が着実に前進している。

　経済の「新常態」（ニューノーマル）と言われるなか、構造調整と制度改革が進展し、人民元建てクロスボーダー業務の新たな試みが中国(上海)自由貿易区や深圳前海などで行われ、中国の資本勘定（資本取引）の開放の「先行先試」（全国に先駆けて新たな政策を試行）として「滬港通」制度がスタートし、人民元の国際的な受け入れ度をさらに高めた。

## 2.1　人民元建てクロスボーダー貿易決済

### 1．規模が急速に拡大し、決済比率は「低下から上昇」

　2014年、人民元建てクロスボーダー貿易決済は引き続き拡大し、年間累計額は、前年より1兆9200億元増の6兆5500億元（対前年比41.47％増）で、対輸出入総額では、前年比6.83％増の24.76％であった。

　この年の1月から8月までは、アメリカの量的緩和（QE）政策終了の期待や、アメリカ経済の回復による資金のアメリカへの還流、ドル保有意思の高まり、「唱空中国」（中国を空売りのターゲットにする）などの影響を受け、人民元建てクロスボーダー貿易決済の比率は低下傾向にあった（図2-1）。

　その後、中国経済の「新常態」でプラスのエネルギーが徐々に放出されたことに加え、「一帯一路」戦略の実施や「滬港通」などの好材料が国際社会の人民元への信頼を高め、人民元建てクロスボーダー決済の比率は回復した。

### 2．メインは財貿易で、サービス貿易の決済規模は緩やかに増加

　2014年、人民元で決済されたクロスボーダー財貿易は累計5兆9千億元で、人民元建てクロスボーダー貿易決済の90.08％を占めた。人民元で決済されたサービス貿易とその他の経常取引は累計6565億元で、人民元建てクロスボーダー貿易決済の10.02％を占めた。貿易構造を見

ると、サービス貿易よりも財貿易で人民元を利用する割合が高い。とりわけ、中国人民銀行が2014年8月[*1]に統計分類の調整を行ってから、こうした現象が際立つようになった（図2-2、図2-3）。

## 3．収支は基本的に安定、輸出での人民元決済が急成長

2014年末、人民元建てクロスボーダー貿易決済業務の実収入は、前年より8500億元増の2兆7300億元（対前年比45.21％増）で、実支出

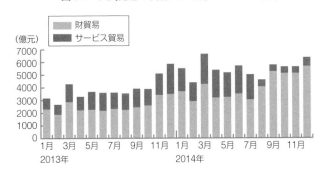

図2-1　人民元建てクロスボーダー貿易決済額

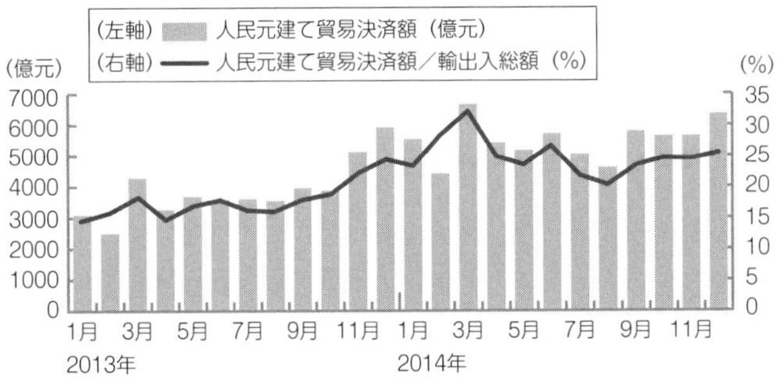

データ出典：中国人民銀行、中国商務省

図2-2　人民元建て決済による財・サービス貿易

データ出典：中国人民銀行、中国商務省

---

[*1] 2014年8月から、通関申告しない中継貿易の分類をサービス貿易から財貿易へと移行したため、財貿易額は拡大し、サービス貿易額は減少した。

は前年より1兆700億元増の3億8200億元(対前年比38.91％増)であった。決済における収支比率は1：1.4で、2013年の1：1.46よりいくぶん上昇したが、それは貿易決済で人民元を利用する意思を持つ海外企業が増えていることを反映している。

　人民元建てクロスボーダー貿易の決済収支額および収支比は安定成長している（図2-4）。

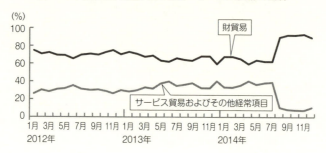

図2-3　人民元建て決済による財・サービス貿易の割合

データ出典：中国人民銀行、中国商務省

図2-4　人民元建てクロスボーダー貿易決済の収支比

データ出典：中国人民銀行

## 2.2 人民元建て金融取引

### 2.2.1 人民元建て直接投資

#### 1．人民元建て域外直接投資（人民元 ODI）

2014年、中国の域外投資規模が拡大し、人民元建て域外投資額が増加した。中国商務省の統計によると、2014年、中国本土の投資家は世界156の国と地域の6128社の域外企業に対して直接投資を行い、証券投資以外の直接投資の累計6320億5千万元（対前年比14.1％増）を実現した。そのうち、人民元決済の対外直接投資額は1866億元で、2013年より1010億元増加し（対前年比118.0％増）、人民元決済の直接投資業務の17.77％を占めた。

2014年は、対外直接投資における人民元決済の比率が変動した。1月～8月は「上昇から低下」だったが、その後は金融支援による企業の対外投資および利便化政策の後押しもあり、特にオフショア人民元市場の規模が拡大した。流動性が高まるなか、中国企業の域外投資が活発化して投資分野を開拓し続け、人民元で決済を行う対外直接投資の規模は急速に拡大した（図2-5）。

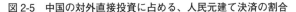

図2-5　中国の対外直接投資に占める、人民元建て決済の割合

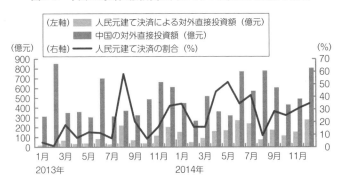

データ出典：中国人民銀行、中国商務省

## 2．域外企業による人民元建て直接投資（人民元FDI）

2014年、中国で実際に行われた域外企業による直接投資額は1195億5800万ドルで、2013年から19億7200万ドル増加し（対前年比1.68％増）、人民元建て域外直接投資（ODI）額とバランスがとれつつある。

域外企業の直接投資は、主に香港・シンガポール・台湾・日本などからで、製造業、不動産業およびリース・ビジネスサービス業に集中している。

人民元決済を行う域外企業による直接投資の累計は8620億元となり、2013年から4138億7千万元増加（前年比92.4％増）した（図2-6）。

これは、オフショア市場の人民元資金の規模が拡大されたことに加え、市場が中国の経済成長に対する信頼を強め、人民元に長期的な値上がり期待を持っていることから、人民元の利用を選択して対中直接投資を行う海外企業が増えてきたことによる。

【参考】

コラムⓓ　中国で海外直接投資の新たな起爆剤となった「一帯一路」　　　P92

図2-6　域外企業による人民元FDI決済業務

データ出典：中国人民銀行、中国商務省

## 2.2.2 人民元建て証券投資

### 1．国際債券および手形・小切手市場

中国の金利水準は主要国より高く、域外で資金調達するほうがコストを抑えられるため、域外から融資を受けることへの強いニーズがあり、また一方で域外人民元による資金供給が急増したことも人民元建て投資の需要を高めた。

需要と供給双方への力が働き、人民元建て債券および手形・小切手の発行額は記録を更新し続けた。人民元建て国際債券および手形・小切手の発行額は2013年末から241億ドル増の473億2千万ドル（対前年比103.8％増）であった（図2-7）。

2013年に急激な変動があったため、2014年に人民元建て債券および手形・小切手の発行量を調整したが、相対的には安定を維持した。

しかし、人民元建て債券および手形・小切手は世界全体の債券市場でのシェアは依然として小さく、国際債券および手形・小切手発行量の1.88％に過ぎない。人民元建て債券および手形・小切手・小切手残高は940億ドルで、2013年より225億5千万ドルの増加（対前年比31.56％増）であった（図2-8）。

人民元の国際化プロセスは2009年より始まり、人民元の国際化水準はこれまでずっと上昇しているが、現在主流の国際通貨とはなお一定の

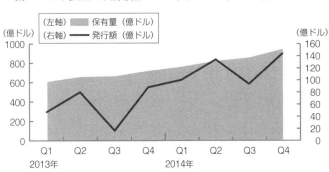

図2-7　人民元建て国際債券および手形・小切手の、残高と発行額

データ出典：国際決済銀行

**図 2-8　世界全体に占める、人民元建て国際債券および手形・小切手の残高と発行高**

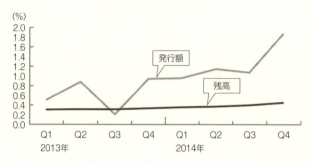

データ出典：国際決済銀行

開きがある。

　2014 年末現在、世界の国際債券および手形・小切手残高のうち、米ドルは 40.36％、ユーロは 41.48％、英ポンドは 9.26％、日本円が 2 ％を占めている（図 2-9）。

　人民元国際化の任は重く道は遠い。引き続き開拓と整備の必要がある。

　国際債券は国際資本市場の最も重要な構成部分であり、人民元建て債券および手形・小切手発行量の増加は、人民元による金融取引機能が実現されつつあることを意味する。

　オフショア市場は、人民元建て国際債券の主たる発行地である。2014 年、世界の複数の国際金融センターでオフショア人民元業務が展開され、オフショア人民元の預金規模が急速に拡大し、人民元建て国際債券の発行に好条件をつくった。香港のほか、シンガポール・ロンドン・台北・ソウル・フランクフルトなどの人民元オフショア市場への参加主体や商品が多様化し、市場規模も著しく拡大した。

　もちろん、香港は最大の人民元オフショア市場である。2014 年、香港の人民元建て債券の保有量は、2013 年末の 2904 億 1000 万元から 3860 億 8700 万元に増加し、伸び率は 33％に達した。このうち最も顕著な変化を見せたのは金融債の保有量で、2013 年の 491 億 2700 万元から 2014 年は 1112 億 2700 万元にまで増加し、市場シェアを 10 ポイント上げた（表 2-1）。

図 2-9 国際債券および手形・小切手の残高および発行通貨構成（2014 年）

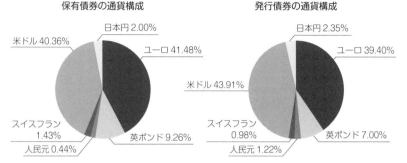

データ出典：国際決済銀行

表 2-1 香港人民元建て債券商品の現在高総額と構成比率（2014 年）

| 種別 | 現在高総額（億元） | 比率（%） | 銘柄数 | 比率（%） |
| --- | --- | --- | --- | --- |
| 企業債 | 1820.50 | 47.15 | 161 | 48.79 |
| 金融債 | 1112.27 | 28.81 | 129 | 39.09 |
| 国債 | 805.00 | 20.85 | 29 | 8.79 |
| 転換社債 | 123.10 | 3.19 | 11 | 3.33 |
| 合計 | 3860.87 | 100 | 330 | 100 |

データ出典：Wind データベース

## 2．株式市場

2014 年、中国は改革の全面的深化元年と位置づけた。株式発行登録制、国有企業の混合所有制改革[*2]や滬港通などの刺激策により、2014 年は中国証券市場が世界で最も活発で、最も成長性の高い株式市場となった。

12 月末の上海総合指数は 3234.68 ポイントで、年間 52.87％上昇、深圳総合指数は 1415.19 ポイントで、33.80％上昇した。上海株式市場の株価収益率（PER）の平均は、2013 年末の 10.99 倍から 2014 年末は 15.99 倍に上がり、深圳株式市場の株価収益率（PER）の平均は、2013 年末の 27.76 倍から 2014 年末は 34.05 倍に上昇した。

2014 年の株式時価総額（A 株[*3]と B 株[*4]）の合計は、前年から 13 兆

---

*2　国有企業の混合所有制改革：【訳注】国有企業が株式や資本の一部を民間に売却して民間資本を受け入れ、ガバナンスや経営効率の向上を図ろうとする改革。

3469億7700万元増の37兆2546億9600万元で、伸び率は55.83％であった。流通株式時価総額は、前年から11兆6044億7700万元増の31兆5624億3100万元（伸び率58.14％）であった。株価全体の大幅な上昇は取引を活性化させ、出来高も過去最高となった。2014年、上海・深圳2都市の累計売買代金は、前年比27兆5184億3800万元増の74兆3912億9800万元（伸び率58.71％増）で、1日平均出来高は前年比1066億9300万元増（伸び率54.17％増）の3036億3800万元であった（図2-10）。

企業の資金繰りには、資本市場と直接融資がより重要な役割を果たすようになった。2014年は、上海証券取引所のメインボードに43社、深圳証券取引所のSMEボード（中小企業板）[5]に31社、ChiNext（創業板）[6]に51社、計125社が新たに上場した。新規上場会社は株式市場を通じ、計668億8900万元資金調達した。既存上場会社の第三者割当増資[7]の金額も2013年に比べて大幅に伸び、年間の第三者割当増資金額は1784億7100万元（79.44％）増の4031億3000万元となった（表2-2）。

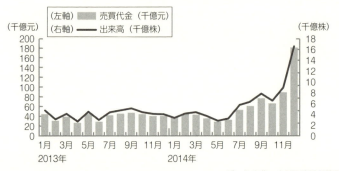

図2-10　中国株式市場の取引状況

データ出典：中国証券監督管理委員会

---

[3]　A株：【訳注】人民元建ての株。中国の国内投資家しか取引できなかったが、2002年に適格外国機関投資家制度が導入され、海外機関投資家による限定的な投資が、また2013年4月からは香港、マカオ、台湾の人でも取引できるようになった。

[4]　B株：【訳注】上海市場では米ドル、深圳市場では香港ドルで取引できる株。中国内外の投資家が売買できる。

[5]　SMEボード（中小企業板）：【訳注】東京証券取引所における二部市場にあたる。

[6]　ChiNext（創業板）：【訳注】日本におけるJASDAQなどの店頭市場にあたる。

表 2-2　中国株式市場の資金調達額

| 年 | 初回発行額 |  |  | 資金再調達額 |  |  |  |  |  |
|---|---|---|---|---|---|---|---|---|---|
|  |  |  |  | A株（億元） |  |  |  | B株 | H株 |
|  | A株<br>(億元) | B株<br>(億ドル) | H株<sup>*1</sup><br>(億ドル) | 公募増資 | 第三者<br>割当増資 | 株式分割 | 新株予約権<br>権利行使 | (億ドル) | (億ドル) |
| 2012 | 0.39 | 0.00 | 82.50 | 104.74 | 1867.48 | 121.00 | 0.00 | 0.00 | 77.14 |
| 2013 | 0.00 | 0.00 | 113.17 | 80.42 | 2246.59 | 475.75 | 0.00 | 0.00 | 59.51 |
| 2014 | 668.89 | 0.00 | 128.72 | 18.26 | 4031.30 | 137.98 | 0.00 | 0.00 | 212.90 |

＊1　【訳注】：H株とは香港証券取引所に上場している中国企業のうち、中国本土で登記している企業の株式の銘柄の総称。中国内外の投資家も取引ができ、香港ドルで取引される。

データ出典：中国証券監督管理委員会

## 3．デリバティブ市場

　2014年末現在、世界のOTC[*8]金利デリバティブ市場の未決済残高は505兆ドルであった。このうち米ドル、ユーロ、日本円、英ポンド、スイスフラン、加ドルの比率はそれぞれ34.14％、33.09％、9.13％、11.28％、0.94％、2.00％で、それ以外の通貨は10％に満たない（図2-11）。

　中国のデリバティブ市場は成長が停滞し、規模は小さく、先進国とは依然として大きな格差が存在し、人民元建てデリバティブは国際決済銀行（Bank for International Settlements、BIS）で単独集計されていない。

　表2-3に示すように、2014年末の世界OTC金利デリバティブ市場は、2013年に比べ、その他通貨の未決済残高と時価総額が上昇した。その他通貨のOTC金利デリバティブ未決済残高の対全通貨の割合は8.28％から9.42％に、OTC金利デリバティブ時価総額の割合は4.56％から5.81％に上昇した。

　人民元金利の市場化改革が重要段階に入り、人民元相場形成メカニズムが市場化を強めると、人民元金利や為替レートの変動性が以前より大幅に拡大した。市場が人民元相場と金利のリスクを回避するという切迫したニーズを満たすために、この2年間、絶えず新しい人民元建てデリバティブ商品が出ている。例えば、2013年8月、香港取引所（中国語

---

＊7　第三者割当増資【訳注】：株式会社の資金調達方法のひとつであり、既存の株主であるか否かを問わず、特定の第三者に対して募集株式を割り当てて資金を投資してもらう方法。
＊8　OTC：【訳注】店頭市場のことで、取引の当事者間（金融機関等と顧客の間）で、数量・価格・決済方法などを決めて売買を行う相対取引（取引所取引ではないもの）を言う。

図 2-11 世界 OTC 金利デリバティブ市場の通貨構成（2014 年末）

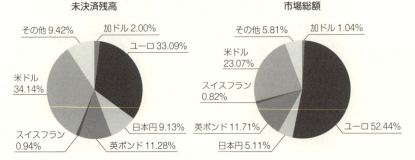

データ出典：国際決済銀行

表 2-3 世界 OTC 金利デリバティブ市場の通貨構成比率（％）

|  | 未決済残高 |  | 時価総額 |  |
| --- | --- | --- | --- | --- |
|  | 2013 年<br>第 4 四半期 | 2014 年<br>第 4 四半期 | 2013 年<br>第 4 四半期 | 2014 年<br>第 4 四半期 |
| ユーロ | 41.32 | 33.09 | 49.22 | 52.44 |
| 日本円 | 8.99 | 9.13 | 4.90 | 5.11 |
| 英ポンド | 9.00 | 11.28 | 9.11 | 11.71 |
| スイスフラン | 0.98 | 0.94 | 0.85 | 0.82 |
| 加ドル | 1.78 | 2.00 | 0.98 | 1.04 |
| 米ドル | 29.65 | 34.14 | 30.38 | 23.07 |
| その他 | 8.28 | 9.42 | 4.56 | 5.81 |

データ出典：国際決済銀行（BIS）

では「香港交易及結算所」）は、中華 120 指数先物[*9]の取り扱いを開始し、2014 年 10 月 20 日には、シンガポール取引所が人民元先物契約取引を正式に開始した。米ドル／オフショア人民元先物、人民元／米ドル先物契約を含み、規模はそれぞれ 10 万ドルと 50 万元であった。現在、香港で取引される人民元建てデリバティブは 2 種類ある。米ドル／人民元先物と中華 120 指数先物である。2014 年、米ドル／人民元先物の出来高

---

[*9] 中華 120 指数先物：【訳注】香港・上海・深圳の 3 つの証券取引所に上場する主要 120 銘柄で構成する株価指数先物取引。

表 2-4　米ドル／人民元先物、中華120指数先物の取引状況集計

枚

|  | 2013年 | | | | 2014年 | | | |
|---|---|---|---|---|---|---|---|---|
|  | 第1四半期 | 第2四半期 | 第3四半期 | 第4四半期 | 第1四半期 | 第2四半期 | 第3四半期 | 第4四半期 |
| 米ドル／人民元先物 | 25054 | 46238 | 26868 | 40548 | 75498 | 33359 | 42843 | 53349 |
| 中華120指数先物 | 0 | 0 | — | — | 9824 | 8678 | 10935 | 10756 |

データ出典：香港取引所

表 2-5　主要インターバンク市場取引額

億元

|  | 2013年 | | | | 2014年 | | | |
|---|---|---|---|---|---|---|---|---|
|  | 第1四半期 | 第2四半期 | 第3四半期 | 第4四半期 | 第1四半期 | 第2四半期 | 第3四半期 | 第4四半期 |
| 金利スワップ | 7375.83 | 7960 | 5697.8 | 6068.55 | 8044.5 | 8908.53 | 9577.68 | 13786.59 |
| FRA | 0 | 0 | 0 | 0.5 | 0 | 2.16 | 2.91 | 2.74 |
| 債券先物 | 1.01 | 0 | 0 | 0 | 0 | 0.07 | 0.96 | 47.05 |

データ出典：中国外貨取引センター

は前年比47.83％増（6万6341枚増）の計20万5049枚、中華120指数先物の2014年の出来高は4万193枚で、毎月の出来高はほぼ安定していた（表2-4）。

　資金市場では、2014年、人民元金利スワップ市場では引き続き活発な取引が行われ、取引熱も上昇し続けた。金利スワップの売買代金は4兆317億3000万元で、2013年に比べて1兆3215億1200万元増、伸び率は48.76％であった。人民元FRA（金利先渡取引）と債券フォワード取引は、2013年の低調から一転、急増した。これらの売買代金はそれぞれ7億8100万元、48億800万元で、2013年の5000万元、1億100万元に比べると驚愕の伸びを見せた（表2-5）。

　2014年、CSI300（滬深300）指数先物[10]の売買代金は163兆1400億

---

*10　CSI300（滬深300）指数先物：【訳注】上海証券取引所と深圳証券取引所に上場されている全A株のうち、時価総額および流動性の高い300銘柄で構成された、中国の株価を代表する指数を対象とする株価指数先物取引。

元で、2013年より22兆4400億元増加、伸び率15.95％となった。その
うち、第4四半期の売買代金の変化が最も顕著で、CSI300指数は第
3四半期の110.7％増となった。滬深株価指数先物の売買代金とCSI300
指数の変動との間に比較的高い同期性があることは、CSI300指数先物
がリスクヘッジの積極的な役割を果たしていることを意味する。2013
年に取り扱いが始まった国債先物は市場の支持を受け、2014年の取引
は対前年比186.73％増の8785億1500万元であった（表2-6）。

## 4．海外企業の投資による人民元建て金融資産

　中国の金融市場は徐々に開放され、非居住者が株式市場とインターバンク債券市場への投資ができるようになった。外国人投資家が人民元建て株式を取得するには、3種類のルートがある。適格域外機関投資家（QFII）、人民元適格域外機関投資家（RQFII）、そして滬港通である。前2者は機関投資家にのみ適用されるもので、個人投資家は「滬港通」を介して上海証券取引所の株式への投資を行う。

　2014年11月17日、滬港通を介しての株式の正式取引が開始した。香港取引所のデータによると、2014年11月、香港証券取引所経由で上海の上場株式を売買する「滬股通」（Northbound Trading Link）の売買代金は465億8900万元、上海証券取引所経由で香港の上場株式を売買する「港股通」（Southbound Trading Link）の売買代金は76億香港ドル、12月の「滬股通」の売買金額は1209億2200万元、「港股通」の売買代金は184億1100万香港ドルであった。「滬港通」の登場により、金融商品に対する人民元による価格決定権が大いに増し、深圳－香港間の「深港通」（深圳・香港ストックコネクト）や中国の資本取引の開放に好条

表2-6　株価指数先物、国債先物取引状況

単位：億元

|  | 2013年 |  |  |  | 2014年 |  |  |  |
|---|---|---|---|---|---|---|---|---|
|  | 第1四半期 | 第2四半期 | 第3四半期 | 第4四半期 | 第1四半期 | 第2四半期 | 第3四半期 | 第4四半期 |
| CSI300指数先物 | 348706 | 331666 | 402067 | 324564 | 272821 | 275356 | 348607 | 734601 |
| 国債先物 | 0 | 0 | 1443.83 | 1620.05 | 1083.95 | 1078.99 | 1322.63 | 5299.58 |

データ出典：中国金融先物取引所（CFFEX）

件が提供された。

インターバンク債券市場は、適格域外機関投資家（QFII）、人民元適格域外機関投資家（RQFII）、域外銀行および域外保険会社の取引参加が認められている。2014年末現在、中国のインターバンク債券市場に参入を許された機関は、QFII 14社、RQFII 66社、域外銀行97行および域外保険会社11社である。2014年、外資系機関が参加したインターバンク債券市場の現物債券の出来高は11万6963枚、売買代金は10兆1683億3900万元であった（図2-12）。

【参考】
コラムE　滬港通：中国資本市場の開放の新たなステップ　　　　　P93

### 2.2.3　人民元建て域外貸付市場

2014年末現在、域内金融機関の人民元建て域外貸出残高は前年比6.19％増の1989億6800万元であった。新規貸付は対前年比51億2600万元増の115億9100万元である。人民元建て域外貸出が金融機関の貸出総額に占める割合は0.24％で、2013年12月に比べ小幅に反落してい

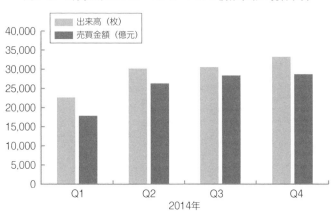

図2-12　外資企業による、インターバンク債券市場の現物取引

データ出典：中国外貨取引センター

る（図2-13）。その原因は、域外貸出の伸びが人民元建て貸出総額の伸びより低かったことにある。人民元の国際的な存在感が上昇するに従い、とりわけ人民元金利が下方修正され、人民元建て域外貸出の規模とその貸出総額に占める割合が上昇を続けている。

クロスボーダー人民元建て貸出には、域内金融機関の域外貸出のほか、域外金融機関による域内企業への人民元建て貸出も含まれる。人民元の域外の金利は域内より低いため、域内企業がクロスボーダー人民元建て貸付を強く望んでいる。

中国人民銀行（中央銀行）は2013年に上海自由貿易区・深圳前海・昆山試験区の3地区内の企業に対し、域外金融機関から人民元建てで資金調達を行うことを許可しており、この措置が2014年にさらに進展した。天津・広西・雲南の一部試行地域の企業に対しても、東南アジアその他の人民元オフショア市場でのクロスボーダー人民元建て貸出を認め、国のマクロ調整の方向と産業政策の方向に合致する港湾貿易、インフラ建設、クリーンエネルギー等の分野の実体経済の発展を下支えしている。

【参考】

コラム F　急成長したオフショア人民元市場　　　　　　　　　　　P95

図2-13　中国本土金融機関の人民元建て域外貸出残高と貸出比率（2013 − 2014年）

データ出典：中国人民銀行

## 2.2.4 人民元建て外国為替市場

2014年、人民元建て直物為替取引の売買代金は、前年同期比1.2%増の4兆1200億ドルであった。中国人民銀行は、人民元の両替コストを軽減し、2国間貿易や投資の便宜を図るため、人民元と主要通貨、周辺国通貨との直接取引を積極的に進めている。

2014年、インターバンク市場は、人民元とＮＺドル・英ポンド・ユーロ・シンガポールドルとの直接取引を開始すると共に、人民元－カザフスタンテンゲのインターバンク市場地域取引を発表した。当初のマレーシアリンギット、ロシアルーブルなどの周辺国通貨から、ユーロ、英ポンド、日本円などの主要準備通貨および豪ドル、ＮＺドル、シンガポールドルなどの交換可能通貨へと広がり、人民元の直接取引ネットワークが形成された（表2-7）。

2014年、人民元と外貨の直接取引は1兆500億元で、インターバンク市場直物（スポット）取引の4.7%であった。活発化したインターバンク市場の人民元直接取引は流動性が著しく向上し、各経済主体（市場参加者）の両替コストを下げた。

スワップは、人民元建て為替デリバティブ市場の主力製品である（図2-14）。人民元建て為替スワップ取引の累計売買代金は前年同期比32.1%増の4兆4900億米ドル（換算）で、うちオーバーナイト・ドルスワップは2兆3600億米ドルと、スワップ総売買代金の52.6%を占めた。

人民元建て為替先物市場の累計売買代金は、前年同期比63.5%増の529億米ドルであった。2014年度の累計売買代金は前年同期比5.7%減

表2-7 インターバンク為替スポット市場における、人民元／各通貨の取引量（2014年）

| 通貨 | アメリカドル | ユーロ | 日本円 | 香港ドル | イギリスポンド | オーストラリアドル | ＮＺドル | シンガポールドル | カナダドル | マレーシアリンギット | ロシアルーブル | タイバーツ | カザフスタンテンゲ |
|---|---|---|---|---|---|---|---|---|---|---|---|---|---|
| 取引量（億元） | 239942 | 3155 | 4551 | 2031 | 1377 | 1486 | 281 | 838 | 14 | 12 | 255 | 2 | 3 |
| 前年比伸び率（%） | 4 | 15 | −64 | 40 | 702 | −1 | | | 65 | 5 | 369 | −63 | |

データ出典：中国外貨取引センター

図 2-14　人民元建て為替デリバティブ市場

データ出典：中国外貨取引センター

の606億米ドル（換算）で、そのうち出来高が最も多かった外貨ペアはシェア35％の米ドル／香港ドルであった

外国為替市場の取引主体がさらに拡大し、2014年末現在、直物市場会員465社、先物市場会員は98社、為替スワップ市場会員97社、通貨スワップ市場会員84社、オプション市場会員39社で、そのうち、直物市場のマーケット・メーカー31社、先物市場のマーケット・メーカーは27社である。

マーケット・メーカーには4大国有銀行、主要株式制銀行、国家開発銀行などの中国資本金融機関のほか、バンク・オブ・アメリカ、シティバンク、香港上海銀行（HSBC）、ドイツ銀行、三菱東京UFJ銀行など著名な外資系金融機関が名を連ねている。

## 2.3　世界の外貨準備における人民元

### 2.3.1　通貨による金融協力の強化

国際通貨基金（IMF）では、外貨準備高を「Allocated Reserves（通貨別配分がわかっている外貨準備高）」（以下、AR）と「Unallocated Reserves（通貨別配分不明の外貨準備高）」（以下、UR）の2部分に分けている。

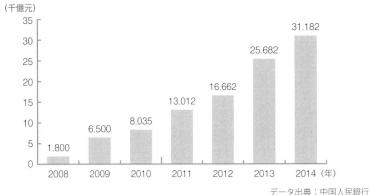

図2-15 中国人民銀行と他国通貨当局との通貨スワップ残高

データ出典：中国人民銀行

　2014年末には、ARは6兆900億米ドルで世界外貨準備高総額の52.45％、URは5兆5200億米ドルで世界外貨準備高総額の47.55％を占めている。

　2014年末現在、中国人民銀行は28の国と地域の通貨当局と通貨スワップ協約を締結し、通貨スワップ残高は3兆1200億元であった（図2-15）。このうち、中国人民銀行と、ニュージーランド・アルゼンチン・カザフスタン・タイ・パキスタンとは2度目の調印、モンゴル・韓国・香港とは3度目の調印となる。また新たに増えたのは、スイス・スリランカ・ロシア・カタール・カナダの5カ国である。

　中国人民銀行が域外の通貨当局と通貨スワップ協定を締結する目的は、先進経済国間での通貨危機が発生時の対応とは異なり、地域金融安定のためのメンテナンス、2国間貿易および投資の促進という意味合いが強い。

　中国人民銀行は、さらにカタール・カナダ・マレーシア・オーストラリア・タイの通貨当局とドーハ・トロント・クアラルンプール・シドニー・バンコクでの人民元決済手配の覚書を締結し、人民元適格域外機関投資家（RQFII）モデル地区をカタールとカナダに設置し、初期投資の限度額枠をそれぞれ300億元、500億元とした。その後、ドーハ・トロント・クアラルンプール・シドニー・バンコクの人民元業務クリアリング銀行を確定した。

2014年、中国人民銀行は、その他の通貨当局との人民元業務クリアリング銀行の確定を強化し、中国と他の国や地域との金融協力に新しい一歩を踏み出した。

### 2.3.2 国際準備通貨の多様化

2014年末現在、ARのうち、米ドルによる外貨準備は3兆8300億ドルで、62.88％を占めた。次がユーロの1兆3500億ドル（22.21％）である。そして日本円2400億ドル（3.96％）、英ポンド2300億ドル（3.80％）、スイスフラン171億8300万ドル（0.28％）で、加ドル1200億ドル（1.91％）、豪ドル1100億ドル（1.81％）であった（表2-8）。

アメリカの量的緩和政策の終了はドル高をもたらし、欧州経済の低迷は米ドルの国際的な準備通貨におけるシェアを確実に伸ばした。ユーロ

**表2-8 世界全体の外貨準備における、通貨構成比率（2014年）**

(％)

|  |  | 2013年 |  |  |  | 2014年 |  |  |  |
|---|---|---|---|---|---|---|---|---|---|
|  |  | Q1 | Q2 | Q3 | Q4 | Q1 | Q2 | Q3 | Q4 |
| Allocated Reserves（通貨別配分がわかっている外貨準備高）*1 |  | 54.88 | 54.61 | 54.12 | 53.30 | 52.69 | 52.65 | 52.56 | 52.45 |
| 内訳 | 米ドル | 61.83 | 61.83 | 61.42 | 61.04 | 60.80 | 60.73 | 62.37 | 62.88 |
|  | ユーロ | 23.54 | 23.85 | 24.12 | 24.38 | 24.33 | 24.09 | 22.60 | 22.21 |
|  | 日本円 | 3.88 | 3.84 | 3.80 | 3.82 | 3.93 | 4.03 | 3.96 | 3.96 |
|  | 英ポンド | 3.87 | 3.82 | 3.92 | 3.98 | 3.86 | 3.88 | 3.85 | 3.80 |
|  | スイスフラン | 0.26 | 0.26 | 0.26 | 0.27 | 0.26 | 0.27 | 0.27 | 0.28 |
|  | 加ドル | 1.58 | 1.79 | 1.84 | 1.83 | 1.87 | 1.99 | 1.93 | 1.91 |
|  | 豪ドル | 1.66 | 1.69 | 1.68 | 1.81 | 1.89 | 1.92 | 1.88 | 1.81 |
|  | その他の通貨 | 3.38 | 2.93 | 2.97 | 2.86 | 3.05 | 3.10 | 3.14 | 3.14 |
| Unallocated Reserves（通貨別配分不明の外貨準備高）*2 |  | 45.12 | 45.39 | 45.88 | 46.70 | 47.31 | 47.35 | 47.44 | 47.55 |
| 内訳 | 先進経済国 | 33.24 | 33.08 | 33.02 | 32.73 | 32.74 | 32.74 | 32.70 | 33.24 |
|  | 新興経済国および発展途上国 | 66.76 | 66.92 | 66.98 | 67.27 | 67.26 | 67.26 | 67.30 | 66.76 |

注：*1 「Allocated Reserves」はCOFERデータベースより。通貨構成は当該通貨による外貨準備額の「Allocated Reserves」に対する比率。計算方法はIMFに同じ。
　　*2 「Unallocated Reserves」は外貨準備総額とAllocated Reservesとの差。

データ出典：国際通貨基金（IMF）COFERデータベース、IMF『国際金融統計』

の準備額としてのシェアは著しく低下した。

　国際的な準備通貨の多様化に新たな動きがあり、加ドルと豪ドルが各国の外貨準備高で累計シェア１％超えとなり、IMFの準備通貨統計で個別に記載されることとなった。

　2014年、IMFは、特別引出権（SDR）を構成する通貨バスケットの５年に１度の見直し（どの通貨をSDRに採用し、どの程度の構成ウェイトにするかの確定）を行った。

　SDR構成通貨採用の一般的な基準は、「貿易決済での利用規模」と「自由な利用ができるか」である。人民元はこれら２つの基準を満たしているため、人民元が新たなSDR構成通貨として採用され、より広範な範囲で国際通貨としての役割を果たす可能性は極めて高い[*11]。

## 2.4　人民元相場

### 2.4.1　人民元の相場形成メカニズムのさらなる整備

　中国が実施しているのは、市場の需給に基づく管理されたフロート為替レート制（管理フロート制）である。

　2014年、中国は市場の資源配分の決定的役割をより強化し、国際／国内の、２つの市場、２つの資源を十分に利用して、経済発展モデルの転換と構造調整を加速させるべく、人民元相場形成メカニズムを改革した。その目的は、市場の為替レート決定力の拡大である。

　改革の第１は、米ドルに対する人民元の銀行対顧客取引相場の値幅制限が撤廃され、銀行が市場ニーズに基づき、自主的に対顧客の人民元対各種通貨取引レートを決定できるようになったことである。

　改革の第２は、『インターバンク外為市場の職業倫理および市場慣例手引き』を公布し、市場の公正な競争秩序を維持しながら、業界の自律を主とし、政府による管理を従とする外国為替市場の新しい枠組みの形成を進めたことである。

---

＊11　【訳注】2016年10月１日付で、人民元はSDR構成通貨に採用された。

それと同時に、外国為替市場を発展させ、為替商品を豊富にして外国為替市場の範囲と厚みを増し、企業と居住者のニーズをより満たすものにした。

外国為替市場の成長度や経済・金融情勢に基づき、人民元相場の双方向の変動幅の弾力性を強化し、中央銀行はそれまで常態化していた為替市場への介入から基本的に手を引き、人民元相場は合理的でバランスのとれた水準に落ち着いている。

### 2.4.2 人民元相場の水準

#### 1．人民元相場（仲値）

域内外国為替市場で、人民元との直接交換取引が行われているのは、2013年は9通貨、2014年末には11通貨で、内訳は、米ドル・香港ドル・日本円・ユーロ・英ポンド・マレーシアリンギット・ロシアルーブル・豪ドル・加ドル・ＮＺドル・シンガポールドルである。

2005年7月の人民元相場形成メカニズムの改革（人民元切り上げ）以降、人民元は米ドルに対して変動幅拡大の勢いを維持した。2014年、FRB（Federal Reserve Board、連邦準備制度理事会）の量的緩和政策やアメリカ経済の回復の影響を受け、人民元の米ドルに対する上昇がストップし、小幅の下落が現れた。同年5月末の人民元の対米ドルレート仲値は6.1695で、2013年12月末と比較して、人民元は米ドルに対して1.18％下落、下落幅は年間最高であった。その後、下落幅は月毎に狭まり、12月末、人民元の対米ドルレートの終値は6.119となり、前年同期比0.36％下落した（図2-16）。

人民元の対ユーロ、対日本円レートの上昇は顕著であった。2014年12月末の仲値はそれぞれ7.4556、5.1371で、前年同期比でそれぞれ12.92％、12.46％上昇した。2005年7月21日の人民元切り上げ時の水準と比較すると、人民元のユーロ、日本円に対する累計上昇幅はそれぞれ34.01％、42.36％となる。

人民元の英ポンド、マレーシアリンギット、加ドルに対するレートは、実効為替レートの変動という特徴を有する。

図 2-16 人民元相場（仲値）の月別推移（2013～2014年）

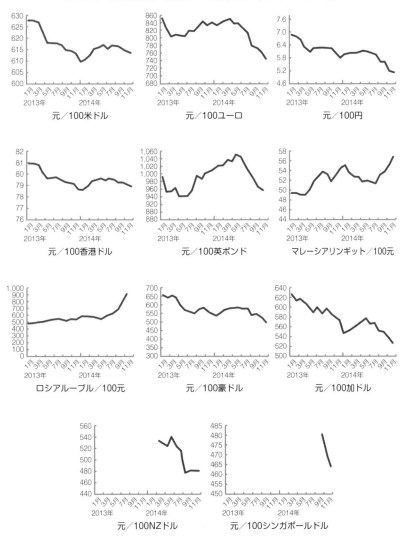

注：リンギット、ルーブル・元相場（仲値）は間接呼び値（100元＝○○リンギット、100元＝○○ルーブル）で表し、その他の通貨に対する元相場（仲値）は直接呼び値（100外貨＝○○元）で表す。月別データはいずれも期末の数値。

データ出典：国家外貨管理局

第2章 人民元の国際化の現状

2014年、人民元はこれらの通貨に対し「元安から元高」の傾向を見せた。6月末、人民元の対英ポンド仲値は10.4978となり、2013年12月末に比べ、英ポンドに対して人民元は4.21％下落した。その後、人民元は月を追うごとに上昇し、12月末、人民元対英ポンドの終値は前年同期比5.36％増の9.5437となった。

　人民元の対マレーシアリンギット、対加ドルのレートも英ポンドと似た特徴を見せた。

　2014年、西側諸国の経済制裁と国際原油価格の暴落の二重打撃を受け、人民元はロシアルーブルに対して著しい上昇を見せた。2013年1月から2014年8月までは緩やかな上昇を見せていた人民元の対ロシアルーブルのレートが、同年9月から12月にかけて急速に上昇した。2014年12月には1元＝9.0536ルーブル（仲値）となり、2013年12月末の5.3985と比較して67.71％の元高となった。

　2014年、対NZドル、対シンガポールドルを皮切りに、人民元の直接取引が始まり、市場の人民元に対するニーズが急増し、人民元のこれらの通貨に対する大幅な上昇を牽引した。

　2014年3月、人民元－NZドルの直接取引が始まり、3月末、人民元の対NZドル（仲値）は5.3407、12月末終値は4.8034であった。よって、9カ月の間に人民元はNZドルに対し11.19％上昇した。

　2014年10月、人民元－シンガポールドルの直接取引が始まり、10月末の人民元対シンガポールドルの相場は4.8057、12月末には4.6396となり、人民元のシンガポールドルに対する上昇幅は3.58％であった。

　2014年における重要な現象は、「人民元相場は双方向の変動サイクルに入る」と市場全体が認識したことであり、トレンド性の上昇や下落がなかったことである。中国が国際収支のバランスがとれるようになるに従い、人民元相場も合理的な均衡水準に向かっている。市場の需給関係が人民元相場の主要な決定力になり、短期間のうちに人民元相場は上昇あるいは下落するのが常態となっている。

## 2．名目実効為替レートと実質実効為替レート

　国際決済銀行（BIS）のデータによると、2014年12月、人民元の名

目実効為替レートは前年同期比6.41％増の121.53で、インフレ率を控除した実質実効為替レートは126.16（前年同期比6.24％増）であった。2005年7月の人民元切り上げから計算すると、人民元の名目実効為替レートおよび実質実効為替レートはそれぞれ累計38.01％、48.44％上昇したことになる（図2-17）。

2014年、英ポンドと米ドルは堅調で、両者の名目実効為替レート2013年よりそれぞれ3.59％、7.63％上昇した。これに対し、ユーロや日本円は軟調で、名目実効為替レートはそれぞれ4.51％、8.18％の下落を見せた（図2-18）。

図2-17 人民元の実効為替レートの推移

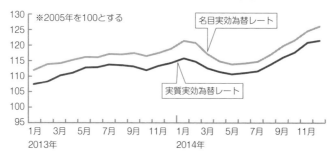

データ出典：国際決済銀行

図2-18 主要国通貨の名目実効為替レートの推移

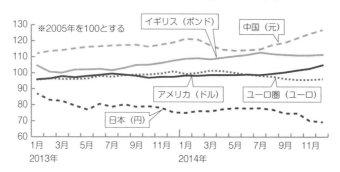

データ出典：国際決済銀行

## 3．オフショア人民元（CNH）

2014 年度、米ドル・オフショア人民元相場は、明らかな双方向の変動を見せた。オフショア人民元レートの最高は 6.265、最低は 6.019 で、変動幅は 4.1％であった。2014 年 12 月末のオフショア人民元相場は 1 米ドル＝ 6.2128 元で、2013 年 12 月末の 6.0568 元と比較すると、オフショア人民元は 2.51％下落した。

オンショア市場とオフショア市場が分割されているため、2 つの市場の為替相場すなわち CNY と CNH の変動は一致せず、両者の間には価格差が存在する。この価格差は、域内外の人民元マネーマーケットの需給や金利の差が変化することにより、上下に変動する（図 2-19）。

2014 年 2 月 9 日、CNY と CNH の価格差の最大値はプラスの 3.61％となり、2014 年 9 月 30 日にはマイナスの最大値である− 3.97％となった。絶対値で見ると、オンショアとオフショア人民元相場の差は 7.6％に達する。

全体的には、2014 年、CNY と CNH の価格差は、拡大−縮小−拡大という変化をたどった。

域内外人民元の金利差が縮まることで、人民元の国際移動、裁定取引（アービトラージ）の動機が希薄になった。その一方で、人民元の米ドルに対する段階的な下落を背景に、域内外の差が著しく拡大することは、

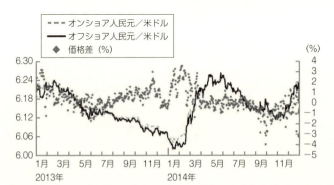

図 2-19　オフショア人民元相場と価格差

データ出典：Wind データベース

人民元資金の国際移動への影響を高めることになる。

## 4．人民元のノンデリバラブル・フォワード
### （Non Deliverable Forward、NDF）

外貨の取引に規制のある国では、通常、自由な通貨交換ができない。為替レートの変動リスクを回避するため、1990年代にノンデリバラブルのフォワード取引[*12]が登場し、人民元・ベトナムドン・インドルピー・フィリピンペソといったエマージング通貨にNDFというデリバティブ商品が誕生した。

シンガポールと香港の人民元ノンデリバラブル・フォワード（NDF）市場はアジア最大のオフショア人民元フォワード取引市場であり、この市場の動向は、国際社会の人民元相場の変化に対する期待（予想）が反映されている。人民元NDF市場の主要参加者は欧米の大手銀行や投資機関で、彼らのメイン顧客は、中国で大量の人民元収入のある多国籍企業であり、香港に本社を置く中国本土企業もある。

2014年に入り、人民元の各期限のNDFは、2013年の上昇続きの傾向から、上昇−安定−上昇の様相を見せるようになった。具体的には、第1四半期に急速に上昇し、第2四半期と第3四半期は変動しながら安定する過渡期の様相、第4四半期に入ると、また上昇を続けた。

2014年12月末、1カ月物、3カ月物、半年物、1年物の人民元NDFの買取レートはそれぞれ6.1500、6.2050、6.2590、6.3495で、2013年同期に比べ、人民元は米ドルに対し、それぞれ0.7％、1.5％、2.3％、3.6％下落した（図2-20）。

以上のように、人民元の一方向の上昇期待は打ち破られ、主要通貨に対し双方向の変動を見せるようになった。これは、健全な人民元相場の市場化メカニズムの形成にとって良好な後押しとなる。人民元の相場形成メカニズムはより改善され、各種の影響要因は総合的に市場に反映される。財貨貿易の収支、人民元と外貨の金利差、マクロ経済の成長から

---

*12　ノンデリバラブルのフォワード取引：【訳注】決済期日において現物や実際の外貨の受け渡しを行うのではなく、両当事者が取引時にあらかじめ決定した価格と、決済期日の実勢直物価格の差額を想定元本に乗じた額を米ドルなどで決済する先物取引を言う。

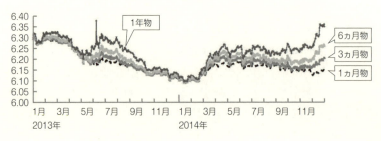

図 2-20　NDF の推移（日次、終値）

データ出典：Bloomberg

もたらされるさまざまな影響により、為替レートが上下双方向に変動するようになり、それが新常態（ニューノーマル）となるのである。

【参考】

コラムⓖ　人民元の相場形成メカニズムのさらなる市場化　　　　　　　　P97

### 2.4.3　中国の資本取引自由度の測定

　エプスタインとショア（Epstein and Schor（1992））は、世界で初めて「Annual Report on Exchange Rate Arrangements and Exchange Restrictions」（AREAER）を用いて資本規制の程度を測定することを提案した。コッタレリとジャンニーニ（Cottarelli and Giannini（1997））は AREAER の資本規制情報の数値化を二値変数[*13]として算術平均を行い、資本取引の開放度を計算した。しかし、計算が必ずしも厳密ではなかったために、得られる結論の信頼度は高いとは言えない。そこで、本書では、現在主流となっている資本開放度の計測方法である「4段階評価方式」[*14]を使用し、中国の名目資本勘定の開放度を測定した。

　2014 年版の AREAER によると、中国の 2013 年度の資本規制について、2012 年に引き続き、資本取引で交換が禁止されているのは3項目で、主に非居住者が参加する国内マネーマーケット、集団投資型証券、デリ

＊13　二値変数：資本取引の項目で規制があるものを0、ないものを1とした0／1ダミー変数。

バティブ商品の売却と発行に集中している。一部交換可能な項目は、債券取引、株式取引、不動産取引、個人の資本取引などに集中している。「4段階評価方式」で計算したものに細かい変化を考慮して2014年版AREAERを総合的に数値化すると、2013年の中国の資本開放度（資本取引の自由度）は0.6035となる（表2-9）。

2014年、中国の資本取引の開放は新しい段階に入った。人民元の資本取引の自由化を進めるため、政府は中国（上海）自由貿易試験区の支払機関でクロスボーダー人民元支払い業務をスタートさせて域外の非金融企業が域内で人民元建て債券を発行できるようにし、滬港通制度を構築して、機関投資家・個人投資家が人民元を使用して上海と香港市場で自由に株式売買ができるようにするなど、一連の措置を打ち出した。

### 2.4.4　自由度に変化のあった項目

2013年は、資本取引の40項目のうち、13項目に前年までとは明らかに異なる変化があった。その変化とは、中国の資本勘定の開放をさらに進めるものであった。

---

＊14 「4段階評価方式」
計算式は、
$$open = \sum_{i}^{n} p(i)/n$$

openは0～1の値をとり、資本取引の自由化の度合いを表す。値が小さいほど資本取引への規制が強い。

nは資本取引の自由化で考慮すべき取引項目の総数で、ここでは中国における資本取引全40項目となる。

$p(i)$ は、第i項目の自由化の度合いを表し、0～4の数値をそれぞれの資本取引に割り当てる。

　$p(i)=1$　：当該資本取引項目に規制がないこと、すなわち実際の資本取引または為替取引に基本的に規制がないことを表す。

　$p(i)=1/3$：規制が多いこと、すなわち取引主体または資本項目の大部分に規制があることを表す。

　$p(i)=2/3$：当該資本取引項目に規制が少ないこと、すなわち一部の取引主体または少数の資本項目にのみ規制があることを表す。

　$p(i)=0$　：厳しく規制されていること、すなわち取引が許可されていない、または禁止されていることを表す。これには法律で明文化されていないものの、実務上許可されていない、または禁止されている取引項目を含んでいる。また、AREAERの中にも規制はあるが具体的な情報のない項目が少々ある。この場合、1/2を割り当てる。

例を挙げると、「株式売買または資本参加性のあるその他証券」の第1項目「非居住者による域内購入」で、2012年では「QFIIの投資総額上限は800億ドルとする」であったのが、2013年には「QFIIの投資総額上限は1500億ドルとする」となり、上限が大きく引き上げられた。このことから、QFIIに対する着実な運用枠拡大傾向が見てとれる。それ以外の項目についての変化も表2-9に記しておく。

表 2-9　IMF の定義に基づく中国の資本規制の現状

▓：禁止　　□：規制が多い　　□：規制が少ない

| 資本取引項目 | 2013 年・2014 年 |
|---|---|
| 1．資本市場における証券取引への規制 | 中国側株主は、支配する域外上場企業が得た外貨収益を 2 年以内に中国に送金する（従来は 6 カ月以内）。 |
| A．株式売買または資本参加性のあるその他証券 | |
| （1）非居住者による域内購入 | 適格域外機関投資家（QFII）が域内 A 株に投資するには以下の条件を満たす必要がある。<br>①QFII の持株比率は上場企業の発行済株式数の 10% 以下とし、海外投資家の A 株上場企業 1 社に対する株式保有比率の上限を 30% とする。<br>②QFII の投資限度額を 1500 億ドルとする（従来は 800 億ドル）。<br>③QFII を介して販売される養老ファンド、保険ファンド、共同ファンド等のクローズド期間は 3 カ月とする。<br>B 株は証券取引所で米ドルまたは香港ドル建てで取引され、海外投資家も購入可。<br>※ 2013 年末、累計 251 法人（2012 年末は 169 法人）が承認を取得、総投資は 497 億 100 万米ドル（同 374 億 4300 万米ドル）。 |
| （2）非居住者による域内売却・発行 | 非居住者は A 株および B 株の売却ができる。政策・規則には非居住者による A 株または B 株の発行に関する規制はないが、現時点で非居住者による A 株または B 株の発行はない。 |
| （3）居住者による域外購入 | 保険会社は域外投資を行うことが可能で、前四半期資産総額の 15% を上限とする。この比率は株式、債券、ファンド等、すべてのタイプの外国投資を含む。<br>海外・国内の株式および株式型ファンドでの総合投資は前四半期末総資産の 30% を上限とする（従来は 20%）。 |
| （4）居住者による域外売却・発行 | オフショア海外企業が投資する株式制上場会社が海外株を発行する場合は、証監会の許可と国家外貨管理局への登録が必要。 |
| B．債券およびその他負債性証券 | |
| （5）非居住者による域内購入 | QFII は人民元建て金融商品による投資が可能。<br>①株式、債券および取引所で取引または譲渡される新株予約権<br>②インターバンク債券市場で取引される固定収益類（確定利付き型金融）商品<br>③証券投資ファンド<br>④株価指数先物<br>⑤証監会が許可したその他金融商品<br>人民元適格域外機関投資家（RQFII）および適格域外機関はインターバンク債券市場での投資が可能。<br>(2013 年 6 月 21 日より台湾、2013 年 10 月 15 日よりイギリス、2013 年 10 月 22 日よりシンガポールの RQFII が中国本土証券市場で投資できるようになった) |
| （6）非居住者による域内売却・発行 | 国際開発機構は、中国財政省・中国人民銀行・国家発展改革委員会の承認により、人民元建て債券の発行が可能。2013 年の時点では、非居住者による債券の中国本土発行の前例はない。中国にある外資企業も債券発行が可能。 |

■：禁止　　■：規制が多い　　□：規制が少ない

| 資本取引項目 | 2013年・2014年 |
|---|---|
| （7）居住者による<br>　　域外購入 | 銀行・基金管理会社・証券会社・保険会社を含む適格国内機関投資家（QDII）は、それぞれの外貨（数量や金額の）限度額および管理規制の枠内で海外債券購入が可能。国内外の無担保社債および証券投資ファンドへの投資の上限は、それぞれ50％、15％とする。 |
| | 2014年2月19日より、固定収益類（確定利付き型金融）資産（定期預金、国債、社債等）または権益類資産（株式、株式型ファンド等）の単一投資の簿価は、保険会社の前四半期末の総資産の5％を超えないこと。 |
| （8）居住者による<br>　　域外売却・発行 | 国家発展改革委員会に届け出た海外債券発行の申請から発行日までが1年を超える場合、国家発展改革委員会は関連部門に審査請求する。海外での外貨建て債券発行の申請には、国務院の承認が必要。 |
| 2．マネーマーケットにおける取引への規制 ||
| （9）非居住者による<br>　　域内購入 | QFIIは最短のクローズド期間でマネーマーケットファンド（MMF）の購入が可能。QFIIはインターバンク市場には直接参入できない。クローズド期間とは、投資主体への送金が禁止される期間を言う。 |
| （10）非居住者による<br>　　域内売却・発行 | 非居住者はマネーマーケット商品の売却および発行はできない。 |
| （11）居住者による<br>　　域外購入 | QDIIは規定で認められたマネーマーケット商品の購入が可能で、それぞれの割当てと管理規制を受ける。国内外の無担保社債および証券投資ファンドへの投資の上限は、それぞれ50％、15％とする。 |
| （12）居住者による<br>　　域外売却・発行 | 中国本土居住者は、国家外貨管理局の承認により、域外マネーマーケット商品（期限が1年未満の債券、コマーシャルペーパー等）の発行が可能。 |
| 3．集団投資型証券への規制 ||
| （13）非居住者による<br>　　域内購入 | QFIIは国内のクローズドエンド型ファンド（購入はできるが解約はできず、換金は市場で売却する）およびオープンエンド型ファンド（購入・解約ともにできる）に投資することができる。 |
| （14）非居住者による<br>　　域内売却・発行 | この取引は認められていない。 |
| （15）居住者による<br>　　域外購入 | QDIIは海外の集団投資型証券の購入が可能で、それぞれの割当てと管理規制を受ける。国内外の無担保社債および証券投資ファンドへの投資の上限は、それぞれ50％、15％とする。 |
| （16）居住者による<br>　　域外売却・発行 | 中国本土居住者は、国家外貨管理局の承認により、域外集団投資型証券の発行が可能。 |
| 4．デリバティブおよびその他取引への規制 ||
| （17）非居住者による<br>　　域内購入 | QFIIはヘッジ目的に限り国内の株価指数先物の取引が可能で、特定の規制と規模の制限を受ける。 |
| （18）非居住者による<br>　　域内売却・発行 | この取引は認められていない。 |

| 資本取引項目 | 2013年・2014年 |
|---|---|
| (19) 居住者による域外購入 | 銀監会（中国銀行業監督管理委員会）が管轄する金融機関は、銀監会が承認した次の目的のデリバティブの売買が可能。<br>①バランスシートに計上された資産のリスクヘッジ<br>②黒字目的<br>③顧客（金融機関を含む）へのデリバティブ取引提供 |
| | 商業銀行は、顧客の利益のために行うウェルスマネジメントサービス[1]を介した域外理財（資産運用）業務において、商品デリバティブには投資できない。 |
| | 国有資産監督管理委員会の許可により、中央国有企業はオフショアデリバティブ業務が可能。 |
| (20) 居住者による域外売却・発行 | 購入申請は法に則ること。 |
| **5．商業信用取引への規制** | |
| (21) 居住者から非居住者への供与 | 従来より、一定の条件下で、居住者から非居住者への貿易信用（遅延受取金、前払金を含む）の拡大が認められ、関連データを国家外貨管理局に届け出ることが義務づけられている。（※実際には該当する出来事は起きていない） |
| (22) 非居住者から居住者への供与 | 従来より、一定の条件下で、非居住者か非居住者への貿易信用（遅延受取金、前払金を含む）の拡大が認められ、関連データを国家外貨管理局に届け出ることが義務づけられている。（※実際には該当する出来事は起きていない） |
| **6．金融信用取引への規制** | |
| (23) 居住者から非居住者への供与 | 一定の制限下で、多国籍企業の域内関連会社は域外関連会社に直接融資ができ、国内銀行を介して域外関連会社に貸付を行うことが可能。（※実際には該当する出来事は起きていない。なお、銀行については、2012年に業務範囲内かつ銀行監督管理機構の関連指令を満たしていれば国外貸付が可能となっていた） |
| (24) 非居住者から居住者への供与 | 金融機関および対外借入への従事を許可された中国資本企業は、国家外貨管理局が承認した限度額に合致していれば、1年または1年以内の短期借入を行うことが可能。全ての対外借入は、国家外貨管理局に登記すること。 |
| | 2013年、国家外貨管理局が承認した短期外債の総割当額は373億ドル。具体的な事務にはそれ以上のチェックや承認は不要。全ての対外借入は、国家外貨管理局での登記が必要。 |
| **7．担保融資、保証融資、スタンドバイ・ファシリティへの規制** | |
| (25) 居住者から非居住者への供与 | 中国国内の銀行が海外に融資性担保を差し出す場合は、国家外貨管理局の承認が必要。個人の取引には承認は不要。中国国内の銀行が海外に非融資性担保を差し出す場合、承認は不要。 |
| | 中国国内の銀行が対外担保を提供する場合は、国家外貨管理局にその都度届け出ること。 |
| | ノンバンク金融機関および企業は、国家外貨管理局の規制の範囲内で、融資性および非融資性の対外担保を差し出すことが可能。 |

■ :禁止　□ :規制が多い　□ :規制が少ない

| 資本取引項目 | 2013年・2014年 |
|---|---|
| (26) 非居住者から居住者への供与 | 中国国内金融機関からの借入の場合、法により、商務省が海外企業の投資関連法律に照らして認めた外資企業（外資100%企業、中外合弁企業、中外合作企業等を含み、それに限らない）は、外国機関からの担保を受けることが可能。 |
| | 中国資本企業が一部試行地域で国内金融機関から借入をする場合、外国機関の担保を受けることができるが、国家外貨管理局が許可した制限に合致しなければならない。 |
| **8. 直接投資への規制** | |
| (27) 対外直接投資 | 対外直接投資プロジェクトは、①奨励、②許可、③禁止、に分ける。 |
| | 対外直接投資の外貨資金源は外貨登記が必要。対外直接投資資金の送金に審査は不要だが、登記は必要。 |
| | 国内企業の海外直接投資に外貨制限はなく、外貨を購入して海外直接投資を行うことが認められる。 |
| (28) 対内直接投資 | 対内直接投資は、その影響から①奨励、②許可、③制限、④禁止、の4つに分類する。 |
| | 海外企業による投資その他に関する法律法規に適合し、中国商務省または地方商務部門の承認を取得していれば、非居住者が中国で出資して企業を設立することが可能。 |
| **9.** (29) 直接投資の清算に対する規制 | 取得したA株上場会社の株式は、3年間は譲渡しないこと。 |
| | 経営期限を待たずに清算する場合は、審査を行い審査認可機関の承認を得るか、または司法判断に基づくこと。 |
| **10. 不動産取引への規制** | |
| (30) 居住者による域外での購入 | 内国法人が海外の不動産を購入する場合は、海外直接投資に従って行うこと。 |
| | 保険会社の域外不動産投資は資産総額の15%を超えないこと。 |
| | 2014年2月19日より、海外および国内不動産投資の簿価は、保険会社総資産の30%を上限とする（従来は20%）。 |
| | 全体の簿価に保険会社自身が使用する資金は含めず、その簿価の差額は純資産総額の50%を超えないこと。 |
| (31) 非居住者による域内での購入 | 海外居住者が商業住宅*2 を建物を購入する場合には、実際の必要性および自己使用の原則を遵守するものとし、建物購入代金を売り手に支払うために、直接、指定された外国為替銀行で外貨資金を人民元に交換することができる。 |
| (32) 非居住者による域内での売却 | 国家外貨管理局に登録することで、非居住者は不動産売却による収益を関連銀行から直接本国に送還することが可能。外貨認可手続きは廃止。 |
| **11. 個人の資本移動への規制** | |
| 貸付 | |
| (33) 居住者から非居住者への供与 | 具体的な授権がない場合、居住者から非居住者への貸付供与は不可。 |

| 資本取引項目 | 2013年・2014年 |
|---|---|
| (34) 非居住者から居住者への供与 | 具体的な授権がない場合、非居住者から居住者への貸付供与は不可。 |
| 贈与・寄付・遺贈および相続 | |
| (35) 居住者から非居住者への供与 | 居住者は、年間5万ドルまでは、有効な個人の身分証明書により、銀行で外貨を購入し、海外の直系親族を支援および援助できる。5万ドル超の場合は、銀行に個人の有効な身分証明書のほか、関連部門または公証機関が発行した直系親族の資料を提出すること。 |
| (36) 非居住者から居住者への供与 | 贈与・寄付・遺贈および遺産による収入が5万ドル以下の場合は、個人の有効な証明書で、銀行で可能。5万ドル超の場合は、個人の身分および関連証明書、支払証明書が必要。 |
| (37) 海外移住者による域内での債務決済 | ― |
| 資産の移転 | |
| (38) 移住者による海外への移転 | 退職金・年金の海外への送金可。自然人の海外移住または香港、マカオ転居の場合は、移住者自分の取得に先立ち、合法的に入手した中国域内における財産を清算し、域外の外貨を購入し送金すること。 |
| (39) 移住者による国内への移転 | 現時点でまだ適用法律がない。 |
| (40) ギャンブルやくじなどによる収入の移転 | 現時点でまだ適用法律がない。 |
| 資本開放度（資本取引の自由化度） | 60.35% |

\*1　金融機関が、主に富裕層顧客に対して行う運用を重視したサービス
\*2　商業住宅：【訳注】中国で言う「商業住宅」とは、下層階が店舗で上層階が住居となっている建物。

データ出典：2013年および2014年版 IMF『Annual Report on Exchange Rate Arrangements and Exchange Restrictions（AREAER）』

コラム D

## 中国で海外直接投資の新たな起爆剤となった「一帯一路」

　「新シルクロード経済圏（ベルト）」や「21世紀の海上シルクロード」を含む「一帯一路」の構想は、2013年に正式に提出された。「一帯一路」に関わるシルクロード諸国は、多くが発展途上国に分類され、インフラ整備が立ち遅れ、国際的な経済貿易の発展も遅い。中国企業によるシルクロード諸国への直接投資は、国内需要を十分に引き出し、良質な資源を輸出し、さらには人民元の国際化を推進する。シルクロード諸国は、貿易や投資その他の分野で中国企業と経済協力を行い、中国の潤沢な資金や先進的な技術を導入することで、自国の貿易を十分に発展させることができる。

　中国政府による「一帯一路」建設促進の奨励政策の下、多くの中国企業が沿線国への直接投資を拡大し、シルクロード諸国はこの2年で中国企業の対外直接投資先の新たな人気スポットとなった。例えば、華信資源有限公司は2013年、パキスタンのタール炭田の第1ブロックの開発に10億7700万米ドルを投資したが、同社は2014年11月、中国電力国際や中国煤炭科工などと提携し、引き続き投資の拡大を続けている。上峰セメント有限公司は2014年、キルギスに総額1億1400万米ドルを投資し、キルギスと協力してセメント生産ラインを建設した。中国高速鉄道・中国鉄建・中国国家電網・大唐グループ・中国泰達グループといった大手の国有企業、民間企業が、「一帯一路」沿線国の公共財、インフラ整備、石油、天然ガスなどの業界の建設に積極的に参加し、シルクロード諸国とWin-winの関係の実現に努めている。

コラム E

## 滬港通：中国資本市場の開放の新たなステップ

　中国では、投資のルートを広げ、国内外の2市場を合理的に流動させるため、政府が2007年に「港股直通車」[*1]計画を提示していた。ところが2008年に世界金融危機が勃発すると、本土投資家のリスク識別能力やリスク管理能力が低いことを理由に、同計画は棚上げとなった。中国のマクロ経済が「新常態」に入ると、人民元国際化のプロセスが加速され、資本取引の自由化のニーズがますます切実となってきた。
　2014年4月10日、中国証券監督管理委員会（CSRC）と香港証券先物委員会（SFC）[*2]が、上海証券取引所と香港証券取引所の株式相互取引という「コネクティビティ」（連結性）の試行を承認したと共同発表した。本土・香港両市場の投資家が取引所を通じて互いの市場の株を売買できるというものである。監督管理部門や証券会社などによる6カ月のテスト期間を経て、CSRCとSFCは、滬港通による株式取引の2014年11月17日正式開始を許可した。これをもって、滬港通は金融市場の歴史の舞台に正式に登場した。
　「滬港通」始動後、香港サイドから上海株を売買する「滬股通」には、多くの投資家が堰を切ったように殺到し、2014年末現在の売買高は、買い注文が1180億4100万元、売り注文が494億7000万元であった。上海サイドから香港株を売買する「港股通」は、買い注文が195億8000万香港ドル、売り注文が64億3100万香港ドルであった。
　「滬港通」は、海外投資家を中国本土の資本市場取引に参加させ、本土市場の資金源と投資主体の多様化を進めた。同時に、本土市場と香港市場の間に資本の双方向の流通ルートを構築することで、本土の資本市場の構造と流動性を改善し、資本市場における資源配分の効率を高める。したがって、中国の資本取引におけるクロスボーダー証券投資の自由化の重点業務のひとつとして、2014年の「滬港通」の始動は、中国の資

本市場の開放が新たな段階に突入したことを象徴するものであると言えよう。

　「滬港通」は、単なる株式市場の制度改革ではなく、資本取引の自由化や人民元国際化を後押しする重要な改革である。各国の経験に照らせば、資本取引の自由化はリスクが大きく、一歩間違えれば一国の重大危機を招く。「滬港通」はクロスボーダーな投資であり、中国が資本取引の自由化に向けて進めている新しいアプローチである。特定のルートが構築され、資金はリスク管理可能な範囲内で自由に移動することが許されている。

　「滬港通」はまた、人民元国際化の重要な取り組みでもある。「港股通」は、人民元に新たな対外資本輸出の窓口を提供し、人民元のクロスボーダー投資やクロスボーダー利用の範囲を拡大した。そして「滬股通」は、海外人民元の投資ルートを増やした。

　要するに、「滬港通」とは、より多くの市場主体に人民元の利用と保有のインセンティブを働かせることにつながるものであり、資産の価値の維持・向上の観点から、人民元国際化のプロセスに働きかけるものである。

＊1　港股直通車：【訳注】中国本土の個人投資家による香港株への直接投資。
＊2　香港証券先物委員会（SFC）：【訳注】SFCの日本語名には、「香港証券先物事務監察委員会」「香港証券先物管理委員会」などがある。中国語名は「香港証券及期貨事務監察委員会」、英語名は「Securities and Futures Commission」。

コラム F

# 急成長したオフショア人民元市場

　人民元オフショア市場の構築と発展は、人民元国際化のカギを握っている。

　2013年以前、人民元のオフショア市場は中国・香港・シンガポール・台湾などアジア地域に固まっていたが、2014年、中国人民銀行がイングランド銀行や欧州中央銀行と通貨スワップ協定を締結して、イギリス・ドイツ・フランスにRQFII（人民元適格域外機関投資家）運用枠800億元を供与し、人民元の還流ルートを開拓した。中国はまた五大陸の各地に分散した複数の国際金融センターに人民元のクリアリング銀行を指定し、市場が懸念していた人民元の流動性と取引の利便性の問題を解決した。これによって、人民元のオフショア市場の速い成長が世界的な範囲で促された。

　2014年末の香港の人民元預金残高は、前年同期比16.63％増（1430億8500万元増）の1兆35億5700万元、シンガポールの人民元預金残高は、前年同期比42.05％増（820億元増）の2770億元であった。同期の台湾、韓国、マカオの人民元預金残高は、それぞれ3023億元、1940億元、1034億元であった。

　債券は、オフショア市場で非常に人気のある投資商品で、域内の企業や金融機関の域外での債券発行は、人民元の流動性を大幅に向上させた。香港「点心債」の発行総額は5600億元、台湾の「宝島債」やシンガポールの「獅城債」の規模も1000億元を上回る。

　現在、ヨーロッパには、ロンドン・フランクフルト・パリ・ルクセンブルク・スイスによる「五つ巴」の人民元オフショアセンターの構図が形成されており、その目覚ましい成長ぶりに、世界の関心が集まっている。

　2014年10月14日、イギリス政府は30億元相当額の人民元建て

ソブリン債券（期間3年）を発行した。2014年末におけるイギリス、ルクセンブルク、フランスの人民元預金残高は、それぞれ190億元、670億元、200億元となった。これはすでに人民元が国際通貨として多くの欧州先進国に認められ、人民元国際化のプロセスが新たなステージに進んだことを示すものである。

コラム G

# 人民元の相場形成メカニズムのさらなる市場化

　為替相場は、通貨の対外的な価格として、輸出入貿易や対外投融資にストレートに作用する。人民元が値上がりしても値下がりしても、ヒト・モノ・カネなど生産要素の企業間での配分状況は変わり、企業の国際市場での競争力の地位が変わる。最終的にはそれぞれの利益主体の間に入って再分配されるため、些細な動きが全体に影響する。

　市場化レベルが上昇を続け、国際的な経済・貿易上の交流が緊密さを増している中国では、人民元の為替変動幅を適度に制御することは、輸出入企業の実効的な費用対効果計算を助け、対外貿易の安定的な発展を促進する。

　これに基づき、中国政府は人民元の為替レートに一定の規制を設けている。1日の人民元の為替市場での変動幅を具体的に定め、人民元の為替変動幅がこの限度ラインに触れると、中央銀行が市場介入する。外貨を売買することによって市場の需給関係を調節し、場合によっては逆転させ、実体経済の健全な発展や国際収支の基本的な均衡に有益となる適切な範囲内に人民元レートを保持する。

　2013年の中国共産党第18期三中全会以降、人民元為替レートの市場化改革はさらに加速し、2014年3月、人民元の対米ドル相場の変動幅が±1％から±2％に拡大された。特筆すべきは、人民元の他の主要通貨に対する為替相場の変動幅は、2010年の相場形成メカニズムの整備時にすでに±3％に拡大されていたことである。

　多くの場合、米ドルとユーロ、日本円、英ポンドの為替相場の変動方向は逆になり、人民元が米ドルに対して大幅に下落しても、ユーロ、日本円、英ポンドなど他の主要通貨に対しては比較的大幅な上昇が可能であり、人民元の実質実効為替レートの変動幅が相対的に制限される。

　2014年、中国のインターバンク市場において、人民元とNZドル、

英ポンド、ユーロ、シンガポールドルの直接取引が実現したが、これをもって「人民元は主要国際通貨との直接的交換可能性を実現した」と言えよう。今後は、通貨バスケットを構成する通貨の動的管理やウェイト調整によって、人民元相場をより柔軟かつ主体的に誘導できるようになり、市場の需給変化を相場に十分に反映させることで全体の安定を図れる。

　このほか、2014年は、人民元相場に「顕著な双方向変動」という特徴が現れた。例えば、人民元の対英ポンド相場は、6月に4.4％上昇したが、年末には5.1％下落し、年間の変動幅が9.5％に達した。ユーロや日本円に対しても同様の状況が現れ、この2通貨の相場の年半ばおよび年末の合計変動幅は11％を上回った。

　人民元相場の上下双方向への変動と変動の激化は、それ自体が「市場の力が決定的役割を果たす」という改革目標を具体的に体現している。2014年下半期以降、中国人民銀行による為替市場への介入回数は大幅に減少し、人民元相場は以前に増して市場に基づいて決定されるようになっている。

第 3 章

# シルクロード：過去から未来へ

## 3.1　古代シルクロード
## 　　——陸路から海路への発展の軌跡

### 3.1.1　貴重な世界遺産

　「シルクロード」という言葉は、1870年代にドイツの地理・地質学者リヒトホーフェンが、その著書『China』（第1巻）において使用したのが最初である。リヒトホーフェンは漢代の中国と中央アジア南部、西部およびインドを結び、さらに、ギリシャ、ローマへと続く、シルク貿易を中心とした陸上交易路を「シルクロード」と呼んだ。

　2014年6月22日、中国・カザフスタン・キルギスが共同申請していたシルクロードは、正式に「世界遺産」に登録された。世界遺産委員会は、シルクロードを東西間の融合・交流・対話の道であるとし、人類の文明史上最も重要なギリシャ文化・イスラム文化・インド文化・中国文化の4大文化体系が融合して、2000年近くにわたり人類の共同繁栄に重要な貢献をしたと評価した。中国の4大発明は、このシルクロードを通して西洋に伝えられ、西洋のルネッサンスや大航海時代に重要なる好影響を及ぼした。

　中国史において、シルクロードが交易路として開かれたのは前漢時代で、その後、隋・唐時代に最盛期を迎え、明・清の頃に衰退する。

　時代によって、中原地域[*1]の政局不安、辺境民族の移動などの影響を受け、シルクロードにはいくつものルートが出現した。長安を起点に、河西回廊を経てパミール高原を越え、中央アジア・西アジア地域を通って地中海沿岸の欧州地域に至る交易路は「西北シルクロード」と呼ばれ、四川省を出発し、雲南からミャンマー・インドまでの隊商路は「西南シルクロード」と呼ばれる。この西北・西南シルクロードは「陸上のシルクロード」と総称される。

　中国の東北～華北からモンゴル高原を通り、さらにシベリアの森林地

---

*1　中原地域：【訳注】黄河の中・下流域。

帯の大草原を抜けてアラル海・カスピ海一帯に至る、ユーラシア草原地帯を横断する交易路は「草原シルクロード」と呼ばれる。

陸のシルクロード「西南陸上シルクロード」の南から、中国の泉州、広州など沿岸部の港を経て、東南アジア〜スリランカ〜インド〜ペルシャ湾〜紅海地域に至る通路は「海上シルクロード」と呼ばれている。

### 3.1.2　シルクロードの形成

中国は世界で最初に絹織の技術を手にした国であり、シルクの故郷である。古書『穆天子伝』によると、最初にシルクを国の贈品として各国を訪問したのは、紀元前10世紀の周（西周）の穆王で、現在の陝西省西安を出発してキルギスに至るまでの西域遠征で、絹織物を含めた贈り物を沿道国の主人に贈っていたという。

紀元前5世紀前後、春秋戦国時代の秦は、大月氏・塞族・チャン（羌）族などの遊牧民族を通じて、すでに絹織物をヨーロッパのギリシャに運び、中原から草原地帯を経由して西域に至る交易路を開拓していた。秦が6国を統一すると、春秋戦国以来長期にわたった分裂割拠の時代が終わり、生産が回復した。度量衡が統一され、商路が開通し、秦朝の商業貿易が、西域や中央アジア一帯に広がった。

シルクロードが大きく発展するのは漢の時代になってからである。漢代に、中国には3本のシルクロードが形成された。「西北陸上シルクロード」「西南陸上シルクロード」「海上シルクロード（東北・東南海路）」である。

### 1．西北陸上シルクロード

前漢時代、漢の高祖劉邦は中国史上初の和親政策をとり、宗室の娘を匈奴冒頓単于に嫁がせた。漢と匈奴が兄弟の契りを結び、双方が「関市を開いて通商を行う」（通関市）とした。漢の目的は戦争を避けることであり、経済・貿易関係を発展させ、双方の国民が恩恵を受けられるようにした。

西域諸国も主体的に漢と通商を行い、シルク貿易が活発になった。

漢の武帝時代、河西地区を占拠していた匈奴が、地勢的な理由から漢王朝、特に国都である長安に対して深刻な脅威になった。武帝は32年間に3度出征し匈奴を大破した。河套地区の移民屯田を通じ、中原*2を天山以南の古い農業区および中央アジア・西アジアの農業地域とつなげ、宿駅を設けて行き交う商人たちに便利な宿泊施設を提供した。宿駅は物資の補充場にもなり、シルクロードが拡張されていった。
　紀元前138年、漢の武帝は張騫を西域に遣わし、大月氏と連合して匈奴を迎え撃とうとした。張騫は大月氏との同盟に成功しなかったが、西域諸国の自然環境・風土・社会経済・政治制度・交通路を熟知しており、中原に西域の各民族を理解するための豊富な資料を提供した。
　紀元前119年、張騫は再び西域に赴き、今度は烏孫と同盟して匈奴を攻撃しようとしたが、烏孫の内乱により帰還することができず、同盟する目的も達成できなかった。しかし、随行者を副使としてそれぞれ中央アジアの大宛・康居・大月氏・大夏などの国に派遣し、漢朝の政治的影響を拡大した。
　漢朝はさらに敦煌から塩沢（現在のロプノール）の間に宿駅を設け、輪台や渠犁などを屯田し、使者校尉を置いて、漢と西域諸国間の交通の要路を保護した。
　漢朝が西域と通ずると、西域の大勢の使者や商人が内地と通商するようになった。史書によると、西域に向かう南北の2本のルートには当時、すでに多くの西域の商人がおり、西域各国から政治上の任務で派遣された使者もまた兼業商人であった。
　楼蘭は中原から絹織物を運び入れて売る市場で、楼蘭から天山南道を経て中央アジア、ヨーロッパに伝えられた。中原から輸出される物にはそのほか、漆器・銅器・玉器・装飾品などがあったが、シルクが主力商品であった。影響が広範にわたったため、西域の人々は自分でもシルクの売買を始め、転売を繰り返して、中央アジアないしはヨーロッパに進出していった。西域各地の農作物の種や、野菜、果物、絨毯、毛織物などの生活用品のほか、夜光の璧、明月の珠などの贅沢品も次々と中原に

*2　中原：【訳注】華文化の発祥地である黄河中下流域にある平原を指すが、ここでは「中国」と同義。

伝わった。また、音楽、舞踊、楽器などもあった。

## 2. 西南陸上シルクロード

　紀元前4世紀、漢代に「蜀身毒道」が開拓された。「蜀」は四川を、「身毒」は古代インドを指す。西南シルクロードは四川を起点とし、雲南、ミャンマーを経てインドに至るルートで、一般に滇西（雲南西部）「西南シルクロード」と呼ばれる。西北陸上シルクロードより200年あまり歴史が長く、世界文明にも偉大な貢献をしてきた。「古西南シルクロード」の川滇地域（四川、雲南地域）には2本のルートがあった。一方のルートである「古犛牛道（零関道*3）」は、成都から雅安、西昌を経て会理に至り、西南に向きを変えて金沙江を渡り、雲南の大理に向かうルートである。もう1本は成都から宜賓を経て、秦代に開削した「五尺道」を南行し、横江河谷から雲南の昆明、大理に向かうルートである。2本のルートは大理で合流した後、騰衝を経てミャンマーのバモーに至り、バモーから水陸両路でインドへ行き、そしてインドから中央アジア、欧州へと通じる。

　西南シルクロードが郡や県を結び、宿駅をつなぐ国際商路となったのは、漢の苦労と不可分の関係にある。漢の武帝は、張騫の西域報告を聞いた後、紀元前105年、中国内地から士卒壮丁を雲南西部に集め、洱海から西へ大規模な開削を行い「博南道」を築いた。膨大な数の人や物を投じて作られた道路や宿駅によって、西南シルクロードは繁栄の絶頂期に入り、中国文明とインダス文明の2つの文明をつなぐ最初の絆となった。「古西南シルクロード」を通じて、中国のシルク・蜀布・筇竹杖・工芸品・鉄器などが絶えず輸出され、国外の瑠璃・宝石・翡翠・光珠などが輸入された。

## 3. 海上シルクロード

　シルクロードが開拓されると、中国シルクは遥か大秦（ローマ帝国）まで運ばれていったが、それにはアジア西部の安息（パルティア。現在

---

＊3　零関道：【訳注】「霊関道」とも表記される。

のイラン高原あたり）の商人を通さなければならず、ローマ人は何とかして中国への海路を見つけようとした。このため、漢代に東北・東南の沿岸地域で新たな航路が開拓されることになった。

　漢代、海路は広東の徐聞、広西の合浦から南海を経て、マラッカ海峡を抜けてインド洋を航行し、インド・スリランカへ通じていた。スリランカはこの海上貿易路の重要な中継地であり、中国はここで、真珠・碧瑠璃・奇石珍品などの西域の製品を手に入れ、中国のシルク・陶磁器・漆器などの製品がここからローマに輸送された。海上シルクロードはこれによって開拓された。

　シルクはローマ帝国の上流階級が競って求める贅沢品になり、絹織物の価格が急騰した。マルクス・アウレリウス帝の時代（270～275年）、シルク1ポンドは金1ポンドの価値とされた。中国のシルクを大量に購入するため、ローマの貴金属や通貨が常に流出することとなり、深刻な国庫の疲弊を招いた。

　1世紀のローマの作家プリニウスは、当時、現在の価値で年間約2000万米ドル相当の金がローマ帝国の国庫から支出され、東方貿易の赤字を埋めたとした。このうちインドに毎年古代ローマ小金貨5000万枚（1870年当時の1億500万金フランに相当。ちなみに金フランとは、金本比制度時代のフランス・ベルギー・スイスの各フラン貨を言う）、中国にローマ金貨約3500万～1億枚を支払っていたという。

　特筆すべきは、中国と西洋の貿易の発展に伴い、漢朝中央政府の統一貨幣も大量に西域に出回ったことである。半両銭は新疆で発見された最古の漢の貨幣である。ホータンで発見された「漢佉二体銭」は、周縁部に溝のない無孔の円形銭で、表に篆書体の漢字で貨幣重量が記され、裏側の中心に馬と駱駝の図案があり、周りにカローシュティー文字で于闐王の名前と年号が刻まれている。カローシュティー文字は当時于闐一帯の民族が使用していた文字である。貨幣に漢字も刻まれていたということが、当時、于闐と漢族が経済的に相当緊密な関係にあったことを物語っている。

## 3.1.3　シルクロードの盛衰小史

漢代に形成されたシルクロードは、6世紀の隋・唐時代に最も繁栄し、清代に衰退した。

### 1．隋朝、初の万国博覧会

大業4年（紀元608年）、隋の煬帝は尚書左丞裴矩（はいく）の提言を受け入れ、遠征軍を送って吐谷渾（とよくこん）を撃破し、領土を青海湖東岸から、西はタリム盆地まで、北はクルクタク山脈から、南はクンルン山脈まで広げると共に、郡県制度による管理を実行した。これは、歴代王朝が正式な行政区を設定したことのない地域で、シルクロードの順調な往来を守るもので、客観的には漢人と吐人民が長い交流の中で融合する歴史の流れに順応した形になり、かつ中国と西域との経済文化交流に実りある条件をつくるものだった。

裴矩は『西域図記』3巻を著し、序文で敦煌から地中海東岸に至るまでの3本の道について詳細に述べている。そのうちの中路と南路が、すなわち漢以来の「シルクロード」である。そして北路[*4]は魏晋南北朝、隋朝の時代につくられた新路で、中国と西域諸国の貿易と経済交流の持続的な発展を客観的に反映している。

大業5年（609年）、隋の煬帝は自ら40万の大軍を率いて西巡し、国都長安から甘粛の隴西へ行き、青海を経て祁連山脈を横断し、河西回廊の張掖に到着した。張掖の煬帝の下に西域27カ国の君主と使臣が代わる代わる謁見にやってきては臣服の意を表した。また各国の商人も集まり、張掖で商取引が行われた。煬帝は自らシルクロードを開通させて強固なものにし、その歴史に美談を添えた。その後、隋は古代シルクロードでそれまでに例のない万国博覧会を開催し、中国と西域諸国の相互貿易を大いに促進させた。

---

*4　北路：「天山北路」とも呼ばれ、伊吾（現在のハミ）から蒲類海（現在のバルクル湖）、鉄勒（てつろく、テュルク）等を通って拂菻国（現在のシリア）に至るルート。

## 2．唐代、陸海のシルクロード大発展

　唐政府は、シルクロードの交通を非常に重視した。唐の宰相賈耽(かたん)は、周辺の少数民族地域や域外とを結ぶ主要道路は7本あると記している。貞観14年（640年）、高昌国が西域の通路を遮断したため、唐の太宗は軍を送って高昌軍を破り、高昌に西州府と安西都護府を設置した。焉耆・亀茲・疏勒・于闐など20数カ国を安西都護府の管轄下に置いた。

　則天武后の時代、当時の庭州に北庭都護府を設立し、北庭都護府に天山北路を、安西都護府に天山南路を統治させた。地方政府を設立することによって、軍事防衛を強化し、シルクロードの往来を維持するのである。

　また、唐政府がシルクロードを発展させた重要な措置は、漢朝が築いた駅伝制度*5を強化したことであり、より多くの交通ルートを開拓したことである。駅伝制度は、中原内地で発達しただけでなく、辺境や少数民族地区、特にシルクロードで整備されていった。

　顕慶2年（657年）、蘇定方が西突厥の沙鉢羅可汗(しゃはちらかがん)を破った後、最初に手をつけたことは、「道路を開き郵駅を置く」ことであった（『資治通鑑』巻200）。

　当時の唐は世界最大の経済体で、成熟した社会経済はシルクロード貿易が繁栄するための基礎を築いた。中国は、シルクロードを通じて中央アジアから西アジア・欧州へと東方文明を伝え、中古*6以降、国際的な取引において主要な地位を誇っていた。当時、中国で商売を営んでいた西域商人は特に多く、天保年間に長安にいた胡人*7は4000人を超え、長安の西市で胡市が開かれ、西域の物資が取引された。

---

＊5　駅伝制度：古代中国の政府が設置し、使臣の出巡、官吏の往来、皇帝の命令や文書の伝達に用いられた交通システムを「駅伝」と呼んだ。駅伝制度は春秋戦国時代（紀元前770〜221年）に始まり、秦の時代にはすでに厩舎、駅伝用の馬や車、従者の車（予備の車という説もある）、食堂などの駅伝の機構があり、漢代には、車で往来することを「伝」と呼び、馬で往来することを「駅」、徒歩で往来することを「郵」と呼んだ。漢代では幹線路には30里（約12〜13km）おきに「駅」が置かれ、人馬に食料や宿泊施設を提供する、今日の高速道路におけるサービスエリアのような形になっていた。一般道の沿線には10里おきに「亭」、5里おきに「郵」が置かれ、ここでも宿泊できた。駅・亭・郵といった階級分けにより、文書や命令を迅速にどこへでも送ることができた。

＊6　中古：【訳注】中国の歴史区分で魏・晋・南北朝・隋・唐の時期を指す。
＊7　胡人：【訳注】「胡」は北方や西方の異称。

唐中期（8世紀）、「安史の乱」が勃発すると、唐王朝の勢力は西域から撤退し、陸のシルクロードは中断した。経済の中心が北方から南方に移行するに伴い、シルクロードも陸路中心から海路中心に切り替わっていった。唐代、海上シルクロードは2本あり、1つは登州（山東・蓬莱）から高麗に向かう渤海道、もう1つは広州通海夷道すなわち広州を出航して、ベトナム・マレー半島・スマトラを経てインド・セイロン、そしてアラブに至る。海上シルクロードは次第に、貿易・宗教・文化交流の重要なルートになった。

　唐代のシルクロードの繁栄には、さらに無視できない外的要因がある。大きな後押しとなっているのが、イスラム帝国の台頭とその対中貿易促進策である。750年、アッバース朝がバグダッドに建都し、イスラム帝国（大食）が領土をアラビア半島全体に広げると、紅海、ペルシャ湾からインド・中国に至る海商路と、アジア大陸を横断して中国からコンスタンティノープルに至るシルクロードを支配した。イスラム帝国と中国は、政治・経済・文化において交流を深め、バグダッドでは中国製品を転売する市場さえできた。イスラム帝国の重要な商工業都市の製造業や商業の繁栄は、中国との貿易に依存するところが大きい。例えばバグダッドの製紙業・絹織物業・陶磁器製造業は、原料も技術も職人も中国出身であった。そのため、イスラム帝国は中国との貿易を非常に重視し、シルクロードに沿って大商路を運営し、綿密な道路システムをつくり上げ、商業のニーズに適応するようにした。

　大商路はバグダッドを起点に、イラン高原を貫通し、ブハラ・サマルカントを経て西域南道の商業の中心地カシュガル（古代の疏勒）に至り、河西回廊から黄河流域に至る。また、バグダッドから南東はバスラまで延び、ホルムズ海峡・ペルシャ湾へとつながり、南は紅海沿岸のシラフに至る。アラブ商人はここからインド洋・ベンガル湾に入り、さらに中国の南方沿岸の広州・杭州・泉州・揚州に行くことができ、海上シルクロードと大陸シルクロードとが結ばれていた。

## 3．海上シルクロードが主流に

　宋代、中央アジアと西域の政治構図に変化が生じ、北方で頻繁に戦争

が起こるようになった。経済の重心は南に移動し、シルクロード貿易は次第に衰退して中国と周辺の少数民族の国境バーター貿易となった。一方、造船・航海技術の発展に伴い、安全で積載輸送量の大きな海上貿易は空前の繁栄を見せた。貿易ルートは数十本に達し、海上シルクロードは陸路に取って代わり、中国と外国との経済貿易交流の主なルートとなった。

宋代の海路対外貿易パートナーは、日本・高麗・真臘（カンボジア）・チャンパ王国（ベトナム南部）・麻逸（フィリピン）・渤泥（カリマンタン）・三佛斉（スマトラ）・天竺（インド）・細蘭（スリランカ）・羅斛（タイ）・大食（アラビア半島）など、50余りの国と地域で、貿易品の主なものは、伝統的なシルク製品や、海上での大量輸送に適した磁器であった。

## 4．大一統時代の全盛期

元代になると、中国と西洋との貿易や文化交流が空前の活発化を見せた。チンギス・ハンとその子孫の騎兵は、草原シルクロードに沿ってユーラシア大陸を席巻し、オゴデイ・チャガタイ・キプチャク・イルの4大ハン国と元を興し、ユーラシア大陸を一体にした。そしてモンゴル帝国に四方八方に通ずる巨大な宿駅システムを形成した。元代は草原シルクロードの南道と北道と連結させるだけではなく、河西回廊のシルクロード、四川・雲貴から南アジアへ向かう道路、さらに中国南東部沿岸とペルシャ湾、地中海およびアフリカ東海岸を結ぶ海のシルクロードをつなぐことで、東西の経済・文化の交流、特にシルク貿易の最盛期に入った。

シルクロード貿易の範囲は空前の拡大を見せ、元はヨーロッパ南部のイタリア、北部のロシア、マジャール（ハンガリー）、アフリカの国々と、貿易ハブ（中継拠点）を介することなく、直接かつ経常的な経済取引を行い、「大一統」[*8]の市場ネットワークシステムが構築された。元からは伝統的なシルク商品のほか、新種の紡織品、生糸、磁器、ダイオウ（漢方薬）が輸出されるようになった。

---

＊8　大一統：【訳注】天子（皇帝）を頂点としたピラミッド型の支配構造において、支配対象である王朝の領土・領海で完全な支配と継承を目指す統治思想。

元代は「中統宝鈔」「至元宝鈔」などの紙幣が広く使用されていたが、これらの紙幣は機能も制度も唐・宋のレベルを超えていた。元は領域外の分封諸王への褒美や、中央アジア、欧州との隊商貿易、貢ぎ物にも紙幣を用いた。マルコ・ポーロは、紙幣の製造や発行、種類、管理、回収などのほぼ全体の流れについて詳細に記載している。紙幣は元朝の領域内でのみ使用が許されていたが、中国西洋貿易にも大きな影響を与えた。元以降、インドやイルハン国は共に、中国が発行した紙幣を模倣した。

## 5．陸上シルクロードの衰退

　明代になると、世界の経済地図の変化、道中の厳しさや中央アジアの動乱のため、陸上シルクロードは中国にとっての対外交易路ではなくなり、基本的には外交上の儀礼的な往来手段となった。

　永楽5年（1407年）、ティムール帝国は明王朝との商業貿易を中断し、明朝はモンゴル人の南侵を防止するために、長城を築いて国を閉ざし、陸上シルクロードの衰退を招いた。

　一方、海上シルクロードは明代に新たな進化があった。永楽帝は明の威勢徳政を宣揚するため、1405～1433年の28年間に、鄭和に約2万人、約200隻の船団の指揮をとらせ、7回もの西洋下りを挙行した。鄭和らは東南アジア、南アジア、イラン、アラブなどを航海し、最も遠い地点はアフリカ東海岸、紅海沿岸で、30余りの国と地域に到達して友好関係を樹立し、経済文化交流を強化した。鄭和の船団は中国のシルクや磁器をそれらの国々にもたらし、中国にない香料・染料・宝石・象皮・珍獣などを持ち帰った。

　康熙29年（1690年）から35年（1696年）にかけて、大清帝国はチベットのダライ5世、ツァーリ支持のガルタンを打ち破り、さらにアムルサナの分裂勢力を壊滅させて西域を平定した。乾隆帝はこの地を「新疆」と名づけ、新疆はその後、中原の経済力を後ろ盾に、フェルガナ、パミール、コーカンド（現在のウズベキスタン）、ブハラ・ハン国（現在のタジキスタン）との国境貿易を、ほぼ1世紀以上にわたって盛況に続けた。この時期、世界経済は産業革命、海洋の時代に入り、西北陸路を通じた中国と中西アジア、南アジアおよびヨーロッパとの経済文化交流は脆弱

化し、細々としたものになった。

19世紀半ば、帝政ロシアが中央アジア3国を併呑し、中国西北の辺境で侵略政策を推し進めると、辺境貿易どころではなくなった。中国の陸上シルクロードという東西文明の交流の歴史的運河は、こうして静かに消滅した。

一方、欧米列強は海上シルクロードに沿って中国の沿岸都市に上陸し、アヘン戦争を起こして中国を侵略・略奪し、半植民地・半封建社会へと転落させた。これにより、この海路でヨーロッパ諸国の安価な工業製品が中国に大量に輸入され、中国の商業・手工業・原材料生産業は資本主義経済の原理に巻き込まれることを余儀なくされた。西洋の近代工業、教育、文化も中国の社会に大きな影響を与え、洋務運動[*9]、辛亥革命が起こった。そして封建社会の終焉が促され、「救亡図存」(滅亡から救い、生存を図る)、「民族復興」の厳しい探索が始まった。

### 3.1.4 「一帯一路」——シルクロードの復興

#### 1．EUの「新シルクロード」

1988年、ユネスコから10年プロジェクト「シルクロード・対話の道総合調査」の開始が発表された。このプロジェクトは「シルクロード」復興計画を最初に推進し、実施した国際組織である。1994年、EUから出された「海への出口のない中央アジアの新独立途上国およびその近隣諸国の越境輸送システム：現状と将来の行動計画」が国連総会で可決されたのは、中央アジア・南コーカサスの新独立国の支援において、ロシアの領土を通過しないで済む海への出口をより多く獲得することを目的としており、それらの国々の国際社会入りを促進した。

このプログラムが提起する欧州–コーカサス–アジアを結ぶ交通回廊トラセカ (International Transport for Development of Europe-Caucasus-Asia Corridor、TRACECA) は、「新シルクロード」と呼ばれている。すなわち鉄道・道路・パイプラインなど現代交通インフラで接続し、アジアを

---

[*9] 洋務運動：【訳注】清朝末期 (1860年代前半～1890年代前半)、ヨーロッパ近代文明の科学技術を導入して清朝の国力増強を目指した運動。

横断してヨーロッパ、北アフリカに至る陸上交易路である。「新シルクロード」経済圏（ベルト）*10 は、東はアジア太平洋経済圏に、西は欧州経済圏につながっており、「最も発展ポテンシャルを持つ世界最長の経済大回廊」とされている。

中央アジアの国々は、TRACECA プロジェクトの資金、海外からの投資や貸付を積極的に利用して、鉄道・道路・パイプラインの整備や、カスピ海の港の改造を行い、「新シルクロード」構築によって中央アジアがかつて担った東西の仲介役としての役割を取り戻し、これによって経済発展と繁栄が促進されることを期待している。

例えば、2001 年、カザフスタンのテンギス－ノヴォロシースク間の石油パイプラインが建設され、カザフスタンが国境を越えてロシアに石油を輸出するための重要なルートが加わった。ウズベキスタンは北部・中部・南部地域の鉄道の自国領土内での相互接続を実現し、基本的に国内統一鉄道システムを確立した。1996 年、トルクメニスタンとイランにより、テジェン－セラフィス－マシュハド鉄道が開通し、中央アジア 5 カ国はイランを経てペルシャ湾に到達する「海への出口」を得ることができた。また 1998 年、キルギスが正式に「シルクロード外交」論を発表したが、そのコンセプトはキルギスが TRACECA プロジェクトへの参加を契機に、「シルクロード」地域の国々との交通、経済貿易、人的文化的協力の強化に注力し、東西・南北国家間の真の友好と協力の架け橋という役割を発揮するというものである。

## 2．中国「一帯一路」の構築を提唱

中国は古くからシルクロードの最も重要な国であり、欧州が提唱した「新シルクロード計画」に対し、2013 年 9 月 7 日、習近平国家主席はカザフスタンのナザルバエフ大学で重要な講演を行った。そのとき、欧州やアジア各国の経済連携をより緊密にし、相互協力をより深め、伸びしろをさらに広げるために、革新的な協力モデルを用い、「シルクロード経済圏（ベルト）」を共同構築しようという戦略構想を初めて発表した。

---

＊10 「シルクロード」経済圏：【訳注】中国語「絲綢（紬）之路経済帯」から、「シルクロード経済ベルト」「シルクロード経済帯」とする場合もある。

同年10月3日、習主席はインドネシアの国会で「手を携えて中国・ASEAN運命共同体を建設しよう」をテーマに講演を行い、ASEAN諸国と中国との海上協力の強化を切実に訴えた。中国政府が設立した中国・ASEAN海上協力基金を利用し、よき海洋協力パートナー関係を発展させ、21世紀の「海上シルクロード」を共同構築するというもので、「一帯一路」コンセプトの雛型が打ち出された。その後、習近平主席と李克強首相は、キルギス・タジキスタン・モルディブ・スリランカ・インド

表3-1　2014年における習近平、李克強の各国訪問時のスピーチの内容

|  | 場所 | スピーチの内容 |
|---|---|---|
| 2月 | ロシア | ロシアの「一帯一路」建設参加を歓迎する。 |
| 3月 | ドイツ | シルクロード経済圏（ベルト）の両端に位置する中国とドイツは、欧州・アジアの2大経済国および成長拠点（growth pole）であり、渝新欧鉄道*1の起点と終点である。両国は協力を強化し、シルクロード経済圏（ベルト）の構築を推進しなければならない。 |
| 4月 | ベルギー | 中欧協力とシルクロード経済圏（ベルト）の構築との有機的結合を積極的に検討しよう。 |
| 6月 | アラブ連盟 | 「一帯一路」はWin-winの関係を提唱する。各国の経済をさらに緊密に結合させ、インフラ整備と体制の革新を推進し、新たな経済と雇用成長を創造して、各国の経済の内生的動力とリスク防止能力を強化しよう。 |
| 8月 | モンゴル | 2国は、国連、上海協力機構、CICA*2での協力を強化し、シルクロード経済圏（ベルト）およびアジアインフラ投資銀行の建設を共同で推進しよう。 |
| 9月 | タジキスタン | 双方とも、シルクロード経済圏（ベルト）の構築をきっかけに、天然ガス、電力、経済貿易、交通インフラ建設などの分野での協力を強化すべきである。 |
| 9月 | モルディブ | モルディブはインド洋の要路にある海上シルクロードの重要な駅である。 |
| 9月 | スリランカ | スリランカが海事、航空、商業、エネルギー、知識の5大センターを建設しようとしているのは、中国が提唱する21世紀の海上シルクロードの建設と図らずも一致する。双方は願いを原動力として、海洋、経済貿易、インフラ建設、防衛、観光分野での交流協力を強化すべきである。 |
| 9月 | インド | 「中国のエネルギー」と「インドの知恵」は巨大な潜在エネルギーを放出する。双方は、「バングラデシュ・中国・インド・ミャンマー経済回廊」の建設を共同で推進し、「一帯一路」構想を検討し、アジア経済を牽引して持続可能なものにすべきである。 |

＊1　渝新欧鉄道：【訳注】中国内陸部の重慶（Chongqing）とドイツ西部の工業都市デュイスブルク（Duisburg）を結ぶ貨物鉄道。
＊2　CICA：【訳注】：アジア相互協力信頼醸成措置会議
　　（Conference on Interaction and Confidence-Building Measures in Asia）。

など「一帯一路」沿線の主要国を訪れ、長期的な構想の戦略的内容とその意義を説明し、コンセンサスを得るよう努めた。これにより、中国が提唱する「一帯一路」の構築は、国際社会が注目する重要な話題となった。表3-1に2014年における習近平、李克強両氏の各国訪問時のスピーチの内容を掲げる。

「一帯」（シルクロード経済圏（ベルト）を指す）は、中国の西安を起点とし、西は甘粛・新疆からカザフスタン・ウズベキスタン・トルクメニスタン・イラン・イラク・シリア・トルコを通り、黒海を経てブルガリア・ルーマニア・ハンガリー・スロバキア・チェコに入り、最終的に西欧諸国に到達する。

「一路」（海上シルクロードを指す）は、中国東南沿岸から出発し、ベトナム・シンガポール・マレーシア・インドネシアなどの東南アジア諸国を経て、マラッカ海峡を越えてインド洋に入り、インドを経由してアフリカに至り、ケニア・ソマリア・イエメンを経て紅海に入り、サウジアラビア・スーダン・エジプトを経て、スエズ運河から地中海に入り、西欧諸国に連結する。

図3-1　古今「シルクロード」

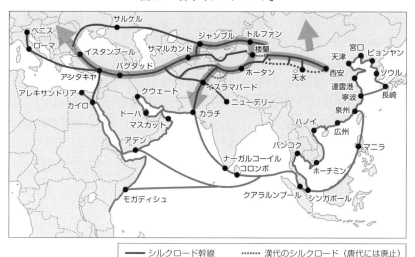

上記の狭義の沿線のほか、「一帯一路」は周辺の多くの地域を包括する（図3-1）。中国を含め、「一帯一路」の沿線には60の国と地域があり、世界で最も発展ポテンシャルのある最長の経済回廊が構築される。人口44億人を網羅し、GDPは21兆米ドル、それぞれ世界の63％、29％を占め、財とサービスの輸出は世界全体の24％を占める。これらの国々が中国との経済貿易協力を密に行うと、2国間貿易額は1兆米ドルを超え、中国の対外貿易総額の4分の1を占める。中国と関連国との貿易額は、10年近く年平均で19％増加しており、中国の対外経済貿易発展の動力となっている。

　「一帯一路」の構築は古代シルクロードの精神を受け継ぎ、グローバル経済協力の構築という新しいモデルに立脚する。「一帯一路」の構築は単なる沿線国間の商品やサービスの貿易ではなく、構成成分の移動、制度の構築、人事文化交流に関わる、深く全方位的なコネクティビティ（連結性）であり、中国と周辺国との「利益共同体」と「運命共同体」を目指すものである。

　EUの提案する「新シルクロード」計画との最大の相違は、中国が提唱する「一帯一路」の構築がとりわけ古代シルクロードが残した精神的遺産の継承と発揚を強調することにある。平和・包容・協力・相互利益はシルクロード遺産の精髄である。このシルクロードの精神を受け継ぎ、中国は「一帯一路」の構築で「4つの原則」の堅持を強調する。すなわち「中国と周辺国は代々友好を堅持し、調和のとれた仲睦まじい隣人たるべきである」、「相互支持を確固たるものにし、誠実で相互に信頼し合う良き友たるべきである」、「実務協力を大いに強化し、Win-winの良きパートナーたるべきである」、「より開いた胸襟、より広い視野で地域協力を進め、新たな輝きを共に創るべきである」。

## 3.2　「一帯一路」の戦略的価値

　2015年3月28日、ボアオ・アジア・フォーラムで、中国の国家発展改革委員会・中国外務省・商務省は連合で『シルクロード経済圏（ベルト）および21世紀海上シルクロード建設を推進するビジョンと行動』（以

下、『ビジョンと行動』）を発表した。これをもって2013年9月および10月に習近平主席が提案した「シルクロード経済圏（ベルト）」と「21世紀海上シルクロード」建設の戦略構想が正式に誕生し、国内／国際の両大局を統括する国家戦略となった。「一帯一路」は漢・唐の光り輝く歴史からシルクロード精神を抽出し、今後数十年の中国経済の長期的発展に立脚して、中国の対外周辺戦略および対内開放戦略を指導するもので、鮮明な戦略的特徴を有している。

### 3.2.1 「一帯一路」の戦略的特徴

#### 1．中国の今後の運命に関係する国家戦略

「一帯一路」は千年にわたるシルクロード精神を指針とし、今後数十年の中国の発展の中・長期的な戦略構想に立脚している。2015年に発表された『ビジョンと行動』は、「時代背景」「共同建設の原則」「枠組み構想」「協力の重点」「協力メカニズム」「中国各地の開放状況」「中国の積極的な行動」「美しい未来を共につくる」の8パートに分かれ、平和、発展、協力、Win-winの関係をテーマとする新しい時代に、回復力の乏しい世界経済情勢や、目まぐるしい複雑な国際的・地域的局面に直面しながら、シルクロード精神を伝承し発揚することを主旨としている。また、政策の疎通、施設の接続（コネクティビティを意識したインフラ整備）、貿易の円滑化、資金融通、人々の相互理解など「五通」[*11]と呼ばれる五分野の戦略骨子についても深く検討されており、新たな対外開放戦略の骨組みがすでに完成していることが示されている。

1100年前の漢・唐の光り輝く歴史に育まれたシルクロード精神に由来し、堅固な歴史的基盤を有する「一帯一路」戦略は、「平和協力、開放・包容、相互学習・相互参考、相互利益・Win-win」のシルクロード精神を代々伝える重要な歴史的使命を担っており、中国の今後数十年の全方

---

*11　五通：【訳注】「政策の疎通、施設の連結、貿易の円滑化、資金融通、人々との相互理解」は「政策、施設、貿易、資金、心」のコミュニケーションを図るという意味で、中国語では「政策の溝通、施設の連通、貿易の暢通、資金の融通、民心の相通」と表現するため「五通」と呼んでいる。日本語では「通」で括れないが、本書でも便宜上「五通」と称することにする。

位的な対外開放の戦略プロセスを統率する。

## 2．国内外2市場を統合する地域的発展戦略

「一帯一路」は国内と国際の2市場を統括し、周辺外交の構図を起点とする重大な地域的発展戦略であり、実質的には中国の対外戦略および対内開放の全体的戦略に関係する。国際的な視点から見ると、「一帯一路」は国際市場に着目し、地域協力の全体の構図をプランニングしたものである。「一帯」の沿線は「中国－中央アジア－西アジア」経済回廊、新ユーラシア・ランドブリッジ経済回廊、中国・モンゴル・ロシア経済回廊を拠り所に、アジア欧州協力や南南協力（South-South Cooperation、SSC）といった新しい枠組みを構築し、地域経済と外交戦略の有機的結合の実現を目指す。

## 3．トップダウン設計と実務的作業を有機的に結びつける戦略

『ビジョンと行動』の発表と前後して、中国国家発展改革委員会・外務省・商務省などの関係部門では、19の研究課題をもとに、数十回のフォーラムセミナーを開催した。各部門の委員会や関係する省市区、および沿線国と密に意思の疎通を図り、『ビジョンと行動』や実施可能性のあるプランを共同で起草し、「一帯一路」についてのトップダウン設計と全体配置を行った。そしてそのトップダウン設計に実務的作業を結びつけるために、今後数年間のタイムテーブル（計画表）やロードマップ（行程表）を策定した。

もちろん、「一帯一路」戦略は現実を重視するものであり、すでに早期の成果は得られかけている。交通・電力・通信などのインフラ整備と沿線国の民生改善事業を重点に、一部の重要なシンボル的な工事が始まっており、続いてすぐ資源エネルギーの開発に着手。その後、利用が進み、全方位の貿易サービスが行われるようになる。これにより多くの産業チェーン、多くの業界に投資の機会がもたらされる。

## 3.2.2 「一帯一路」戦略の含意

2013年10月に開かれたAPEC会議で、習主席は「コネクティビティ」（連結性）について次の4点に概括した。「太平洋両岸を網羅するアジア太平洋コネクティビティ構造を構築する」、「コネクティビティの構築を制約する障壁を解消する」、「地域と国際協力の枠組みの中でコネクティビティとインフラの整備を推進する」、「コネクティビティによって各分野でアジア太平洋地域の人々との間により緊密な結びつきを築く」である。2014年11月、習主席はさらに「コネクティビティ」の含意を「インフラ、制度・規則、人的交流の三位一体」、「政策の疎通、施設の連結、貿易の円滑化、資金融通、人々の相互理解の『五通』同時進行」、「全方位、立体化、ネットワーク状の大連結」、「活気に溢れ、皆で力を合わせるオープン・システム」と定義した。

### 1．「五通」の中心的戦略含意

**政策の疎通**：政策の疎通を強化し、「一帯一路」建設の重要な保障とする。政府間の協力を強化し、複数レベルの政府間マクロ経済政策の交流体制を積極的に構築し、利益融合を深め、政治的相互信頼を促進し、協力の新たな共通認識を達成する。

**施設の接続（コネクティビティを意識したインフラ整備）**：施設の接続は「一帯一路」建設の優先分野であり、インフラのグリーン低炭素化建設や運営管理を強化する。統一的な全行程運輸協調体制の構築や、港湾のインフラ建設を推進する。民間航空の全面協力の基盤や体制を拡充し、航空インフラのレベル向上を加速する。また、エネルギーインフラの相互連携協力を強化し、2国間のクロスボーダー光ケーブル敷設を促進する。大陸間の海底光ケーブルプロジェクトを計画し、衛星情報チャネルを整備し、情報交流と協力を拡大する。

**貿易の円滑化**：投資・貿易協力は「一帯一路」建設の重点内容であり、投資・貿易利便化にまつわる問題解決の研究に力を入れ、投資と貿易の障壁をなくし、沿線国・地域との自由貿易区の共同建設を積極的に協議する。

**資金融通**：沿線国の２国間通貨スワップ、決済の範囲と規模を拡大する。アジア債券市場の開放と発展を推進する。アジアインフラ投資銀行、新開発銀行（BRICS 銀行）の設立を共同で推進し、関係各方面が上海協力機構の融資機関設立について協議を行う。

　シルクロード基金の設立・運営を加速する。中国・ASEAN 銀行連合体、上海協力機構銀行連合体の実務協力を深め、シンジケートローンや銀行与信などの方式で多国間の金融協力を展開する。

　沿線国の政府と信用等級の高い企業や金融機関による、中国本土での人民元建て債券の発行を支援する。条件に適った中国本土の金融機関と企業は、域外で人民元建て債券および外貨建て債券の発行ができるものとし、調達した資金の沿線国での利用を奨励する。シルクロード基金や各国の政府系ファンドの役割を十分に発揮し、商業的なエクイティ・ファンドや社会資金の「一帯一路」の重点プロジェクト建設への共同参加を促す。

　**人々の相互理解**：人々の相互理解は、あらゆる力の源である。人々の相互理解のためには人事・文化交流や民間交流を強化する必要がある。揺るぎない民意基盤と社会基盤を築くことは、「一帯一路」建設、経済協力推進の重要な一環である。「一帯一路」の共同建設を通じて沿線各国の共同発展を促進し、沿線の人々のために福祉を充実させる。そして人々の友好的往来を強化し、相互理解と伝統的友誼を増進してこそ、心のつながりを実現し、シルクロード経済圏（ベルト）の構築をさらに新たな高みに推し進める。現時点で、人々の相互理解は、沿線国間で大きなばらつきがあり、この分野が明らかに他の４分野より低く、なお大きな努力を必要とする国もある。

## ２．アジア先行の目標指向

　「一帯一路」の構築は、数世代にわたる努力でようやく実現できる壮大なプロジェクトである。少なくとも今後５年間の第１段階では、「アジアの国々に重点を置く方向で、先頭を切ってアジアのコネクティビティ（連結）を実現する」、「経済回廊を拠り所に、アジアのコネクティビティの基本的な枠組みを構築する」、「交通インフラを突破口として、

アジアのコネクティビティを早期に実現する」、「融資プラットフォームの構築によって、アジアのコネクティビティの障壁を解消するため、中国は400億米ドル出資して開放されたシルクロード基金を設立する」、「人事・文化交流を絆とし、相互に連結しているアジアの社会基盤を堅固なものにする」といった5つを重点的につかむことが必要である。

### 3.2.3 「一帯一路」戦略の経済的影響

「一帯一路」はインフラ整備および経済貿易投資制度の利便化によって、関連国と政策の疎通、施設の接続、貿易の円滑化、資金融通、人々の相互理解を実現し、Win-winの「利益共同体」や共同繁栄する「運命共同体」を構築する。中国の全方位的対外開放を推進するための重大な戦略として、「一帯一路」はグローバルな経済的枠組みや周辺地域の経済発展に大きな影響を及ぼす。

「一帯一路」は、中国経済の「新常態」に適った戦略の選択である。交通インフラの整備を早期に成果を上げるべきプロジェクトと位置づけ、それをベースに資源とエネルギーの開発・利用を推進し、最終的に全方位的な貿易サービスの往来に着目する。それによってさまざまな産業チェーンや業界への投資の機会がもたらされ、また輸出、対外投資、資本輸出などの面からも、中国経済の成り行きに影響を及ぼすというものである。2015年、「一帯一路」戦略は全面的に展開され、操作可能性を持つ計画がまもなく発表される[12]。短・中期的に見ると、この戦略は中国の経済構造の調整、金融市場の発展および人民元の国際化等において、好ましい効果を生み出す。

#### 1．中国経済の地域構造の調整を促進

「一帯一路」の「一帯」には、陝西・甘粛・青海・寧夏・新疆の西北4省1自治区や、重慶・四川・雲南・広西の西南1市2省1自治区が含まれる[13]。「一路」には、泉州市・広州市・寧波のメインポート[14] 3港

---

[12] 附録4「人民元の国際化をめぐる主な出来事（2015年）」（P365）参照
[13] 【訳注】：新疆と広西は「自治区」であり、重慶は「直轄市」である。

およびそれ以外のフィーダーポート[*15]が含まれ、広東・福建・浙江・雲南・広西・海南の5省1自治区につながっている。

　言うまでもなく、中国の中・西部地域は「一帯一路」戦略による地域発展の主動力であり、プロジェクトを重視して相応の資金投入をしなければならない。中・西部の省が「シルクロード経済圏（ベルト）」において地理的に重要な位置にあるということは、国際的な物流経路の末端から重要な拠点へと位置づけが移行し、経済発展の主体としての地位を築いていくことに他ならない。そしてより多くの人やモノの流れ、資金そして産業を呼び込み、当地の経済発展を推し進める。

　中部、西部地域の経済成長は、6年連続して東部よりも高く、2014年の投資の伸び率は、東部に比べてそれぞれ2.6、2.9ポイント高い。西部地域の急速な発展は、中国の東部（沿岸部）と中・西部（内陸部）の経済格差の是正を推進する。

　明らかに、「一帯一路」は地域間の相乗効果を生み、沿線省区の全面開放を推進する。そしてそれによって従来のピンポイント状・ブロック状の対外開放のパターンから脱却し、地域の発展構造を変えて、地域間の相互接続と産業移転を強化する。

## 2．産業構造の最適化・高度化を加速

　「一帯」は国際的な大通路を拠り所に、経済貿易の重点産業団地を協力基盤とし、パレスチナ経済回廊、バングラデシュ・中国・インド・ミャンマー経済回廊、新ユーラシア・ランドブリッジ、中国・モンゴル・ロシア経済回廊を共同で構築するものである。また、上海協力機構が連雲港[*16]からサンクトペテルブルクまでの総距離8500kmものアジア・欧州交通輸送大通路を開くことを決定した。中国－カザフスタンの連雲港物流協力の拠点はすでに稼働しているが、これは「シルクロード経済圏（ベルト）」の初めての実体的な協力基盤である。

---

\*14　メインポート：【訳注】主要港湾または主要湾港がある都市。
\*15　フィーダーポート：【訳注】市場規模の小さい港湾。
\*16　連雲港：【訳注】江蘇省に位置し、中国の全国10大湾港のひとつである貿易港を有する、中国に14ある沿海の経済技術開発区のひとつ。

「一路」は重点港湾都市を拠り所に、中国・ミャンマー・インド経済回廊、泛北部湾[*17]沿海国際経済回廊、中国・ベトナム経済回廊、中国・シンガポール経済回廊など西南の国際経済回廊を建設するもので、円滑で、安全、高効率の輸送ルートが誕生する。

　「一帯一路」は、「通路」「通航」「通商」を突破口とし、中国の産業構造の調整力を強め、競争優位産業の発展を強力に推進する。

　「通路」は、鉄道・高速鉄道・建築材料などの業界を包含する。鉄道は「一帯一路」の要でありコネクティビティの主体である。試算によると、将来、「一帯」沿線地域に包括される中ロ高速鉄道などの鉄道路線は総長1万km前後、総投資額は3000〜5000億元に及び、「中国中鉄」「中国鉄建」などの鉄道会社は著しい営業収入の増加が見込まれる。中国高速鉄道も自らのコスト優位性と技術的優位性を利用して巨大な発展の契機を迎えた。世界の高速鉄道計画は4万3000km以上で、建設中の高速鉄道は2万8000kmを超える。東南アジア市場の軌道交通プロジェクトのみでも総投資規模は9800億元に近い。アジアインフラ発展ファンド、BRICs4カ国発展ファンドなど多種の金融投資の支援の下で、次第に需要を解き放つことが期待される。

　「通航」は、航海、航空関連業界に大きな伸びしろを提供する。「一帯一路」の合流点は江蘇省で、すでに全省を挙げて、連雲港を交通の中枢とする計画の実施が始まっており、港、産業、都市の連動効果を生んでいる。航空業界はニーズが高く、国家政策によってサービス系・付帯設備系・完成機製造系の会社が相次いで恩恵に浴するものと見られる。

　「通商」は、エネルギー・原子力・化学工業・農業などの分野に恩恵を与える。沿線のインフラ建設工事は地域にエネルギーの需要増をもたらし、多くの輸入パイプラインも中国のエネルギーの安全を確保する。ランドブリッジの影響が及ぶエリアは、世界の主要エネルギー・戦略資源供給基地で、内部の資源は相互補完性がある。資源大国は中国との石油・ガスの協力により、地元の税収、雇用機会を増やすことができる。

　「一帯一路」沿線各国の天然資源と労働力コストには比較優位性があ

---

＊17　泛北部湾：【訳注】中国南部の広西チュワン族自治区沿岸、広東省の雷州半島、海南省、ヴェトナム北部沿岸に囲まれ南シナ海につながる海域。

る。それに基づけば、国際的な大輸送路の建設によって、高速鉄道・軌道交通が内陸国の発展において経済地理上の欠点を補い、中国の労働集約型産業や資本集約型産業の一部の「一帯一路」周辺国への移転が推進される。

### 3．輸出成長への運動エネルギー提供と、輸出モデル刷新の加速

　「一帯一路」は、中国 – 中央アジア – 西アジア、中国 – モンゴル – ロシアなどのいくつかの経済回廊に影響を与える。沿線国の財およびサービスの輸出は世界総量の23.9％を占め、中国と沿線国との相互補完性や協力ポテンシャルは中国の輸出に新たな成長エンジンを提供する。

　2014年、中国とASEAN、アフリカ、ロシア、インド等との2国間貿易の伸び率は平均伸び率より著しく高かった。中国はASEANの貿易パートナーとして5年連続で第1位となっており、2国間貿易額は2020年までに1兆ドルに達することが期待されている。「一帯一路」沿線国の輸出シェアは今後10年で3分の1にまで引き上げることができるものと見込まれる。

　「一帯一路」はプロジェクト請負などの形式による労務および先進装備、技術、管理などの輸出を推進し、ローエンド製品（最も安価な製品の一群）や消費財から高度先端技術製品への輸出モデル転換を完成し、システム化された貿易産業チェーンを構築する。周辺の新興国・途上国はそれぞれ異なる比較優位性を有しており、交通・通信・農業・化学工業・紡織・エネルギー・金融・科学技術等の多くの分野で経済技術協力の空間が広がる。

### 4．中国の対外投資および中国企業の「走出去」を推進

　2014年、中国の外資流入は1280億ドル、対外投資は1400億ドルで、初めて日本を追い抜いてアジア最大の対外投資国、世界第3位の資本輸出国となった。しかし、中国の海外資産は構造が不合理で、純投資収益は低く、中国企業の「走出去」[18]も依然として初期段階に留まっており、

---

[18]　走出去：【訳注】国が積極的に進めている海外進出、海外投資戦略を示す表現。「Go Global」とも言う。

多国籍企業は世界的な分布を形成しておらず、中国の産業高度化や優位性のある余剰生産能力の対外移転に不利となっている。中国は対外投資規模を拡大すると共に、できるだけ急いで投資構造を改善しなければならない。「一帯一路」は対外投資構造の改善面で積極的な役割を発揮することが期待される。

アジア開発銀行の試算によると、2020年までアジア地域では毎年インフラ投資が7300億米ドル必要であるという。中国が「一帯一路」沿線国での投資比率を現在の13％から30％に引き上げると、今後10年の総投資額は1兆6000億米ドルになるであろう。中国は対外投資を拡大することで、「一帯一路」沿線国の資金難の解消を支援することができ、一方、それと共に、蓄積した外貨準備を有効活用することで、より高い海外投資収益を得ることができる。

「一帯一路」戦略は中国企業の「走出去」の推進、企業改革の促進に寄与する。中国と「一帯一路」沿線国との相互投資の規模はまだそれほどではなく、大きな成長可能性がある。沿線国の1人あたりの所得および資源、産業構造は中国と似ており、協力の余地がある。国内企業は関連優遇政策を利用して、市場開拓・技術導入・資源配分を行い、発展するチャンスをつかみ、「走出去」を積極的に進めることができる。

近年、一部のエネルギー企業および多くのサービス系企業、ハイテク企業が次々に「走出去」を選択している。民間企業の対外直接投資フローの比率も増加しており、中国企業は海外M＆Aの新鋭となっている。

資本輸出のプロセスにおけるリスクコントロールは非常に重要である。「走出去」する企業は財務、為替レートなど市場リスクを効果的に回避する必要があるが、文化の違い、政策や法律、労働環境などの非市場リスクへの対応も成果を上げ、国際的な影響力も高まってきた。

【参考】

コラム H　中国銀行業国際化の新時代を切り開く「一帯一路」　　　　P137

## 3.3 「一帯一路」と中国による地球公共財の提供

### 3.3.1 地球公共財の早急な供給増加が必須

「公共財」という概念は、アメリカの経済学者サミュエルソンが最初に提起したもので、一国の公共財は外部性・非排除性・非競合性を有すると説明した。1960年代後半、公共財の概念が国際レベルに引き上げられ、「地球公共財」という概念が誕生した[19]。

世界銀行は「地球公共財とは、国境を越える強い外部性のある商品、資源、サービスおよび規則体制、政策体制である」と定義し、「それらは発展と貧困削減に非常に重要であり、これらの財の供給は、先進国と途上国との協力と集団行動を通じてこそ十分にできる」としている。

「地球公共財」は世界全体での非競合性と非排除性という特徴を有し、通常、「最終公共財」と「中間公共財」に分けられる。前者はミレニアム開発目標などのように「結果」[20]であり、後者は最終公共財を提供するために必要なもので、伝染病の国境を越えた伝播を防ぐために国境を越えた健康リスクを低減する国際健康ルールなどがそれである。

経済のグローバル化の発展により、地球公共財に対するニーズがますます高まった。国をまたぐ人口移動、国際的な取引と投資規模の増加、国際公共安全、国際法制度、国際経済秩序、国際公共インフラ、動植物の疾病の予防治療など地球公共財の供給増加について新たな要求が出された。しかし、現在、地球公共財には、深刻な供給総量の不足や、供給構造のアンバランスの問題が存在する。途上国への公共財の供給が極端に不足し、地球公共財の供給が地域分布上、深刻な不均衡を呈しており、地球公共財の補充を早急に行わなければならない状況にある。特筆すべ

---

* 19 本書で言う「地球公共財」は「国際公共財」と言い換えることができるが、国際公共財を、地球公共財と地域（国際）公共財に二分する学者もいる。
* 20 【訳注】：2000年9月にニューヨークで開催された国連ミレニアム・サミットにて採択された国連ミレニアム宣言と、1990年代に開催された主要な国際会議やサミットで採択された国際開発目標を統合し、ひとつの共通の枠組みとしてまとめられたもので、「極度の貧困と飢餓の撲滅」「普遍的初等教育の達成」など2015年までに達成すべき目標として8つのゴールと21のターゲット項目を掲げている。

きは、地球公共財に対して「地球公共悪」（負の外部性）があることで、エボラウィルスや国をまたいだ麻薬密輸などの「地球公共悪」は減少またはその供給を解消しなければならない。

　地球公共財の供給不足の原因は主に以下の3点である。

　第1に、覇権国が供給を減らしたことである。地球公共財の覇権安定論では、覇権国は自らの意思と利益から地球公共財の供給を維持すると考える。しかし、覇権国の実力が衰えたり、あるいはコスト支出が逆転して利益のほとんどすべてを失うという状況になったりすれば、自国の利益を考え、公共財の支出を削減し、地球公共財の供給を削減または中断し、その結果「ただ乗り」現象が普遍化することによって、地球公共財はずっと供給不足の状態に置かれることになる。

　第二次世界大戦以降、アメリカは第1の覇権国で、地球公共財の主な供給者であり続けた。2008年の世界金融危機は、アメリカが主導する国際通貨体制の内在的欠陥によって引き起こされた部分が大きい。また、アメリカの経済回復が緩慢であることや、アメリカ政府の量的緩和政策、中央銀行が不良債権を過度に買い入れて肩代わりしソブリン危機を招いたことも、アメリカの覇権およびそれによる国際経済の安定維持、特に国際金融体制に対する信用の危機を深めている。覇権の実力低下は、アメリカによる地球公共財の供給を減少させ、供給不足を激化する。

　第2に、グローバル化が多くのグローバル・ガバナンスという新しい難題をもたらしたことである。エネルギーから気候変動の問題まで、大量破壊兵器の拡散から感染性疾患の防止まで、国際金融システムの安定からグローバルマクロ経済政策の協調まで、さまざまな政治、経済、安全問題が一国内だけでは解決できず、多くの国が合同で解決しなければならなくなったため、国際間の利害が複雑に絡み、世界平和の発展がますます多くの課題に直面することとなった。国際社会はグローバル・ガバナンスの提供と秩序安定などの面で、新たな地球公共財の追加を求められるようになった。

　しかし、グローバルな問題に対処するための国連・IMF（国際通貨基金）・世界銀行・WTO（世界貿易機関）などは、機構として管理システムが非科学的で、途上国の役割が過小評価されるなど多くの欠陥が存在

する。それらの機構を構成する大国でも、国をまたいだ各種の複雑な問題の処理を単独では完了できない。次々と出現する新たな世界規模の問題解決においては、早急に国際社会が協調し、集団行動により地球公共財の供給を増やさなければならない。

　第3に、大国が地球公共財の需要の変化をうまく把握できなかったことである。地球公共財の需要が絶えず変化するなか、実力のある大国は時機を判断し情勢を推し量って、効率よく供給を提供する必要がある。

　しかし、主たる供給者として、アメリカはいくつかの国際分野における公共財供給について反応が鈍く、リーダーシップが脆弱であった。地球規模での気候変化、金融デリバティブの監視管理、エボラウィルスの制御など、多くの分野で国際社会の地球公共財への日々増大するニーズを満たしていなかった。例えば、成長目標が異なる国は環境保護の面で異なる理念と方向性を有するが、アメリカは責任を引き受ける意志がなく、協定の締結を拒否したため、温室効果ガスの排出削減を目指す『京都議定書』を超国家的な力による監視も実質的な経済制約もないまま、紙くず同然にした。伝統的な国際ルールや理念は試練を受け、主流だった成長モデルは疑問視されたが、国際社会は科学的・合理的な新しいモデルを見つけられずに困っている。

【参考】
コラム❶　地球公共財　　　　　　　　　　　　　　　　　　　　P140

## 3.3.2　地球公共財の供給者になった中国

　誰が地球公共財を提供するか。選択肢は4つある。

　第1は、世界政府による提供である。しかし真の世界政府は現れておらず、世界政府樹立の想定は少なくとも短期的にはまだ無理である。

　第2は、超大国による提供である。多くの歴史上の超大国が地球公共財の提供者役を果たしてきた。例えば、19世紀後期および20世紀初頭のイギリスや1940～60年代のアメリカである。既存の国際秩序の下では、アメリカが依然として最も主要な地球公共財の提供者であり、最も

重要な国際的組織の中で主導的な地位にいる。

　しかし、世界経済の発展は不平衡であり、永遠の強国は少なかった。これらの超国家的地位は決して不変を保持できるものではなく、世界規模における利益の割り当ても小さくなる可能性があり、他国に対する支配、監督能力も弱体化する可能性がある。その覇権的地位の低下に伴い、公共財の供給も徐々に減少する。供給を渋る一方で、実際に供給する力もない。

　第3は、国際組織による提供である。世界範囲に存在する多くの国際組織は、国家間の協力を促進し、異なる分野で地球公共財を提供することができる。国連・世界銀行・IMFなどの国際的組織は、地球公共財の供給において極めて重要な役割を発揮する。

　第4は、国家グループや利益集団による提供である。例えば、各国が国際的な貿易協定を締結する際に地球環境問題の解決のための条項を盛り込んで、包括契約することで公共財の提供を個人の物的活動と結びつけて、地球公共財の提供を促すことができる。

　結局、地球公共財の供給は主に超大国が主導するものであり、主権国家および一連の国際組織により実現するものである。

　中国は改革開放の基本的国策を掲げ、経済のグローバル化の程度の高い国である。気候の変化、生態環境の破壊、伝染病伝播、保護貿易、経済・金融危機などの世界的な問題は、いずれも中国経済発展と社会的安定を直接脅かすものである。

　一方、自然生態の脆弱化、グローバル経済への依存性増強、各種リスクに対する抵抗能力の弱体化などの「先天的」および「後天的」要素による制約を受ける。世界的問題の中国に対する破壊性は、先進国に対するよりはるかに大きく、そのため、中国は世界で最も地球公共財を必要とする国のひとつとなっている。

　中国は他国とは違い、独自の社会主義の道を歩んでいる。政府の強力な組織と指導の下で、全体経済は30数年間急成長を持続し、世界最大の貿易国、最大の外貨準備国、第2の経済大国になった。中国の国際問題への影響はすでに「今と昔では比べ物にならない」ものとなっている。

　2014年、中国の世界経済の成長に対する寄与率は27.8％（アメリカ

は15.3%）で、既にアメリカを抜いて世界経済の最も重要なエンジンとなっている。台頭した新興市場国・発展途上国の代表として、中国はグローバル経済統治メカニズムにおいて大きな役割を発揮し、より大きな影響を反映すべきであり、かつそれができる。地球公共財の提供はまさに現実的なアプローチである。

　実際、経済発展の過程で、国連安保理常任理事国として国際問題に関わるなかで、中国は国際社会に対し、力の及ぶ限り公共財の提供に努めている。例えば、中国経済の急激な成長と持続的な繁栄は、世界に活力に満ちた国家統治モデルと新しい発展構想を提供し、中国モデルは、すでに多くの途上国の研究や学習の対象となっている。また、中国は経済および金融システムの安定、国際援助および救援、科学技術の革新と進歩の実現においても良好な外的効果を生み出し、中国による公共財の供給は一定程度増加している。

　2008年の世界金融危機以降、地球公共財の供給体系に2つの重要な新しい変化が現れた。第1は新興国全体の台頭に伴い、地球公共財の提供者に静かな変化が生じており、新興市場国はますます積極的な役割を果たしている。第2は、世界規模のインターネットなど市場規律に基づく準公共財が急速に台頭し、地球公共財体系においてより効率的で斬新な構成部分となった。

　そうしたなか、中国は大国としてのふるまいを増やし、新思考、新方式、新ルールで積極的に参加して地球公共財の供給増加を推進している。例えば、G20に積極的に参加し、IMFを支持して金融危機で深刻な打撃を受けた国を支援した。さらに、EUのソブリン危機緩和計画を支持している。また中国・ASEAN自由貿易区を建設し、4兆元の経済刺激計画を立て、世界経済の牽引役として機能している。中国が実施したすべての世界的または地域的な活動は、世界金融の安定と景気回復に大きく貢献し、国際社会から広く称賛を得ている。

### 3.3.3　「一帯一路」建設が提供する地球公共財

　「一帯一路」建設は21世紀における中国の最重要国家戦略のひとつで

あり、中国が世界に提供するWin-win協力の最大の公共財である。「一帯一路」建設は重大な歴史的使命を背負っており、以下の5分野で地球公共財の供給を増やしている。

第1に、国際協力の新理念と新モデルを生み出している。中国の改革開放は現在世界で最も影響力のある制度革新のひとつである。「一帯一路」の構築は、21世紀の中国の全方位的対外開放の壮大な戦略として、実質上、中国が国際社会で包容的発展理念を推進する一大実践である。

「本当の知識は実践から生まれる」という言葉がある。「一帯一路」の構築は、経済回廊理論、経済圏(ベルト)理論、21世紀の国際協力の理論などの革新的な経済発展の理論、地域協力理論、グローバル化理論によって、人類発展の知識の宝庫を豊富にし、21世紀の国際協力に話し合い、共同建設、共有および包容発展という新しい理念と新しいモデルをもたらす。

第2に、効率のよい施設の相互接続である。インフラ投資は経済成長に著しい牽引作用があるだけでなく、十分な高効率のインフラは国民経済の持続的発展の根本的な保障となる。アジアの「一帯一路」沿線国の交通・通信・エネルギーなどのインフラ建設の停滞やレベル低下は、すでにその経済発展の深刻な妨げとなっている。

中国経済が30年以上もの間高度成長を維持することができた重要な理由は、「インフラ先行」の理念を堅持し、政府の組織の下で社会資金を優先的にインフラ建設に投入していたことである。「一帯一路」建設はインフラ建設と各国のインフラとのコネクティビティ(連結性)に重点を置き、中国は自身の発達したインフラの生産能力、技術の優位性、高い貯蓄残高の資金優位性を用い、国際社会の資源を動員して、沿線国へのインフラ供給増加を推進する。沿線国が国際的な取引を行うために、一国にとどまっていた各種の道路や施設を、閉塞性を打開してつなげることで地域全体の経済協力レベルを引き上げ、沿線国の将来の経済の安定成長のために基礎を固める。

アジアは世界で経済成長の最も速い地域であり、アジア経済の安定的急成長も、世界の他の地域経済の発展に良好な環境をつくることができる。

第3に、新たな国際通貨を提供する。第二次世界大戦以降、ブレトン・ウッズ体制の枠組みの下で、米ドルが基軸通貨であり続け、国際的な大口商品、金融市場で支払・決済ツールを担当し、各国通貨当局の主な準備資産となっている。ブレトン・ウッズ体制が崩壊して米ドルの地位が低下し、特にユーロ誕生後は国際通貨体制の多様化傾向が著しくなったにもかかわらず、米ドルは依然として国際準備通貨において60％以上の比率を占めている。

アメリカは世界経済全体の中での比率は25％未満であるが、国際通貨の中での比率は60％を超えている。通貨の地位と実体経済の地位との巨大なアンバランスは、容易に米ドルの実体経済との乖離と自己膨張を引き起こし、金融危機を誘発する。

さらに米ドルの巨大なオーバーフロー効果によって危機を他の国に感染させる。2008年のサブプライムローンの焦げつき問題に端を発する世界金融危機は、他国の損失高を4兆米ドルにした。そのため、米ドルに問題が生じたときに国際通貨に安定したアンカーとセーフヘイブン（安全な逃避先）を提供する、新たな国際通貨の追加が必要となった。

2009年、中国が人民元国際化の推進を開始したのは、すなわち国際通貨体制の完備、地球公共財の供給増加の実践である。「一帯一路」の構築は、アジアの地域経済国が緊密に結合する長期戦略を推進し、中国は、資金、技術支援、決済通貨および支払・決済システムなどを含む全方位の金融支援の提供を目指す。

第4に、新型国際金融組織を構築する。国際金融協力は地球公共財を提供する上でも国家経済の主権を維持する安全面でも重要な役割を果たしている。現在の国際金融協力プラットフォームは主にIMF、世界銀行、国際決済銀行（Bank for International Settlements、BIS）、各大陸の開発銀行などの国際金融組織であり、これらの組織はアメリカが主導している。そのガバナンス構造、制度、業務基準のほとんどは先進国の制度や基準に基づいて設計され、新興国の特徴や発展要求に対する配慮に乏しく、新興国の国際金融協力に対する需要を満たしているとは言えない。

中国は世界最大の新興国として、このことを深く痛感している。新興国・途上国が公平な発展環境と必要な金融支援を得るため、中国はこれ

までも国際金融体制の改革の推進に努め、より公正で合理的な国際金融秩序の構築を目指してきた。

しかし、アメリカ議会の妨害により、3年前にG 20ソウル首脳会議を通過したIMFで新興国のクォータ・シェアを引き上げる議案は未だ実施されていない。このため中国は、新開発銀行（BRICS銀行）の設立を提唱し、アジアインフラ投資銀行（Asian Infrastructure Investment Bank、AIIB）の発足を準備し、シルクロード基金を設立した。言うなれば、実務的な姿勢で、新たなガバナンスルールと基準を用い、より多くの新興国の発展と金融ニーズに注目し、実際に行動することでグローバル金融ガバナンスに参加し、国際通貨体制の改革を推進して、国際金融分野での地球公共財の供給を増やすことにした。

第5に、局所戦争とテロ撲滅のために新しい手段を提供する。戦争は世界の難民を増加させる元凶であり、テロは世界各国の安全を脅かす重大な要因である。世界平和をどう維持するか、戦争をどう消滅させ、どう効果的にテロ対策を行うか。これは全世界が直面している生命に関わる共通の問題である。

暴力を以て暴力を制し、戦争を戦争で消滅させるのは、短期的には明らかに有効な手段ではあるが、戦争とテロの繁殖の土壌を一掃することはできない。「一帯一路」沿線国の経済発展のレベルはまちまちである。例えば、中央アジア内陸の国や地域は東アジア経済圏とEU経済圏の間で発展した「窪地」で、貧困と絶望が戦争や急進主義、テロリズムの温床となっている。インドシナ半島の「ゴールデントライアングル」は交通などのインフラが立ち遅れ、麻薬取引に依存して生活する人が多い。

「一帯一路」建設において、中国は沿線国の「ただ乗り」や「相乗り」を歓迎するだけでなく、中央アジアやインドシナ半島の国々との共同発展の推進にも尽力する。中国政府は、他の国際組織や国とアジアインフラ投資銀行とシルクロード基金を通じて、活力に満ちた複数の経済回廊を構築する。これらの措置の実施は、陸上および海上の2方向から広範囲にわたる輻射効果を得ることはもちろん、貧困の削減を加速させ、グローバル化による貧富の格差と地域発展の不均衡を縮小させることになる。

したがって、「一帯一路」の構築は禍根を完全に断つ行為であり、戦争・急進主義・テロリズムの根絶に資するものである。地域の紛争をなくして、地域の一体化を加速させ、持続的な平和と普遍的な安全、共同繁栄の調和のとれた世界の構築を推進する。

【参考】

コラム J 「一帯一路」人民元建て決済システムの構築　　　　　　　P141

## 3.4 「一帯一路」建設が直面する課題

　中国が提唱する「一帯一路」の建設は多くの国に関わっているが、沿線各国の経済発展段階や、政治制度、文化、宗教の相違は大きく、「一帯一路」建設に参加する目的や利益訴求も異なる。その複雑性や直面している課題は、従来のいかなる地域経済協力をもはるかに超えている。発起国として、また主たる推進者として、中国は直面しているそれぞれの課題を十分に認識・把握し、トップダウン設計を行なわければならない。そして各国との交渉交流を強化し、相互信頼と共通認識を増進して、新しい地域協力の道を歩んでいく。

### 3.4.1 政治的課題

#### 1．政党制度の衝撃

　政治は、利益集団の駆け引きの最終的な表現である。「一帯一路」建設は国際化の推進、長期プロジェクトという特徴を有しており、国と国との間の経済協力関係を新たな高みへ押し上げ、それによって優位性の相互補完、Win-winの目標を達成する。これは必然的に沿線国の国際環境の変化を引き起こし、さらにその国の国内利益に新しい分配をもたらす。

　選挙制度の下、「一帯一路」建設プロジェクトが政党政治の犠牲になるのは避けられない。「一帯一路」沿線国の多くは政党選挙制度を実施しており、与党が政権を握り、野党が「監視」するが、多くの重大な内

政外交政策が与野党の政争のために継続性に欠けている。「シルクロード経済圏（ベルト）」の建設をめぐって誕生する交流と協力は大半が長期型であるが、一部の国は未熟な政党政治の影響を受け、関連政策は短期的なものとなる。このようなミスマッチは経済圏建設の順調な実施に対し、多かれ少なかれマイナスの影響を及ぼす。

２．複雑な大国の関係介入

「一帯一路」は東アジア、南アジア、中央・西アジア、欧州など60余りの国が共同構築するもので、地域間格差や政治上の相違、不一致、衝突といった制約を受けることは避けられない。現在、主たる政治経済大国は、大なり小なり「一帯一路」建設に参加している。例えば、ＥＵは2007年6月に「ＥＵと中央アジア：新しいパートナーシップのための戦略」を採択し、中央アジアへの投資を積極的に展開し、人権・環境・水資源などの分野でいくらかの成果を上げた。2011年、アメリカ政府は世界をアフガニスタンに接続する「新シルクロード計画」を提出した。目的は、アフガニスタン隣国の中央アジアの国々の支持を得て、貿易、エネルギー輸出、投資、平和を促進することである。2014年、ロシア・ベラルーシ・カザフスタンがユーラシア経済連合に調印した。新しい連合の中で、財、サービス、資金および労働力の自由な移動を推進する。

「一帯一路」建設がこれらの大国の既得利権に触れれば、その強大な政治的影響を用いて介入が行われるのは疑問の余地もなく、協力プロジェクトが駄目になる公算は高い。中国・キルギス・ウズベキスタン鉄道計画がロシア・カザフスタン・キルギス・タジキスタン鉄道計画に取って代わられたのはその一例である。そのため、中国と他の大国との政治、経済、外交関係をうまく処理し、政治的リスクを軽減することが、「一帯一路」建設の円滑な推進に重要である。

### 3.4.2 軍事衝突の問題

１．依然として安全問題を抱える中央アジア

「シルクロード経済圏（ベルト）」建設には長期的な平和環境が必要で

あるが、中央アジアからの安全への脅威は無視できない。中央アジアは多くの思想・文化・宗教が交錯する合流点であり、世界のさまざまな文化・思想・宗教が最も激しく衝突する地域のひとつでもある。このあたりの構成民族は複雑で、100余りの大小の民族・部族が生活している。慢性的な貧困と外部からの干渉がアフガニスタン内の衝突レベルを引き上げ、イスラム急進主義とテロリズムの「オーバーフロー」を引き起こし、中央アジアの安定に影響を与えている。

　また、中央アジアの国々の間には境界の不明瞭な飛び地や水資源配分など解決不能な問題が多く存在し、一触即発の状態が続いている。それにより中国が「シルクロード経済圏（ベルト）」を構築するプロセスで各国との政策調整はより困難になった。例えば、2014年1月11日、キルギスとタジキスタンとの間で、飛び地ヴォルフの紛争から武装衝突が発生した。問題をさらに複雑にするのは、一部の沿線の小国が自身の利益のために大国との間に平衡を探そうと、人為的に対立や衝突を起こし、その地域の緊張を拡大して「一帯一路」建設の障害を増やすことである。

## 2．南海諸島の紛争が未解決

　中国・ASEAN は「海上シルクロード」を共同構築するにあたり、多くの現実的な問題と課題に直面している。中国と海を隔てた隣国との間の島嶼岩礁および海域画定紛争は、適切に解決しなければならない問題である。資源不足の時代に、海洋に埋蔵されている巨大な資源は、海路沿線国に無限に広がる欲望を湧き起こさせ、手段を選ばずに自己の海洋資源の占有権を拡大しようとさせる。これが中国と南シナ海の一部の国との間でしばしば発生する紛争の根源である。この数年、追い払われたり抑留されたりする中国の漁船や漁師の数が多く、罰金も世界一巨額となっている。

　2013年、フィリピンは中国との南海紛争について、13項目にわたる訴えを国際海洋法仲裁裁判所（PCA）に起こした。また、アメリカ・ロシア・日本・インドなどエリア外の大国も絶えず介入しては、中国の軍事演習の抑止をさまざまに実施するため、南海諸島紛争のきな臭さがさらに増した。これにより中国は「国連海洋法条約」および「中華人民共

和国排他的経済水域および大陸棚法」に従って海洋紛争を処理するよう求められ、現在、外交、経済貿易、軍事などの手段を総合的に用いて、他の国が一方的な行動で現状を変えることを抑制し、隣国との島嶼帰属および海域境界画定の交渉を積極的に進めているのである。すでに中国とベトナムは北部湾海域の画定に、韓国と中国は「中韓海域の境界画定問題の早期解決」に合意している。

### 3.4.3 文化衝突の問題

#### 1．制度の構築および統括協調の難題

「一帯一路」の建設は多国間外交の舞台であり、経済国際化、地域経済統合化のプロセスでもあり、包括的 Win-win 堅持の原則の下で有効な制度構築や政策調整を行おうとすると、往々にして文化衝突や障害に突き当たる。ＥＵの経済統合の経験は、主権委譲の足りない統合プロセスは強固ではないことを示している。イデオロギー・民族・文化・人種の違いは「一帯一路」建設が直面しなければならない現実であり、中国は「一帯一路」建設の発起国であり、主導国であり、マネージャーである。当然、大国として引き受ける責任がある。

経済的に各国の「ただ乗り」や「相乗り」を歓迎すると同時に、文化の面で沿線国に中国のイデオロギーと成長モデルを理解してもらい、輝かしい中華文化に対し敬意を寄せてもらうには、大量の制度の構築と統括協調作業を行う必要がある。

#### 2．ソフトパワーが強力でない

海上シルクロードは、かつて中華文化をシルクロード沿線国に伝播させた。それには儒家思想、律令制度、漢字、服飾、建築、通貨、さらには倫理、道徳、政治制度、社会風俗まで含まれる。西洋文化が長期にわたって侵略と拡張を続けていたため、現在、周辺国が認めているのは中国のハードパワーのみであり、中国の文化、通貨などソフトパワーの影響は小さい。調和・道義といった中国文化の真髄を、どのように中国の「一帯一路」建設の強力なソフトパワーに転換するかは、早急に解決す

べき重大な課題である。

### 3．人々の心が相通ずる相互信頼の基礎を早急に突き固めるべし

　「一帯一路」沿線国の経済成長の水準は低く、中国の経済的優位性を前に、それらの国々はあまねく懸念を持つ。例えば、中央アジアには、中国との経済協力は中国に有利なものであって、自国にではないと考える国があり、東南アジアには、対中投資に伴ってもたらされるのは大量の安価な中国商品で、現地の雇用機会を減らし、最悪の場合、環境が破壊されると懸念している国がある。また、中国の地域での影響力拡大に脅威を感じている国もある。

　中国は人的・文化的交流を増やすという面で多くの仕事をしたにもかかわらず、客観的に存在する利益、言語、文化、宗教などの違いが、依然として「一帯一路」沿線国の人々の中国に対する理解の足を引っ張っている。措置を講じなければ、人々の相互理解のための複数チャネルの構築、政府・民間の複数レベルでの相互信頼の増進、「一帯一路」建設という長期かつ巨大な計画が、理想の境地に到達するのは難しい。

　つまり、「一帯一路」は「政策の疎通、施設の接続、貿易の円滑化、資金融通、人々の相互理解」を網羅する前例のない総合的なシステムプロジェクトである。長期性と複雑性を有し、相当な期間、交通や通信などのハードウェアの不足、法規制・政策の親和性のなさ、政治上の相互信頼の不足などの問題に直面する。同時に、地政学的リスクが高いままで、文化・宗教上の衝突、テロのリスクも無視できない。したがって、商業機構は関連するリスクコントロールを強化しなければならず、「一帯一路」建設におけるコミュニケーション協議を強化し、多国間、2国間、地域間、域内の協力体制とプラットフォームの役割を十分に果たすことで、利益の合致点を拡大し、共同発展・共同繁栄を推進する。

【参考】

コラム Ⓚ　中華文明の真髄：包容と平和　　　　　　　　　　　P143

**コラム H**

## 中国銀行業国際化の新時代を切り開く「一帯一路」

「一帯一路」戦略は、投資と貿易の2輪駆動によって、優位な余剰生産能力の移転問題の解決、産業と技術の高度化の誘導、経済構造の最適化、地域協力発展の推進、世界経済の安定と繁栄の促進を図るもので、中国の新時代における対外開放戦略の「主エンジン」として、重大かつ深遠な意義を持つ。

金融は現代経済の中心である。「一帯一路」の貿易と投資の協力は、必然的に金融が媒体とされ、なかでも商業銀行による支援が必要とされるが、同時に、中国銀行業の国際化の発展にも歴史的なチャンスをもたらしている。

「一帯一路」戦略は、中国の対外貿易と投資の新たな構図を描き、銀行が関連するクロスボーダー金融業務は、大きな成長の余地を目の前にしている。中国と沿線国との貿易・投資規模が拡大するにつれ、中国企業による「走出去」の歩みが加速し、段階や水準がさらに向上する。銀行は、市場の開拓や顧客資産の発展を深化させるチャンスが得られ、異時点・越境・異業種の国際決済や、貿易融資・現金管理・リスク回避・担保等の業務に大きな発展のチャンスがある。

「一帯一路」沿線の多くの国では、インフラが立ち遅れ、市場も整備が不十分である。インフラも生産技術も設備も先進的で、豊富な経験を持つ中国は、工業基盤の弱い国に工業化発展のチャンスをもたらし、それらの国がインフラ整備を進めるための大量の融資ニーズを生んだ。AIIBやシルクロードの基金の支援があったとしても、商業銀行の融資支援は絶対に欠かせない。

人民元の国際化は、近年、著しい成果を得ており、国際銀行間通信協会（SWIFT）のデータによると、2014年12月、人民元が世界第5位の常用決済通貨になったという[*1]。「一帯一路」戦略の実践プロセスで、

中国は沿線国に対し積極的に直接投資を展開しているが、それによって商品および労務輸出[*2]が促され、人民元による資本輸出も拡大している。これは、世界的な資源配分・生産・販売・価格決定・決済における人民元の利用を促進し、人民元国際化を力強く後押しするものである。こうした状況においては、人民元に関連するクロスボーダー金融サービスのニーズもそれに応じて増加する。中国資本の銀行は人民元サービスによって多くのオフショア顧客を獲得し、関連商品を創出するようになる。しかも、沿線国の多くは、輸出の中心がエネルギー・鉱物・農産品などの資源製品である。かくして国際的な大口商品貿易に人民元建て導入の可能性を与え、中国資本の銀行が国際的な大口商品取引に深く関わるための環境が整備されていった。

　「走出去」する企業は「走出去」する金融機関の支援と切り離すことはできない。商習慣の違いや金融発展レベルの遅れによる制約を受け、中国資本企業は沿線国現地で十分な、あるいは実効的な金融支援を得にくい。しかも現時点では、中国資本の銀行の海外拠点は、多くが国際金融センターや先進国・地域に集中しており、「一帯一路」沿線国には少ない。中国と沿線国はまもなく経済貿易協力の大きな発展を迎え、中国資本の銀行に海外拠点の布陣を完璧にする機会を提供する。中国資本の銀行は、自らの事業の特徴と顧客のニーズに基づき、中国の重点的な貿易・投資相手国を優先目標として、拠点の設置を進めることができる。そして沿線国の金融機関との事業提携を積極的に強化し、相互に融通し合ってWin-winの関係を構築する。

　当然ながら、「一帯一路」は多くの域外の国に及ぶため、経営環境は複雑で、中国資本の銀行の経営に新たな問題や課題をもたらしている。とりわけ直面するカントリーリスク、金融規制リスクは重要視すべきである。「走出去」企業による複雑な金融商品へのニーズ、特に各種商品の組み合わせサービスへのニーズは切実であり、このことも中国資本銀行の商品やサービスの革新により高い要求を突きつけている。これを受けて、中国の商業銀行は積極的に新しいチャンスをつかみにいくと同時に、主体的に狙いのはっきりした対策を立てなければならない。海外拠点の設置、内部フローの最適化、商品・サービスの革新などにおいて

は、「転ばぬ先の杖」並みの対応をする。AIIBやシルクロード基金、政策銀行と協力し、各種の保険会社と連携して、潜在的リスクの回避や解消を図り、経営の安全を確保する。また、規制を担当する当局には銀行の海外拠点設置、短期外債の指標の拡大などで支援すると共に、対外工事請負における保証状リスクに対する特別専用資金、優遇バイヤーズクレジット*3などの支援政策を、関連業務に関わるすべての商業銀行にまで拡大するよう提言する。

(交通銀行首席エコノミスト　連平)

* 1 【訳注】その後、2015年10月6日に、人民元は国際決済額ベースで日本円を抜いて第4位に浮上したが、2016年4月時点では第6位になっている。
* 2 労務輸出：【訳注】労働者が外国に出向いて働くことを言う。
* 3 バイヤーズクレジット：【訳注】輸出企業の輸出契約等の決済資金のため、銀行が協調融資の形態により輸入業者、またその所在する国の銀行に対して資金を貸し付ける契約を言う。

コラム 1

## 地球公共財

　最初に公共財の理論を提唱したのは、ポール・サミュエルソン（1954）で、「公共財とは、誰かが消費しようとしまいと、それらによる便益が不可分割的にコミュニティに配布されるもの」とした。地球公共財とは、便益が国境を越え、他の国の公民も享受できる商品やサービスで、世界公衆衛生、世界安全、多国間制度、多国間のインフラ整備の協力などが挙げられる。

　地球公共財理論が発展する過程において、チャールズ・キンドルバーガーやロバート・ギルピンらが提唱した「覇権安定論」は、大きな影響力を持つ。キンドルバーガーは著書『大不況下の世界 1929 − 1939』で、「国際経済システムの安定化には、ある国が「公共財」の提供を担うことが必要である」と述べている。ギルピンは、地球公共財の供給をめぐり、「覇権安定論」の2つの中心的命題を提示した。1つは「世界政治における秩序はひとつの主導的な国によって成立する」で、もう1つは「国際秩序の維持には、覇権国家の持続的存在が必要」である。

　マンサー・オルソン（1965）は「集合行為論」を提唱し、「少人数集団または強制もしくはその他の特殊な手段が存在して、個人を彼らの共同利益に従って行動させるのでなければ、合理的で自己の利益を求める個人は、共同もしくは集団の利益を実現する行動をとらない」とした。

　理論研究から、地球公共財の供給を増やせば、より多くの世界や国際的な集団行動に頼る必要があることが示された。現在、地球公共財の概念は、国際政策の重要な構成部分になっており、国連機構・IMF・世界銀行・NGOの議題に上ることが多くなった。

コラム J

## 「一帯一路」 人民元建て決済システムの構築

　決済システムは、最も重要な金融インフラであり、人民元建てクロスボーダー決済システムは、沿線国間におけるクロスボーダー資金の安全かつ効率よい流通を確保するカギである。「一帯一路」の沿線諸国は多くが新興国であるため、金融の発展は立ち遅れ、決済システムの発展水準に大きな隔たりがあり、基準もまちまちである。そのため、クロスボーダー決済において、各国は国際決済銀行（BIS）を利用して、間接的に資金の支払いをせざるを得ない。たとえ米ドルが世界一の準備通貨・取引通貨であっても、大口取引では依然として単一決済のルートやツールが欠乏し、資金の支払いは連携銀行の外貨ポジション残高の制限を受けざるを得ない。現在、「一帯一路」沿線諸国の中央銀行は、為替決済について、自国の決済システムに直接SWIFT（国際銀行間通信協会が金融機関同士を結ぶクラウドサービス）を接続する方式を採用しており、多くの国は、2国間貿易で利用する自国通貨を第三国通貨に交換して、SWIFTシステムによって決済を行わなければならず、取引コストや為替リスクを引き上げている。

　「一帯一路」建設において、統一ルールや技術協定を構築し、より便利で効率の高い決済プラットフォームを提供するため、中国は2013年に人民元決済システムのアップグレードを完了させた。まもなくそれを踏まえたクロスボーダー人民元決済システム（Cross-border Interbank Payment System、CIPS）が運用開始となる[*1]。第2世代の人民元決済システムであるCIPSは、設計において国際決済システムの構築および管理の先進的な経験を参考にし、ディザスタリカバリ（災害時復帰）システムとセキュリティシステムをモデルチェンジして、より高い効率とより強力な機能を有するものになっている。

①商業銀行の法人単位での1点集中アクセスをサポートし、商業銀行の

本店とその支店の決済業務を、1つの口座に集中させて処理することができる。

②より豊富な流動性管理機能を提供し、大口人民元決済システム（CIPS）による振替待ち注文のマッチング、「資金プーリング」管理、流動性リアルタイム一括照会などの機能が追加され、システムの決済効率の向上を促進できる。

③オンライン決済業務のマルチバンク処理をサポートする。

④国際規格であるISO20022メッセージ標準を採用し、SWIFT決済システムと互換性があるため、国によって異なる決済システムの相互接続に問題なく対応する。

全体的に見れば、中国の人民元決済システムは、技術的な先進性においてもシステムの完備性においても比較的大きな優位性を有しており、「一帯一路」沿線国の経済貿易や投資に対するクロスボーダー決済業務を担って、安価で安全な人民元決済サービスを提供することができる。

＊1 【訳注】CIPS（第1期）は2015年10月に正式に運用が開始された。

コラム K

# 中華文明の真髄：包容と平和

　中華文明は悠久の歴史において、他の文明との交流で、独特の文明対話モデルを形成してきた。その真髄こそ包容と平和である。中国は、他の文明を認めるという前提の下で、対話と交流を強化することに長けており、長所を取り入れ、短所を補いながら、数千年もの間、延々と発展し続けている。まさにこうした包容と平和に基づく文明対話モードであったので、輝かしい中華文化の多くは、他文明に自ら吸収され、多くの外国人は自らの意志で中華文明に近づいてきた。

　漢代から始まった、漢族と、匈奴・チュルク（突厥）・回紇(かいこつ)（ウイグル族の祖先、西夏）・契丹（遼）・女真族・蒙古族・満族など他民族との戦いでは、いずれも相手を掃討していない。主として文明間の争いをしたのであって、種族間の争いではなく、大規模な種族の虐殺は極めて少ない。一般に、他民族による政権は、倒された後、中華文明との交流の中で次第に同化され、中華文明の一部となっている。「総じて言えば、秦漢から清朝までの二千余年、漢民族はその文化によって自然にかつ非暴力的に少数民族を同化させてきたが、それが漢民族の主流である」（李沢厚『論語今読』）。

　中国文化は昔から「親仁善隣」を重視し、必要な軍備であっても、その目標は単に「以戎衛道」「協和万邦」でしかない。「以戎衛道」の「道」とは、決して武力で天下を平定し人民や他の種族を奴隷のように酷使する「覇道」ではなく、仁義を重んじた「王道」である。中国文化は「王道」を尊崇し、中核は「以徳服人」、つまり、儒家の主張する「遠人服せざれば、則ち文徳を修めて以て之を来(きた)す」である。したがって、中華文化は「修身養性」を強調し、社会の公平や正義を守り、国と国との親睦を唱導する。そして「和して同ぜず」という包容的な姿勢に基づいて、異なる文化を尊重する。

「一帯一路」戦略を実施している今日においては、まさに習主席の言う「協力発展の理念を提唱し、国際関係において正しい義利観を実践する。国際関係では、「義」と「利」の関係を正しく処理しなければならない。政治的には正義を貫き、公正を守り、平等の待遇を堅持し、経済的には互恵、Win-winの関係、共同の発展を堅持し、時代遅れのゼロサム思考*1を捨てなければならない。自分への待遇をよくするなら、他人にもよくしなければならない」である。こうしたWin-winの協力関係や平等互恵の思想は、中華文明の対外関係を集約したものであり、「一帯一路」建設の指針となる考え方、各国の関係を取り扱うルールでもある。

＊1　ゼロサム思考：【訳注】「ゼロサム」(zero-sum) の本来の意味は、合計してゼロになること。ここでは、「社会の幸福は一定量であるとして、他者（他国）が幸福であれば自分（自国）がその分不幸になり、他者（他国）が不幸であればその分自分（自国）が幸福になる」という思考を指す。

第4章

# 「一帯一路」と人民元の国際化：
## 相互促進のヒント

## 4.1 人民元の国際化プロセスと「一帯一路」建設

　21世紀に入り、世界経済の統合化プロセスが加速し、地域経済の協力はいっそう深まりを見せている。「一帯一路」沿線上にある国々は、地域経済の往来と協力をさらに強化する必要がある。

　中国も経済協力を通じて改革開放を進め、経済のさらなる構造転換を推し進めなければならない。「一帯一路」は、中国の新しい地域経済協力の形である。「一帯一路」建設の「五通」の目標は、中国が沿線各国との地域経済協力をより強化し、強い地域協力の構図を形成していくことである。「一帯一路」沿線各国の持つ資源はそれぞれ異なるため、経済的相互補完性が強く、協力の潜在力と可能性は大きい。「五通」の達成と人民元国際化の道とは、互いに促進し合い、補完し合う関係である。

### （1）政策の疎通

　人民元の国際化は、客観的には貿易時の建値や決済、金融取引、外貨保有高などを含む人民元の世界規模での利用拡大である。「一帯一路」沿線各国は中国と歴史的友好関係にあり、中国はまたこれらの国々の重要な貿易パートナーであって、経済・貿易の協力関係は密である。したがって、沿線各国は中国が人民元の国際化を推進する上で、当然考慮すべき対象ではある。

・政策の疎通を強化し、地域の金融セキュリティネットワークを構築して、国境を越えたマネーロンダリングなどの犯罪行為を撲滅する。
・地域の経済協力を増進し、双方の貿易と投資のために政策面での支援を提供する。
・通貨スワップ協定を締結し、人民元の外貨準備機能を強化する。

以上の施策が人民元の国際化に大きく貢献している。

### （2）施設の接続（コネクティビティを意識したインフラ建設）

　これまで、「一帯一路」沿線各国の交通がつながっていないことや施設不足などが、この経済圏の貿易と投資協力を阻害してきた。例えば、

中央アジア5カ国の鉄道レールは一般に広軌であるが、中国国内の鉄道レールはそうではない。道路の連結が実現すれば、貿易は便利になり、経済協力を強化することができる。

中国がこれらの国々と道路を連結することで人とモノの交流が促進され、域内のインフラ施設（の技術基準）のマッチングを含めた統合を進めることができる。それと同時に中国企業の対外投資も利便化され、国内の優れた余剰生産能力を国外に移転させることができる。中国の対外貿易と投資は、必然的に人民元の国際化を推進する役割を果たすことになる。

一方、人民元の国際化は、沿線各国の道路などのインフラ建設に十分な資金支援を可能にする。この数年、米ドルやユーロなどの国際通貨の価値が下落し、外貨保有コストが急増している。人民元の貨幣価値は基本的に安定しており、道路建設の基礎資材を人民元建て決済にすることは、取引の各当事者にとって魅力的である。

## （3）貿易の円滑化

中国は「一帯一路」沿線各国からエネルギー・鉱物・金属・食糧などの多種の大口商品を、沿線各国は中国から主に機械や交通・輸送機器などの大型製品を輸入する。

国際市場では、これらの製品は米ドルやユーロ建てで決済されることが多い。域内の貿易と投資において、米ドルやユーロなどの第三国通貨の利用を避けて自国通貨建て決済を実現すれば、そうした通貨価値の下落による資産損失を防ぐことができ、為替コストも軽減できる。

その意味からすると、「一帯一路」建設は人民元の国際化に貴重な発展のチャンスをもたらしたと言える。「貿易の円滑化」の実現が、直接的には人民元の利用範囲を開拓し、間接的には沿線各国の人民元保有の意思を刺激することで、人民元国際化の推進に積極的な役割を果たしているのである。

## （4）資金融通

経済成長、金融発展が沿線国の中でトップレベルにある中国は、技術、

人材、資金など多方面での支援を提供し、Win-winの関係を築き、共同発展を実現する能力も意志もある。

新しい多国間の国際金融機関を設立することにより、世界中の資源を動かせるようになり、「一帯一路」建設への注力が保障できる。

「一帯一路」の投融資活動で人民元をより多く使用することは、人民元が成熟した国際通貨に成長することを大いに後押しする。人民元は、地域貿易と投資の建値通貨としての側面よりも、むしろ域内の資金融通にとって有利となり、地域貿易と経済統合を促進することができる。人民元の安定した貨幣価値と緩やかな値上がり期待は、沿線各国の人民元保有のインセンティブを高めるもので、人民元の国際的利用の拡大に積極的に作用する。

### （5）人々の相互理解

人的交流は域内の観光の発展、文化の交流を意味しており、沿線各国のより広い範囲での人民元利用に新たなチャンスをもたらす。人民元の国際化も域内各国の民間交流を簡便にし、より深いレベルでの文化交流に貢献する。それに加えて、メディア上で「中国」ブランドを築き上げることで、沿線各国の中華文化への興味を向上させ、「人々の相互理解」を促している。

## 4.2 「一帯一路」建設を促進する人民元の国際化

### 4.2.1 「五通」の実現に資する人民元の国際化

「五通」は「一帯一路」建設の中心目標である。インフラ建設、資源協力、貿易、投資など地域経済協力の具体的な内容も通貨とは切り離すことはできない。通貨が通用することは無視できない重要な側面である。

中国が「一帯一路」戦略の発起国として進めている人民元の国際化は、直接的に沿線各国間の通貨流通を強化し、「五通」目標の実現、地域経済協力の深化の要となる重要な役割を果たす。

## 1. 貿易の発展に向けた資金支援

中国とシルクロード沿線国との貿易協力は急成長している。2013年、中国は中央アジア4カ国（中央アジア5カ国のトルクメニスタン以外）の貿易額は、対前年比13％増の402億ドルとなった。そのうち、中国－カザフスタンの貿易額は286億ドル、中国－ウズベキスタンの貿易額は初めて40億ドル台を突破し、伸び率はそれぞれ11.3％と58.3％だった。

2015年には、中国はすでにロシア・カザフスタン・トルクメニスタンの最大の貿易相手国になっており、ウズベキスタン・キルギスの第2貿易相手国、タジキスタンの第3の貿易相手国、中央アジアの石油・ガス資源の最大の購入国となっている。それと同時に、ウズベキスタンの第1、キルギスの第2の投資国でもある。

また、中国とシルクロード西端のEUとの貿易も急増し、2013年には5590億6000万ドルに達した。このほか、域内のその他の国との貿易も非常に活発である。

「一帯一路」の建設の進展に伴い、地域貿易協力のいっそうの向上が期待されると、貿易における資金繰りに対して十分な流動性の需要を満たすことが求められる。

人民元の国際化プロセスは、地域各国の貿易の発展のために、十分な流動性の供給という支援ができ、それが「一帯一路」の「貿易の円滑化」の実現につながる。

第1に、巨額の資本流出を伴う人民元の国際化プロセスでは、沿線各国の企業は対中貿易で「人民元による融資」という支援を受けるチャンスと、一定規模の人民元建て資産を蓄積するチャンスがある。これは地域貿易協力を拡大するために良好な条件をつくり出す。

第2に、中国がすでに沿線の複数の国と中央銀行レベルで2国間通貨スワップ協約を締結していることである。そうした国々は信用チャネルを通じて人民元資金が得られるため、自国の金融体系に注入して国内機関や企業に人民元を調達しやすくできる。企業はそうして調達した人民元を中国からの輸入の支払いに用いることができ、かくして2国間貿易の協力と発展のために利便性が提供される。

第3に、人民元オフショア市場の発展により域外人民元の利用が便利

になったと同時に、オフショア人民元建て預金が国際銀行の運用下で数倍に拡大したことである。これによって沿線各国の対中国貿易の発展に必要な流動性が域外人民元に十分に供給された。

　このように、国際化によって人民元に流動性がもたらされ、地域貿易の発展が促進される。

## 2．第三国通貨を用いた決済によるリスクの回避

　貿易における取引通貨の選択は、通貨供給量や為替の変動、通貨取引コスト、金利収益など多くの要因の影響を受けるが、その中で最も重要なものは、その通貨の利用コストである。

　世界市場で最も重要なインボイス通貨[*1]は米ドルである。その理由は、まず、基軸通貨として、原油など大口商品の価格が米ドル建てで表示されるという商習慣が確立していることから、国際的な取引を米ドルでの決済にすると取引コストが抑えられるという優位性を有することにある。

　次に、アメリカは国家としての実力が世界のその他すべての国をリードし、経済的にも政治的にも安定成長しているため、米ドルが良質な外貨準備となっていることである。また、米ドルの為替相場は比較的安定しており、堅調に推移している上、国内の金利が高めで、米ドル保有の資本収益も比較的高い。しかし、アメリカの貿易シェアは年々低下し、すでに戦後初期のような圧倒的な地位にないにもかかわらず、米ドルは依然として国際的な取引で最も広く使用される第三国通貨であり、貿易決済の中で絶大な地位に留まり続けている。

　2008年の金融危機直後は、米ドル相場が乱高下した。FRB（連邦準備制度理事会）による数回の量的緩和政策により、米ドルの価値が下落し、貿易当事者双方が米ドル建て決済を利用することは、大きな為替変動リスクに直面しなければならなくなった。アメリカの国内景気刺激策は経済情勢の不安定を招き、総資産利益率を低下させた。このことは、外貨準備高または個人の資産構成における米ドルのシェアも同様に資本損失のリスクに直面していることを意味している。ここに至って国際的

---

＊1　インボイス通貨：【訳注】国際間貿易での決済通貨。

な取引での第三国通貨による決済の危険性について思い知らされたのである。

中国は「一帯一路」沿線国にとって重要な貿易相手国であり、「一帯一路」の域内貿易が人民元建て決済であれば、第三国通貨使用のリスクを回避できる。人民元はここ数年、インボイス通貨とするメリットが明確になってきているとして、ますます国際的に認められてきている。

国際的な利用拡大に拍車をかけたのは、人民元の安定した価値である。人民元の国際的利用の拡大、特に人民元をインボイス通貨とすることは、他の通貨の為替レートの変動リスクを避けることになる。中国の総資産利益率は比較的高いレベルを保持しており、人民元の保有も相当な資産増加となる。日々強大さを増す中国の経済力も、人民元に信用保証を提供した。このため、国内外の企業が次第に人民元を用いた貿易決済を試み始めたのである。

『中国銀行人民元国際化業務白書（2014年度）』の調査によると、調査対象となった企業では、クロスボーダー取引で実際に人民元を使用した割合が前年より著しく上昇したという。域外企業のうち、輸出入の過程で人民元建て決済を行う割合を15％超としたところは26％に達し、前年比10ポイントの上昇となった。

## 3．重大な支援プロジェクトのための金融支援

「一帯一路」建設は、国民経済や人々の生活を左右する重大な支援プロジェクトに関わっており、とりわけインフラ建設は重要である。これらの重大な支援プロジェクトは、国が発展可能性を伸ばし、国民の生活レベル改善の基礎となるもので、国民経済の発展に直接影響を与える。

重大な支援プロジェクトは投資規模が大きく、建設周期が長い。概して直接的な経済効果が不明瞭で、間接的な効果は強力だが推定が困難だという特徴があり、公共財的な属性を持つ。高速鉄道を例にとると、切符代で建設コストを回収するのは難しいが、沿線の人間や技術などの要素を移動させ、経済や貿易関係を活性化する。そして地域の科学技術の水準を引き上げ、対外貿易額の増加、ビジネスイベント（MICE）や観光などサービス業の発展を促す一連の連鎖的経済効果を生み出す。

人民元の国際化は「施設の相互接続」の実現を加速し、「一帯一路」建設のために必要な物的基礎を固める。中国はインフラ建設の分野で特異的な優位性を有し、新しいタイプの多国間金融機関（アジアインフラ投資銀行、シルクロード基金など）の設立を通じて世界中の資源を動かすことができる。そして人民元建ての債権、貸付、直接投資、プロジェクト・ファイナンス等多彩な形式で重要プロジェクトに金融支援を行い、それによって中国のインフラ建設の経験と成果を海外に拡張する。
　そして2国間経済協力を増進し、中国の「一帯一路」沿線での国際的イメージをアップさせる。重大なプロジェクト・ファイナンスを切り口として、中国は「一帯一路」沿線各国の要人の往来や民間交流を強化し、地域経済の統合度を引き上げる。

### 4．「共通通貨」とそのリスク管理メカニズムの提供

　「一帯一路」沿線各国は、経済成長の水準が異なり、金融開放度もまちまちで、市場や制度の相違も夥しい。取引コストの軽減、緊密な経済・貿易関係の構築、地域経済の統合度の引き上げはどうすればできるのか。これは、「一帯一路」建設が追求する究極の目標であり、避けることのできない厳しい試練でもある。これまでの経験から、経済や金融政策のアンカー構築は地域経済協力の重要な一環であると言える。
　世界第2の経済大国である中国は、「一帯一路」沿線国よりもカントリーリスクが低く、貿易・金融の成長水準が高い。人民元が「一帯一路」において、貿易建値・決済、金融取引、外貨準備の機能を広範に発揮できたならば、それは中国が沿線国に新たな国際通貨とそのリスク管理メカニズムを提供し、経済・金融政策のアンカーを構築したことを意味し、地域経済と金融の安定を保つために重大な貢献をしたことに他ならない。このため、人民元には地域協力の「苦難」を解きほぐす最善の選択肢となることが期待される。
　具体的に言うと、第1に、人民元は地域共通通貨として、その使用規模の拡大により地域間の貿易の取引コストを下げることができる。同時に、域内の各国が人民元を自国通貨の優性／劣性の参考基準として、自国通貨が他国通貨の大変動による影響を軽減し、自国通貨の安定を促進

する役割を果たすことができる。

　第2に、中国の国際的な存在感が大きくなることにより、対内的には域内各国が「近隣窮乏化」の通貨政策を回避する交渉ができ、対外的には地域を代表して世界的に声を上げ、当地域の利益を守ることができる。

　第3に、人民元の国際的な存在感が大きくなることにより、域内各国が国際貿易での「駆け引き」の力を増強し、地域全体が国際的な貿易交渉での発言権を増大することができる。

　第4に、中国が人民元国際化の過程で蓄積した通貨管理の経験を、地域各国のリスク管理メカニズム形成のためにも提供できる。それにより域内の金融監督の協力を強化し、地域の金融リスク監視・警戒システムを構築することは、地域の金融安定の保全に大いに意義がある。

　つまり、人民元の国際化レベルの向上およびその域内での利用比率の上昇は、共通通貨を提供し、貿易協力の利便性を図ると同時に、地域経済の金融アンカーを構築し、地域の経済統合プロセスを促進するために積極的な役割を発揮することになる。

【参考】

| コラム L | 「一帯一路」建設と地域経済協力 | P181 |
| コラム M | 人民元の国際化と国際貿易融資 | P184 |

## 4.2.2　地域通貨の利用による地域経済協力の促進

### 1．地域経済と通貨協力の理論的検討

　90年代以降、世界各地の地域経済協力は急成長路線を歩み始めた。地域経済統合組織の数が増加しており、世界規模で地域経済協力の発展の波が形成されている。中国が提唱し実施する「一帯一路」建設も、地域経済統合を促進する重要な戦略である。

　地域経済協力において、特恵関税の制定、貿易障壁の撤廃などの貿易統合措置は優先的に考慮すべき課題である。2014年6月15日の時点で、世界貿易機関（WTO）に申告された地域貿易協定は585に達し、関税同盟・特恵貿易協定・自由貿易協定・経済統合協定など多種多様な形態

がある。地域貿易協定の増加は、世界の経済・貿易関係の強化を示すに留まらず、21 世紀以降の地域経済協力の重要性の象徴でもある。

地域経済協力は、貿易統合のほか経済統合、金融統合、生産要素市場の統合、製品市場の統合など他の領域にも関わる。域内のさまざまなレベルの協力形態は、地域経済協力の広さと深さを反映している。一般に、貿易統合は地域経済協力の基礎であり基本である。経済統合は、地域間の経済・貿易関係が強いことや、景気循環が類似していることを物語るものであり、地域経済協力の深化したものである。

マンデルは 1961 年に「最適通貨圏」[*2] の理論を発表した。以来、地域通貨に対する議論は留まることを知らない。90 年代以降は、地域経済統合の発展に伴い、学界で地域経済と通貨協力をめぐる問題について広く検討されている。

学者たちの実証研究によると、通貨は地域経済協力、特に貿易協力に対して非常に重要な役割を果たすことが示された。ハリウェル（Helliwell、1996）の研究によれば、カナダの 2 州間の貿易シェアはカナダの 1 州とアメリカの 1 州との貿易シェアの 20 倍であるという。これは、カナダの国内貿易では同一通貨が使用され、対米貿易では 2 種類の通貨が使用されていることに起因する。

ローズ（Rose、2000）も、2 カ国で同一の通貨を使用すれば、その貿易シェアは異なる通貨を使用した場合の 3 倍になるとした。フランケルとローズ（Frankel & Rose、2002）は、「アナウンスメント効果」が通貨同盟の貿易に与える影響のひとつの経路と原因であると発表した。欧州通貨同盟に反対するフェルドシュタイン（Feldstein）も、異なる国が同一通貨を多く使用すると、域内の貿易コストを効率的に下げることについては認めている。

多くの研究結果から、通貨協力は地域経済協力の向上と促進に大きな役割を果たしてきたことが示唆される。貿易への直接作用に加え、ローズとエンゲル（Rose & Engel、2002）は、通貨同盟内の国は実質為替レー

---

[*2] 最適通貨圏：【訳注】単一通貨を持つことによって、経済効率を上げることができる地域のことを言う。逆に言うと、たとえ地理的に近くても、経済格差などがある場合には、単一通貨を導入しても経済効率が上がらない地域もあり、それは最適通貨圏ではないことになる。

トの変動がより小さく、景気循環の一致度がますます高まるため、それらの国々の経済統合の度合いは他国より明らかに高いと指摘している。アジョーテとダンティン（Adjaute & Danthine、2003）は、通貨の統一は域内の金融市場の安定度向上に資し、域内の金融市場統合を進展させるとした。さらに、メリッツ（Melitz、2004）は通貨統一により域内の各国は外生的ショックに対して類似した反応および経済の並行的変動を示すとした。

しかし残念なことに、従来の研究においては、通貨協力の定義について、通貨統合または通貨同盟の構築にとらわれている。そして多くの国にとって、通貨統合は自国通貨の主権の喪失を意味しており、独自の通貨政策を持たないことを選択したときの代償は極めて大きい。

同様の理屈で、ユーロ圏のような通貨同盟を構築する場合も、体制の統合や政策の妥協など多くの問題に直面しなければならない。しかも「最適通貨圏」の理論は域内の国の貿易水準、経済成長、インフレおよび金融発展などについて厳しい要求を突きつけ、通貨同盟の構築も困難にさせる。

したがって、そのような協力の開始段階にある経済地域にとって、通貨問題はさして重要ではなく、差し迫ったものでもないように見受けられる。

本書では、通貨協力の境界決定でいっそう細分化した分析を行い、域内で最も頻繁に利用される国の通貨の比率（以下、「域内通貨の比率」と表記）を地域通貨協力の代理変数として提案する。この定義は至極一般的なものである。域内の通貨を使用して初めて地域経済政策の協調を促進し、国際資本による衝撃を防御することができる（Goldberg and Tille、2008）。通貨統合も通貨同盟も、域内通貨の比率が特定の程度に達した後の産物である。

総じて、域内通貨の比率が上り調子にあるときは、域内の貿易協力と発展に有利となり、地域貿易の統合を促進する。ただし、貿易通貨の利用には商習慣が大きく関わるため、地域の通貨として導入された初期段階では、利用を敬遠されてしまう可能性はある。

米ドルは長期にわたり主要なインボイス通貨であり続けた。地域通貨

導入の最重要課題は、決済コストが米ドルよりはるかに高く、地域貿易の発展に不利なことである。しかし、中・長期的には、地域通貨として利用比率が上昇すると、相場の頻繁な変動による貿易と投資の不確実性を防ぐため、域内各国の為替コストが軽減される。さらに域内各国の為替レート調整や通貨協力を強化し、「近隣窮乏化」的な競争的通貨政策による経済被害を回避するため、地域経済の発展や地域金融の安定に有利となる。

簡単に言えば、域内通貨の比率を高めることにより、取引コストの節約、為替リスクの緩和、域内経済協力の強化、貿易の厚生効果の向上が可能となり、地域貿易と経済の統合が促進される。

## 2．地域通貨の利用と地域経済協力の現状

取引の観点からは、地域通貨の利用は貿易建値・決済だけでなく、金融決済にも及ぶ。本書では、国際決済銀行が発表している世界の為替取引データ（「外国為替およびデリバティブに関する中央銀行サーベイ(Triennial Central Bank Survey of Foreign Exchange and Derivatives Market Activity, 以下「Triennial Survey」)」[*3]を使用し、それぞれの国における各通貨の利用度を評価しているため、域内各国のデータを一括することにより、その地域における各種の通貨の利用状況を把握できる。

研究の便宜を図るため、域内通貨の比率を、「域内各国の外貨取引量が最多である通貨と域内のすべての国の外貨取引量の比」と定義する[*4]。

本書では、地域経済協力の評価を主として貿易統合と経済統合の2つの面に集約する。貿易統合の程度について、計量するのは域内各国間貿易の緊密度、依存度であり、地域経済協力の基本部分である。経済の統合の程度は、域内各国の経済的相関性に依存し、産業構造、貿易構造、さらには政治関係などよって、厳しい要求もあり得る。言わば基本部分での地域経済協力の測定指標である。

---

[*3] 国際決済銀行が3年に1度発表しているTriennial Survey。現在の市場における為替およびデリバティブ市場について最も全面的で正確な情報源であり、政策立案者や市場参加者の金融活動や金融リスク回避に資する。

[*4] ユーロは2001年に誕生しているため、これからの研究では2001年以降のサンプルデータを選択した。

貿易統合を計量する方法には、域内貿易シェア（intraregional trade share）と域内貿易結合度（intraregional trade intensity）の２種類がある。域内貿易シェアとは、域内の国々の（域外を含めた）輸出入貿易総額と、域内における各国間の輸出入貿易総額との比で、最も直接的に域内の各国間貿易の独立性と域内各国に対する重要度を測る。域内貿易結合度は相対値で、域内貿易シェアとそれ以外の地域との貿易シェアの比である。まず、当地域の輸出入貿易総額と世界の輸出入貿易総額の比である地域の貿易シェア（regional trade share）を計算する。域内貿易結合度は、域内貿易のそれ以外の地域との貿易の相対的重要度を計量する相対的指標である。

　経済統合の計量は、一般に、最も簡単な相関係数の方法が採用される。まず世界銀行WDIのデータベースから域内各国の米ドル建ての国内総生産の年度データを入手して、それらの年度化されたGDPのデータに対数変換を行い、対数化されたGDPデータを利用して域内各国の２国間の相関係数を算出する。そしてそれらの相関係数の平均をとると、経済統合の指標であるGDP相関係数（GDP correlation）が得られる。

　この指標によって、域内の各国間の独立性と相互依存性をうまく表すことができる。経済統合の度合いが高い地域は、域内各国が類似した景気循環を有しており、かつ外生的ショックに対する反応が一致する。

　本書では相関係数の測定期間として12年と20年を選択したが、それぞれは域内の短・中期および中・長期の経済統合の程度に対応している。また研究対象は次の16の地域経済協力機構とした[5]。

　ベネルクス経済同盟（Benelux）、欧州連合（ＥＵ）、欧州自由貿易連合（EFTA）、独立国家共同体（CIS）、ユーラシア経済共同体（EAEC）、東南アジア諸国連合＋日中韓（ASEAN＋3）、経済協力機構（ECO）、バンコク協定（Bangkok Agreement）、南アジア地域協力連合（South Asian National Association for Regional Cooperation）、太平洋諸島フォーラム（PIF）、湾岸アラブ諸国会議（日本政府での呼称は「湾岸協力理事会」、GCC）、アンデス共同体（CAN）、Ｇ３、北米自由貿易協定（NAFTA）、

---

[5]　データを入手できなかったため、アフリカと中米の地域経済協力機構については、本書の研究範囲に含めていない。

表 4-1　主な変数と定義

| 変数 | 変数の定義 |
| --- | --- |
| 域内貿易シェア（IT share） | 地域内の貿易シェア |
| 域内貿易結合度（IT intensity） | 地域内の貿易結合度 |
| GDP 相関係数 -12 GDP (correlation-12) | 12 年を測定期間とした GDP 相関係数 |
| GDP 相関係数 -20 GDP (correlation-20) | 20 年を測定期間とした GDP 相関係数 |
| 再利用通貨比率（Currency） | 域内で最も頻繁に利用される国の通貨の比率 |
| 再利用通貨比率$^2$（Currency$^2$） | 域内で最も頻繁に利用される国の通貨の比率の平方 |
| 対域内諸国総 GDP 比（Dgdp） | 域内で最も頻繁に利用されるであろう国の通貨を自国通貨とする国の GDP の対域内諸国総 GDP 比 |
| 平均リスク（Risk） | 域内諸国の全体リスクの平均値 |
| 平均貿易開放度（Trade openness） | 域内諸国の平均貿易開放度 |
| 工業製品輸出比率（Metrade） | 域内の工業製品輸出の対 GDP 比（標準化） |
| 1 人あたり GDP（GDPpc） | 域内の 1 人あたり GDP（標準化） |
| 都市化比率（Urban rate） | 域内の都市化水準の差異（標準化） |

南米共同市場（メルコスール、Mercosur）およびアジア太平洋済協力（APEC）。

主な変数とその定義は表 4-1 に示すとおりである[*6]。

### （1）域内通貨の利用状況

表 4-2 から分かるように、域内通貨の比率には明らかに地域差が存在している。このバラつきは米ドルの破格な国際的地位と関連している。アメリカを含むすべての地域経済協力機構において、域内で最も頻繁に利用されている通貨は米ドルであり、かくして域内通貨としての比率が極めて高く、ほぼ100％に近い。ところがアメリカを含まない地域経済協力機構でも、米ドルがかなり高い割合を占めるため、域内通貨の利用比率をストレートに低く抑えてしまう。

---

[*6] 各国間の輸出入貿易データは IMF の DOTS（IMF Direction of Trade Statistics）および CEIC グローバルデータベース（CEIC Global Database）による。国家全体のリスクは EIU カントリーリスクモデルデータベース（EIU Country Risk Model）による。国内総生産、GDP に占める工業製品の貿易比率、1 人あたり国内総生産、都市化レベルは、世界銀行 WDI データベース（World Development Indicators）による。

表4-2 主な変数の記述統計量

| 変数　統計値 | 標本量 | 平均値 | 標準偏差 | 最小値 | 最大値 |
|---|---|---|---|---|---|
| 域内貿易シェア（IT share） | 208 | 0.1987 | 0.2107 | 0.0064 | 0.7206 |
| 域内貿易結合度（IT intensity） | 208 | 3.9005 | 4.3100 | 0.3141 | 22.0690 |
| GDP相関係数－12 GDP（correlation-12） | 208 | 0.8432 | 0.1739 | 0.6336 | 0.9967 |
| GDP相関係数－20 GDP（correlation-20） | 208 | 0.8618 | 0.1441 | 0.0812 | 0.9934 |
| 再利用通貨比率（Currency） | 208 | 0.5842 | 0.2140 | 0.1786 | 0.9633 |
| 再利用通貨比率$^2$（Currency$^2$） | 208 | 0.3881 | 0.2522 | 0.0319 | 0.9279 |
| 対域内諸国総GDP比（Dgdp） | 208 | 0.6609 | 0.2161 | 0.1033 | 1.0000 |
| 平均リスク（Risk） | 208 | 41.7561 | 11.7338 | 12.5000 | 61.0000 |
| 平均貿易開放度（Trade openness） | 206 | 86.9009 | 37.6258 | 37.7500 | 221.3330 |
| 工業製品輸出比率（Metrade） | 192 | 29.7002 | 21.0692 | 5.3703 | 92.7292 |
| 1人あたりGDP（GDPpc） | 208 | 11770.2900 | 10569.8200 | 622.0650 | 42824.6000 |
| 都市化比率（Urban rate） | 208 | 16.2603 | 8.9909 | 1.1547 | 35.3412 |

　また、地域経済協力機構によって貿易・経済統合の度合いは大きな差があり、域内各国間の産業構造、貿易構造、経済成長水準が似ている地域経済協力機構も一部にあるが、大きな隔たりがあるものもある。

　解析を容易にするため、EU、ASEAN＋3、GCC、北米自由貿易圏およびメルコスールの5大地域経済協力機構を選択し比較を行った。図4-1から分かるように、この5機構それぞれの域内通貨の比率は、総じて相対的に安定している。

　北米自由貿易圏で最も頻繁に利用されている通貨は米ドルで、比率は90％程度である。北米地域にとって、米ドルを域内の主要利用通貨とすると取引コストを最大限に節約でき、貿易と経済の安定的成長に有利である。

　EUは世界でも地域経済協力度の高い地域であり、域内で最も頻繁に利用されている通貨はユーロだが、比率は50％弱である。その主な要因は、ロンドンが世界で最も重要な国際金融センターで、イギリスで取引される外国為替の種類が多く、金額が極めて大きいことにある。ユーロによる取引はロンドンでは3分の1のシェアを占めているにすぎず、

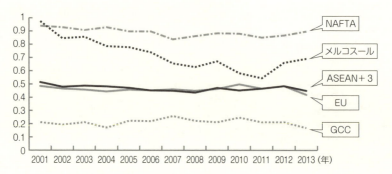

図4-1 域内通貨の比率

ユーロの相対的な比率を低下させている。

　ASEAN10カ国の枠組みでは、各国の通貨がそれぞれ一定の割合を占めているが、いずれも10％未満であり、地域経済の発展と統合に限界があった。しかし「ASEAN＋日中韓」で考えると、日中韓3カ国の市場の巨大な需要がASEAN10カ国の成長をうまくリードし、日本円が「ASEAN＋3」の枠組みの中で最も頻繁に利用されている通貨となっている。

　メルコスールで最も頻繁に利用されている通貨はブラジルレアルである。しかし、図4-1からは域内通貨の比率の変動が非常に大きいことが見てとれる。これは域内各国の経済成長、政治構図の変動の激しさと関連している。20世紀末、南米各国が経済危機に見舞われたが、このときブラジル経済は安定的にプラス成長し、ブラジルレアルが地域の通貨として利用されて主導的地位を占めるようになった。しかし、21世紀に入り、アルゼンチンの経済成長率が5年連続で8％を超え、他の国も5％を超えるなど南米各国の経済が躍進し、ブラジルレアルの地位を一気に落とした。

　GCC諸国については、米ドルとユーロの利用比率が広範囲にわたって高いことが、域内通貨の利用比率を相対的に低くしている。域内で最も頻繁に利用されている通貨はサウジアラビアのリヤルで、比率にして20％程度である。

## （2）地域貿易と経済統合の度合い

主な地域経済協力機構の貿易統合の程度は図4-2と図4-3に示すとおりである。図から分かるように、5機構の域内貿易シェアは相対的に安定しているが、域内貿易結合度には明らかに変化が見られる。

EU加盟国間には関税がなく、統一通貨のユーロがある。貿易コストが安く、しかもEU加盟国間には貿易相互補完性が存在し、EUの域内貿易シェアを上げている。しかし、21世紀に入ると「BRICS 5カ国」[*7]をはじめとした新興経済国が急成長し、欧州、北米などの先進国による地域貿易の比重が徐々に低下した。これもEUや北米などの経済協力組織の域内貿易シェアを安定させ、域内貿易結合度を上昇させた要因のひとつである。

GCC諸国は類似した輸出構造を持ち、貿易相互補完性が悪いため、貿易統合の程度は概して低い。

ASEAN＋3の貿易統合の程度は、21世紀以降、目立った変化がない。

メルコスールの域内貿易結合度が21世紀に入ってから急激に低下したのは、主としてもともとの基数（域内の貿易総額と、それ以外の地域との貿易総額の比）が低いことによるものである。つまり南米各国の貿易が発展すると同時にこの比率が急上昇することから、域内貿易結合度が低下したと言える。

図4-4と図4-5は、主な地域経済協力機構の経済統合の度合いを示している。図4-4は12年間のデータによるGDP相関係数を表し、図4-5は20年間のデータによるGDP相関係数を表している。世界各地域のGDP相関係数が21世紀に入ってから総じて上昇傾向を示したことは、経済のグローバル化という全体的な傾向の中、地域間、国家間の経済関係がますます緊密になり、世界的に経済統合の度合いが高まっていることを物語っている。

GCC諸国はよく似た貿易構造、生産構造、経済成長モデルを有しており、外生的ショックに対する反応に強い類似性がある。そのため、域内のGDP相関係数は高い。

---

[*7] BRICS 5カ国：【訳注】BRICsとした場合、ブラジル・ロシア・インド・中国であるが、「BRICS 5カ国」とSを大文字にしたときは、南アフリカが入る。

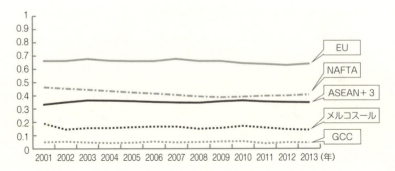

図 4-2　域内貿易シェアの比較

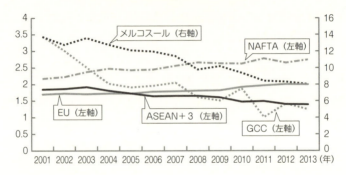

図 4-3　域内貿易結合度の比較

　梁柱（2010）の研究によると、湾岸6カ国の景気循環が長期的に同調しているのは、石油輸出への高度の依存と関係があり、これも高いGDP相関係数を維持している重要な要因であるという。

　北米自由貿易圏は構築以来、カナダおよびメキシコの米国に対する経済依存度が上昇し続けているため、域内のGDP相関係数が高い。

　EUが拡張を続けることは、経済統合への影響が極めて大きい。産業構造、経済成長モデルが異なる国はそれぞれの景気循環を有しており、経済の統合は困難である。年月の推移に伴い、EU加盟国間の産業の融合が進み、各国間の景気循環は同調化される傾向にあるが、非対称的なショックは依然として域内の経済統合を制約するだろう。

　メルコスールは新興経済諸国を中心としており、景気変動が激しく、

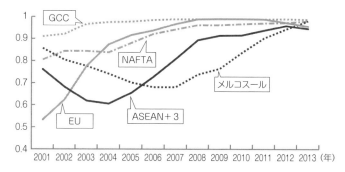

図4-4　地域経済統合度（12年を測定期間とした場合）

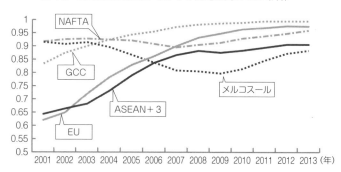

図4-5　地域経済統合度（20年を測定期間とした場合）

GDP相関係数の変動も激しい。

ASEAN＋3は南北協力の典型である。自由貿易圏の構築は各国間の連携を強化し、地域経済の統合度を常に引き上げる。しかし、利益が入り混じる多強構図は、ASEAN＋3の各国のGDP相関係数の変動を複雑にする。

## 3．地域通貨の利用が地域経済協力を促進するという研究の証拠
### （1）貿易統合に対する地域通貨利用の影響

域内通貨協力は貿易統合を促進する作用があり、この結論は多くの同意を得ている。本書では、域内通貨の比率を地域通貨の利用度計量指標として用い、2次項を入れて分析し、地域通貨の利用と地域貿易統合と

が「U字形」関係を呈するという結論を得た。すなわち、域内通貨の比率が低いとき、当該通貨の利用比率の上昇は域内の貿易統合程度を増強することはなく、むしろ抑制作用を生じさせる。域内通貨の比率が高いとき、当該通貨の利用比率の上昇は域内の貿易統合を急速に高める。

地域通貨の利用と貿易統合との間のこうした「U字形」関係は、アメリカを含めない地域経済協力についてはほとんどが成り立つ。その根本を突き詰めると、主に地域通貨の国際的地位が関係している。

ブレトン・ウッズ体制崩壊後、一部の先進国は自由に変動する為替相場制度を選択したが、大多数の国は依然として米ドルを安定したアンカー通貨と見なしていた。20世紀末期に入ると、国内の経済成長の安定、インフレの緩和、金融市場の深化促進、外貨保有コストの軽減を求めて、アフリカやラテンアメリカの一部の国がドル化[*8]を開始した。これを背景に、米ドルに「ジャマイカ合意体制下におけるスーパー国際通貨」[*9]の称号が付与されたといっても過言ではない。

米ドルにインボイス通貨の役割を与えることは、取引コストを下げ、域内貿易をいっそうストレートに透明化させる。域内通貨の比率が低いとき、貿易活動を域内通貨で決済するには、さらにドル両替の手間と為替リスクの防御手段を必要とするため、時間的にも金銭的にもさらなるコストを払わなければならない。この場合、域内通貨の利用拡大は域内貿易の発展を促進するどころか、むしろ取引コスト上昇による一定の抑制作用が生じる。

注意すべきは、米ドルで域内貿易の決済をすることは取引コストを下げることはできるが、一定の代償も支払わなければならないことである。

第1に、米ドル建て決済は、域内各国のアメリカ経済への依存性を増し、アメリカ国内の通貨政策や景気循環が域内貿易や経済成長に著しく影響を及ぼす。2007年のアメリカのサブプライム危機の初期には、中国を含む新興国の大部分の経済状況は概ね良好であったにもかかわらず、

---

*8 ドル化：【訳注】米ドル圏にある国が自国通貨の使用を断念し、米ドルを法定通貨とすること。ダラリゼーションと言う。

*9 スーパー国際通貨：【訳注】1976年のジャマイカ合意によって変動相場制が公認されたにもかかわらず、ドルペグ制（米ドルとの固定相場制）をとった通貨が多かったため、米ドルは「スーパー国際通貨」という称号が付与された。

米ドルに対する過度の依存のために金融危機拡大の過程で大きな打撃を受けた。これは多くの地域経済協力機構の受け入れ難い事実であり、独立した健全な地域の発展を捨てなければならないことである。現行の国際通貨体制の改革が特定の主権国家の通貨への依存を軽減するということは、すでに市場の共通認識となっている（呉暁霊、2009）。

第2に、国家レベルでは、通貨制度にドル化を選択していたり、あるいは通貨政策のドル化程度が高かったりすると、通貨政策、為替政策の独立性が失われる。FRB（連邦準備制度理事会）は通貨政策の策定時に自国の利益を考慮するのみで、他国の利益に配慮しない。しかもドル化を実施する国は、通貨政策や為替政策による財政赤字の補填、国際収支バランスの維持ができない。一国の通貨政策のドル化程度が高い場合は、通貨政策の独立性と有効性が弱められるだけでなく、外貨準備が「ドルの罠」[*10]にかかってしまう。また、地域経済協力の目的は単一国家の力の弱さを補うことにあり、地域経済協力の方式によって自らの発言権増大を目指し、地域全体の共同利益を守ることが必要である（Krugman、1991）。

アメリカが参加していない地域経済協力機構で広く米ドルが使用されているということは、事実上、域内の加盟国が世界市場における発言権を他者に譲っているということであり、長期的な観点からは、地域全体の競争力向上にとって明らかに不利である。

通貨圏のコストと収益は環境の変化に伴って変化していく（Michael Artis、2002）。同様に、地域通貨利用のコストと収益も環境の変化に伴って変化していく。アメリカのサブプライムローンの焦げつきが最終的に世界的な金融危機となって広がったという事実は、域内通貨の利用拡大の重要性、特に地域貿易の発展や、地域経済の独立などに積極的な役割を見出す国を増やした。これをきっかけに、域内通貨の比率が上がるにつれ、取引コストの軽減、為替リスクの回避といった利点が現れ始め、よりよいサービスの提供を地域経済の成長目標にすることができるようになった。

---

*10 ドルの罠：【訳注】外貨準備の多くを米ドルで保有しているため、米ドル安（米ドルの減価）が起きると外貨準備が目減りしてしまうこと。

ユーロ圏に類似する通貨同盟の実行は、域内通貨の比率を急速に高める急進的なやり方と見なされ、これによって「U字形」の底を即座にまたぐことができ、地域通貨の利用による域内貿易統合の促進作用を生む。しかし、自然な選択によって推し進められる地域通貨の利用と比較すると、高価な制度コストと一部の国の金融政策の限界が域内経済の動揺を激化させ、域内加盟国の一部に国際収支の不均衡や経済の不均衡が出現しやすい。これも通貨同盟が他の地域で普及しにくい要因である。

### （2）経済統合に対する地域通貨利用の影響

　経済統合に対する地域通貨の利用の影響に関しては、2つの相反する観点がある。

　内生的仮説（endogeneity hypothesis）では、通貨圏の構築は域内貿易を促進し、域内貿易の比重を増大させ、域内の国の相互依存性を高めると考える。需要ショックや政策ショックが来ると、域内各国の相互関係はその景気循環を同調させる。

　特化仮説（specialization hypothesis）では、通貨圏がもたらす域内貿易の発展は、地域内部の国際分業を推し進め、貿易転換を加速することで、各国の比較優位性を十分に発揮させ、特化の度合いを高めると考える。そのため、域内の国はより非対称的（ある特定の国にだけ発生する）ショックの影響を受けやすく、域内各国の景気循環の同調性が低下する。

　10年余りの学術討論においては、内生的仮説が優勢となってきた。その理由はおそらく域内貿易の分業に主としてローテク産業が存在し、ハイテク産業は依然として分散化を呈していることだろう（Knarvik、2000）。国が非対称的ショックに見舞われた場合に受ける影響は、対称的ショックの場合よりは小さく、国レベルで言えば影響は軽微である（Grauwe、2000）。

　内生的仮説は、通貨圏構築後、最適通貨圏が自己強化の効果を生み、貿易統合と経済統合に伴い、同じ方向に発展すると指摘する（Frankel and Rose、1998）。これを踏まえ、Boeri（2005）は通貨圏の構築は要素の流通をより便利にし、統一された労働力市場の形成に有利であり、景気循環の同調を促進すると発表した。Schiavo（2008）は、通貨統合が

資本市場統合を促進し、その後、近似する景気循環を域内各国にもたらすことを指摘した。

　本書では、得られた結論から内生的仮説を支持する。すなわち、地域通貨の利用は地域経済統合の度合いを高めることができ、域内各国間の景気循環を同調させるというものである[*11]。我々は次のように考える。域内通貨の比率の上昇に伴い、域内の取引コストが抑えられ、貿易と投資を促進する。域内各国間の産業相関性を上昇させ、経済関係を増強し、これによって経済統合が促進する。

　その効果は、主として2つの面に現れる。

　第1に、国際分業の深化と市場経済の発展に伴い、世界中の貿易・経済協力が進んでいる。域内の国は、通常は生産力の向上、経済・貿易の発展のために地域協力機構の構築を推進し、そのため類似した産業構造、貿易構造を有し、または経済に相互補完性を有する。

　米ドル、ユーロなどの国際通貨に比べて、当地域通貨のほうが域内各国の経済発展により寄与できる。

　域内通貨の比率が上昇すると、米ドルの量的変化、為替レートの変化など当地域経済への影響が次第に低下し、そこから脱却していける。そして地域の貿易集合体を形成し、為替変動リスクや金融取引のコストを軽減することで域内貿易の発展に寄与し、地域全体の経済成長のレベルを向上させる。

　第2に、90年代以降、多極化した世界の政治構図が次第に形成され、相対的な国際経済力の変化が激しく、国家間の経済競争が熾烈となった。域内で最も頻繁に使われる通貨比率が上昇すると、こうした通貨が国際通貨になり始め、当地域を代表して世界規模で国際通貨の役割を発揮し、世界の枠組みの中で当地域の発言権を増強する。

　地域の各国が発展に努めることはその地域の貿易交渉に有利で、共同発展は地域の全体利益を保護する。富景筠（2012）は、東アジアにおける経済協力の問題点は、事実上の統合と法理上の統合との間に有力な相互関係が乏しいことにあるため、制度に内生する統合環境の育成に努め

---

＊11　データの出所と観測区間の限定性により、21世紀以降の経済グローバル化の傾向が研究結果の正確性に影響を与えている可能性がある。

る必要があるとしている。「アジア通貨」の構造やその他外部の制度環境を追求せず、域内通貨の比率が拡大することは、東アジアの経済・通貨協力の重要な道であり、「一帯一路」戦略実施中の重要な取り組みでもある。

　総じて言えば、域内通貨の比率を高めることで、域内の経済協力を効率よく促進することができる。域内通貨の比率の上昇がもたらす為替リスクの軽減、貿易コストの軽減、経済変動の軽減を実現する収益は、次第に米ドルなど国際通貨を利用する場合の便益を超え、域内各国の貿易の発展と統合の進展を促進する。

　貿易の統合は、地域経済協力の中・低レベルの、最も直接的な表現形式である。

　先進地域の通貨は開始段階で域内貿易の発展をもたらすことはなく、場合によってはコストの上昇によって貿易が落ち込む可能性もある。だが、長期的には、域内通貨は地域発展に最もふさわしい通貨であり、域内通貨の発展が当地域の経済成長の力を大きく活性化し、外生変動によるショックを抑制し、域内貿易のコストを下げる可能性もある。

　それと同時に、深層レベルの経済統合の見地からすると、域内通貨の発展は地域経済統合のプロセスを牽引し、地域各国の国際競争における発言権を増大させて、地域発展という共通の目標を実現する。

## 4.3　人民元の国際的な地位を固める「一帯一路」

### 4.3.1　地域の主要通貨の決定要素

　域内通貨の比率を高めると、地域経済協力が促進され、地域統合の度合いが増強される。しかしすべての国の通貨が当地域を代表し、地域通貨に発展するわけではない。

　域内で最も頻繁に利用される通貨は、どのように誕生するか。どのような重要な影響要因があるか。これは、「一帯一路」の建設をきっかけに人民元の国際化プロセスを促進する肝心な点である。

　本節では、前述の研究サンプルを踏まえてさらに分析を進め、「一帯

一路」建設が人民元の国際的利用の拡大という積極的な影響を及ぼすかどうかの検証を試みる。

5大地域経済協力機構に対する深い研究に基づき、我々は、域内で最も頻繁に利用される通貨の決定要因は主に4つの側面を含むことを発見した。この4側面の要素の具体的な指標とその定義は表4-3に示す。

表4-4はASEAN＋3の枠組みにおける主要な地域通貨の利用比率とそのz値である。日本円は最も頻繁に使われる域内通貨で、比率は50％近くとなっていることが見てとれる。それに続くのは韓国ウォン（4.59％）、シンガポールドル（4.36％）で、それ以外の通貨（人民元を除く）の取引比率はいずれも1％にも満たない。

表4-5はEU28カ国の主要な地域通貨の利用比率とその説明変数である。ユーロは最も頻繁に使われる域内通貨で、比率は50％に近い。英ポンドがその後に続き（15.88％）、スウェーデンクローナ、デンマーククローネなど他の域内通貨の取引比率は各々わずか1％程度にすぎな

表4-3　地域の主要通貨の決定要素

| 変数 | 変数の定義 |
| --- | --- |
| 国全体 | |
| GDP比率（GDP share） | その通貨を利用する国の、GDPの対域内諸国総GDP比 |
| リスク度（Risk） | その通貨を利用する国の、全体リスクの平均値（標準化） |
| 金融の発展 | |
| 信用比率（Credit） | その通貨を利用する国の、国内金融機関の信用総量の対GDP比（標準化） |
| 海外直接投資比率（FDI／GDP） | その通貨を利用する国の、平均FDI／GDP（標準化） |
| 外貨準備比率（Reserve） | その通貨を利用する国の、総外貨準備高／3カ月間の輸入総額（標準化） |
| 貿易の発展 | |
| 平均貿易開放度（Trade opening） | その通貨を利用する国の、平均貿易開放度（標準化） |
| 工業製品輸出比率（Metrade） | その通貨を利用する国の、工業製品輸出の対GDP比（標準化） |
| 経済の発展レベル | |
| 1人あたりGDP（GDPpc） | その通貨を利用する国の、1人あたりGDP（標準化） |
| 平均寿命（Life expectation） | その通貨を利用する国の、平均寿命（標準化） |

注：標準化はZ値を用いた。

表4-4 ASEAN＋3における、主な地域通貨の利用比率と説明変数

| 主な通貨　統計値 | 日本円 | 韓国ウォン | シンガポールドル | マレーシアリンギット | フィリピンペソ | タイバーツ |
|---|---|---|---|---|---|---|
| 通貨利用比率（Currency） | 47.93% | 4.59% | 4.36% | 0.51% | 0.47% | 0.93% |
| GDP比率（GDP share） | 33.60% | 6.92% | 1.62% | 1.73% | 1.42% | 2.07% |
| リスク度（Risk） | −0.99 | −0.61 | −1.24 | −0.86 | 0.08 | −0.23 |
| 信用比率（Credit） | 2.55 | 0.48 | −0.16 | 0.25 | −0.64 | 0.63 |
| 海外直接投資比率（FDI／GDP） | −0.84 | −0.72 | 2.82 | −0.30 | −0.63 | −0.35 |
| 外貨準備比率（Reserve） | 1.36 | −0.49 | −0.40 | −0.21 | 0.70 | −0.07 |
| 平均貿易開放度（Trade openness） | −1.00 | −0.13 | 2.77 | 0.46 | −0.63 | 0.31 |
| 工業製品輸出比率（Metrade） | −1.08 | −0.23 | 2.48 | 0.52 | −0.81 | 0.40 |
| 1人あたりGDP（GDPpc） | 1.52 | 0.40 | 1.90 | −0.31 | −0.71 | −0.56 |
| 平均寿命（Life expectation） | 1.53 | 1.17 | 1.35 | −0.10 | −0.98 | −0.08 |

い。

　実証分析を通して、本書は以下の4つの結論を得た。

　第1に、国全体の要素である。通貨発行国の国全体の経済力が強いほど、域内でその通貨を利用する割合が高くなり、通貨発行国の国全体のリスクが低いほど、域内でその通貨を利用する割合が高くなる。このことは、国の全体的な経済力とリスクの程度は、その国の通貨が域内の主要通貨になれるかどうかを決める重要な要素であることを説明している。

　一国の総体経済が強大でなければ、為替市場の変動による経済への影響は防げない。同様に、国全体のリスクが低くなければ、信用貨幣に良好な信用が下支えして取引リスクを下げることができない。

　現実の例から見ると、総体経済と全体リスクはその国の通貨が国際化していくための最も重要な要素である。多くの地域経済協力機構にとって、取引量が最大の域内の通貨は一般に総体経済が最大の国が発行している。

　本書で選択した16の主要経済協力組織は、平均的に見ると、それぞれの地域の主要通貨の背後に当地域のGDPが全体の60％以上のシェアを占める経済体が対応しており、地域の主要通貨の競争に対する国全体の経済力の重要性が見てとれる[*12]。たとえ域内の準最適通貨の選択問

表4-5 EUにおける、主な地域通貨の利用比率と説明変数

| 主要通貨　統計値 | ユーロ | 英ポンド | スウェーデンクローナ | デンマーククローネ |
|---|---|---|---|---|
| 通貨利用比率（Currency） | 46.87% | 15.88% | 1.52% | 1.06% |
| GDP比率（GDP share） | 73.38% | 14.79% | 3.15% | 1.89% |
| リスク度（Risk） | −0.13 | −0.13 | −1.55 | −1.28 |
| 信用比率（Credit） | 0.24 | 1.05 | 0.16 | 1.03 |
| 海外直接投資比率（FDI／GDP） | 0.09 | −0.14 | −0.49 | −0.50 |
| 外貨準備比率（Reserve） | −0.54 | −0.52 | 0.02 | 1.74 |
| 平均貿易開放度（Trade openness） | 0.09 | −1.00 | −0.56 | −0.34 |
| 工業製品輸出比率（Metrade） | −0.01 | −1.06 | −0.68 | −0.70 |
| 1人あたりGDP（GDPpc） | 0.20 | 0.36 | 1.16 | 1.22 |
| 平均寿命（Life expectation） | 0.33 | 0.98 | 0.98 | 0.29 |

題であっても、国の総体経済は無視できない。したがって、国の総体経済はある通貨が地域の主要通貨となるのを支える堅固な後ろ盾であり、それによって通貨の使用拡大による経済ショックを緩和する、いわば地域通貨を決定するカギであると言える。

　総体経済のほか、国全体のリスクも非常に重要である。信用貨幣に対して信用というサポートを提供できる、一種の「ソフトパワー」（競争力）である。現在の通貨は信用貨幣であり、カントリーリスクの上昇は通貨の利用リスクを激増させる。

　例えば、ロシアルーブルの域内における利用比率は、ロシアという国の全体リスクと密接に関連しており、デフォルト（債務不履行）や戦争の頻発は、ロシアルーブルの世界市場における流通を困難にするばかりか、中央アジアやコーカサス地域での普及も極めて困難にする。シンガポール、デンマーク、スイスなどについて言えば、経済規模が小さいにもかかわらず、安定した政治経済環境にあるため、それぞれの通貨が地域通貨の利用上の一角を占めている。

　第2に、金融発展レベルの要素である。1992年には、TavlasとOzeki

---

＊12　APEC、ASEAN＋3、バンコク協定の地域の主要通貨発行国のGDPシェアは30％に達していない。

により、金融の発展が通貨の国際的地位に対して重要な影響を与えることが指摘されている。通貨の利用は金融の発展と切り離すことはできず、資本取引の開放、金融取引の決済、外貨準備などは、いずれも通貨が地域の主要通貨となる重要な影響要因である。金融の発展と改革は、地域通貨の利用比率に直接影響を与える。

インドルピーは90年代から南アジア地域協力連合（SAARC）で最も頻繁に使われてきた域内通貨で、その後、インドは前後して国際収支専門委員会、資本取引自由化検討委員会[13]、資本移動の自由化拡大を検討する専門委員会[14]を立ち上げ、資本取引自由化への努力を払い、それによるインドルピーの国際的地位向上を望んでいた。しかし、その途中でSAARC地域におけるインドルピーの取引比率は頻繁に変動するようになり、5年間で40％下落した。

資本取引の自由度は通貨の国際利用を拡大する「スタビライザー」（安定化装置）で、投機、裁定取引によるショックを防ぐことができる。資本勘定の交換可能性に関係するのは外貨準備の規模である。1997年のアジア金融危機後、新興市場国はこぞって外貨準備高を引き上げた。ブラジルの外貨準備高は1997年は517億米ドルに過ぎなかったが、2012年には7倍以上の3732億米ドルとなった。

外貨準備高の増加が国の金融・経済安定性を強めることに間違いはない。しかし米ドル・ユーロ・日本円などの域外の国際通貨が大量に外貨準備入りするときには、必ず域内通貨の利用比率の相対的な下落が引き起こされる。これもブラジルレアルのメルコスールにおける取引比率を2001年の82％から2007年の48％に低下させた要因のひとつである。

同様に、市場ではある通貨の取引量が多いほど域内での使用頻度も相対的に高くなる。一国の通貨が貿易や資本ルートを通じて外に流出することは、域内でのその通貨の利用比率を引き上げるが、これもこの国の金融仲介の効率と関連している。金融市場が発達し、その流出力が強く

---

[13] 資本取引自由化検討委員会：【訳注】自由化への転換が可能かどうかを検討する、1997年に設置された委員会（第1次タラポル委員会）。

[14] 資本移動の自由化拡大を検討する専門委員会：【訳注】完全自由化に向け2006年に設置された委員会（第2次タラポル委員会）。

なるほど、通貨の域内での利用が頻繁になる。

　第3に、貿易の発展レベルの要素である。国際貿易は国際通貨の利用を促す。クロスボーダー貿易は多くの候補通貨の中から1種または数種を選択させ、建値として決済を行わせる。通常、インボイス通貨は輸出側あるいは輸入側通貨であるが、主要国際通貨の中から第三国通貨を選択することもできる。

　ある国の貿易開放度が比較的高い場合、発行された通貨は世界規模での利用レベルも相対的に高い。しかし、米ドル高の現実の中、多くの国が第三国通貨を用いた決済を選択しており、その理論は実務上ではうやむやにされている。

　レイ（Rey、2001）はモデルを用いて第二次世界大戦前後の英ポンドの衰退と米ドルの台頭を分析し、1つの事実を見つけた。アメリカのGDPは1870年にはイギリスを超えたが、工業製品の輸出は1950年になるまでイギリスを超えられなかったというものである（表4-6）。

　国際通貨の転換には「履歴効果」[15]（hysteresis effect）を伴う。貿易フローは国際通貨転換の最も重要な影響要因であり、工業製品の貿易は重要な中でも特に重要である。

　他国の通貨を使用することにはリスクがある。使用する過程で、通貨

表4-6　英米両国のGDPおよび工業製品輸出

単位：百万米ドル

| 年 | GDP イギリス | GDP アメリカ | 工業製品輸出 イギリス | 工業製品輸出 アメリカ |
|---|---|---|---|---|
| 1820 | 34,829 | 12,432 | 1,125 | 251 |
| 1850 | 60,479 | 42,475 | | |
| 1870 | 95,651 | 98,418 | 12,237 | 2,495 |
| 1900 | 176,504 | 312,866 | | |
| 1913 | 214,464 | 517,990 | 39,348 | 19,196 |
| 1929 | 239,985 | 844,324 | 31,990 | 30,368 |
| 1950 | 344,859 | 1,457,624 | 39,348 | 43,114 |
| 1973 | 674,061 | 3,519,224 | 94,670 | 1,744,548 |
| 1992 | 910,401 | 5,510,378 | 194,535 | 451,026 |

出典：Helene Ray, The Review of Economic Studies, 68（2）（Apr., 2001）, P.457.

発行国に良好な信用があることが必要で、デフォルトによって外貨建資産が無価値にならないことに加え、通貨価値が急激に下落する状況であってもその通貨を用いて多少の現物を購入することを考慮しなければならない。このため、工業製品の輸出は代理変数とする。工業製品の多くは人々の生活と密接に関連する必需品であり、この比が高いほど、その国の通貨の利用で得た有価値の現物が多く、通貨の安定性が高いことを示している。

第4に、経済成長水準の要素である。前述の3側面の要素に比べ、経済成長水準の要素は地域通貨の利用への影響が比較的小さい。その影響は、直接的な通貨利用と間接的な文化の浸透に二分化される。

経済成長レベルが高い国で、1人あたりの所得が高く、期待寿命が長い場合、この国の住民は海外に旅行や買い物に行くだけのお金・時間・活力があり、自国通貨の利用範囲を他国にまで拡大し、通貨の利用頻度をストレートに高める。

また、文化の浸透も存在する。人は経済成長のレベルが高い国やその国が発行した通貨に対し、常に羨望の眼差しを持ち、その国の経済と通貨の背後にある文化的要素にもより興味を抱く。

そのため、経済成長レベルの高い国は、非居住者のさらなる消費と投資を容易に呼び込むことができ、その国の通貨の利用および保有性向を高める。そしてこれによって当該国通貨の利用程度が高まる。

【参考】

コラム Ⓝ　日本円の国際化と ASEAN における円　　　　　　　　P186

## 4.3.2　高まる「一帯一路」上での人民元利用

本節では、「一帯一路」建設過程において、人民元が地域の主要通貨に成長する機会があるかどうかを検討する。我々は中国と「一帯一路」沿線国とをさまざまに組み合わせ、地域経済協力機構の設定をシミュ

---

＊15　履歴効果：【訳注】ある状態が、現在加えられている力だけでなく、過去に加わった力に依存して変化すること。hysteresis effect。

レーションした。前述の地域の主要通貨の決定要因の分析モデルを用い、シミュレーション設定した地域経済協力機構における人民元の利用比率と域内の他の主要国通貨の利用比率とを試算した。データ入手の可否があったため、試算期を2013年とし、すべてのシミュレーションに用いるデータはいずれも2013年のデータとした。

表4-7に具体的な試算結果を示した。その中から、シミュレーション設定した各地域において、人民元の利用比率はいずれも40％を超え、非常に高い水準にあることが容易に見てとれる。このことは、人民元が完全に「一帯一路」沿線の地域の主要通貨となる条件を備えていることの説明として十分である。

中国と同様に、ロシアとインドもBRICSに名を連ねており、しかもいずれも「一帯一路」の沿線大国として、ユーラシア大陸の複雑な地政

表4-7 中国と「一帯一路」諸国との地域協力シミュレーションにおける主要通貨の利用比率

単位：％

| 協力地域 | 人民元 | ロシアルーブル | インドルピー | その他 |
|---|---|---|---|---|
| 中央アジア5カ国[*1] | 75.30 | | | |
| 中央アジア5カ国、ロシア | 60.74 | 16.42 | | |
| 中央アジア5カ国、インド、アフガニスタン、パキスタン、ロシア | 56.18 | 17.31 | 13.59 | |
| 中央アジア5カ国、インド、アフガニスタン、パキスタン、ロシア、モンゴル、東欧コーカサス5カ国[*2]、中東7カ国[*3] | 52.55 | 20.02 | 18.53 | |
| 中央アジア5カ国、モンゴル、ロシア、東欧コーカサス5カ国、トルコ | 65.15 | 27.72 | | |
| インド、パキスタン、アフガニスタン、中東7カ国 | 51.79 | | 8.29 | |
| フィリピン、マレーシア、インドネシア、ベトナム、シンガポール、タイ、ミャンマー、インド、バングラデシュ、ラオス | 46.66 | | 11.17 | 9.77（シンガポールドル）、5.26（インドネシアルピア） |
| インド、パキスタン、イラン、サウジアラビア | 67.16 | | 15.73 | |

＊1　中央アジア5カ国：タジキスタン、キルギス、カザフスタン、トルクメニスタン、ウズベキスタン。
＊2　東欧コーカサス5カ国：アゼルバイジャン、アルメニア、ジョージア、ウクライナ、ベラルーシ。
＊3　中東7カ国：イラン、イラク、シリア、サウジアラビア、クウェート、ヨルダン、トルコ。

学的構図の中で重要な役割を果たしている。では、人民元が地域の主要通貨になろうとするとき、ロシアルーブルやインドルピーは「ライバル」として人民元の前に立ちはだかるのだろうか。

我々の試算の結果に基づくと、当然、ノーである。シミュレーション設定した中国・中央アジア5カ国の枠組みの中で、人民元の利用比率は最高75.30%に達している。中央アジアの地域経済協力にとって、ロシアルーブルは人民元の主要な競争相手である。

同じくシミュレーション設定した中国・中央アジア5カ国・ロシアの枠組みでは、ロシアルーブルが人民元のシェアの一部に食い込み、人民元の利用比率を60.74%に低下させるが、人民元は依然として地域の最も主要な通貨である。

南アジア、東南アジアから中東の海上シルクロードに至るまでの地域経済協力については、インドルピー（11.17%）、シンガポールドル（9.77%）が一定の域内影響力を持つが、人民元（46.66%）の地域主要通貨の地位を揺るがすほどではない。

しかしながら、前述した試算結果は最も楽観的な仮定の下で得られたものである。同様の方法により、ASEAN＋3および上海協力機構における人民元利用比率はそれぞれ30.98%と60.61%と試算されたが、人民元の実際の利用比率である6.72%と31.95%とは隔たりが見られる（表4-8）。

これは確かに人民元の国際化が動き出したばかりで、人民元の地域通貨としての地位がまだ固まっていない現実の状況を反映している。人民元国際化には巨大な潜在的成長力があるが、地域における人民元利用の実際の値が試算値よりもはるかに低いことの背後にある原因を真剣に考える必要がある。

表4-8 地域における人民元の利用比率（試算値および実際値）

単位：%

| 地域協力機構 | 試算値 | 実際値 |
| --- | --- | --- |
| ASEAN＋3 | 30.98 | 6.72 |
| 上海協力機構 | 60.61 | 31.95 |
| APEC | 6.29 | 4.28 |

大まかに言うと、以下の原因が考えられる。
　第1に、中国の資本取引がまだ完全には開放されておらず、人民元の地域利用のニーズを抑制していることである。資本取引の改革の進展に伴い、人民元の地域利用比率が大幅に向上することが期待できる。
　第2に、その地域内で利用される最主要通貨がすでに確立されていることである。人民元の国際化は必然的にこれらの先行者優位性を有する通貨と競争しなければならず、域内の利用通貨の転換には「履歴効果」があるため、人民元の地域利用比率は緩やかに上昇する過程をたどる。
　第3に、人民元建て決済の主導権が脆弱なことである。中国は巨額の輸出入貿易を誇るが、そのうち人民元建て決済の割合は相対的に低い。『中国銀行クロスボーダー人民元業務白書』によると、為替変動の不利な時に外国企業の言い値を完全に受け入れて為替リスクを負う企業は、取材した国内企業の26％を占める。
　第4に、歴史・文化および地政学的な要因である。中国は一部の国と歴史および領土問題のトラブルを抱えており、しかも中国の現行の政治制度と市場体制は周囲と異なっている。例えば、フィリピンはアメリカの戦略的同盟国で、中国と多くの点で対立している。中国とインドには領土問題が存在し、日中間にも領土問題や歴史問題がある。一部の国の政府や民衆は、中国の台頭に対して警戒心や反感を抱いており、これも人民元の地域利用比率の低さを招いている。
　以上のことから、人民元が成熟した国際通貨になるには、さらなる道のりが必要である。まず、資本規制を徐々に緩和し、人民元の金利自由化と為替自由化を実現して、既存の人民元利用のニーズに応える。次に、人民元の利用規模拡大を目指すよう努めることである。
　具体的には、
　①人民元建て準備通貨の規模を広げ、2国間通貨スワップ協定を締結し、人民元がより多くの国の準備通貨になるようにする。
　②人民元を貿易建値として主導権を握り、先物、スワップ、オプションなどの為替デリバティブによる輸出入貿易を発展させて、人民元の通貨価値の安定を維持する。
　③金融取引における人民元の利用度を高め、人民元オフショア市場を

発展させて、人民元のオフショア市場での業務規模や取引の比重を増大させる。
④文化面で多くのコミュニケーションを図り、非居住者の人民元の保有動機や利用動機を促す。孔子学院*16 を積極的に展開し、民間の文化交流を強化して中国の伝統文化を伝え、中華文化に対する外国人の共感を高める。

「一帯一路」建設は、人民元の国際化にまたとない歴史的とも言うべきチャンスをもたらした。重要なことは、多くの沿線国の中でふさわしい取引相手国を選択し、率先して地域経済協力を展開し、適時に「五通」の目標と人民元国際化の早期成果を得ることである。

シミュレーション設定した地域での人民元利用比率の試算結果に基づくと、中央アジア5カ国は現段階でベストな選択である。

まず、実現の難度から見ると、中央アジア5カ国を「シルクロード経済圏（ベルト）」建設の切り口とするのが最も実際的だろう。そうすれば上海協力機構の枠組みの中で直接具体的に進めることができる。次に、中国－中央アジア5カ国のシミュレーション設定の中で、人民元の利用比率の試算値が最も高く、しかも主要な競争相手であるロシアは景気後退局面にあることから、一定の期間は域内の主要通貨競争のターゲットまで気を配ることはできそうにない。また、中央アジア5カ国は長期にわたってロシア勢力の介入を受けてきたため、第三者勢力の介入の必要性が高まっており、中国がこの地域に参入するには有利な時期である。

しかし、中央アジア5カ国を人民元の利用拡大地域とすることに多くのリスクが存在しているのは否めない。最も重要なことは、金融監督の問題である。

中央アジア5カ国は金融サービス業の発展が後れており、金融機関のリスク防止の水準が低く、為替レートも不安定である。これらはいずれも人民元を中央アジア5カ国で利用する難度を上げる。また、世界政治の影響も人民元の中央アジア5カ国での利用に課題を与えている。中央

---

*16　孔子学院：【訳注】中国語教育や中国文化の紹介、中国との友好関係醸成を目的に、中国の大学と海外の大学レベルの教育機関とが提携し、設立された公的機関。孔子の名が冠されているが、儒学教育機関ではない。日本では設置認可上、大学別科（専攻科）扱いとなる。

アジア5カ国の内部には経済発展の不確実性と同時に、一定の政治リスク——ロシアのほか、アメリカ・日本も中央アジア地域で自国の利益を得ている——が存在する。

「一帯一路」は人民元の利用範囲を広げ、人民元の国際利用規模を増大し、人民元の国際化プロセスを促進する。人民元の国際化も「五通」目標の実現、地域経済協力の深化に対し重要な役割を果たしている。理論分析および実証分析により、以下のことが示された。

①域内通貨の比率を高める。
②域内の金融リスクを効果的に防御する。
③取引コストを軽減する。
④地域経済全体の競争力を引き上げる。
⑤域内の貿易統合と経済統合のプロセスを加速する。

「一帯一路」建設は、沿線各国の国民に幸福をもたらす。「相互につながる」ことにより、地域経済の成長が促進されるだけでなく、沿線国の経済関係を密にすることができる。そしてユーラシア大陸を横断する域内協力の新たな構図を形成する。

これまでの経験に基づくと、ある国の通貨が域内の最主要通貨となるかどうかを決めるポイントは、国家全体の経済力、リスクレベル、貿易の発展レベル、金融の発展レベル、経済成長レベルなどの要素である。

中国は世界第2位の経済大国であり、世界貿易、直接投資の最も重要な国のひとつである。「一帯一路」沿線各国の重要な貿易相手国であり、経済成長と金融発展は地域の先進水準にある。国内の政治は安定し、文化が発達し、人民元の「一帯一路」上での拡大利用に十分な用意ができている。

人民元の国際的な利用については、利便性の向上や取引コストの削減を続けさえすれば、「一帯一路」建設の推進と共に、沿線国が貿易、投融資、金融取引および外貨準備高において人民元のシェアを高めてくれることはもちろん、人民元が主要国際通貨の仲間入りするために十分な原動力を提供してくれる。

試算からは、中国・中央アジア5カ国の枠組みを「シルクロード経済圏（ベルト）」建設における人民元国際化の強力推進モデル地域とする

ことが考えられる。

【参考】
コラム❺　大メコン圏（GMS）経済協力と、中国・ASEAN自由貿易圏の建設　P190

# 「一帯一路」建設と地域経済協力

　古代の「シルクロード」は、絹貿易を中心とする交通路であったことにその名の由来があり、複数のルートを通じて、アジア・ヨーロッパ・アフリカ大陸をつないでいた。中国は絹など優位性のある製品を沿線各国へ輸送し、沿線各国の優位性のある製品と交換していた。古代シルクロードがもたらした地域貿易による交流は、経済関係を増進し、各地の文化の伝播と発展を促進した。いわば古代における地域の経済文化交流・協力のひとつのモデルである。

　「一帯一路」戦略は、道路の接続やインフラ整備をベースとし、古代シルクロードと同様に、地域貿易や経済発展、文化交流を呼び起こすものである。つまり、「一帯一路」は、中国にとっても発展のチャンスであるが、それ以上に域内各国にとって経済発展の成長ポイントである道路・貿易・経済・文化など多方面から地域の発展を促し、地域全体としての大きな繁栄を実現する。「一帯一路」という偉大なる構想を現実のものとするには、各国が手を携えて努力し、力を合わせて、より水準が高くより深化したレベルで、地域の大いなる開放、大いなる交流、大いなる融合を実現させるという目標に向かって共に邁進することが必要である。「一帯一路」は、アジア・ヨーロッパ・アフリカ大陸に及ぶ体系的・系統的なプロジェクトであり、その建設過程では、各国の協力が必須である。

　「政策の意思疎通」においては、ハイレベル政府間協力を強化し、協力を進めるなかで生じた問題を話し合いで解決することを「一帯一路」建設の基本路線とする。また、国際犯罪を共同で撲滅し、民俗・宗教を互いに尊重し、「一帯一路」建設に良好な政治的環境を作る。

　「施設の接続」においては、①インフラ計画、技術規格体系の整合を強化すること、②統一的な鉄道輸送の協調体制を構築すること、③物流

の情報化協力を増進すること、によって、アジアの各地域間とアジア・ヨーロッパ・アフリカ大陸との間のインフラ網の接続の逐次実現を図る。また鉄道・パイプライン・通信回線の構築や保守、海上航路や航空路線の拡大、国際送電や資源の共同開発も、同様に共同の努力が必要である。

「貿易の円滑化」においては、「一帯一路」諸国は経済の相互補完性が強いため、貿易分野を開拓し、貿易構造を高度化する。そして各国間における産業の優位性の相互補完を増進し、産業チェーン全体の分業と協同発展を促進し、地域貿易における新たな成長点を開拓しなければならない。それと共に、話し合いによって貿易投資の利便化を進め、共同で貿易障壁をなくし、良好な貿易・経営環境を整える。

「資金融通」においては、多彩な貿易融資システムを構築し、地域の信用当局による協力を推進する。「シルクロード基金」を設立し、地域のインフラ整備のために投融資による支援を提供する。それと共に、域内通貨の交換や決済の規模を拡大し、地域における金融管理と通貨協力を強化する。

「人々の相互理解」においては、各国が民間レベルの交流と協力を誘導し支援しなければならない。域内の越境観光、歴史文化展、芸術団交流などの活動を増やし、観光の利便化、文化・言語分野での協力を強化する。

「一帯一路」の建設による成果や恩恵は、域内の各国に及ぶ。「一帯一路」が関わる地域は広範で、人口が多く、無限の発展潜在力を秘めている。「一帯一路」という体系的で系統化されたプロジェクトの実施は、地域の潜在的な発展力を活性化させ、地域経済の成長を牽引する。

具体的には、「一帯一路」建設による各国のインフラの改善は、資源の採掘コストを下げ、環境汚染を緩和する。また、域内貿易と投資の利便化を図り、人や技術などグローバルな生産要素の移動を促進し、国家間の情報ネットワークによるやりとりを増進する。そして各国の経済成長をストレートに押し上げるだけでなく、各国経済の発展のために新たな成長点を提供し、将来の発展への潜在力を高める。

貿易・投資の利便化推進は、域内の貿易関係をさらに増進する。各国の産業の優位性が十分に引き出されるため、産業チェーンの分業が最適

化され、各国の優位産業の競争力を高める上に、新しい産業の分業を生み出す。まさに経済成長の動力源である。

　金融の管理や資金融資協力は、域内貿易や投資をより安全にし、より透明化する。域内通貨の交換、決済の利用度の上昇も、第三国通貨で決済するリスクの回避や貿易コスト削減の役割を果たし、政府首脳などによるハイレベル相互訪問や民間の交流活動は、域内各国の政治面での相互信頼と文化交流を増進する。これらはいずれも各国の経済成長にとって良い環境を作り上げている。「シルクロード基金」の設立は、建設資金調達の不安を緩和し、「一帯一路」の建設による成果達成をさらに容易にする。

コラム M

## 人民元の国際化と国際貿易融資

　国際貿易融資（international trade finance）とは、貿易企業の国際的な取引において、実際のニーズを満たすために行う資金繰り行為で、輸入業者または輸出業者が貿易の段階での資金難を解消することによって、国際貿易をよりスムーズに行えるようにするものである。試算によると、国際貿易の80～90％が国際貿易融資によって実現しており、多くの学者による研究でも、国際貿易融資の問題が企業の輸出入行為に大きく影響することが証明され、国際貿易融資の国際貿易における重要性が見てとれる。

　国際貿易融資が困難なことであるのは積年の問題であり、特に中小の貿易企業にとって顕著である。この問題は、2008年の金融危機直後にいっそう際立った。貿易企業は、担保として差し出せる資産が少なく、保証を提供してくれる第三者も少ないため、銀行からの融資条件を満たすことが困難である。伝統的な融資方式は、貿易企業にとっては非常に厳しいものがあるにもかかわらず、これらの企業は、実際の対外貿易において国際貿易融資を非常に頼りとしている。

　中国では、1990年代から銀行が相次いで国際貿易融資業務を始めた。パッキング・クレジット、輸入信用状の開設、輸出荷為替手形の買い取りなど、常用される国際貿易融資の形式は、これまで健全に発展してきた。しかし、中国の銀行は自らのリスク管理能力に限界があるため、国際的には普通に使用されているフォーフェイティング[*1]やファクタリング[*2]などの国際貿易融資ツールの開発がなかなかできない。このことは、世界第1位の貿易大国という地位とはまったく不釣り合いである。

　人民元の国際化は、前述の矛盾を解決するための「潤滑剤」を提供することができる。企業の観点から見ると、輸出業者は、国際貿易融資という形で貨物を発送した後に資金を獲得し、後に続く生産を支えなけれ

ばならない。輸入業者は、国際貿易融資という形で予め代金を支払い、後に続く生産を満たし、さらには利益を生んで返済しなければならない。つまり、輸入業者であれ輸出業者であれ、生産や貿易の過程で資金の不足という状況が起こる。人民元国際化は、国際貿易に十分な流動性を提供し、品物と代金を適時に決済できるようにし、時間的に企業の資金不足を短縮する。

　銀行の観点から見ると、国際貿易融資は十分な利益が出るため、各銀行とも是が非でも獲得したい対象ではある。しかし、リスク管理の水準に限界があるために、手を出すことができずにいた。人民元の国際化が推進されて以降、銀行が自らのリスク管理の水準を重視し、広く域外に支店等の拠点を設立したことは、情報の非対称性をある程度解消し、国際貿易融資業務のリスクを下げることにつながった。そしてそれと同時に、人民元の国際化によって、域外の人民元・外貨取引市場やコール市場が開拓され、銀行などの金融機関による競争力ある人民元の国際融資業務の開発が利便化された。

＊1　フォーフェイティング：第5章の＊6（P213）参照
＊2　ファクタリング：第5章の＊3（P213）参照

コラム N

# 日本円の国際化と ASEAN における円

　1967 年 5 月、日本経済調査協議会は『円の国際的地位』という調査報告を発表し、日本円の国際的地位は日本の経済産業の発展とはまったく不釣り合いで、円は米ドルや英ポンドのような国際通貨制度の中の主要通貨にはなれないにしても、円の地位は徐々に強化していくべきであるとの見解を示した[*1]。

　日本では、1960 年代末～70 年代初頭から円の国際化についての議論が始まったが、90 年代初頭にバブルがはじけると、経済は長期的な不況の中に入っていった。

　円の国際化のこの時期、日本経済は急成長し、GDP 平均成長率は 9.5％、全体経済は 20 年間で 549％の伸びを見せた。円の国際化の初期は、カントリーリスクのレベルも全体的に低く、政府と地方自治体の長期債務残高の対 GDP は 10％に満たず、非常に低いレベルにあった。ところが円の国際化の後期、とりわけ 1980 年以降になると、アメリカの圧力で円は大幅に上昇を始め、政府と地方自治体の長期債務残高も徐々に上昇し 50％以上となった。

　総じて、円の国際化の時期全体では、カントリーリスクのレベルは、やはり低いと言えよう（図 4-a）。急成長した日本経済と良好なカントリーリスクのレベルが円の国際化に良好な経済的・政治的な内部環境を提供しており、それがこの時期の円の国際化の発展の重要な要因となっている。

　貿易の発展という見地からは、円の国際化プロセスにおいて、日本の貿易自由化度は一貫して 150％以上を保ち、商品やサービスの輸出を持続している。日本経済が発展を続けたことで、日本は国際貿易における建値通貨の選択の上で、次第に主導権を大きくしていった。日本の輸出貿易において、円建ての割合は増え続け、1971 年の 2％から 1990

図4-a　日本円の国際化期間における、日本経済と貿易の発展

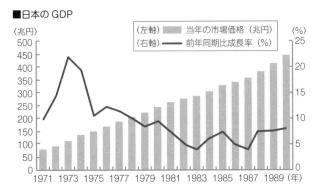

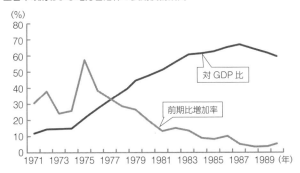

年には37.5％となり、円は貿易建値という国際通貨の機能を真に実現した（図4-b）。

　金融の発展という見地からは、日本は第二次世界大戦後、かなりの資金難に陥り、経済発展を急いでいたため、政府は金融業界に対して非常に厳格な規制を行い、政策面でも経済発展に資する金融政策を実施した。こうした規制や政策は、事実上、日本の金融市場の発展を阻害した。それによって、間接金融を主とし資本市場が発達しない日本の金融構造を招いた。

　円の国際化が推進されるようになってから、日本国内の金融市場は急成長し、アジアへの直接投資が右肩上がりで増加した。円の世界市場における地位は上昇を続けた。

**図 4-b　日本円の国際化期間における貿易の自由化度、円建ての程度および産業構造**

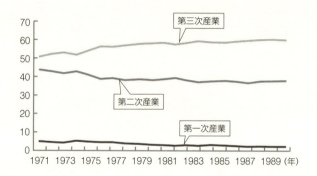

　円の国際化は、日本の経済構造の転換や高度化、産業構造の転換を促進した。1970年以降、日本の人件費は上昇を続け、貿易条件は次第に悪化した。経済構造の転換と高度化を迫られた日本は、労働集約型産業や成長潜在力の低い産業をアジアの他の国に移し、アジアならではの「雁行形態」を形成した。そのことが「アジア四小龍」[*2]の台頭にストレートに影響し、中国や東南アジアを含むアジアの発展を促した。このため、アジアの多くの国は、日本の資本拡大を前向きに捉えて歓迎した。ハイレベル相互訪問や民間の交流も頻繁になっている。これは、日本が「失われた10年」を経験した後であっても、なおも日本円が東アジアにおいて強さを保持している要因となっている。

\*1 付麗穎『日元国際化与東亜貨幣合作』、北京　商務印書館 2010 年、P39 参照
\*2 アジア四小龍：【訳注】香港・シンガポール・韓国・台湾を指す。これらの高度な経済成長及び市場経済化に関連して用いられる。「アジアの４頭の虎」とも言う。

第４章　「一帯一路」と人民元の国際化：相互促進のヒント

コラム ○

## 大メコン圏（GMS）経済協力と、
## 中国・ASEAN 自由貿易圏の建設

　大メコン圏（Greater Mekong Subregion、GMS）経済協力組織は、1992年、アジア開発銀行（ADB）の主導で発足し、中国・ベトナム・ミャンマー・カンボジア・ラオス・タイ、といったメコン川（瀾滄江）流域の6カ国が加盟している。発足以来、一連のインフラ整備を推進し、中国とインドシナ半島諸国との経済貿易も活発さを増している。1992年以降の中国とインドシナ5カ国の貿易は、安定を保ちつつ速い成長を遂げ、中国の輸出入総額に占める割合は、1992年の1.15％から2013年には3.61％となり、インドシナ5カ国は、中国の重要な貿易相手国となっている（図4-c）。

　2014年12月20日、中国の李克強首相はタイのバンコクで開催されたGMS第5回首脳会議に出席し、インフラ整備における協力の深化、産業協力モデルの刷新、貿易・投資協力への金融支援の強化、国民生活と社会事業の発展、地域発展の開放連動レベルの向上、の計5項目の深化を目指すGMS経済協力を提案するスピーチを行った。

　メコン川の両岸に位置するインドシナ5カ国と中国は、歴史的にも友好的な隣国である。中国は一貫して「以隣為善、以隣為伴」[*1]という周辺国との外交方針を実行し、インドシナ5カ国とさまざまな分野で相互協力を深化させてきたため、地域経済の発展や国民生活の改善を促進し、域内の長期的な安定と繁栄を守ることができる。また、GMS経済協力を通じて、東南アジア諸国との経済協力を進める上での制度的な障害を解消するための重要な試みを行い、一定の経験を蓄積した。そのこともまた関係者ら人材の成長を促し、中国とASEANによる自由貿易圏の構築に一定の基盤を提供した（王敏正、2004）。

　すなわち、インドシナ5カ国は、中国とASEANが発展を進める自

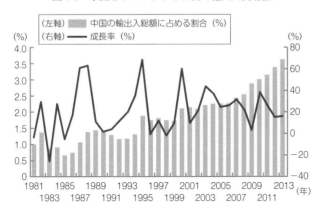

図4-c 中国とインドシナ5カ国の輸出入貿易額

由貿易圏の重要な構成部分であり、中国・ASEAN自由貿易圏の構築推進に対し、以下の3つの役割を果たしていると言える。第1に、自由貿易圏の構築は、租税制度の構築である。一方で、貿易関連のインフラ整備でもある。GMS協力で鉄道、電力、通信などのインフラ整備を行うことは、中国・ASEAN自由貿易圏の構築に基盤を提供することと言える。第2に、中国とインドシナ5カ国との貿易は、税金・決済など制度的な障壁が解消するにつれて急激に発展し、地元企業の発展を阻害するどころか、むしろ地元経済の発展を推進した。インドシナ5カ国はASEAN諸国の欠かすことのできないメンバーであり、中国とインドシナ5カ国の発展は模範的役割を果たし、中国・ASEAN自由貿易圏の協議に良好な現実的基盤を築いた。第3に、GMS経済協力は、中国・ASEAN経済協力の第一歩であり、中国とインドシナ5カ国が広範な交流と協力を行い、豊富な経験を蓄積して、制度的な障壁の解消を試みるものである。

　順序立てた地域統合化プロセスの推進は、中国と周辺国が地域経済協力を進める重要な方策であり、GMS経済協力から中国・ASEAN自由貿易圏の構築に至るまで、地域経済協力の構想と方法を見ることができる。

＊1　以隣為善、以隣為伴：【訳注】本書では「以隣為善、以隣為伴」（隣国を善とし、隣国を

パートナーとする）となっており、そのように記されている文献は他にもあるが、本来は「与隣為善、以隣為伴」（隣国が善をなすのを助け、隣国をパートナーとする）である。中国の対アジア外交方針。

第 5 章

「一帯一路」主要貿易品と
インボイス通貨の選択

本章ではまず、「一帯一路」沿線国の貿易データを分析し、域内各国の経済発展に対する貿易の重要な意義を明らかにする。次に、実証分析を通して、人民元建て決済が中国と「一帯一路」沿線国との貿易協力の深化のためにとるべき道であることを証明し、人民元建て先物市場発展の戦略的意義について検討する。最後に、「一帯一路」における大口商品貿易の人民元建て決済についての見通しを立て、合理的な提案をする。

## 5.1　中国にとって重要な意義を持つ「一帯一路」貿易

　「一帯一路」沿線国には多くの国が関わる。中国に対する沿線国の貿易貢献を把握するため、地理的分布や実質的な貿易状況によって、一部を選択して分析を行った（表 5-1）。

　図 5-1 から、中国の輸出総額の伸び率と一部沿線国に対する輸出額の伸び率はほぼ同じであることが分かる。2001 年から 2009 年まで、中国の一部沿線国に対する輸出の伸び率は輸出総額のそれを超えており、2010 年以降も引き続き一定の優位性を維持している。これは「一帯一路」沿線国が中国の輸出増に一役買っているものと考えられる。中国の地域

表 5-1　「一帯一路」沿線国（一部）

| 地理的区分 | 主な国 |
| --- | --- |
| 東南アジア・南アジア | インドネシア、マレーシア、フィリピン、シンガポール、タイ、ブルネイ、ベトナム、ラオス、ミャンマー、カンボジア、東ティモール、ネパール、ブータン、インド、パキスタン、バングラデシュ　等 |
| 中央アジア・中東 | モンゴル、カザフスタン、キルギス、タジキスタン、ウズベキスタン、トルクメニスタン、パキスタン、アフガニスタン、イラン、アゼルバイジャン、ジョージア、トルコ、シリア、イラク、イエメン、オマーン、サウジアラビア　等 |
| 東ヨーロッパ・南ヨーロッパ | ルーマニア、ウクライナ、ブルガリア、ギリシア、ベラルーシ、ポーランド、リトアニア、ラトビア、エストニア、ロシア　等 |
| 北アフリカ | ソマリア、エチオピア、スーダン、エジプト、リビア、アルジェリア、ニジェール、ケニア、ウガンダ　等 |
| オセアニア | オーストラリア　等 |

別の輸出割合を図 5-2 に示す[*1]。

　「一帯一路」沿線国に対する中国の貿易は明らかに上昇傾向を見せている。統計データによれば、輸出が 1992 年の 9.36% から 2013 年には 18.55% になり、以降も高い伸びを保っている。中国の沿線国への輸出は今後も引き続き高いレベルと速い増加ペースを維持すると見られる。

　「一帯一路」の緊密な協力により、中国製品への需要がさらに開発され、中国の産業の構造変換と高度化、内外の経済均衡の最適化のために道が開かれるであろう。

　現在、中国の「一帯一路」沿線国への輸出商品は、各種機械、電気機器、鉄道および鉄道車両・付帯施設、船舶、鉄鋼製品（天然ガスパイプラインなど）、衣類、プラスチック製品など国内での有効需要が不足している業種に集中している。中国が鉄鋼、石炭、船舶、太陽光発電、石油化学工業などの分野で有効需要の不足に直面しているという背景の下でこうした貿易協力を強めることは、中国を経済の「新常態」によりスムーズに適応させ、より高品質の経済成長を実現するためにプラスになる。

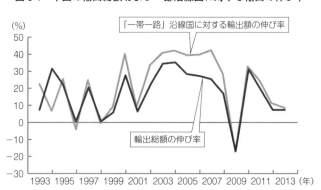

図 5-1　中国の輸出総額および一部沿線国に対する輸出の伸び率

出典：国家統計局

---

[*1]　特に断りがなければ、以下の貿易データはすべて UN Comtrade データベースによる。

図 5-2 中国の一部沿線国に対する輸出の割合

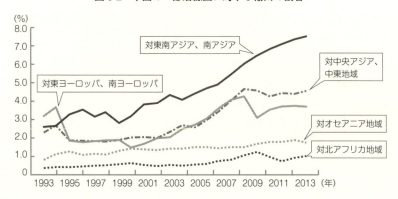

## 5.2 沿線国にとって重要な意義を持つ「一帯一路」貿易

### 5.2.1 対中輸出への経済的貢献度が大

「一帯一路」沿線国の過去20年間の中国への輸出状況を分析したところ、その中から以下のいくつかの共通規律が得られた。

第1に、中国の輸入需要が堅調で、変動はあるものの、上昇傾向が際立っていることである。

第2に、沿線国の対中輸出の伸び率が、相当長期にわたって対外輸出総額の伸び率を越えていることである。これは、対中輸出の重要性を物語っている。

図 5-3、図 5-4 はそれぞれタイ、オーストラリアの対中輸出の変動である。これらから、中国経済の躍進による強い需要が沿線国の対外輸出や経済成長にプラスの影響をもたらしていることが明らかである。

北米のシェールガス革命を背景に、2014年には国際市場における原油・天然ガス・動力炭の3大エネルギーの価格動向に分化が現れた。原油・動力炭は下落したが、天然ガスは需給ともに旺盛で、価格は依然として強含みで推移した。このことは、国際的な大口エネルギー商品市場

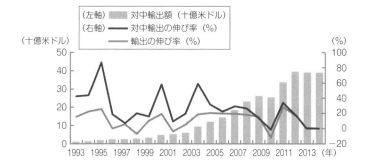

図 5-3　タイの対中輸出

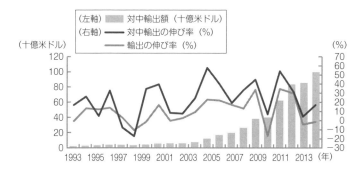

図 5-4　オーストラリアの対中輸出

が構造調整に直面していることを表している。

　「一帯一路」沿線には多くのエネルギー商品輸出国がある。中国のエネルギー消費では天然ガスの比率は非常に低く、原油と石炭で 80％を占める。これは中国の技術進歩、産業構造転換の過程では、短期内に原油・石炭の著しい需要の減少は出現しないことを意味する。実際、このことが中東のエネルギー輸出国に Win-win のきっかけを与えた。また、中国市場において天然ガスは対外依存度が高いため、これらのエネルギー製品の需要にも一定の影響力が生じる。

　中国のエネルギー商品に対する巨大で持続的な需要が、安定した貿易

価格、安定した生産、安定した費用と支出等に良好な条件を創り出したことに疑問の余地はない。そして中国と「一帯一路」沿線国との間には、巨大な貿易協力の余地が存在している。

### 5.2.2 大口商品輸出の経済的影響

過去のデータによると、大口商品の輸出は「一帯一路」沿線国の対中輸出に占める割合が大きく、我々はこれについて統計分析を行った。IMFの分類を参考にして、大口商品を食品（food & beverages）・エネルギー（energy）・農産品（agricultural raw materials）・金属（metals）の4つの主要項目に分け、沿線各国の2011～2013年における各大口商品の対中輸出額を合計すると、「一帯一路」沿線国の対中大口商品輸出国の分布状況が得られる（図5-5）。

図のように、各大口商品の供給源は非常に広範にわたり、多くの国に関わるが、主要供給源という観点で見ると、実質的には集中しており、地理的には太平洋地域・西アジア・ヨーロッパ（主にロシア）に分布している。

例を挙げると、食品の大口商品の対中輸出上位5カ国は、順にマレーシア（21%）、インドネシア（19%）、タイ（17%）、ニュージーランド（16%）とオーストラリア（14%）で、合わせて87%になる。

金属も同様に「集中」の特徴が存在する。上位5カ国は、オーストラリア（25%）、インド（13%）、カザフスタン（13%）、ロシア（12%）、マレーシア（11%）で、合わせて74%である。

それでは、対中大口商品輸出は沿線国の経済にどのような影響を与えるのだろうか。過去データの分析からは、大口商品の対中輸出増加傾向は、基本的に各国の対中総輸出増加傾向と一致する。具体的には、食品・農産品・金属の3項目の対中輸出増加傾向は、基本的にはそれぞれの国の対中輸出総額成長曲線を中心に上下に変動しており、しかもそれらと対中輸出総額との算術平均はいずれもほぼ横ばいである。

図5-6にカザフスタンの対中輸出の伸び率と金属類大口商品の対中輸出の伸び率の対比状況を示したが、ここからそうした特徴がはっきりと

図 5-5 対中大口輸出国

食品

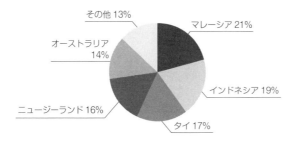

エネルギー

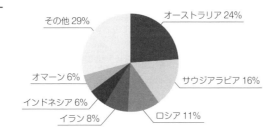

農産品

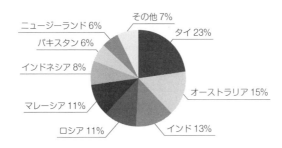

金属

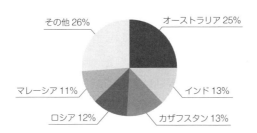

図5-6 カザフスタンの金属大口商品の対中輸出

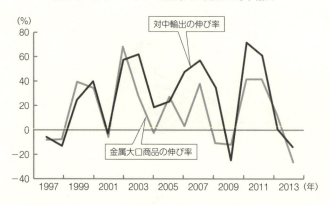

見てとれる。

エネルギー大口商品の対中輸出には、2つのケースがある。

1つは、サウジアラビアのような比較的特殊なケースである。エネルギー大口商品の対中輸出（主に各種石油製品。原油などを含む）の成長曲線は、同国の対中輸出総額の伸びとほぼ完全に一致する。これは、同国の対中輸出の主力商品がこのエネルギー製品であることを表し、エネルギー大口商品の輸出状況が基本的に同国の中国に対する当年の輸出総額もを決定している。

もう1つは、ロシア、オーストラリアのようなケースである。図5-7に、ロシアのエネルギー大口商品の対中輸出の伸びと同国の対中輸出総額の伸びとの対比を示した。オーストラリアもこれと非常に似ている。この2カ国のエネルギー大口商品の対中輸出の成長曲線は、ほぼ対中輸出総額成長曲線の上方に位置している。このことは、エネルギー大口商品が同国の対中輸出の最大要因であることを意味する。

以上の分析から、4つの大口商品のうち、エネルギー大口商品の輸出増が「一帯一路」沿線国の対中輸出を牽引し、これによってその国の国内経済成長に大いに影響を与えていることが分かる。また、3つの大口商品の対中輸出の伸び率の変動は大きいが、全体的には依然として輸出総額の伸び率を上下するように推移している。

これはこの3つの大口商品輸出が総輸出の動向と密接に関係している

図5-7 ロシアのエネルギー大口商品の対中輸出

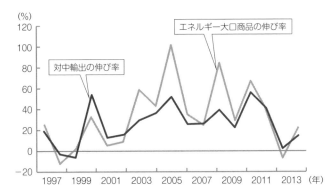

ことを表しており、当然ながら重視されなければならない。さらに踏み込んで言えば、人民元が沿線国の貿易決済システムに組み入れられ、中国に対する大口商品取引活動の変動を効率的に抑制し、それが「一帯一路」沿線国の貿易をより繁栄させていることが期待される。

### 5.2.3 対中輸入の需要と成長の新たなチャンス

　中国と「一帯一路」沿線国は互いの弱点を相手の長所で補い、協力によるWin-winの貿易関係を構築することができる。「一帯一路」の貿易協力は、沿線国に新たな発展のチャンスをもたらす。中国は沿線国からエネルギーや鉱物資源、綿花、皮革などの原材料を輸入すると同時に、それらの国にアパレル、工業用部品（各種鉄鋼製品や車両を含む）を輸出してもいる。そのインフラ建設と産業の発展のために新鮮な血液を注入し、現地の第2産業の発展に寄与している。

　中国による農産品（フルーツ、ナッツを含む）および動物毛または肉の需要が現地の農業発展を牽引することは、その国の農業現代化建設の推進に有利である。また、貿易の規模が拡大を続けることは、現地に大量の雇用機会を与える。これは現地の政治情勢の安定と社会の調和につながるだけでなく、側面から同国の経済成長と発展の促進に貢献することにもなる。

「五通」を目標とする方針の下、まず政府間協力を強化し、その後に高速鉄道プロジェクトを推進して道路開通を実現するなどの現地交通条件を改善させる。さらに貿易の成長を促進し、現地の経済発展を後押しする。それと同時に、人民元を域内インボイス通貨として普及させ、第三国通貨の利用による為替リスクを軽減して、「一帯一路」の地域経済協力モデルを強化し、共同繁栄を実現させる。

### 5.2.4 広がりつつある人民元建て投資ルート

2011年12月、中国のRQFII（人民元適格海外機関投資家）業務が正式に開始された。RQFIIの投資額と範囲は、今後拡大される見通しである。これは、クロスボーダー人民元業務の推進、人民元国際化プロセスの加速に重要なプラスの影響がある。また、「滬港通」の施行および銘柄の選択は、胎動から正式運用まで中国の資本市場の完全化や、人民元投資ルートの増加に大きな意義がある。さらに、オフショア金融市場の構築、自由貿易区といった新たな試みも、人民元の投資ルートの多様化を側面から支える役割を果たしている。

人民元の投資ルートが広がったことは、人民元の国際化に現実的な可能性を提供した。これは非居住者の人民元の保有と利用の意思を高め、「一帯一路」沿線国の対中貿易での人民元建て決済受け入れに有利に働く。それにより、人民元の地域内での利用規模や利用頻度が急速に増大し、人民元が地域の主要通貨となるための基盤が築かれる。

## 5.3 貿易協力の強化に寄与する、人民元建て決済

### 5.3.1 インボイス通貨の選択理論

一国の法定通貨がどのようにインボイス通貨となるのかについては、国際経済理論でも多くの解釈がある。ある学者は、通貨の取引媒体としての役割は、インボイス通貨選択時に重要な役割を果たしていると指摘する。一般的には、外国為替市場で取引する際、取引コストの低いほう

の通貨が好まれるべきである。取引コストが低いほうが有利であって、それは流動性が比較的高いからである。さらに、その通貨が商品市場の取引コストをうまく下げ、市場の効率性を引き上げることを、モデルを構築して証明する学者もいる。そして低い取引コスト、主権国家の成熟した金融市場、市場管理とそれによる巨額資金の効率的配分は、切り離すことができない、と主張する。

　第2に、焦点を業界の特徴に置く理論もある。この理論は、均質化された商品が大量に溢れ、細分化された市場で取引が行われる業界は、低い取引コストの単一通貨を建値とする傾向にあるとする。このような場合には多くの通貨がインボイス通貨になり得るが、どの通貨が勝利するかはどの通貨が先発の優位性を得たかに依存し、「慣性」を頼りにその地位を保持する。

　ミクロ的な観点では、ある通貨が市場主導権の争いで優位な地位を得ている場合、企業には改めてインボイス通貨を選択する動機がない。1つには、高めの取引コストに直面している可能性があるからであり、もう1つには、競争性のある業界では価格変動が企業の営業収入に不確実性をもたらすからである。このように、取引コストに十分な競争力のある通貨であっても、必ずしも支配的地位を占めるインボイス通貨を揺り動かすことはできない。

　第3の理論は、インボイス通貨の選択はさまざまな国のマクロ経済変数の変動状況と互いに密接な関係にあるというものである。例えば、ある国の通貨供給が比較的順調である場合、他の条件が変わらなければ、その通貨の相場はより安定する。すると企業はさらにその通貨を商品取引の建値にしようとする。

　実証研究では、輸出側のインボイス通貨の選択とインボイス通貨の為替レートの変動は密接な関係があることと、理想条件の下では輸出側は通貨ショックの変動が最も小さい法定通貨を建値としようとすることが明らかにされている。

　さらに一歩踏み込み、商品需要の価格弾力性と費用曲線の凸性は、メーカーのインボイス通貨の選択に影響すると指摘する学者もいる。商品需要の弾力性が大きいと、価格の変動は限界費用や平均費用の上昇を招き、

しかも凸性が大きいほど、メーカーの潜在的な損失が大きくなるという理屈である。これは実際、マクロ経済変数の変動がインボイス通貨の選択に与える影響をさらに踏み込んで分析するものであった。

以上に挙げた理論を取り入れ、人民元の為替レートおよびその変動状況が中国の対外貿易にどのような影響を及ぼすかの確定を試みた。以下に、実証法によって「一帯一路」の貿易における人民元建て決済が沿線国の経済貿易協力を促進できるかどうか、それぞれに一定程度の平等互恵をもたらすことができるかどうか、沿線各国の経済成長と発展に貢献できるかどうかを検証する。

### 5.3.2　沿線国の対中輸出に基づく実証的考察

ここでは「一帯一路」沿線国の立場に立ち、対中輸出における人民元建て決済が輸出に潜在的な利点をもたらし、それによって経済成長にプラスの効果をもたらすかどうかを検討する。

このため次のようにモデルを設定する。

$$\ln EX_{i,t} = \alpha_i + \beta_i \ln Y_{CHN,t} + \gamma_i \ln EXR_t + \delta_i \ln VOL_t + \varepsilon_{i,t}$$
$$\sigma_{i,t}^2 = \theta_1 + \theta_2 u_{i,t-1}^2 + \theta_3 \sigma_{i,t-1}^2 + \theta_4 \ln VOL_t + v_{i,t}$$

$EX_{i,t}$ は、$i$ 国の $t$ 期における対中輸出額（米ドル）、$Y_{CHN,t}$ は中国の同期における国内総生産を表し、インフレの影響を除いた国内総生産（GDP）のデータを選択して計算する。輸入国の国内総生産の増加、すなわち総所得の増加は輸入誘発に有利であると考え、$\beta_i$ は正の値であると仮定した。

$EXR_t$ は、同期における人民元の $i$ 国通貨に対する為替レートを表す。人民元の $i$ 国通貨に対する上昇は中国の当該国に対する輸入額増に有利、すなわち、その国の輸出額増に有利であると仮定し、$\gamma_i$ は正の値とした。

$\ln VOL_t$ は、人民元の $i$ 国通貨の為替レートに対する変動状況を計量する。我々は、為替変動が「一帯一路」沿線国の輸出における人民元の価格変動を激化する可能性があると仮定して貿易リスクを追加した。それによって同国の輸出に抑制作用が働くため、$\delta_i$ は負の値とした。

さらに一歩進め、広義のGARCH（generalized autoregressive conditional heteroscedasticity）モデルを導入した。すなわち、「一帯一路」沿線国の当期対中輸出が直面する不確実性（$\sigma_{i,t}^2$）は、前期の不確実性（$\sigma_{i,t-1}^2$）、予期しない輸出の変化（$u_{i,t-1}^2$）および当該国通貨の人民元に対する当期為替レートの変動（$lnVOL_t$）の影響を受ける。

　実証研究は、1994～2013年のデータをピックアップし[*2]、「一帯一路」沿線国の中で貿易額が大きくかつ各地域において代表的な国を選択して行った。

　表5-2に、これらの国の実証結果を示す。平均方程式（mean equation）および分散方程式（variance equation）に変動項（$lnVOL_t$）のパラメータ推定結果およびその有意水準の程度を含めている。表の最終行にモデルの各国ごとの対中輸出額の適合度（goodness of fit）を示した。すなわち調整後の$R^2$（Adjusted R-Squared）である。

　このうち、平均方程式の$lnVOL_t$の推定パラメータは、輸出国通貨の人民元に対する為替レートが1単位変動したときの当該国の対中輸出の予想変化率を表している。

　分散方程式の$lnVOL_t$の推定パラメータは、輸出国通貨の人民元に対する為替レートが1単位変動したときの当該国の対中輸出のリスク変化率（％）を表している。

　表中の「0.0000」は、パラメータ推定値が統計学的に見て全く有意でないことを表し、人民元の為替変動が当該国の輸出に対する予想水準または輸出リスクに著しい影響を与えないことを意味する。

　調整済み$R^2$は、ある国の対中輸出総額についてのこのモデルの説明力（寄与率）の大きさを表している。ブルガリアを例にとると、調整済み$R^2$は0.9068であるが、それは90.68％のブルガリアの対中輸出がこのモデルで説明できるという意味である。

　ほとんどの国で為替レートの変動による対中輸出への影響が顕著で、しかも人民元相場の変動はこれらの国の対中輸出レベルの低下を招くこ

---

\*2　輸出入データはUN Comtradeデータベースより、インフレの影響を除いた国内総生産（GDP）データは世界銀行データベース（World Development Indicators）より入手した。為替レートの出所はDatastreamである。

表 5-2 モデルパラメータ推定結果（一部）

| 国名 | $\ln VOL_t$ 平均方程式 | $\ln VOL_t$ 分散方程式 | 調整済み $R^2$ |
|---|---|---|---|
| ブルガリア | 0.0000 | 0.0000 | 0.9068 |
| フィリピン | −0.1865<br>(0.0390) | 0.0282<br>(0.0148) | 0.8938 |
| ルーマニア | −0.1782<br>(0.0440) | 0.0035<br>(0.0000) | 0.9315 |
| パキスタン | −0.1690<br>(0.0424) | 0.0000 | 0.6971 |
| インド | −0.1554<br>(0.0467) | 0.0000 | 0.9492 |
| カザフスタン | −0.0447 | 0.0000 | 0.9791 |
| ロシア | −0.0436<br>(0.0102) | 0.0000 | 0.9533 |
| マレーシア | −0.0347<br>(0.0076) | 0.0007<br>(0.0000) | 0.9802 |
| シンガポール | 0.0301<br>(0.0095) | 0.0000 | 0.9476 |
| ニジェール | −0.4027<br>(0.1668) | 0.0000 | 0.9263 |
| タイ | −0.0653<br>(0.0278) | 0.0051<br>(0.0000) | 0.9788 |
| オーストラリア | 0.0425<br>(0.0203) | 0.0000 | 0.9898 |
| エジプト | −0.1665<br>(0.0997) | 0.0000 | 0.6498 |
| トルコ | 0.0584<br>(0.0348) | 0.0013<br>(0.0000) | 0.6274 |
| ウガンダ | 0.0000 | −0.4052<br>(0.0841) | 0.6003 |
| ギリシア | 0.0000 | −0.0554<br>(0.0201) | 0.9096 |
| オマーン | 0.0000 | −0.0363<br>(0.0123) | 0.9075 |
| ベラルーシ | 0.0000 | −0.0260<br>(0.0086) | 0.4590 |
| ポーランド | 0.0000 | 0.0134<br>(0.0004) | 0.9169 |
| リトアニア | 0.0000 | 0.0087<br>(0.0001) | 0.9645 |
| インドネシア | 0.0000 | −0.0030<br>(0.0000) | 0.9880 |
| ウクライナ | 0.0000 | 0.0203<br>(0.0102) | 0.0719 |
| ネパール | 0.0000 | 0.0000 | 0.5216 |
| サウジアラビア | 0.0000 | 0.0000 | 0.9706 |

　　　信頼係数10%の水準で有意であることを表す。
　　　信頼係数5%の水準で有意であることを表す。
　　　信頼係数1%の水準で有意であることを表す。
（　）内は推定標準誤差。

とが分かる。例えば、タイの対中輸出の係数推定値は−0.0653である。これはタイバーツが人民元に対して1％上昇すると（バーツ高）、タイの対中輸出が平均0.0653単位低下することを意味している。つまり、人民元−バーツ相場の変動がタイの対中輸出額に確実に抑制作用を生じさせたということである。

カザフスタンは、年間を通じて中国に対し各種鉱物燃料、金属（鉄・マンガン・銅・亜鉛など）、鉱石、精鉱を輸出しているが、人民元の為替変動はタイの場合と同様にその対中輸出に強い抑制作用を与える。この係数の推定値が0.0447であるということは、カザフスタンテンゲが人民元に対して1％上昇する（テンゲ高）と、カザフスタンの対中輸出額が平均0.0447％減少することを意味している。このモデルは調整済み$R^2$が97.91％であるが、これはこのモデルがカザフスタンの中国に対する輸出額の変動をうまく説明していることを表している。

これらに加え、人民元相場の変動が激化すると相当数の「一帯一路」沿線国の輸出額の変動性が増すことも見てとれる。これは、対中輸出が人民元決済でない状況では、人民元相場の変動がこれらの国の対中輸出額の変動を激化させることを表すものである。このような不確実性は想定外の輸出の変化を引き起こし、輸出リスクを高める。フィリピンを例に挙げると、フィリピン通貨の人民元に対する為替レートが1％上昇すると、対中輸出が0.0282％変化する。

以上を総合すると、表5-2で調整済み$R^2$があまねく高いことは、このモデルが「一帯一路」沿線国の対中輸出額の変動をよく説明しており、そのうちの大部分の国にとって、人民元相場の変動が対中輸出に著しいマイナス作用があることを物語っている。

換言すれば、現実の貿易決済や支払い習慣が貿易活動の活発さに歯止めをかけているということである。このことは、人民元が「一帯一路」の貿易決済における主要通貨になるための堅実な理論的根拠を提供しているということである。

第1に、人民元で貿易決済を行うと、為替変動による商業活動へのマイナスの影響を効果的に回避することができ、輸出業者の営業収入や純利益の安定に明らかにプラスの作用がある。

第2に、為替変動を回避することにより、貿易活動のさらなる発展が効果的に促進され、沿線国の経済発展に貢献する。

　まさに前述の分析のように、中国に対する貿易輸出は多くの沿線国の輸出を増加させる効果があり、為替変動の抑制によって生まれる貿易の余地は、対中輸出の伸びをいっそう誘発することは間違いなく、これによって沿線国の経済成長がさらに促進される。

　中国の資本市場の対外開放がさらに進み、金利の市場化改革の推進や人民元相場形成メカニズムの整備が進むにつれ、人民元が「一帯一路」貿易の支払・決済における主要通貨となることが、選択肢として日増しに現実味を帯びてきている。このことは、中華文化への国際的な共感と影響力の増進に拍車をかけ、2国間経済を後押しし、最終的に平等互恵を実現することに重要な意義を持つ。人民元の国際化、国際通貨の多様化プロセスに対しても大きな影響力がある。

### 5.3.3　中国の大口商品輸入に基づく実証的考察

　ここでは大口商品の貿易が為替変動の影響を受けるかどうかについてさらに検討する。ここでのモデル、データの出所および期間は前述のものとまったく同じである。

　表5-3から表5-6に食品・エネルギー・農産品・金属類大口商品の代表的な一部対中輸出国の実証研究結果をまとめておく。

　これらの表から以下のことが言える。

　第1に、我々のモデルと推定結果には説得力がある。これらの国における大口商品4項目の対中輸出の変動をうまく説明しており、それが非常に高い$R^2$値に反映されている。

　第2に、大口商品貿易が人民元決済でない場合は、人民元相場の変動が一部の沿線国の対中輸出の伸びに歯止めをかける。また、一部の国の大口商品の対中輸出のリスクを増大させる。

　表5-3から、タイバーツレートが人民元に対して1％上昇すると、タイの対中食品輸出額を0.1190％減少させることが分かる。またタイおよびオーストラリアの通貨が人民元に対して1％上昇すると、この2カ国

表 5-3　大口商品（食品）に基づくモデルパラメータ推定結果

| 国名 | $\ln VOL_t$ 平均方程式 | $\ln VOL_t$ 分散方程式 | 調整済み $R^2$ |
|---|---|---|---|
| タイ | −0.1190 | 0.0113 | 0.9514 |
|  | (0.0523) | (0.0066) |  |
| オーストラリア | 0.0000 | 0.0015 | 0.8196 |
|  |  | (0.0001) |  |

表 5-4　大口商品（エネルギー）に基づくモデルパラメータ推定結果

| 国名 | $\ln VOL_t$ 平均方程式 | $\ln VOL_t$ 分散方程式 | 調整済み $R^2$ |
|---|---|---|---|
| サウジアラビア | 0.0000 | 0.0035 | 0.9813 |
|  |  | (0.0000) |  |
| ロシア | −0.2376 | 0.0000 | 0.9481 |
|  | (0.0338) |  |  |

表 5-5　大口商品（農産品）に基づくモデルパラメータ推定結果

| 国名 | $\ln VOL_t$ 平均方程式 | $\ln VOL_t$ 分散方程式 | 調整済み $R^2$ |
|---|---|---|---|
| オーストラリア | −0.0768 | 0.0049 | 0.9123 |
|  | (0.0211) | (0.0026) |  |
| ロシア | −0.2799 | 0.0000 | 0.9142 |
|  | (0.0266) |  |  |

表 5-6　大口商品（金属）に基づくモデルパラメータ推定結果

| 国名 | $\ln VOL_t$ 平均方程式 | $\ln VOL_t$ 分散方程式 | 調整済み $R^2$ |
|---|---|---|---|
| インド | −0.7326 | 0.0000 | 0.7931 |
|  | (0.2715) |  |  |
| マレーシア | −0.0437 | 0.0039 | 0.9242 |
|  | (0.0081) | (0.0000) |  |

　　信頼係数 10％の水準で有意であることを表す。
　　信頼係数 5％の水準で有意であることを表す。
　　信頼係数 1％の水準で有意であることを表す。
（　）内は推定標準誤差。

の食品の対中輸出はそれぞれ 0.0113％、0.0015％変化する。

　同様に、表 5-4 からは、ロシアルーブルが人民元に対して 1％上昇すると、ロシアの対中エネルギー輸出額が 0.2376％減少することが分かる。サウジアラビアの対中エネルギー輸出額は人民元の為替変動に感応的で

はないが、その輸出の変動は人民元の為替変動と顕著な正の相関を見せている。

表5-5からは、オーストラリアやロシアについて、人民元相場の変動に対する対中の農産品輸出の為替弾力性はそれぞれ−0.0768と−0.2799で、このことは人民元−豪ドル相場と人民元−ロシアルーブル相場の変動がこれらの2カ国からの当該商品輸入活動に抑制作用をもたらすことが分かる。人民元・豪ドル相場の変動の激化は、オーストラリアの農産品の対中輸出のリスクを引き上げる。

同様に、金属の大口商品の主な対中輸出国であるインドとマレーシアの輸出の為替弾力性（推定値）は明らかに負であり、このことは人民元相場の変動がこの2カ国の対中金属輸出の伸びを抑制することを示している。また、マレーシアの対中輸出リスクも人民元相場の変動の高まりと共に増加する。

以上、人民元が「一帯一路」沿線国の対中貿易における決済の主要通貨になることは、強固な理論的根拠を備えている。これは、巨大な貿易規模を生み出すことに有利であると同時に、シルクロード沿線国の経済成長を促進し、平等互恵のWin-winの局面構築に重要な意義を有する。

## 5.4　大口商品に対する人民元評価の金融支援システム

### 5.4.1　「一帯一路」沿線の人民元金融サービス

貿易および投資向けのクロスボーダー金融サービスは、「一帯一路」貿易における人民元建て決済の実現に向けての重要な下支えとなる。政府による審査や海外支店設立の種々の制限があるため、全体的に見ると中国の銀行の海外拠点は数に限りがあるが、「一帯一路」という特定の経済圏においては、中国資本の銀行はすでに少なからぬ海外拠点を開設している。

表5-7には、中国の主な国有銀行が「一帯一路」沿線国に開設した海外拠点を示す。これらの海外拠点の発展は、貿易に関連するクロスボーダー人民元サービスの質の向上に寄与することになる。

表5-7 国有銀行が沿線国に設立した海外拠点

| 銀行 | 海外機関 |
|---|---|
| 中国工商銀行 | ハノイ支店（ベトナム）、カラチ支店（パキスタン）、ボンベイ支店（インド）、プノンペン支店（カンボジア）、ビエンチャン支店（ラオス）、ワルシャワ支店（ポーランド）、シドニー支店（オーストラリア）、工銀アルマトゥイ（カザフスタン）、工銀インドネシア、工銀マレーシア、工銀タイ、工銀モスクワ（ロシア） |
| 中国農業銀行 | シドニー支店（オーストラリア）、ハノイ駐在員事務所（ベトナム） |
| 中国銀行 | Yalyan支店（カザフスタン）、シドニー支店（オーストラリア）、チャイナタウン支店（オーストラリア）、パース支店（オーストラリア）、ボックスヒル支店（オーストラリア）、ブリスベン支店（オーストラリア）、ラヨーン支店（タイ）、ホーチミン市支店（ベトナム）、プノンペン支店（カンボジア）、五洲支行（カンボジア）、ムアール支店（マレーシア）、ペナン支店（マレーシア）、クラン支店（マレーシア）、ジョホールバル支店（マレーシア）、プチョン支店（マレーシア）、クチン支店（マレーシア）、ジャカルタ支店（インドネシア）、スラバヤ支店（インドネシア）、メダン支店（インドネシア）、ハバロフスク支店（ロシア）、プリモルスキー支店（ロシア）、ロシア中国銀行、カザフスタン中国銀行、マレーシア中国銀行、中銀オーストラリア、中銀タイ、ウランバートル駐在員事務所（モンゴル）、ナイロビ駐在員事務所（ケニア） |
| 中国建設銀行 | ホーチミン市支店（ベトナム）、シドニー支店（オーストラリア）、中国建設銀行ロシア有限責任公司 |
| 交通銀行 | シドニー支店（オーストラリア）、ホーチミン市支店（ベトナム） |

　資本取引に依然として人民元の移動規制が存在するなか、これら海外支店などの拠点は国内外業務の連携を通じ、海外の貿易企業が人民元による資金支援を難なく得られることを保証する。これらの地域のクロスボーダー貿易決済は、人民元建て貿易収入を有効に利用することで、その発展に堅固な金融的基盤を固めることができる。

　海外拠点の開設と同時に、中国資本の銀行はさまざまなクロスボーダー人民元商品を次々と投入し、企業の決済、融資へのニーズを存分に満たしてきた。人民元決済に関する主な商品は、貿易項目下の人民元建て信用状開設、送金、取り立ておよびNRA口座決済などである。クロスボーダー人民元融資は、『人民元国際化報告2013』で指摘した「伝統的な貿易金融商品が主で、新しいタイプの融資商品は少ない」という当時の状況とは異なり、現在、国際ファクタリング[*3]、銀行保証状[*4]、スタンドバイ信用状[*5]、フォーフェイティング[*6]などに代表される新型融資商品が普及している（表5-8）。

表 5-8　中国主要国有銀行の貿易融資商品

| | 貿易融資商品 |
|---|---|
| 中国工商銀行 | 輸入前払い融資、輸入取立、輸入立替、保証渡し／船荷証券裏書、信用状支払い保証業務、輸入Ｔ／Ｔ融資、輸入ファクタリング、輸出受注融資、輸出インボイス融資、パッキング・クレジット、フォーフェイティング、輸出手形買取／割引、輸出ファクタリング、短期輸出信用保険による融資（信保融資）、輸送費・保険料融資 |
| 中国農業銀行 | 保証金減免信用状開設、パッキング・クレジット、輸出手形割引、輸出荷為替手形の買取、輸入荷為替手形の買取、船荷証券裏書、フォーフェイティング、仮ユーザンス信用状、AVAL、国際貿易発注書融資、国際ファクタリング、輸出信用保険項目内融資、輸出書類担保貸付、輸出商業インボイス融資、収付通*1、貿易項目内リスク引受、輸入項目内 AVAL |
| 中国銀行 | 融付達*2、与信信用状開設、小口外貨輸入滙利達*3、輸入取立、支払滙利達、海外立替、保証渡し、手形買取、パッキング・クレジット、輸出割引、輸出手形買取、輸出全益達、輸出滙利達、輸出増値税還付委託管理口座抵当融資、フォーフェイティング、国際機関担保項目内貿易金融、輸出商業インボイス割引、輸入ファクタリング（ツー・ファクター・システム）、輸出ファクタリング（ツー・ファクター・システム）、仕向送金融資、リスク引受、売掛金買取 |
| 中国建設銀行 | 輸入信用状、輸出信用状、輸入取立、輸出取立、輸出信用保険項目内貸付、輸出国際ファクタリング、輸出商業インボイス融資、輸出増値税還付金プール融資、輸出议付、パッキング・クレジット、輸出取立貸付、非信用状項目内信託証券貸付、海外立替、信用状開設、保証渡し・船荷証券裏書、信用状項目内信託証券貸付、ユーザンス信用状項目内手形割引・売掛金買取、人民元建てクロスボーダー貿易決済、フォーフェイティング、融貨通*4、融帳通*5、融鏈通*6 |
| 交通銀行 | TSU（貿易決済サービス）、輸出貿易融資、短期輸出信用保険融資、国内信用状バイヤーズクレジット、輸入支払保証、輸入貿易融資、売主国内信用状、輸出ファクタリング、輸出信用状、対外担保、国際取立、国内信用状セラーズクレジット、輸入ファクタリング、輸入信用状、輸出リスク引受、大口顧客サービスカウンター、フォーフェイティング、国際業務ネットバンキング、仕組み貿易金融*7、輸入立替、買主国内信用状 |

【訳注】
* 1　収付通：売上回収能力があるのに、担保となる不動産や第三者保証のない企業向けに開発された商品。輸出側のコルレス銀行が引き受けた信用状項目内の期限付為替手形／支払約束、または支払保証済の荷為替取立項目内の期限付為替手形を差し入れることで融資を受ける。
* 2　融付達：海外コルレス銀行からの申請に基づき、荷為替信用状または荷為替取立項目内の支払金を支払期日に海外コルレス銀行立替払いする短期資金融通業務。「融付達」は商品名。
* 3　小口外貨輸入滙利達：「滙利達」は「〇〇滙利達」のようにシリーズ商品につけられている名称。
* 4　融貨通：貨物を抵当にする融資。「融〇通」は建設銀行の商品名。
* 5　融帳通：売掛金を抵当にする融資。
* 6　融鏈通：サプライチェーンを対象とした融資。
* 7　仕組み貿易金融：輸出企業などが、自分が所有する輸出債権を特別目的会社（Special Purpose Company、SPC）に譲渡し、SPC は証券化商品である MBS（Mortgage Backed Security: 資産担保証券）を発行して機関投資家等に売却することにより資金を短期に回収する仕組み。

## 5.4.2 急成長する中国先物市場

　成熟した先物市場は、2つの側面から大口商品貿易の発展を促進することができる。第1は、成熟した先物市場には価格発見機能*7があり、大口商品の現物市場の価格を誘導できることである。第2には、成熟した先物市場は有効なリスクヘッジツールを提供し、大口商品貿易の当事者双方の直取引によるリスクを回避できることである。

　2国間貿易で人民元建て決済の場合、中国の先物市場の速やかかつ健全な発展は、大口商品貿易に為替リスクのない貿易リスクヘッジツールを提供できる。為替レートや両替にまつわる煩雑さが不要という状況では、先物市場の価格発見機能も十分活用できるようになった。

　近年、中国の先物市場は急速に発展し、大口の商品先物を活用することで、人民元建て決済の現物貿易サービスに道を開いた。

　現在、中国の先物市場は3つの商品先物取引所と1つの金融先物取引所で構成され、取引は46種類ある。上海先物取引所は12種類、大連商品取引所は16種類、鄭州商品取引所は16種類の先物商品を、中国金融先物取引所は2種類の先物金融商品を取り扱っており、これらの先物取引所で「エネルギー・化学工業」「農林・水産」「金属鉱物」「貴金属」「金

---

\*3　国際ファクタリング：【訳注】ファクタリングとは、他人が有する売掛債権を買い取って、その債権の回収を行う金融サービスを言う。国際貿易では異国間の取引となるため、輸出業者が現金を回収するまでの期間が長くなる・そこで銀行等金融機関が輸出業者と輸入業者にそれぞれつき、資金の事前支払いや回収業務を行う。

\*4　銀行保証状：【訳注】銀行が債務者（輸入業者）が債務を履行しない場合に、これに代わって発生した損害債務責任を負うこと。また債務不履行による損害賠償を保証することを確約した書類のこと。

\*5　スタンドバイ信用状：【訳注】買主（輸入業者）が、支払遅延や支払不能に陥った場合に、売主（輸出業者）からの要請に基づいて銀行等金融機関（ファクタリング会社）が支払いを保証する信用状を言う。

\*6　フォーフェイティング：【訳注】輸出業者が資金を回収する手段として、銀行等金融機関（ファクタリング会社）に信用状付き輸出手形を買い取ってもらう際に、当該輸出業者への買戻し請求権を放棄した形態の取引。これによって不払いリスクはファクタリング会社が持ち、輸出業者は回避できる。

\*7　価格発見機能：【訳注】市場においては、市場参加者が多ければ多いほど、あるモノの価格が正しく値決めされることが期待される。現物市場と先物市場を比べると、先物市場のほうが低いコストで取引ができるので、現物市場に比べ市場参加者が多くなることは世界中の市場で実証されている。よって、現物市場よりも先物市場のほうで、より正しい価格がより早く値決めされる機能を、先物市場の価格発見機能（または公正な価格形成機能）と言う。

融商品」の5分野をカバーしている（表5-9）。

『先物法』の制定を急いでいた中国では、2014年、『国務院 資本市場の健全な発展のさらなる推進に関する若干の意見』、『先物会社監督管理弁法』、「先物会社資産管理業務管理規則（試行）』などが相次いで公布、施行された。また中国証券監督管理委員会（証監会）からは『先物およびデリバティブ業界の革新発展のさらなる推進に関する意見』、『公募証券投資ファンド運用ガイドライン第1号——商品先物取引型オープンエンド型ファンドガイドライン』が発表され、先物市場およびその取引の制度化、規範化の進展に拍車がかかった。また同年12月31日には『域内の特定の品種の先物取引に従事する域外取引者および域外仲介機関管理暫定弁法（公開草案）』を公開し、広く意見を求めている。

この一連の法規の登場は、中国先物市場の長期的な発展に堅実な制度保障を提供した。

2014年、上海先物取引所・大連商品取引所・鄭州商品取引所は、さらに21種類の商品を上場し連続取引を展開した。2013年に初登場した金、銀先物も加え、現在、中国の先物市場では取り扱い商品の半数の23種類について夜間取引が行われている。最も活発に取引される商品は、異形棒鋼、鉄鉱石、PTA[*8]、大豆ミール、菜種ミール、コークス、粘結炭など16種類である。

2014年12月12日、証監会は上海先物取引所の上海国際エネルギー取引センターにおける原油先物取引の実施を正式に承認した。これは、

表5-9 中国主要先物商品分類

| 分野 | 品目 |
| --- | --- |
| エネルギー・化学工業 | 燃料油、天然ゴム、石油ピッチ、動力炭、メタノール、高純度テレフタル酸（PTA）、ガラス、シリコマンガン、リニア低密度ポリエチレン、ポリ塩化ビニル、ポリプロピレン、コークス、粘結炭 |
| 農林・水産 | 普通小麦、良質硬質小麦、早生長粒米、晩生長粒米、うるち米、綿花、菜種、菜種油、菜種ミール、白糖、とうもろこし、コーンスターチ、黄大豆1号、黄大豆2号、脱脂大豆、大豆油、パーム油、鶏卵、繊維板、ベニヤ板 |
| 金属鉱物 | 銅、アルミニウム、亜鉛、鉛、異形棒鋼、線材、熱延コイル、フェロシリコン、鉄鉱石 |
| 貴金属 | 金、銀 |
| 金融商品 | 5年物国債先物、滬深（CSI）300株価指数先物 |

原油先物が既に上場のカウントダウンに入ったことを示している。

中国先物業協会の最新統計データによると、2014年、全国先物市場の累計出来高は前年同期比21.54％増の25億500万枚、累計売買高は同9.16％増の291万9800億元であった。この2つの指標が共に中国先物市場の史上最高値を記録したことは、中国の先物市場の取引規模が過去最大を更新したことを表している。このうち、全国の商品先物市場の年間累計出来高、累計売買高は前年同期比でそれぞれ22.48％、1.18％増の22億8800万枚、127.96万億元で、全国の金融先物市場の累計出来高、累計売買高はそれぞれ12.41％、16.31％増の2億1700万枚、164.01万億元であった。

また、国内関連機関の集計によると、先物市場の顧客持分は2600億元を超え、こちらも歴史的記録である。

中国の先物市場の発展は次の目標に向かってスタートを切った。先物仲介業務、投資コンサルティング業務、資産管理業務、リスク管理子会社事業などの後押しを受け、先物の新商品、オプションがまもなく発売されるという背景の中、中国の先物企業の大発展の時代が近づいている。これまでの研究から、大豆油、トウモロコシ、小麦、大豆ミール、アルミニウム、銅、綿花、大豆、鶏卵、燃料油、天然ゴムなどの商品先物は、直物市場価格に対する誘導機能を備えていることが示唆されている。

## 5.5 大口商品の貿易決済における人民元のシェア

2013年に中国が輸入した主な大口商品は約3414億米ドルであった。2012年の3322億米ドルから92億米ドル増加、伸び率は約2.77％である。中国の大口商品輸入のうち、相当数が「一帯一路」沿線国からのもので、上位10カ国の主要貿易相手のほとんどはこの地域に集中している。

表5-10に2013年の中国の主要エネルギーおよび工業用原材料輸入の分類一覧を示したが、そこから中国と「一帯一路」沿線国との貿易協力の重要性が明らかに見てとれる。

---

＊8　PTA：【訳注】高純度テレフタル酸（purified terephthalic acid）。

各国の四半期統計データに基づき、人民元国際化指数（RII）の3次指標「世界貿易総額に占める、人民元建て決済の割合」を勘案しながら、年次データを平滑化[*9]し窓関数[*10]を掛け合わせて年度対数伸び率を計算した。そしてそれらをもとに、「2015年の中国経済が総じて安定的に推移し、7％前後の経済成長を実現すれば、同年の世界貿易の人民元建て決済は、対前年比30％超増のシェア3.4％を達成できる」との見通しを立てた。

　以下の計算は、2013年の1年間に新たに増えた92億米ドルの主な大口商品輸入額を基準とした。2014年および2015年の主な大口商品輸入が同様の成長速度を維持すると考えると、楽観的見積もりでは、2015年は新たに大口商品2億5300万米ドルの輸入について人民元が決済通貨とされ、2015年の1年間に輸入する主要エネルギーおよび工業用原材料の大口商品の人民元建て決済の総額は米ドル換算で95億800万米ドルとなる見通しである。

　中国は「一帯一路」沿線国における大口商品貿易の重要なパートナーである。中国が「一帯一路」沿線国から輸入した大口商品の人民元建て決済の割合が25％（最も保守的に見積もった場合）、50％（保守的に見積もった場合）、75％（楽観的に見積もった場合）と100％（最も楽観的に見積もった場合）になると、それに呼応して「世界貿易総額に占める、人民元建て決済の割合」はそれぞれ3.53％、7.06％、10.59％、14.12％になる（表5-11）。

　中国のアルミニウム鉱石・鉄鉱石・石炭の輸入は、主としてアルバニア・アゼルバイジャン・インドネシア・オーストラリア・ロシアなどからで、これを大口商品の人民元建て決済の重点突破口とすることができる。

　本章の分析から、人民元国際化は中国と「一帯一路」沿線国との貿易リスク軽減に資するものである。「一帯一路」沿線国の対中貿易の発展

---

[*9] 平滑化：【訳注】数値の集計などにおいて、突出していたり他と乖離していたりする値を、除去したり他の値に近づけたりして、全体的に突出のない状態にすること。スムージング。

[*10] 窓関数：ある有限区間以外で0となる関数を言う。よって解析を行うときにデータに窓関数を掛けると区間外は0となる。数値解析を容易にする関数である。

表 5-10　中国の主要エネルギーおよび原材料輸入（2013 年）

| 大口商品の種類 | 世界の貿易額（億ドル） | 「一帯一路」の輸入額（億ドル） | 中国の輸入額に占める割合（%） | 「一帯一路」主要貿易相手 | 輸入額（億ドル） | 中国の輸入額に占める割合（%） |
|---|---|---|---|---|---|---|
| 木材 | 1318.75 | 94.02 | 50.09 | ロシア | 28.27 | 15.06 |
| | | | | ニュージーランド | 18.57 | 9.89 |
| | | | | タイ | 11.68 | 6.22 |
| | | | | ベトナム | 10.06 | 5.36 |
| | | | | インドネシア | 7.81 | 4.16 |
| | | | | パプアニューギニア | 6.35 | 3.38 |
| | | | | ミャンマー | 6.21 | 3.31 |
| | | | | オーストラリア | 5.07 | 2.70 |
| 鉄鉱石、精鉱 | 1609.92 | 856.29 | 80.64 | アルバニア | 551.53 | 51.94 |
| | | | | アゼルバイジャン | 216.09 | 20.35 |
| | | | | オーストラリア | 23.78 | 2.24 |
| | | | | バーレーン | 23.36 | 2.20 |
| | | | | ブルガリア | 14.12 | 1.33 |
| | | | | ミャンマー | 13.91 | 1.31 |
| | | | | カンボジア | 13.59 | 1.28 |
| 銅鉱石、銅精鉱 | 563.23 | 38.28 | 19.63 | オーストラリア | 16.52 | 8.47 |
| | | | | モンゴル | 9.56 | 4.90 |
| | | | | トルコ | 4.33 | 2.22 |
| | | | | モーリタニア・イスラム共和国 | 4.25 | 2.18 |
| | | | | カザフスタン | 3.61 | 1.85 |
| アルミニウム鉱石、アルミニウム精鉱 | 57.88 | 36.84 | 97.77 | インドネシア | 24.05 | 63.83 |
| | | | | オーストラリア | 8.27 | 21.94 |
| | | | | インド | 3.08 | 8.18 |
| | | | | ギニア共和国 | 0.61 | 1.63 |
| | | | | ガーナ共和国 | 0.51 | 1.35 |
| | | | | フィジー | 0.26 | 0.69 |
| | | | | マレーシア | 0.06 | 0.17 |
| 亜鉛鉱石、亜鉛精鉱 | 76.71 | 9.11 | 67.08 | オーストラリア | 5.73 | 42.18 |
| | | | | モンゴル | 0.82 | 6.05 |
| | | | | トルコ | 0.65 | 4.79 |
| | | | | インド | 0.63 | 4.65 |
| | | | | アイルランド | 0.45 | 3.31 |
| | | | | カザフスタン | 0.32 | 2.32 |
| | | | | イラン | 0.27 | 1.98 |
| | | | | サウジアラビア | 0.25 | 1.82 |
| 石炭 | 1279.59 | 227.58 | 87.75 | オーストラリア | 101.20 | 39.02 |
| | | | | インドネシア | 52.50 | 20.24 |
| | | | | ロシア | 27.87 | 10.75 |
| | | | | 北朝鮮 | 13.94 | 5.37 |
| | | | | モンゴル | 11.87 | 4.58 |
| | | | | 南アフリカ共和国 | 10.99 | 4.24 |
| | | | | ベトナム | 8.44 | 3.25 |
| | | | | ニュージーランド | 0.78 | 0.30 |
| 原油 | 16165.45 | 1736.59 | 79.07 | サウジアラビア | 423.68 | 19.29 |
| | | | | アンゴラ共和国 | 318.09 | 14.48 |
| | | | | オマーン | 199.32 | 9.08 |
| | | | | ロシア | 197.43 | 8.99 |
| | | | | イラク | 179.00 | 8.15 |

|  |  |  |  | イラン | 168.88 | 7.69 |
|---|---|---|---|---|---|---|
| 原油 | 16165.45 | 1736.59 | 79.07 | カザフスタン | 93.75 | 4.27 |
|  |  |  |  | アラブ首長国連邦 | 83.67 | 3.81 |
|  |  |  |  | クウェート | 72.77 | 3.31 |
|  |  |  |  | 日本 | 0.59 | 67.82 |
|  |  |  |  | ルクセンブルグ | 0.07 | 8.05 |
| 異形棒鋼 | 184.07 | 0.82 | 94.25 | ドイツ | 0.06 | 6.90 |
|  |  |  |  | 韓国 | 0.05 | 5.75 |
|  |  |  |  | トルコ | 0.02 | 2.30 |
|  |  |  |  | ベルギー | 0.01 | 1.15 |
|  |  |  |  | ロシア | 0.40 | 6.04 |
|  |  |  |  | オーストラリア | 0.25 | 3.84 |
| 銀 | 16.16 | 0.96 | 14.50 | ベルギー | 0.21 | 3.17 |
|  |  |  |  | マレーシア | 0.05 | 0.76 |
|  |  |  |  | 北朝鮮 | 0.05 | 0.76 |

を促進し、2国間の経済成長に永続的な原動力を提供すること、中国資本の銀行が提供するクロスボーダー金融サービス、特に貿易融資業務は、「一帯一路」貿易協力に重要な金融的支援を提供できることが明確となった。

　大口商品貿易は、「一帯一路」沿線国の対中貿易の主な構成部分で、2国間の経済発展に重要な推進力となる。そして人民元国際化の不断の

表5-11　「一帯一路」大口商品貿易における人民元建ての見積もり

| 中国が「一帯一路」沿線国から輸入する大口商品 | 最も保守的な見積もり 25%人民元建て |  | 保守的な見積もり 50%人民元建て |  | 楽観的な見積もり 75%人民元建て |  | 最も楽観的な見積もり 100%人民元建て |  |
|---|---|---|---|---|---|---|---|---|
|  | 貿易金額（億ドル） | 世界の総貿易額に占める割合 (%) | 貿易金額（億ドル） | 世界の総貿易額に占める割合 (%) | 貿易金額（億ドル） | 世界の総貿易額に占める割合 (%) | 貿易金額（億ドル） | 世界の総貿易額に占める割合 (%) |
| 木材 | 23.50 | 1.78 | 47.01 | 3.56 | 70.51 | 5.35 | 94.02 | 7.13 |
| 鉄鉱石、鉄精鉱 | 214.07 | 13.30 | 428.14 | 26.60 | 642.22 | 39.90 | 856.29 | 53.20 |
| 銅鉱石、銅精鉱 | 9.57 | 1.70 | 19.14 | 3.40 | 28.71 | 5.10 | 38.28 | 6.80 |
| アルミニウム鉱石、アルミニウム精鉱 | 9.21 | 15.91 | 18.42 | 31.82 | 27.63 | 47.73 | 36.84 | 63.64 |
| 亜鉛鉱石、亜鉛精鉱 | 2.28 | 2.97 | 4.56 | 5.94 | 6.84 | 8.91 | 9.11 | 11.87 |
| 石炭 | 56.90 | 4.45 | 113.79 | 8.90 | 170.69 | 13.35 | 227.58 | 17.80 |
| 原油 | 434.15 | 2.69 | 868.29 | 5.38 | 1302.44 | 8.07 | 1736.59 | 10.76 |
| 異形棒鋼 | 0.20 | 0.11 | 0.41 | 0.23 | 0.61 | 0.34 | 0.82 | 0.45 |
| 銀 | 0.24 | 1.49 | 0.48 | 2.97 | 0.72 | 4.47 | 0.96 | 5.96 |
| 合計 | 750.12 | 3.53 | 1500.24 | 7.06 | 2250.37 | 10.59 | 3000.49 | 14.12 |

深化は為替リスクを軽減し、2国間貿易の安定とアップテンポな成長を促進することができる。この面において、中国の先物市場の加速度的発展は大口商品直物市場のリスクヘッジと価格形成（プライシング）に金融支援を提供した。

　しかし、課題・問題は依然として存在する。貿易融資では、人民元と米ドル金利との間に金利差があるために、人民元建て貿易融資コストが相対的に高くなり、このことが貿易融資の普及を阻害し、中国と「一帯一路」沿線国の貿易協力の促進作用を制限している。

　国内の先物市場に目を向けると、中国の資本取引が完全には開放されておらず、「一帯一路」沿線国が中国の先物市場を利用して大口商品貿易のリスクヘッジと価格形成するルートがスムーズではないため、引き続き中国の資本取引の改革を進める必要がある。このプロセスが未完成の間は、人民元オフショア金融センターにその役割を十分に発揮させ、非居住者が人民元オフショア金融センターを通じて中国金融市場取引に参加できるルートを広げなければならない。これは中国先物市場が「一帯一路」沿線国の対中大口商品貿易の中でのリスクヘッジとプライシング機能を十分に発揮することにプラスになるだけでなく、「一帯一路」沿線国の対中貿易による人民元収入の還流メカニズムを拡張して、人民元建てで貿易決済をする企業によって、多くの価値の維持・向上ルートを提供することになる。

## 第6章

# 「一帯一路」インフラ融資における人民元

## 6.1 「一帯一路」インフラ融資の必要性

### 6.1.1 沿線国のインフラ整備と経済成長

　「一帯一路」沿線は、そのほとんどが新興経済国・発展途上国である。現在、工業化や都市化が急ピッチで進められている段階にあるものの、多くの国でインフラの整備が停滞している。インフラと経済成長のテンポが合わないことは、これらの国の経済発展を制約する要因のひとつになっている。例えば、中央アジア5カ国ではカザフスタンがいくぶん進んでいる程度で、他の4国はインフラ整備が緩慢で、交通・エネルギー・通信などはほぼ旧ソ連当時のレベルのままである。このことが経済発展と地域経済協力を大きく阻害している。

　経済成長率世界第2位、経済規模世界第8位のインドは、インフラの世界ランキングでは87位である[1]。マッキンゼーアンドカンパニーが2009年に発表した報告書によると、インフラ不足はインドの年経済成長率を1.1％に低下させるおそれがあり、経済的損失は2000億米ドルに達するという[2]。

　経済規模が東南アジア第1位、世界第16位のインドネシアですら、インフラは56位[3]、ビジネス環境ランキングでは120位[4]に留まっている。港湾整備の立ち遅れや頻繁な停電、劣悪な道路が多くの多国籍企業を尻込みさせている[5]。

　インフラ整備は、「一帯一路」沿線国の経済発展を長期にわたって制約してきた障壁の解消に不可欠である。そのことに各国が共通認識を持つようになった。

---

[1] World Economic Forum, 2014, The Global Competitiveness Report 2014-2015, September 2014.
[2] http://world.huanqiu.com/hot/2012-05/2762436.html
[3] World Economic Forum, 2014, The Global Competitiveness Report 2014-2015, September 2014.
[4] World Bank, 2014, Doing Business 2014, November 2013.
[5] http://www.mofcom.gov.cn/aarticle/i/jyjl/j/201206/20120608193636.html

## 6.1.2　インフラ建設による目覚ましい経済成長

　現在、世界経済は回復が遅れ、総需要は不足し、依然として低成長・低インフレの様相を呈している。IMF は 2015 年 1 月発表の『世界経済見通し』で、2015 年の世界経済成長率は 2014 年 10 月の見通しを 0.3％ポイント下回る 3.5％と予測した[6]。

　外需不振、大口商品価格の下落、アメリカの量的緩和政策の終了などが影響し、新興経済諸国の最近の成長率はやや鈍化した。IMF は新興国と発展途上国の 2015 年の成長率を 0.6 ポイント下方修正して 4.3％とした。またアジアの途上国の予測を 6.6％から 6.4％に下げた[7]。

　外需の不足は輸出指向の経済成長モデルの継続を難しくし、成長率の低下は「一帯一路」沿線国に新たな経済成長点を見出すよう強いることになる。

　インフラ投資は、経済成長を誘発する効果がある。投資・建設段階においては、遊休資源が存在する限り、インフラ投資の増加は乗数効果を誘発し、総供給の増加につながる。完成・使用段階においては、各国の生産コストと取引コストを直接的に軽減できる、労働などの生産効率を高めることができる、インフラ投資がなされた地域以外の総合的な競争力を向上させることができる、さらにより多くの資本を取り込める、という良い循環を生む。

## 6.1.3　「一帯一路」沿線国におけるインフラ建設の資金調達

　インフラ建設には多額の資金確保が求められる。アジア開発銀行の試算によると、アジアの途上国は 2010 年から 2020 年までの間、年間約 7760 億米ドル（国内 7470 億米ドル、域内 290 億米ドル）のインフラ投資を必要とするという[8]。

---

[6]　International Monetary Fund, 2015, "World Economic Outlook", January 2015.
[7]　International Monetary Fund, 2015, "World Economic Outlook", January 2015.
[8]　Asian Development Bank Institute, 2010, "Estimating Demand for Infrastructure in Energy, Transport, Telecommunications, Water and Sanitation in Asia and the Pacific: 2010-2020", September 2010.

民生証券によると、「シルクロード経済圏（ベルト）」について、域内の鉄道建設計画は1万kmほどで、現在の1kmあたり3000万〜5000万元の建設費で見積もると、総投資額は3000億〜5000億元と予想されるという。建設に3〜5年を要することを考えると、年間投入資金は1000億元となる。

　興業証券の試算では、アジア太平洋地域という観点から、今後10年間にインフラ整備に8兆米ドル近くの資金が必要であるという。

　「一帯一路」の建設は、資本先行でこの巨額の資金不足を解決しないと成り立たない。アジア開発銀行や世界銀行などの国際金融機関は、設立趣旨からも、資本金による出資力からも、インフラ投資にこれほど巨額の資金を提供することは不可能である。しかも、投入資金が巨額で事業が長期間に及び、ハイリスク・ローリターンの上、投資資金の回収が遅いなどの特徴を持つインフラ建設を、民間投資家が引き受けるのは難しく、また引き受けようとも思わないだろう。

　かくして資金は「一帯一路」インフラ建設を制約する要因となり、融資ルートの開拓を積極的に進め、より多くの公的資金・民間資金を動員して「一帯一路」インフラ建設に臨まなければならなくなった。

**【参考】**

コラムP　交通インフラ資金調達ルートの分析　　　　　　　　　P249

## 6.2　「一帯一路」インフラ融資の主なモデル

　資金の確保に限界があることは「一帯一路」沿線国のインフラ投資に共通の難題であり、融資方法のモデルが各プロジェクトの性格に適合しているか否かは「一帯一路」インフラ工事の建設効率に直結する。

　中国は世界最大の発展途上国として、劣悪な経済基盤、広い国土、資金不足などの多岐にわたる制約要素を克服し、わずか数十年の間にインフラ建設の分野で誰の目にも明らかな優れた業績を作り上げた。その成功体験は各国と共有することができ、各国の手本となり得る。

中国モデルの真髄が「一帯一路」建設に効率的に運用されれば、各国のインフラ建設について斬新な発想が提供され、重要な問題を解決して、「一帯一路」インフラ建設の発展を大いに後押しするだろう。

### 6.2.1 プロジェクトの性格による融資モデル

**1）環境保護、モニタリング、緑化、防災施設などの、
純粋公共財的性格を持つプロジェクト**

　これらのプロジェクトは検討段階・施工段階・メンテナンス段階のどの段階にも利用者から課金するメカニズムがなく、しかも公益性が高いため、投資決定権やプロジェクト審査権が本国の中央政府や地方政府に帰属せざるを得ず、各級[*9]の政府により計画や意思決定がなされる。

　建設資金の調達は主に政府財政予算からの交付金に頼り、プロジェクト完成後の管理と運営も政府が行わざるを得ない。

　また、国際援助、贈与、「一帯一路」関連への資金提供を目的とする専用ファンドなども、純粋公共財的性格を持つプロジェクトの重要な資金源である。

**2）道路、橋、環境衛生、電気・水道・ガス供給施設などの、
準商業的性格を持つプロジェクト**

　これらのプロジェクトはスピルオーバー性[*10]、規模の経済、非排除性[*11]という特徴があり、利用者への課金だけですべての建設コストを補うことは難しく、市場化運営[*12]に完全に頼ることもできない。

　そこで政府が新しい投融資メカニズムを通じ、一定の初期投資資金を注入し、優遇措置を供与して民間あるいは海外資本、特に国際優遇貸付

---

*9　各級：第7章の*10（P259）参照
*10　スピルオーバー性：【訳注】公共サービスの便益が、それを給付した公共体の行政区域を超えて、給付費用を負担しない他の行政区域にまで拡散する現象のこと。外部効果の一種。
*11　非排除性：【訳注】対価を支払わなくても利用できること。すなわち、対価を支払わないで利用する人を、排除できない性質。
*12　市場化運営：【訳注】公共事業・サービスは「官」が提供するものとされているが、効率が悪くなる傾向があり、「民間でできることは民間で」と言われる。そこで一部を民間に委託するなどして活力をアップさせることを「市場化」と言う。ただし、最終的な責任は「官」が負うことが「民営化」とは異なる。

を呼び込む必要がある。

　この分野では、中国には多くの成功実績がある。国内の高速道路の90％以上、1級道路[*13]の70％、2級道路[*14]の40％以上が「融資で道路整備、通行料金で返済」方式で建設されたもので、財政支出の不足分がいくらか補われるため、政府がそこで主要投資家の役割を担う必要がない。

3）都市間高速道路、市内外公共交通機関、集中熱供給[*15]、閉回路テレビ[*16]などの、商業的性格を持つプロジェクト

　これらのプロジェクトは、資本投入規模が小さく、対価を支払わない人を排除する（アクセスさせない）ためのコストが低いという特徴がある。整備された課金メカニズムによって建設コストを賄えるため、民間や外資が主要投資家や経営者の役割を担うことができる。

　このような民間資本、外資導入を主とする建設モデルは、途上国のインフラ建設投融資体制の革新を進める王道であり、「一帯一路」インフラのような大型の戦略的建設が巨額の資金需要に直面している状況下において、現実の需要に合った方法である。

## 6.2.2　資金調達ルートによる融資モデル

### 1．直接金融

#### 1）政府による地方債の発行

　先進国の多くは、この方式でインフラ施設の融資を行っている。アメ

---

* 13　1級道路：【訳注】中国の道路区分（級別）は、高速道路と1級〜4級道路の5種類で、1級道路は計画交通量（年平均日交通量）1万5000台／日以上の4車線以上の自動車専用道路を言う。
* 14　2級道路：【訳注】計画交通量が5000〜1万5000台／日の2車線の自動車専用道路。
* 15　集中熱供給：【訳注】ひとまとまりの地域の各家庭に、熱供給設備から発生した温水や蒸気を専用の管を通じて供給するシステム。中国では冬期の暖房用として主に山東省以北で発達してきたが、近年、エネルギー源の転換（石炭から天然ガスや太陽熱など）や新技術の導入による大型改修プロジェクトが進められている。
* 16　閉回路テレビ：【訳注】テレビ放送用ではなく、工場や病院その他特定の建物や施設内で使用する、ケーブルで接続されたモニターで視聴するテレビシステム。CCTV（closed circuit television）、ITV（industrial television、工業用テレビ）とも言う。防犯・防災などの監視カメラや、家庭用ドアカメラなども、閉回路テレビの一種。

リカではインフラ建設の資金調達源は90〜95％が地方債であり、地方債残高の対GDP比はほぼ15〜20％を維持している。日本に至っては地方債残高の対GDP比は40％である。

2）企業による「城投債」*17発行

起債の立案から設計・認可、発行、流通、償還まで、全て企業債を模倣した運用モデルで、集めた資金をインフラ事業に投入する。

地方債の発行条件が成熟していない国では、地方政府が企業に名を借り、城投企業債券を発行することによって地方行政の建設資金を調達する。政府は企業の債券発行プロセスと同様に、保証と土地または資源を使う許可を与え、税制優遇等の政策支援を行う。

3）インフラ資産担保証券の発行

インフラの課金や収益で生じるキャッシュフローを償還の裏付けとして、資産構成をペイスルー証券*18、不動産担保証券*19などに組み換えるなどして証券化し、資本市場に投入して資産を活性化する。

2006年6月、中国で初めて都市インフラの課金収益権を担保としたABS（Asset-Backed Securitization、資産担保証券）商品「南京城建汚水処理料金特別資産管理計画」が適格機関投資家向けに販売開始となり、わずか1カ月で受益証券7億2100万元分の引き受けが完了した。これによって債務構造が最適化されると同時に、社会資金*20の結集により資産が活性化され、インフラ建設と投融資の持続可能な発展が実現した。

4）固定収益持分証券の発行

固定収益持分証券は、成長性があり、収益が期待されるインフラ建設

---

*17　城投債：【訳注】都市投資債券。地方政府の傘下にある「融資平台」という資金調達とデベロッパーの機能を兼ね備えた投資会社が、長期債である社債（投資法人債）、中期債であるMTN（Medium Term Note）、事実上の短期債であるCP（Commercial Paper）の形で発行する。

*18　ペイスルー証券：【訳注】キャッシュフローの配分を加工（返済時に、投資家の持っている証券のランクによって優先順位をつける、など）して、投資家のニーズに沿った投資期間や格付け等を実現する仕組みを持つ証券。

*19　不動産担保証券：【訳注】MBSとも言う。住宅ローンなどの不動産担保融資の債権を裏づけ（担保）として発行される証券。リーマンショック前のサブプライムローン問題で広く知られるようになった。

*20　社会資金：【訳注】国による調整またはコントロールが可能で、現在または将来において社会再生産過程に用いられ、貨幣で表される物的財産。Social funds。

事業について、広く銀行や社会から調達するエクイティ性（株式型）の証券である。

## 2．間接金融
### 1）政策銀行による貸付
　インフラ事業は、建設周期や資金回収期間が長く、製品・サービスの価格や料金体系の市場化の進捗度は高くない。その運営は政策的要因の影響を受けることが大きく、インフラ分野のこうした特性は社会資金が政策資金を動かす必要性を決定づける。
　政策銀行は、商業銀行に比べ、独特の優位性を持っている、したがって、インフラ事業建設の難しさから考えて、政策銀行は、たとえ条件つきであってもプロジェクト建設の早期段階で主導的な役割を担い、牽引役となるべきである。
　政策銀行は、市場メカニズムの欠陥を補う政府の重要なツールとして、主に商業銀行やその他金融機関に対して金融債券を発行することで資金を調達するという運営メカニズムで、インフラ建設事業に政策的な長期貸付を行う。
　こうしたメカニズムによって、短期・小口の商業資金が、インフラ建設特有の長期・巨額の資金需要を支援する融資財源へと効果的に統合される。さらに重要なことは、そのメカニズムが社会資金に対して優れた誘導効果を持つことであり、特にプロジェクトの中・後期に多額の商業資金を集め、インフラ建設の好循環を加速することである。
### 2）商業銀行による貸付
　公共事業等に対する融資の主要ルートとしての商業銀行には、インフラ融資市場で重要な役割がある。商業銀行は革新的な融資モデルを通じ、商業資金による支援でインフラ建設の橋渡しをすることができる。例えば、シンジケートローン、協調融資である。こうした形式をとることによって銀行単体での資金力の限界を補う一方、資金の過度な投入がもたらすリスクの集中を回避することができる。また資金の整理統合やリスク分担が可能であるため、インフラ建設への支援力も拡大する。さらに、健全な担保メカニズムにより、インフラ建設への商業資金の注入がしや

すくなる。

このほかプロジェクトを抱き合わせて開発を推し進める方法もある。つまり、低収益プロジェクトと高収益プロジェクトを組み合わせたポートフォリオにより、収益を平衡化し、社会資金のインフラ投資への動機づけを行う。

3) 政府の財政による支援

インフラ建設の公共性と公益性に鑑みれば、社会資金を有効に活用するため、政府は投資家に一定の財政支援を行い、プロジェクトの社会的効果から経済効果への転化を促進すべきである。例えば、政府が商業銀行や民間投資家、国際投資家に貸付利息を支払うことや、経済効果の思わしくないプロジェクトについて政府と投資家が買入契約を締結して、インフラプロジェクトの社会的必要量である「市場の消費量」の水準が満たない場合に政府が（水準との）差分を買い取るという取り決めをすることや、政府による補助金支給または移転支出を行うことなどである。

これらのモデルによって、政府は少額の財政支出と引き換えに、多額の銀行貸付および民間・外来資金の流入が得られる。わずかな労力で最大の成果を上げることができ、政府が建設プロジェクトに直接投資するよりはるかに合理的である。

## 3．直接金融と間接金融の結合

直接金融と間接融資は、どちらにも利点がありリスクがある。革新によって統合し、長所をとって短所を補えば、「一帯一路」インフラ建設はより多くのより良い役割を発揮できる。

現在、中国は「投融資結合」モデルを模索している。運営メカニズムは「株式＋債券」、つまり投資機関と商業銀行が戦略的に提携して、投資機関は企業の評価と株式投資を行い、商業銀行は貸付形式で与信支援を提供して債券投資を行うというものである。両者が共同してインフラ建設事業に融資サービスを提供するのである。

このモデルの強みは、銀行が株式投資の専門機関と利益共有・リスク分担の同盟関係を構築することにより、より多くの有用な投資情報を取得できるところにある。そのことによって、長期に及び、巨額な資金が

必要で、収益率は低い、というインフラ事業への融資リスクの管理にこのモデルが活用できる。

　融資モデルのこうした革新が「一帯一路」のインフラ建設に作用すると、銀行の積極性をうまく引き出し、より多くの市中資金を吸収してプロジェクト建設に充てることができる。

### 6.2.3　官民連携によるインフラ融資モデル

**1）BOT**

　BOT は「Build-Operate-Transfer ＝建設・運営・移管」の略で、政府が投資家の設立したインフラ事業会社と特別許可権契約を締結し、投資家に権利を与えることでインフラ事業への投融資のほか、建設・運営・メンテナンスを受け持たせる。当該事業会社は、契約に規定された期間中、施設利用者から然るべき料金を徴収し、それによってプロジェクトへの投融資その他のコストを回収し、合理的なリターンを得る。政府は当該インフラ事業に対する監督権とコントロール権を持つ。

**2）TOT**

　TOT は「Transfer-Operate-Transfer ＝移管・運営・移管」の略である。政府または国有企業が一定期間における建設済みプロジェクトの財産権や経営権を投資家に有償譲渡し、投資家が運営管理を行う。投資家は契約期間内において、運営を通じてすべての投資を回収し、合理的なリターンを得る。双方の契約満了後、投資家はこのプロジェクトを政府部門または原企業に返還する。

**3）PPP**

　PPP は「Public-Private Partnership ＝官民連携」の略である。政府は投資家とインフラ建設事業を連携して、公共財やサービスを提供する。特別許可権契約をベースとして一部の政府の責任をコンセッション方式[21]で投資家の経営する企業に移管する。企業は、政府と「利益共有、

---

＊21　コンセッション方式：【訳注】高速道路、空港、上下水道などの料金徴収を伴う公共施設などについて、その所有権を「官」に残したまま、運営を特別目的会社として設立される民間事業者（SPC）が行うというスキーム。市場化のひとつの施策である。

リスク分担、全過程協力」の共同体関係を確立する。これによって政府の財政負担は軽減し、投資家の投資リスクは低下する。

4）RCP

RCPは「Resources Compensation Project＝資源補償事業」の略で、政府が特別許可権契約を通じて、投資家に権利を付与する。投資家はインフラ事業への融資、設計・建設・運営・メンテナンスを行い、政府は投資家に土地・鉱物・観光開発など一定の資源を補償する。

契約期間内であれば、投資家は投資の一部と、運営・メンテナンスのコストを回収するために、当該プロジェクトの利用者から一定の料金を徴収することが可能である。契約満了後、投資家はプロジェクトを無償で政府に移管する。

5）PFI

PFIは「Private Finance Initiative＝民間資本主導」の略で、インフラに対する社会のニーズに基づいて、建設すべきプロジェクトを政府が提示し、入札を通じ、権利を得た民間資本が公共インフラ事業の建設と運営を行う。

民間資本で運営する事業会社は、政府やサービスを受ける側から料金を徴収してコストを回収する。契約期間満了時には、事業を政府に返還する。

表6-1に、上記各種融資方式の特徴と適用条件を示す。

総じて言えば、インフラ建設の投融資モデルに万国共通の統一モデルは存在せず、国や地域、あるいは省や州によって実際の状況は千差万別であるため、その土地の状況や時代の変化に応じた資金支援方式が必要

表6-1　官民連携融資方式の特徴と適用条件

|  | 特徴 ||||  適用条件 ||||
| --- | --- | --- | --- | --- | --- | --- | --- | --- |
|  | 資金規模 | リスク | プロジェクト周期 | プロジェクト回収率 | 政府保証の度合い | 国の優先奨励度 | 運営業者の技術管理水準 | 市場健全度・政府操作能力 |
| BOT | 大 | 比較的高 | 長 | 高 | 高 | 普通 | 高 | 普通 |
| TOT | 比較的大 | 高 | 長 | 高 | 高 | 高 | 高 | 高 |
| PPP | 大 | 比較的高 | 長 | 高 | 高 | 普通 | 高 | 普通 |
| RCP | 大 | 普通 | 長 | 普通 | 高 | 普通 | 高 | 普通 |
| PFI | 大 | 比較的高 | 長 | 高 | 高 | 普通 | 高 | 普通 |

出典：何文虎、楊雲竜、豆小強「我国城市基礎設施建設融資模式創新研究」、『西部金融』、2013（11）

である。

　具体的には、「一帯一路」沿線のインフラ建設を重視する一部の発展途上国と圧倒的多数の先進国は、基盤が比較的しっかりしており、市場化の条件も良好であるため、市場主導・政府管理・国際協力が盛り込まれた融資モデルの採用に適している。一方、これまで建設資金の不足に喘いできた途上国は、基盤が脆弱で、市場化の条件も確立されていないため、国際資金・技術支援その他の形式での協力を通じて、市場化条件の構築をサポートする必要があり、さらにインフラ建設が市場化に向かうための基礎と条件を完備しなければならない。

　「一帯一路」インフラ建設という壮大な事業において、地域経済協力は「桶効果」[*22]を抑制する極めて重要な一環であり、各国は認識を統一する必要がある。そして市場の相互開放、政策の相互協調を促進し、資源・資金・人の往来を促して、それぞれの実状に合った融資モデルを共同で検討しなければならない。

## 6.3　「一帯一路」インフラ融資が直面する課題と対策

　「一帯一路」沿線に含まれる国の数が多く、各国の制度や文化、習慣、市場成熟度にも相違があるため、インフラ建設事業の融資には多くの弊害がある。インフラ建設の推進には、各国がコンセンサスを深め、効力の強い措置を講ずることで、これらの課題に対応することが必要である。

### 6.3.1　「市場化方式による運営」に対する反発

　「一帯一路」沿線国、特に発展途上国は、インフラの投資・建設・メンテナンスを長く国家財政に頼り、政府の独占経営で、経済効果は極めて小さい。建設はいつも不利な影響を受けるため、社会的効果も低い。

---

＊22　桶効果：【訳注】「桶の理論」「バケツの原理」とも言う。木のバケツ（桶）は複数の細長い板を張り合わせて作られるが、1枚でも短い板があるとバケツとして成り立たない。あるいは、バケツとして使っても、汲める水位はその短い板の長さまでに制限されてしまうという理論。「一帯一路」沿線諸国の中で立ち遅れたままの国があると、それが全体に影響するため、地域協力によってそれを防ぐ。Buckets effect。

沿線国の政府や企業・社会・国民にとって、こうした融資・建設モデルはすでに普通になっており、ともすれば強固に根づいていて、インフラ建設の民間運営や外資誘致が国民に受け入れられにくい。

　コンセンサスの不徹底が人々の消極性を招き、社会資金がまったくインフラ建設に投入されないばかりか、企業や外資に対して広く存在している不信感が、民間資本と国際資本の積極性に大きな打撃を与えている。

　原因は一朝一夕に生まれるものではなく、人々の間にある市場融資を拒む気持ちを融解するには、歳月だけでなく、政府・銀行・企業の倦まず弛まずの努力が必要である。政府は自らの考え方を変えると同時に、社会や国民に対する宣伝を強め、幅広いコンセンサスを形成する必要がある。

　銀行は、インフラ建設の成長企業から目を離さないようにすることが重要である。それには中小・極小企業を含み、可能な限りそれらの企業がインフラ建設市場に参入できるよう助ける。企業は「一帯一路」の相互接続の建設の中からビジネスチャンスをつかむ努力をし、経済的効果や社会的効果の高いプロジェクトをいくつかうまく成し遂げることが必要である。

　論より証拠である。大切なことは先行しているプロジェクトをできるだけ早く推し進めてデモンストレーション効果を形成することであり、社会全体に成功例を見せることによって、インフラ建設の市場化メカニズムに対する社会各界からの賛同を得て、推進の気運を形成することである。

### 6.3.2　補完すべき政策の不足

　「一帯一路」沿線国の政府および関連部門では、インフラ建設の分野の効果的な政策が慢性的に不足している。特に投資計画、融資ルート、料金、参入条件、運営方法などの面で、実行可能なプロセス規定や建設ニーズに符合する優遇促進政策が明らかに不足している。

　このことは一方で、政策の指導性や監督管理性の低下を招き、他方で社会資金の参入意欲に打撃を与えている。

規定の曖昧さは民間・国際資本の裁量余地を広げ、市場での位置に不正確さを招き、その結果、経営リスクや投資リスクを増大させる。また、政策による支援が十分でない間は、企業は収益機会を見つけようと模索することしかできず、ある意味で一般大衆の信用危機を強める。

　インフラ投融資の市場化は、政府が無関心でいられることを意味するものではなく、関連部門による政策の策定と執行に対し、より高い要求とハードルを与えるものである。規制策については、市場配分の作用に影響するため、締めつけすぎるわけにも緩めすぎるわけにもいかず、インフラ建設の公共性と公益性を保証すべきである。

　促進策については、優遇を与えないと社会資金を動かすことができない。しかし優遇の度合いが高すぎると財政負担が増し、国や地域経済の持続可能な発展に支障をきたす。

　具体的には、以下の措置を講じてインフラ政策を整備することができる。まず、政府は関連政策の操作性を上げ、民間資本および国際資本のインフラ建設における権利と義務を明確に定め、法令を厳守する。

　次に、政府は合理的な計画を前提に、可能な限り市場に有利となるように、企業・銀行・国際投資家に確かな優遇政策を与える。それは例えば、土地開発優先権や租税減免であったり、銀行の預貸率、積み立てを強制されるリスクに対する準備金などの規制値の引き下げであったりする。

　最後に、政府は、客観的経済条件に大きな変化が生じ、民間および外来投資家がコストを回収できない状況になった場合、サービス価格の調整、リスク補償、租税減免などの措置によって投資回収率が安定するよう保証するべきである。

### 6.3.3　不十分な法整備

　インフラの建設や市場化運営は、政府・個人・外国の企業および一般市民各層の利益に関わるので、各当事者の権利・義務を明確にする法律は、それぞれの利益を保護するために必要不可欠なものである。

　しかし「一帯一路」沿線国には、関連法体系の構築において特筆すべ

きものがない。

その一方、官民協力、対外協力に関わる多くのプロジェクトには法律の死角がある。例えば、財産権関係が明確でないため、TOT モデルでは資産譲渡が官・民・外の3者でスムーズに行うことができない。また多くの国で、特別許可権契約の形式やプロジェクトにおけるリスク管理について明確な規定がなく、PPP モデルの操作性を大いに低下させる。

その一方で、各国に法的制限があまりにも多いという現状がある。例えば、インフラ建設事業は一般に外資の出資に上限があり、プロジェクト契約者による全権出資建設のモデルが、国際資本には適用できない。政府による保証をいかなる形であっても法律で許可しない国もあり、政府が表に立って契約する必要のある BOT モデルを実行できなくしている。さらに、民間経営に対する制限により、PPP の活用ができない国もある。

沿線国は、さまざまなカテゴリーやレベルで、合理的で秩序ある構造を持った、民間資本および国際資本投資インフラに特化して適用する法律の整備を進め、沿線各国が一定の分業だけでなく協調もできる、統一的でインフラ投融資に見合った法体系を構築するべきである。

第1に、会社法・商業銀行法・政策銀行法など、市場主体を規範化する法律である。

第2に、契約法・信託法・担保法・証券法など、市場の基本関係を規範化する法律である。

第3に、独占禁止法・不正競争防止法・反ダンピング法など、市場の競争秩序を規範化する法律である。

第4に、私有財産保護に関する法律の条項を細分化し明確にすることである。

## 6.3.4　財源不足

健全なインフラ投融資メカニズムは、財政への依存から脱却できることを意味するものでなく、依然として手厚い財政力を後ろ盾としなければならない。経済情勢が複雑に絡み合い、景気後退圧力が強い昨今、銀

行の貸し渋り傾向が融資コストを押し上げ、投資回収が相対的に低いインフラ建設事業は、財政資金の主導をより多く必要とする。

とりわけ、「一帯一路」インフラ事業の多くは高額な対外投資に関わるものである。外交政策の変化の影響を受けやすく、統制不能あるいは予測不可能な要素が多いため、カントリーリスクがある程度、財政資金によって補償されなければならない。また、一部のインフラ企業の債券は、それ自体が財政収入で建設ニーズを賄えないために発行されるものであるため、事実上政府が保証する必要があり、債券換金化リスクが発生すれば、元利償還責任は最終的に財政が引き受けることになる。

しかし、前述のように、「一帯一路」インフラ建設は資金需要が大きく、多くの国で政府の懐事情は「火の車」で大きな資金不足が存在しているため、丸ごと引き受ける役割を果たすことができず、インフラ建設ではそこがしばしば頭痛のタネとなる。

「一帯一路」インフラ建設は一朝一夕にできるものではない。政府はこの過程でまず合理的な計画を立て、投資行為を規範化すべきである。景気拡張期であれ後退期であれ、一銭のお金も無駄にできない。

次に、域内各国のコミュニケーションと協力を強化することである。積極的な外交を通じてトップダウン設計をうまく行い、包括的かつ系統立った政策指針や制度規範を形成し、政策の安定性を維持する。さらに、各融資プラットフォームに規範を設け、管理制度を高度化し、情報の完全開示を促進する。財務レバレッジをうまく制御し、返済能力と融資力のバランスをとり、借りられることを保証するばかりでなく、活用・管理・返済ができるようにしなければならない。

最後に、融資モデルの革新を行い、それによって政府の財政圧力を軽減することである。

例えば、信用格付けの高い金融機関を選択して金利が相対的に低い「一帯一路」インフラ建設債券を発行し、資本調達した後、「一帯一路」沿線国に転貸してインフラ建設を行うなどである。

## 6.4 人民元国際化の突破口となる「一帯一路」インフラ融資

### 6.4.1 「一帯一路」建設は人民元の国際化の強力なエンジン

　2013年秋、習近平主席はカザフスタンでの講演で、「シルクロード経済圏（ベルト）」の共同建設には、資金融通を強化する必要があると指摘した。資金融通の目玉は、人民元を用いて両替や決済を行い、流通コストを軽減し、地域の国際競争力を高めることである。「一帯一路」沿線国はその多くが途上国であるため、当該国の通貨の一般受容性は総じて高くなく、域内で最も堅調な人民元が、最も広く使われる通貨として、沿線国の貿易・投資協力の第一選択となり得る。

　インフラ建設は「一帯一路」建設の中心的優先分野である。インフラ事業は通常、投資規模が大きくて期間が長く、リスクが高いため、長期資本サービスの支援が欠かせないが、これは人民元の資本輸出にチャンスをもたらす。

　過去の経験則からは、いかなる国も大規模な対外投資の際には外貨を使用しないということが言える。

　推定によると、「一帯一路」政策の主導の下で、今後10年の中国の対外投資総額は10兆元に達する見込みである。米ドルを用いてこのような大規模の資本投資プロジェクトを行った場合、投資家がそこに包含されている通貨のミスマッチに対するリスクを引き受けるのは難しい。「一帯一路」インフラ建設の定着には、まず、経済的交流の規模は大きくても、決済通貨に米ドルを使うことによって貿易両国が共に為替変動リスクを負うなどのミスマッチ現象により、発展に影響が出ることは避けなければならない。

　人民元の国際化は、「一帯一路」建設においてそれが順調に進むように護衛する極めて重要な役割を果たしている。

　人民元国際化に対するインフラ建設事業の作用メカニズムは、以下のとおりである。石油・ガスパイプラインの建設事業を例にとると、この

プロジェクトで人民元貸付形式による融資を行えば、工事において、人民元を用いて中国から機械設備を調達し、中国の労務輸出[*23]に支払いができる。パイプライン完成後、それに伴って始まる石油・天然ガス貿易も人民元を用いて決済を行うことができる。石油・天然ガス貿易が生み出す大量の利益は、プロジェクト所在国の投資家によって人民元建て資産の形で保有され、投資家はこの部分の利益を利用して現地で再投資を行うか、あるいは余裕資金を有効活用したりして、資金配分を行う。現地投資家の預金・借入金、金融資産の価値の維持向上などの需要を満たすために、人民元オフショア金融市場が形成される。そして所在国の中央銀行は投資家の両替ニーズに対応するため、ますます多くの人民元が備蓄される。

こうした流れで、人民元による決済・備蓄・建値機能が徐々に実現することが期待される。このため、現在のカギは、人民元国際化を「一帯一路」インフラ建設と戦略の高みから統合し、「一帯一路」建設を用いて人民元の国際化プロセスを動かすことであり、人民元の国際化を用いて「一帯一路」の建設の実施を推進することである。

### 6.4.2　人民元が直面する低い受容度

域外の人民元資金は残高が不足し、受容度は依然として低い。これは現在、人民元がクロスボーダーインフラ投融資プロジェクトにおいて使用を制約される最大の原因であるだけでなく、人民元の国際化推進過程が直面している現段階における問題であり、主たる障害でもある。

現在、世界の取引可能通貨のオフショア資金量に占める人民元の割合は低く、地域分布では香港に集中している。また、中国は資本取引の完全な自由化が実現しておらず、域外の企業や個人は所在国で直接人民元口座を開設できないため、取引の利便化水準は低く、人民元の受容度に影響している。

人民元の循環・移動ルートもスムーズではない。中国国内の金融市場

---

[*23] 労務輸出：【訳注】労働者が外国に出向いて働くことを言う。

の発展の範囲や深度による制約を受け、現在、域外人民元はクロスボーダー人民元建て決済、RQFII制度、三類金融機関*24を通じた大陸のインターバンク債券市場への参加、域内金融機関のオフショア人民元建て債券発行、「滬港通」*25経由での域内への還流くらいしかできず、域外企業や個人による人民元の受け入れ・利用・保有のインセンティブを削いでいる。

　オフショア市場の整備という見地からは、香港以外のオフショア人民元市場は設立されてからの年月が浅く、通貨価値の維持・向上、リスクヘッジおよび流動性の強い商品の種類も数量も限られ、投資収益の魅力に乏しく、規模も小さい。

　域内外の融資コストの差も大きく、人民元貸出は価格優位性が十分ではない。域内／域外の2つの市場は分断され、域外人民元の投融資価格は域内よりずっと低い。しかも近年、アメリカ・ヨーロッパ・日本などの主要先進国が量的緩和や超低金利といった金融政策を実施し、域外の通貨全体の融資コストが低くなると、域内金融機関による域外人民元貸付の金利の優位性が不明瞭になり、信用度が高くリスクの低い一部の域外プロジェクトは、人民元貸付を選択するインセンティブを低下させる。

　現在、中国の一年物人民元貸出基準金利が5.6％であるのに対し、アメリカ・日本・ユーロ圏の基準金利はいずれもゼロ金利に近い水準にあり、融資コストの上での差は火を見るよりも明らかである。

　また、金融機関のサービスは企業のニーズを満たしているとは言えず、向上させる必要がある。

　第1に、域内金融機関の海外支店の建設が停滞していることである。とりわけ中・東欧、中央アジア、北アフリカなどの「一帯一路」沿線地域に営業拠点が少なく、金融サービスの質や効率が低いために、これらの地域における人民元投融資業務の広範な展開を制約している。

　第2に、商業銀行に域外プロジェクトへの人民元貸出のモチベーションが不足していることである。域外プロジェクトへの貸出は銀行全体の

---

＊24　三類金融機関:【訳注】域外中央銀行、人民元クリアリング銀行、人民元建て貿易決済商業銀行。

＊25　滬港通：第1章の＊5（P28）参照

与信管理に含まれ、預貸率審査による制約を受ける上、域外プロジェクトの多くは、リスクが大きい、期間が長い、効果が出るのが遅いといった特徴を持ち合わせているため、こうしたプロジェクトへの融資を避けようとする商業銀行は多い。

第3に、融資モデルに革新の必要があることである。海外企業のプロジェクトに比べ、中国企業が域外インフラ事業に参加する場合は融資ルートが単一的で、国内の銀行貸付に大きく依存し、債券・投資などの利用は一般的ではない。

### 6.4.3 「一帯一路」インフラ建設で増大する人民元の利用

**1．国内資金の優位性を生かし「一帯一路」建設を支える人民元**

1）人民元の対外援助規模を拡大し、沿線国の資金需要をより満たす。「一帯一路」インフラ建設において人民元の利用を戦略的な統括まで引き上げ、人民元の国際化と対外インフラ援助プロジェクトを結合したトップダウン設計を強化する。特に、現地での影響力が大きく社会的便益も高いが経済効果が限られ、政府貸付や国際援助などの方式による資金源の確保が必要な一部のインフラ事業に対し、政府間協定といった方式によって人民元を優先利用することができる。

またこのようなプロジェクトを突破口として、現地の別の建設事業に人民元を利用した投融資を誘導することも可能である。

2）銀行による資金融通の優位性を発揮し、域外人民元貸出を増やす。バイヤーズクレジット[26]、域外投資貸出、買収ファイナンス[27]、域内保証つき域外貸出など、多彩な形式による国内銀行の商業性人民元貸出だけでなく、中国企業が海外インフラ事業を請け負う際に人民元を建値とする契約の締結を奨励し、海外において人民元を使用して取引を行う。

さらに政策銀行の誘導および牽引作用を発揮させる。インフラ建設事

---

[26] バイヤーズクレジット：【訳注】輸出国の金融機関が、外国の企業などに対して直接に資金を貸し付けること。これによって輸出業者が速やかに資金の回収ができる。外国の相手先が輸入者の場合はバイヤーズ・クレジット、金融機関の場合にはバンク・ローンと言う。

[27] 買収ファイナンス：【訳注】企業を買収する際に、買収先の不動産等を担保として買収資金を融資する制度。

業でPPPモデルを採用するか、BOT、BOOT（建設・所有・運営・移管）モデルを採用するかに係わらず、中国の提供する低金利、長期間という優遇性のある人民元資金貸出を使用することができる。

　人民元の受容度が今ひとつで、人民元貸出の完全な使用に一定の困難のある一部の国や地域では、人民元とそれ以外の通貨との混合貸出の使用が考えられる。例えば、現地の金融機関と展開する協調融資やシンジケートローンにおいて、中国の金融機関が人民元資金の一部を提供し、現地の金融機関が現地通貨または他の国際通貨で融資するというもので、この方式で徐々に人民元の利用を拡大する。

3）投資協力基金を活用し、人民元建て投資を積極的に拡大する。近年、中国政府は中国−ASEAN、中国−ユーラシア、中国−中・東欧などの多くの政府系投資ファンドを設立し、なかにはすでに数年来の運営に成功しているものもあり、海外投資インフラ事業の経験を豊かに蓄積している。

　例えば、2010年に開始した中国ASEAN投資協力基金（China ASEAN Investment Cooperation Fund、CAF）はASEAN諸国で船舶輸送・港湾・通信などの複数のインフラ事業に投資し、一部のASEAN諸国のインフラ分野における資金逼迫の局面を打開し、現地の経済発展を促進した。

　今後は、プロジェクトを順調に進めるための措置も含めて沿線国と共同で整備し、こうした基金の規模を適度に拡大して、それらの国の人民元建て投資比率を高めていかなければならない。また、金融改革の実施を支援し、「投融資結合、貸出つき投資」などの方策によって、人民元を用いたインフラ対外投資を誘導しなければならない。

## 2．国際開発金融機関における人民元利用度の向上

　世界銀行・アジア開発銀行・アフリカ開発銀行・欧州復興開発銀行など第三者国際開発金融機関との業務連携や実務協力を強化し、人民元の既存の国際開発金融機関での使用を拡大する。

　例えば、「コネクティビティ」（連結性）のある国際的な大型インフラ事業で、人民元による協調融資やシンジケートローンを提供し、あるいは国際開発金融機関による中国における人民元建て債券発行のハードル

を低くして、人民元建て資金残高を増加させる。

　アジアインフラ投資銀行、BRICS銀行（新開発銀行）や上海協力機構開発銀行などが立ち上げまたは準備した地域的多国間金融プラットフォームは、「一帯一路」インフラ建設に資金を提供するためのメカニズムであり、人民元の利用を拡大する主なルートである。

　具体的には、プロジェクト貸付方式（協調融資やシンジケートローンなどを含む）を通じてアジア諸国を促し、インフラに関連する製品とサービスの輸出に人民元決済を使用することができる。

　人民元建てエクイティファイナンス[*28]による支援を通じ、共同出資・共同受益の資本運用モデルを形成し、人民元建て資産を保有している個人投資家を動員してインフラPPPプロジェクトに投資する。

　沿線国の国内金融機関との実務協力を強化し、プロジェクト実施国の銀行に人民元を提供する転貸方式による、交通・通信・電力・石油・ガス管網のインフラ建設事業を支援する。

## 3．直接金融と「シルクロード債券」

　債券は国際的に広く用いられているインフラ融資方式であるが、「一帯一路」沿線の大半の国のインフラ融資に占める割合は低く、そこに大きな伸びしろがある。

　「一帯一路」インフラ向けの、人民元を建値とする「シルクロード債券」の発行を成功させることができれば、インフラ融資の不足部分を補うだけでなく、域内で債券発行による資金調達の協力を強化し、「一帯一路」沿線国の統一債券ツール不足の空白も埋めるため、人民元オフショア債券発展の大きな突破口となる。

　「シルクロード債券」の発行主体は、国内投資家・外国政府・域外金融機関・外資系企業でも、それらで共同に組織されたプロジェクト投資主体であってもよい。発行地は中国域内のインターバンク債券市場でも、

---

＊28　エクイティファイナンス：【訳注】企業が資金を調達する（投資家が企業に投資する）方法は、デッドファイナンス（負債契約）とエクイティファイナンス（株式契約）に大別される。デッドファイナンスが、企業の業績に関わらず予め決まった利息を受け払いするのに対して、エクイティファイナンスにおいては、配当金が当該企業の業績に連動して増減する。

香港・ロンドン・シンガポールなどオフショア人民元市場でもよい。ただし期間は、インフラ事業の特徴に符合した中・長期物でなければならない。

　もちろん、「シルクロード債券」の市場ニーズを満たし、その発行の範囲を拡大するために、中国政府は域内においてはパンダ債[*29]の発行ハードルを下げて、その承認手続きを簡素化し、域外においては中国本土企業や金融機関による人民元債券発行の規制を緩和するなど、発行主体がより便利に人民元を取得し利用できるようにしなければならない。「シルクロード債券」の発行量が増え、使用範囲が広くなるほど、非居住者による人民元の利用習慣が養われ、国際的利用に有益となる[*30]。

　大型の相互接続インフラの事業主体が発行する「シルクロード債券」については、信用格付け、商品設計、国際ルールなどの一連の問題にも関わる。信用格付けは、インフラ所在国の連合格付けを採用するのがよいだろう。あるいはAIIBなど地域の金融機関から信用担保を提供してもらい、債券の格付け等級を引き上げ、資金調達コストを削減することもできる。商品設計では、特定融資枠契約やさらに融通の利く柔軟な元利金返済構造を採用し、広く投資家を呼び込むことができる。

　「シルクロード債券」については、管理情報共有・協議システムを構築し、融資本体および資金の使用について一元的な国境を越えた監督管理を行うべきである[*31]。

## 4．通貨スワップの深化による海外人民元の流動化

　通貨スワップを、短期流動性を供与して為替変動に対応する応急的な融資措置から、経常的な措置へと転化させ、人民元域外融資の新たなチャネルとすることが考えられる。通貨スワップを徐々に「一帯一路」沿線60余りの国に拡大し、2国間あるいは地域間協力において、必要に応

---

[*29] パンダ債：【訳注】中国において、非居住者が発行体となって人民元建てで発行する債券の通称。
[*30] 高偉『絲網之路債券助力「一帯一路」』鳳凰財経網、2015-01-09
http://finance.ifeng.com/a/20150109/13416929_0.shtml
[*31] 竺彩華、郭宏宇、馮興艶、李鋒「東亜基礎設施互聯互通融資：問題与対策」『国際経済合作』、2013（10）

じてこの資金を実質的に投入する。

　域外中央銀行や中国の中央銀行が協調し、再貸付または再割引の形式によって優遇金利で現地銀行に貸し出し、交換した人民元をその銀行の与信体系に入れることで、本国・本地域のインフラ建設事業に融資サポートを提供する。

## 5．人民元の還流ルートを広げ、人民元を域内外で循環

　海外人民元の還流ルートを広げ、強力で高効率の人民元循環メカニズムを構築することは人民元国際化の重要要件である。それができなければ、たとえ貸付・投資・債券などの形式によって人民元の対外輸出が促進されたとしても、使用する場所がない、循環できない、通貨価値の維持向上ができないということになり、それまでの努力が水泡に帰す。

　第1に、輸出における人民元建て決済の利用を奨励し、貿易による還流ルートの構築を促進する。さらに外貨使用のリスクを回避することもでき、海外企業の人民元による直接投資を奨励し、特別ルート開拓などの優遇政策を与えることができる。

　第2に、RQFII規模の拡大、投資制限の緩和を行う条件つきながらも国内インターバンク債券市場を開放して、協力国の関連機関による中国域内金融市場への参入に利便を図る。

　第3に、「一帯一路」沿線での人民元オフショア市場の発展を促進する。域外における人民元の流通チェーンと期間を延長する。オフショアセンターの通貨の派生商品を開発してその効果を向上させ、オフショアセンター間の金融協力をサポートし、国際投資家に向けて人民元建ての金融ツールをより多く開発する。

## 6.4.4　「一帯一路」インフラ建設で重視される保険の役割

### 1．「一帯一路」インフラ建設に対する保険の重要性

　「一帯一路」インフラ建設において、企業の海外進出および資本輸出を促進する保険は、海外投資保険・多数国間投資保証制度・輸出信用保険・国際貨物運送保険など多種あり、このうち、海外投資保険と輸出信

用保険が最も重要である。

　行き届いた保険制度は企業を助けて融資問題を解決するだけでなく、「一帯一路」インフラ建設における企業および個人のリスクコストを大きく低下させ、中国企業の海外競争力を向上させることができる。

　具体的には以下のとおりである。

1）企業のリスクコストを軽減する。

　グローバル保険は、海上輸送リスクや買い手の商業信用リスク、投資受け入れ国の政治的リスクなど多種のリスクへの保障を提供し、貿易業者や投資家が事前に投資コストを固定できるようにして、損失が発生すればすぐに補償を受けることができるものとなっている。これも企業に必要なリスク準備金を軽減し、資金効率を引き上げる。それと同時に、損失が発生したとき、保険機関がさまざまな方式で投資家を助け、ホスト国との紛争を処理し、政治リスクを最大限、防止することができる。

2）企業の融資問題を解決する。

　ハイリスク、融資難はクロスボーダー貿易や海外投資について回る問題である。保険は企業の信用力を大幅に向上させ、海外プロジェクトのリスクに対する融資側の懸念を緩和するため、企業が優遇的な信用サポートを得るのに有益である。

　また、保険機関と銀行などの金融機関との協力で企業の融資ルートがさらに開拓され、保険契約者貸付など重要な企業融資に利便性を提供するものも登場している。

3）企業の海外競争力を引き上げる。

　輸出業者や投資家が資金回収の安全を保障されている場合には、対外貿易や事業の競争入札において、掛け売りなどのより優遇した条件を提示できる。また、保険機関が参加することにより、外国の政府・企業・事業主・銀行からの信頼が増すため、企業の海外競争力を強化することができる。

　専門の保険機関はさらに、対外貿易および海外プロジェクト運営中のリスク分析・リスク防止・危機管理に、有益な助けを提供できる。

## 2．「一帯一路」インフラ建設の保険による支援メカニズムの整備
### 1）政府による政策

　輸出および海外投資保険の特別立法を整備すべきである一方で、競争メカニズムを適度に導入し、公的保障と民間保険の結合を促進すべきである。また、国家財政による支援力を適宜強化して保険を推進し、「一帯一路」インフラ建設にうまく生かせるようにするべきである。

　第1に、輸出および海外投資保険の特別立法を整備する。対外貿易および海外投資プロジェクトに対し、先進国では通常、「輸出投資保証法」（イギリス）、「貿易保険法」（日本）、「輸出保険法」（韓国）などの専門の法律が設けられ、保険運用を規範化し誘導している。

　しかし、中国の輸出信用保険や海外投資保険は、いずれも「保険法」「中華人民共和国対外貿易法」を参照して行うものであり、専門的な法律・規範がない。そのため、中国の国情に鑑みて、途上国の経験や教訓を手本に、輸出・海外投資保険に特化した国際的なスタンダードともリンクする法律をできるだけ早く整備すべきである。そして各当事者の権利責任や操作規範を明らかにし、「一帯一路」インフラ建設を順調に進むように保険が着実にサポートしなければならない。

　第2に、政府系と民間経営の結合を促進することである。現在、中国の輸出信用保険および海外投資保険は、中国輸出信用保険公司（Sinosure）が独占的に取り扱っており、2013年以降、民間保険会社4社が相次いで短期輸出信用保険業務の経営資格を取得したものの、依然として中国輸出信用保険公司が90％以上のシェアを占めている。

　そのことに対し、フランス・オランダ・ドイツなど先進国の信用保険機関の運営経験を参考に、民間と政府系を結合した発展戦略を策定し、競争メカニズムを適度に導入して、徐々に民間保険会社に業務（特にリスクが小さくかつ短周期の業務）への参入資格を開放するべきである。

　これは財政圧力の軽減、輸出や海外投資保険の規模拡大に役立つだけでなく、市場競争を通じて関連サービスの質と効率の向上に役立つ。

　第3に、国家財政による支援力を適度に強化することである。熾烈な商品・資本輸出競争に伴い、各国政府は関連する保険への支援を強化し、自国企業の海外進出に助力を提供している。特に、信用保険や海外投資

保険に明らかな外部性があることに鑑みれば、財政支援を強化し、税制面で優遇政策を実行し、保険サービスの安定的な拡張のために助力しなければならない。

第4に、政策保険の取引での人民元の利用を奨励することである。保険取引において人民元を建値・決済通貨にすれば、「一帯一路」関連国で人民元の影響力を推進することができ、人民元国際化の他の措置と併せて力を発揮する。

現在、中国では「一帯一路」戦略の実施をサポートしている主体は政策保険（公保険）であり、加入者のほとんどが対外輸出または海外投資事業を営む国内企業であるため、政策保険取引において人民元を建値・決済通貨とするのは利便的条件を備えるものと言える。

2）保険機関

保険会社はまず企業の情報データベースの構築を強化し、会社の着実な成長発展のために基礎を定めることが先決である。また、保険による企業への支援力向上のため、「一帯一路」戦略に応じて構造的な保険料率引き下げを行う必要がある。それに加えて、商品の種類を豊富にすることや、海外支店の増設などを通じて自らのサービス能力を総合的に向上させ、「一帯一路」インフラ建設でさらに大きな役割を果たすべきである。

第1に、企業情報データベースの構築を強化する。情報は保険業務の審査の基礎であり、保険会社のリスク管理の重要な拠り所でもある。2011年末現在、世界3大信用保険グループのユーラーヘルメス（ドイツ）・コファス（フランス）・アトラディウス（オランダ）はそれぞれ、企業4000万社・5000万社・6000万社分の情報データを有しているが、中国輸出信用保険公司は1000万社程度の企業情報のデータ量で、世界の先進レベルから大きく立ち遅れている。したがって、企業情報データベース構築の面での取り組みを強化すると共に、海外の同業他社と情報交換や協力を強化し、既存の情報源を広げ、保険会社と企業のリスクコントロールのための堅実な基礎を定めなければならない。

第2に、構造的な料金引き下げを検討する。相対的に高い保険料率は、中国の輸出および海外投資保険の加入率の低さのひとつの大きな原因で

ある。中国企業および資本の「海外進出」を促進するため、現行の保険料率に対して構造調整を行う必要があり、市場別・業種別・商品別・リスクレベル別に異なる料率基準を適用し、政策指導に基づいて「一帯一路」の重点地域および重点業種に適度な保険料率の優遇政策を実行し、企業の「一帯一路」インフラ建設への積極的参加を呼びかける。

　これは、政府が一定の財政支援を与える必要がある一方で、保険会社の運用効率の向上、サービスコストの削減にも頼らなければ実現できない。

　第3に、保険会社のサービス能力を総合的に向上させる。世界3大信用保険グループのユーラーヘルメス・コファス・アトラディウスはいずれも数十カ国に出先機関を設け、これによって現地市場への理解とサービスを強化させている。

　それに比べ、中国輸出信用保険公司はイギリスのロンドンに事務所を設置し、ロシア・ブラジル・アフリカとドバイに作業部会を駐在させているのみで、国際的かつ先進的な信用保険グループとは大きな落差がある。

　「一帯一路」の建設で「走出去」の列に加わり、海外拠点の構築を加速させ、自らの情報取得や顧客サービスの能力を強化しなければならない。また、商品設計の面では、国際的な先進保険機構を参考にして、企業に対して分類、等級管理を実行すると共に、ニーズに応じた商品の設計開発を行い、商品の種類を豊富にして、さまざまなタイプの企業およびプロジェクトの差別化需要を満たさなければならない。

# 交通インフラ資金調達ルートの分析

　大メコン地域（大メコン圏、Great Mekong Subregion、GMS）とは、メコン川流域の6つの国と地域を言い、カンボジア・ベトナム・ラオス・ミャンマー・タイ・中国雲南省を含む。「GSM地域投資枠組み（RIF）2013 − 2022」が、2013〜2022年にGMSが優先的に推進する計515億米ドル210事業を整理した。交通インフラ事業は96あり、そのうち84事業の投資総額は441億米ドルとなる見込みで、残り12事業は、投資額の見積もりができない（表6-a）。

　計算によると、中国を除くと、交通インフラ事業への投資額は274億米ドルで、年間平均投資額は27億4000万米ドルとなる。カンボジア・ベトナム・ラオス・ミャンマー・タイの5カ国の年間GDPの合計は6400億米ドルで、財政収入は合計1300億米ドル、年間プロジェクト投資額のGDPに占める割合は約0.4％、財政収入に占める割合は約2.1％であった。GDPや財政収入との対比では、年間プロジェクト投資額は決して受け入れ困難ではない。しかし、財政圧力を緩和して、財政赤字を削減するために、GMSは引き続き資金調達ルートの開拓に注力する方針である。現在、96事業のうち30事業近くは融資元が基本的に決まっている。外部資金の主な調達先は以下のとおりである。

①国外優遇貸付。商取引金額は約78億5000万米ドル。中国輸出入銀行が、ラオスNR1A道路改良プロジェクト（Lantui-Bounneau区間、145km）に優遇貸付9100万米ドル、Vientiane-Boten鉄道プロジェクトに優遇貸付72億米ドルを拠出。

②アジア開発銀行による貸付。約23億米ドル。中国龍陵−瑞麗高速道路（投資総額17億5000万米ドル）に2億5000万米ドルを貸し付け、GMSハノイ−Lang Son高速道路（投資総額14億米ドル）に資金8億米ドルを拠出するなど。

表 6-a　GMS 交通インフラ建設計画投資プロジェクト（2013〜2022年）

| | カンボジア | 中国 | ラオス | ビルマ | タイ | ベトナム | 技術サポート | 合計 |
|---|---|---|---|---|---|---|---|---|
| プロジェクト数 | 8 | 6 | 33 | 13 | 13 | 11 | 12 | 96 |
| 金額（億米ドル） | 23.52 | 166.9 | 131.7 | 20.36 | 48.73 | 49.59 | 0.15 | 441 |

データ出典：GMS

③政府間援助。1億米ドル近くの投資額。中国政府によるラオス NR13 道路改良プロジェクト（Oudomxay-Pakmong 区間、82km）への援助資金 8200 万米ドルを含む。

④民間投資。投資総額は4億米ドルに及ぶ。ラオス Luang Namtha − Xiengkok − Lao − Myanmar 友好橋建設プロジェクトのうち民間投資約1億5000万米ドルを含む。

大メコン地域のインフラ融資において、中国は現在のところ主要投資家である。

## 第7章

# 工業団地による人民元国際化の推進

改革・開放路線に転じてから30年余り、中国はあくなき探求を続けてきた。ここ10年間の海外投資の急増により、国内・国際協力による工業団地の建設において豊富な経験を積み上げた。工業団地は、イノベーション（技術革新）、インキュベーション（企業支援）、効率アップ、模範・指導、周辺への影響拡散といった基本的な役割を果たしている。「一帯一路」戦略がもたらす時代的なチャンスにおいても、工業団地は「コネクティビティ」（連結性）を実現する重要な中継点となり、「一帯一路」戦略の全面実施への大きな推進力を発揮している。工業団地もまた人民元国際化の重要な突破口になると思われる。

## 7.1　工業団地とその種類

　国連環境計画（UNEP）は、工業団地を「広大な敷地に諸企業を集積したもの」と定義している。基本的に、特定の立地条件にある比較的面積の大きな土地を開発して建物、工場、インフラおよび公共のサービス施設を建設したもので、詳細な計画の下に団地の環境、常駐会社、土地利用、建築等に一定の基準や規制条件が設けられていることを特徴とする。また、工業団地への入居、契約の履行、地域の長期発展計画に関連した管理メカニズムを提供する。

　工業団地は成り立ちや運営方式により2種類に大別される。1つは、地方の企業群が一定段階に発展した「特色産業団地」である。単一産業を中核とし自然に形成されるもので、その地域の文化や資源の特色を色濃く反映している。もう1つは「産業開発区」である。すなわち固有の、あるいはしっかりとした産業基盤のない地域で、計画的にインフラを先行建設し、運営モデルおよび政策面での優遇で企業誘致と資金導入を図る「築巣引鳳」*1 を行うもので、政府計画の主導によって形成される。

　工業団地に伴う産業の構造転換と高度化、工業団地の発展は、一般に、「核（中核企業や主導産業）の集積」、「チェーン（横方向のサービスチェーン*2 と縦方向の産業チェーン*3）の集積」、「ネットワーク（内部と外

---

＊1　築巣引鳳（ちくそういんほう）：【訳注】巣を築いて鳳凰を引き入れる。すなわち、誘致の条件を整備して優良な企業を呼び込む、あるいは環境を整えて海外投資を迎え入れる意。

部の協力ネットワーク）の集積」の3段階で発展し、発展の要素も「政策、行政化、ハード面の環境」から「制度、統合化、ソフト面の環境」へと変化する[*4]。

　中国において工業団地は、すでに一定の経験を持ち発展している。具体的な形態としては、経済技術開発区・ハイテク産業開発区・経済開発区・技術モデル地区などの「イノベーションモデル団地」（創新示範園区）、物流・工業・農業・観光・ビジネスパークなどの「特色産業団地」、経済特区・国境自由貿易区・輸出加工区[*5]・保税港区[*6]などの特殊な政策地域がある。全般的に、工業団地はそれぞれ規模の経済と産業クラスター[*7]の基本的な理論に基づいて、資源の共有と凝集効果により、イノベーション（技術革新）、インキュベーション（企業支援）、効率アップ、模範・指導、周辺への影響拡散といった基本的な役割を果たしている。

## 7.2　「一帯一路」建設における工業団地の役割

　中国商務省の統計によると、2014年末現在で、中国は「一帯一路」沿線国において77の経済貿易協力区を建設しているが、これは同国の海外経済貿易協力区の半数以上を占める[*8]。中国が海外で工業団地を建設し、国内の工業団地の発展経験を「一帯一路」沿線地域に応用することは、「一帯一路」戦略の順調な展開に有益であり、ひとつの成功例

---

[*2]　横方向のサービスチェーン：【訳注】製品を輸送したり、異種の製品を結びつけるもの。
[*3]　方向のサービスチェーン：【訳注】部品を作る企業から、その部品を組み立てて製品を作る企業までを結びつけるもの
[*4]　同済大学発展研究院『2014中国産業園区持続発展藍皮書』
[*5]　輸出加工区：【訳注】一定区域を関税制度の枠外におき、そこに外国資本の誘致により工業を興して輸出し、雇用拡大と外貨収入増大を図る、という目的で設置される一種の保税地域を言う。なお、保税とは、関税の徴収を一時留保すること。
[*6]　保税港区：【訳注】外国から輸入された貨物を、税関の輸入許可が下りていない状態で関税を留保したまま置いておける港湾。
[*7]　産業クラスター：【訳注】地域内において大学などの研究機関やベンチャー企業等が連携し、独自の技術開発に基づくイノベーションを生み出す仕組みや、そのような取り組みのこと。
[*8]　『中国境外経貿合作区已達118箇「一帯一路」沿線77箇』、中国国際放送（CRJ）http://gb.cri.cn/42071/2014/12/30/2225s4824563.htmhttp://gb.cri.cn/42071/2014/12/30/2225s4824563.htm

をもとに他の場所での事業を展開していく、全方位的な協力の構図を形成する。

### 7.2.1　新たな対外貿易と輸出促進策

　金融危機以降、世界経済の回復は緩慢で、大国間の駆け引きが増え、地政学的リスクが高まっている。国際市場の需要不足に加え、経済成長率の鈍化、人口ボーナス期の終了に見舞われた中国は、「安価な made in china」の優位性が低下するなど、貿易は国際的にも国内的にも苦しい局面であり「二重苦」に直面している。

　税関総署のデータによると、2014年の中国の輸出入金額は前年同期比 2.3％増に留まり、当年の目標である 7.5％を達成しておらず、世界金融危機前の黄金期に記録していた 20％超の成長率からはるかにかけ離れたものとなっている。このような状況下で、日・米・欧の市場以外で一定の市場規模を持った新たな貿易パートナーを重点的に開発することは、中国の対外貿易の持続可能な発展にとって極めて重要である。

　「一帯一路」の沿線国はおしなべて人口が多く、工業・経済が未発達である。社会生活や生産活動において軽工業・重工業製品に対する潜在ニーズが高いという特徴を有しており、今後の中国の対外貿易発展の重要な方向となっている。実際、貿易全体の成長率が鈍化しているなか、2014年の中国と「一帯一路」沿線国との貿易は前年比 7％増を記録し、総額は中国の同期の輸出入総額の 4 分の 1 を占めている。

　しかし、「一帯一路」沿線国との商品取引は、既存の貨物輸出など経常項目のみに依存しており、長期的な観点からは中国の当面の窮地を救うものではない。その理由は次の 2 点にある。

　第 1 に、「一帯一路」沿線の国境貿易の管理メカニズムが未熟で、かつ地政学的情勢が複雑なことである。利益衝突が多発し、政策調整の難度が高く、中国の当該国への輸出が直面している貿易障壁は高い。

　第 2 に「一帯一路」沿線居住者の所得水準が低く、商品の需要の価格弾力性が顕著なことである。中国の製造業企業が直面している人件費の問題（2010年の人口転換点[*9]を境に人件費が上昇）もあり、「一帯一路」

地域の安価な労働コストによる優位性を十分に輸出製品の価格に反映できず、製品価格による市場競争力が形成しにくい。

沿線国の国家戦略によって「一帯一路」沿線に工業団地を建設し、中国企業の現地への大口投資で工場建設を進めるのは、国際収支の資本および金融項目における対外貿易発展の突破口を探すことに他ならない。それによって政治的摩擦が首尾よく回避され、輸送・通関などの各段階における関税障壁が解消するだけでなく、中国企業の成長に伴い、直接投資による2国間の経常取引を促し、貿易構造を最適化することになる。そして、中国と「一帯一路」沿線国との連携をさまざまなレベルで促進し、商品・資本・金融の共栄といった新たな貿易構図を形成する。

### 7.2.2 中国の余剰生産能力

「黄金期」と言われる21世紀の最初の10年を経て、中国は世界金融危機後、「周期的な生産能力過剰」段階に入った。過剰な生産能力は主に鉄鋼、石炭、輸送設備の製造および皮革紡織などの市況産業に集中している。

中国国際金融有限公司（CICC）の推計によると、2013年、中国製造業全体の総資産に占める生産能力過剰業種の総資産の割合は27％に達したという。しかしながら注目すべきは、この余剰生産能力はあくまでも現時点における中国の国内需要に対する余剰であり、世界市場、特に「一帯一路」沿線諸国の市場においては、依然として競争優位性を持っている。

工業団地は、競争優位性のある中国の余剰生産能力を迅速かつ大量に移転させる最良の方法を実現するものである。また国内産業の高度化や経済発展を長期にわたって妨げてきた障害を取り除く突破口にもなる。

第1に、工業団地は、中国資本企業が迅速に一定規模の市場に成長し、市場の主導権を確立するのに有利である。「一帯一路」沿線の多くは経

---

＊9　社会学者は一般に2010年を中国の人口転換点としている。中国国家統計局のデータによると、総人口に占める労働適齢人口の割合は2010年にピークの74.5％に達した。2013年末には、この比率はすでに73.8％となっており、年平均0.2％減少している。

済の後進地域であり、それは、中国ではライフサイクルの成熟・衰退期に入った産業であっても、「一帯一路」沿線の国では初期・成長期にある可能性があることを意味する。ここでは参入障壁が比較的低く、市場の需要も完全に開発されてはいない。顧客を把握するための情報や技術が整備されていないため、企業は製品・市場・サービスなどの戦略の選択に大きな主導権を持つことになる。

　欧米諸国の伝統企業の中には商機を嗅ぎつけ、市場の重心を「一帯一路」沿線地域に移し始めているところもある。こうした背景にあって、中国企業が工業団地を通じて現地市場に進出し、国内で蓄えた成熟した技術と市場経験をもとに有利なチャンスを捉えることができれば、現地市場に先鞭をつけやすく、先発優位を形成しやすい。

　第2に、中国企業の理想的な「走出去」のプラットフォームを構築する。多くの経済主体や組織が地理的に集中する工業団地は総合的・多元的という特徴を有するため、顕著な産業クラスターの優位性が形成される。工業団地内に、工業・農業・商業などの1つあるいは複数の主導産業を発展させ、さらに金融・商業・貿易・教育・衛生・環境保護・住居などのさまざまなサービスや補助的な関連産業も発展させる。イニシアチブのある産業チェーンの1社あるいは数社のリーディングカンパニーに留まらず、一定数の追随型の企業の参入を誘導し、産業チェーンの上下流に合理的に配置する。タイプや規模の異なるこうした企業や機関、組織などの経営・管理主体が、縦横に交錯する関連性によって結合し、企業と市場の間に介在する新型空間経済組織を形成する。すなわち産業クラスター特有の組織形式である。工業団地を通じて形成された内在競合メカニズムは、かつて海外進出した中国企業が進出先の域外市場で行っていた無秩序な競争による負の外部効果をより効率的に抑制することができ、企業が資源配分の高い効率性や全体的な競争力を持つのに有益となる。そしてそれと共に、市場の主体としての積極性・柔軟性・自主性を保有する。

## 7.2.3 「一帯一路」沿線国の進化と経済成長の促進

　中国の工業団地の建設に並々ならぬ興味を持った「一帯一路」沿線国の中には、ここ数年、政府関係者や企業家チームを研修目的で中国へ派遣した国も多い。中国モデルを模倣した工業団地を自国に建設し、工業化と産業化のプロセスを促進するのが狙いである。

　輸出貿易に比べ、中国の企業が工業団地形式で行う対外直接投資や地域に根差した経済発展は、インフラ建設、就業、生産および科学技術などさまざまな分野による多角化投資を実現する。そして「産業と都市の融合」を推進して、「一帯一路」沿線国に対して多元的で永続的な利益を生み出す。つまり、工業団地の建設は、中国と「一帯一路」沿線諸国との共通の利益に合致し、Win-winという「一帯一路」の趣旨を反映するものでもある。

　「一帯一路」沿線地域はインフラの多くが未整備であり、「一帯一路」建設の永続的な実施と「局面打開」という考えに立脚すると、建築・物流・輸送・送配電などのインフラ建設産業は、工業団地の計画的造成の優先的選択である。もちろん、インフラ建設産業が現地の資源エネルギー開発および都市建設に対して重要な波及効果を有し、地域内外の工業や社会の発展を促進することに疑問の余地はない。単一の企業に比べ、工業団地は建設・運営の周期が長く、現地の経済成長、産業発展のために持続的かつ低コストの生産資源、現代的装備および生産サービスを提供することができる。さらに「一帯一路」のコネクティビティを推進するために基本的な役割を果たす先導効果も発揮する。

　工業団地は限られた地理的空間の中に多くの企業を集積するため、現地従業員の大量雇用によって長期にわたっていた就職問題の解消を促し、住民の所得を引き上げ、社会の安定を維持する。特に、生産技術や経営理念の成熟した先進企業を誘致することで、現地の技術者や管理者を大量に育成し、人的資源と生産能力を向上させる。収入が増加するに伴い、住民の需要構造もグレードを上げ、産業の高度化要求を刺激する。そしてそれが団地内外の工業化の発展と都市化プロセスを促して良性の循環を形成し、工業団地所在国に経済成長持続のための新エンジンを装備さ

せることになる。

### 7.2.4 互恵精神の育成と相互理解の増進

「一帯一路」沿線は、政治・経済的な環境が複雑である。経済回廊は中国の経済的後背地に直結しており、「一帯一路」戦略の実施にあたって政治的安定と内陸部の国境地帯の安全をどのように確保するかは「一帯一路」のコネクティビティを構築する際に中国が考慮すべき最初の課題である。

工業団地の建設はこの課題の解決に向けての経済および文化の新ルートを提供する。

第1に、経済的なつながりを強化する。工業団地が「現地に根差して」いくに伴い、さまざまな分野のリーディングカンパニーが、資本・労働力・技術を通じて現地政府や企業・住民とつながる。そこで堅固な関係が構築され、それが次第に現地の経済発展を支える屋台骨となる。総合的・多元的という工業団地の特徴によって経済を感じる触角が現地の金融、教育、医療、建材、食品、エネルギー開発などの各分野に深く差し込まれ、良好なビジネス環境が形成される。

第2に、文化の絆を構築する。工業団地は現地従業員を大量雇用するため、その国の人たちと団地内で共同生産生活を送り、調和をとりながら共存すると同時に、団地外部の広い地域に製品やサービス、社会・経済関係を波及させる。それによって中国の国家としての価値観や文化的影響力が暗黙のうちに「一帯一路」沿線地域に伝播する。

住民生活や基本経済レベルでの交流と融合は、全方位的な相互理解と民心の通じ合いを増進し、習慣や伝統、文化にまつわる誤解を解く助けになる。そして2国間の長期協力関係構築のための良好な基盤を作る。

### 7.2.5 「一帯一路」建設と中国政府の対応

「一帯一路」沿線地域で工業団地モデルを選択することは、中国政府が行政または市場手段によってサービスを実践するのに有益であり、次

の3つの側面から「一帯一路」のコネクティビティ（連結性）の進展と深化を推し進める。

　第1に、良好な商業環境を作る。経済後進地域の政府は、外資誘致、先進技術・生産力導入の観点から、通常、外資企業に対して土地や税収などの政策面で優遇する意思を示し、外資企業の「現地に根差した」発展を促す。しかし、外資企業が単独あるいは緩やかなユニット形式でホスト国政府と交渉を行うと、往々にして弱い立場に置かれ、所期の優遇条件を得ることが困難となりかねない。それに対し、中国が「一帯一路」沿線国と共同で建設する工業団地は、大規模な特定のエリアへの波及効果を有し、事実上、自然に発言権の優位性を確保できる。

　中国の各級政府*10 は、戦略的な協力の見地から容易に専門交渉チームを結成し、現地政府と直接協議を行い、協力を深めると共に互恵メカニズムの新機軸を探索する。また「サービス」という意識を強化して、中国企業が現地に拠点を構えるための橋渡しをし、「包括」または系統立った協力協定の締結を促進すると共に、土地の賃料や融資・貸付、企業税制、不動産手当、産学研連携、労使関係など多方面において現地政府の工業団地に対する支援強化を促進する。

　第2に、「築巣引鳳」（＊1参照）モデルによるインフラ付帯の建設を推進する。中国政府からすると、自らが掲げる「一帯一路」の一環として、沿線国の工業団地の建設も当然ながら中国各級政府によって計画・主導されるものである。各級政府は、中国本土での工業団地建設の経験、特に「築巣引鳳」モデルを参考に、質の高い前期インフラ建設を行うことができる。専門の管理サポートチームを結成し、総合力・影響力の高い優良企業を誘致し、工業団地の基本要素の水準や外資誘致力（中国では「招商引資」と呼ばれる）を引き上げ、工業団地の持続可能な発展とコネクティビティの深化のための基礎を築く。

　第3に、工業団地に指向性のある行政サービスを提供する。「一帯一路」沿線地域の工業団地は産業の特色が鮮明で、集約化の程度が高く、産業クラスターの優位性が顕著である。これらの工業団地が中国との経済・

---

＊10　各級政府：【訳注】中央政府、各省の政府、都市の政府など、中国では中央政府以外の地方の行政も「政府」と称するため、各レベルの政府をまとめてこう言う。

貿易交流を強化できるよう、中国の税関・徴税・商務・金融などの各管理部門はサービス向上に取り組み、利便化を図る方向で改善する必要がある。それぞれの工業団地の特徴に合わせ、国の産業移転計画および全体の戦略ガイドに基づいて、政策の組み合わせや優遇の度合いを調整するのである。

またインターネットによる行政業務、共同監督、法律執行協力等の助けを借り、通関サービス・国際連絡輸送・財産権保護・資金融通などにおいて効率アップやコスト削減を図り、中国企業の「走出去」をいっそう後押しする。

## 7.3　工業団地の配置

### 7.3.1　インフラとの組み合わせ

工業団地とインフラ建設とは補完、相互促進の関係であるため、工業団地にインフラを付帯させることは、両者の相乗効果につながり、共同で「一帯一路」大戦略の秩序立った推進を図る。

具体的戦略の観点から述べれば、工業団地は経済回廊の構築を頼りに、それぞれの回廊構築の重点、ならびに沿線国の天賦の資源および地理的な優位性に基づき、経済回廊における重要な結節点である都市、港、内陸部の国境ゲートなどに、工業団地・科学技術団地・物流団地・自由貿易区など各種団地を建設する。それによって政治・経済・貿易上の協力や人的交流が促進され、団地が周辺地域に対して先導的役割を発揮する。そして最終的に点から線、線から面[*11]への全方位的協力の構図が形成され、地域的な互恵共栄を実現する。このような団地の配置の原則を確定するには、以下の2つの考え方がある。

第1に、迅速に経済効果を得る。工業団地とインフラは相互補完であり、「一帯一路」戦略の早期開花・早期収益の促進に有益である。沿線国の多くは新興経済国や発展途上国で、経済の上昇期にあるため、交通・

---

＊11　点から線、線から面：【訳注】原文は「以点帯線、以点帯面」。ひとつの場所での成功例や優れた成績をもとに、他の場所で事業展開するという意味。

電力などのインフラの未整備は、工業団地の発展を阻害する大きな障害となるばかりか、中国と沿線各国との貿易展開を制約する大きな要因にもなる。しかし「インフラの相互接続」を強力に推し進めれば、沿線国のインフラの立ち遅れは目覚ましい改善を遂げるはずである。インフラが完成した後は、当然のことながら周辺地域に巨大な波及効果をもたらし、団地の発展に巨大な潜在力を付加する。

工業団地を「インフラの相互接続」を考慮して配置すれば、団地内のインフラ建設企業は、建設工事を直接受注することができ、建設コストの削減につながる。工業団地が鉄道網や道路網を敷設することで、製品の輸出入、生活および人の往来が大幅に利便化される。

一方、シルクロード沿線国の経済規模は比較的小さく、インフラ建設完了後に遊休となる可能性がある。

工業団地は中国と沿線国の経済貿易協力のプラットフォームであり、シルクロード沿線諸国の産業チェーンの整理統合を後押しする。周辺地域の経済発展を促進し、それによってインフラの利用率を飛躍的に向上させる。中国の経済発展は、交通路から物流経路、経済圏（ベルト）への発展をどのように実現するかを実践で証明したものであり、工業団地はその重要な要素である。

第2に、投資リスクを軽減する。「一帯一路」沿線は政治的・経済的な環境が複雑で、国際テロリズム、宗教上の急進主義、民族分離主義の「三悪」が再び勢力を得て現れようとしている。石油など中国の重要な戦略資源の多くは、例えば、東北部の中国‐ロシア原油パイプライン、北西部の中国‐カザフスタン石油パイプラインおよび南西部の中国‐ミャンマー原油ガスパイプラインなどのように「一帯一路」の範囲に分布している（図7-1）。これが中国の海外利益や安全保障上存在してきた「弱点」をより際立たせ、安全保障の能力と需要との差を拡大させてきた。

沿線国における工業団地の建設は、中国がこの弱点を解消するのに有益である。工業団地内ではその国の人々と共同生活・共同生産を行うため、そこで生産される製品、サービス、および社会生活の中での存在とふるまいを通じて中国の価値観や文化を伝え、両国の間の交流と理解を

図 7-1　中国の油ガス戦略資源

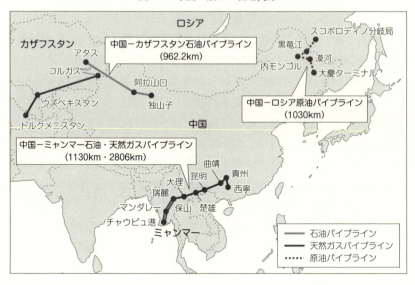

促進する。それによって誤解や摩擦が解消され、政治的な相互信頼が強化される。そしてさらにインフラの相互接続に向けて民間での良好な基盤を築く。

### 7.3.2　経済回廊との組み合わせ

　2015 年 3 月、ボアオ・アジア・フォーラムで、中国国家発展改革委員会、同外務省、同商務省は共同で『シルクロード経済ベルトおよび 21 世紀海上シルクロード建設を推進するビジョンと行動』を発表し、重点工業団地を協力のプラットフォームとして、新ユーラシア・ランドブリッジ、中国－モンゴル－ロシア、中国－中央アジア－西アジア、中国－インドシナ半島等の国際経済回廊を構築すべきであると声明した。ここから、工業団地が中国の「一帯一路」戦略の重要な出発点・突破口であることと、工業団地の分布について、既存の点状・ブロック状の分散パターンから脱却し、「経済協力回廊」（以下「経済回廊」）という枠組みで計画を立て、協調、管理を統合すべきとしていることが分かる。

以下に、現在すでに初期的な段階にある経済回廊について整理し、それぞれの回廊の比較優位と産業協力の将来を検討する。

## 1．中パ経済回廊（China-Pakistan Economic Corridor、CPEC）

　中国とパキスタンを結ぶ「中パ経済回廊」は、李克強首相が2013年5月にパキスタンを訪問した際に提案したものである。北は新疆カシュガルから、南はインド洋に面したパキスタンのグワダル港までの間に、道路、鉄道、石油・天然ガスのパイプライン、光ケーブルなどを敷設する（図7-2）。

　2014年2月、パキスタンのマムヌーン・フセイン大統領は訪中の際、「中パ両国が回廊構築の加速に合意したことは、中パ経済回廊の建設が『高速モード』に入ったことの現れである」と述べている。

　中パ関係はそれまでも良好であったが、経済協力は少なく、2国間の貿易額も少なかった。中国のパキスタンへの投資もアメリカ・ヨーロッパに遅れをとっている。しかし、中パ経済回廊の建設はこうした状況を

図7-2　中国・パキスタン経済回廊

変え、中国がパキスタンの最大の投資国となって、現地に大量の雇用を生む可能性がある。

　中パ経済回廊は単に「通路」を建設するプロジェクトではない。重要なことは、この「通路」によって中パ両国が経済回廊沿線に一連のインフラ、エネルギー、電力、紡績業およびエンジニアリング業など多方面での協力が展開されることであり、回廊沿線に経済特区を設置し、両国の企業のために巨大な発展のチャンスをもたらすことである。パキスタンのナワーズ・シャリーフ首相は、「中パ経済回廊の完成は中パ両国民だけに有益なのでなく、南アジア地域の華人を含む30億の民が恩恵を受ける」と述べている[*12]。

　戦略的見地からは、中パ経済回廊は「一帯一路」構想の旗艦プロジェクトであり、重要な中核と見ることができる。2006年11月、中国とパキスタンは自由貿易協定を締結し、2009年2月、さらに自由貿易圏サービス貿易協定を締結した。この協定は現在もなお両国それぞれにとって最も充実した内容であり、最も開放度の高い自由貿易圏サービス貿易協定となっている。

　現時点で、中パ両国は20件余りの協力協議を締結しており、中パ経済回廊は計画段階からすでに建設段階に移行している。中国建築工程総公司（中建）、中国交通建設（中交）など国有基幹企業がグワダル港の開発、カラコルム・ハイウェイの拡幅・改良などのプロジェクトを受注し、回廊に大動脈を通している。

　このほか、民間資本でも多くの華人や華僑がパキスタンに投資して工場を経営するようになった。金融、教育、医療、建材、食品、エネルギー開発などさまざまな分野で、中パ経済貿易を牽引する新鋭の部隊となっている。

## 2．バングラデシュ・中国・インド・ミャンマー経済回廊
　　（Bangladesh-China-India-Myanmar Economic Corridor、BCIM）

　2013年5月、李克強首相がインドを訪問した際、中国とインドが共

---

*12　『訪巴基斯坦総理：中巴経済合作走廊将使30億人受益』捜狐ニュース
　　http://news.sohu.com/20130630/n380268576.shtml

同で「バングラデシュ・中国・インド・ミャンマー経済回廊」(以下「BCIM経済回廊」)の建設を提唱し、バングラデシュ・ミャンマーの強い関心を得た。同年12月、BCIM経済回廊第1回会議が昆明で開催され、4カ国が共同プログラムに合意し、正式に政府間協力体制が構築された。

2015年1月、第2回会議がバングラデシュのコックスバザールで開かれ、4カ国から提出された各国の報告について討議が行われた。また、コネクティビティ、エネルギー、投融資、貿易利便化などにおける協力構想や推進機構について検討され、BCIM経済回廊の制度化をさらに推し進めた。

BCIM経済回廊は、4カ国の友好関係の深化、東アジアと南アジアのコネクティビティの確立、地域Win-win関係の強化、持続可能な発展に重要な意義があり、完成後は、沿線地域をアジア、ひいては世界で最も活力ある地域になると期待されている(図7-3)。

経済貿易を通じたBCIM 4カ国の活発な往来は、経済回廊構築の原動力であり、このうちインドとバングラデッシュはそれぞれ中国の南アジアにおける第1位と第3位の貿易相手国となっている。

図7-3 BCIM経済回廊

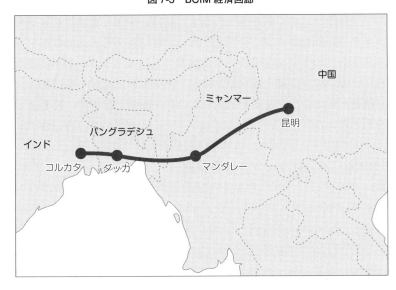

インドPHD商工会議所（Punjab, Haryana and Delhi Chambers of Commerce and Industry）の報告書によると、2013〜2014年度の中印貿易額は495億米ドルで、インドの対外貿易総額の8.7%を占め、中国はアラブ首長国連邦を抜きインドの第1の貿易相手国となったという。

中国とバングラデシュとの2国間貿易は、2009年以降2桁成長を続けており、2014年は前年同期比21.98%増の125億4700万米ドルであった。

中国とミャンマーとの貿易も急増し、2013〜2014年の中国とミャンマーの輸出入額は75億3000万米ドルで、ミャンマーの輸出入総額の30.3%（輸出入総額は248億6800万米ドル）を占めた。

また、BCIM4カ国は、インフラ・エネルギー・電力・製造業・サービス業等の分野での協力も深まっている。中国も他の3国も経済発展の重要な時期にあり、産業の高度化を大々的に推進する中国は、企業の投資や産業移転を奨励し、3国は製造業のレベルの向上、外資導入、インフラ建設の強化を図っている。

90年代以降、製造業の中心が日本や韓国から徐々に中国内陸部に移転したように、安価な労働コスト、土地資源およびゆったりとした貿易環境が中国の製造企業を引きつけ、東南アジアへとシフトさせている。

バングラデシュのシェイク・ハシナ首相は、中国–南アジアビジネスフォーラムに出席した際、「ランドブリッジ[*13]、交通、電力などインフラ建設事業への中国の支援は、わが国の経済のいっそうの発展に有益となっている。ついては中国企業に対し、医薬・石油化学・船舶製造・通信・農業・繊維製品・皮革・観光など高付加価値の分野での投資を要請する」と述べた[*14]。

## 3．中国・モンゴル・ロシア経済回廊

2014年9月、習近平主席は上海協力機構の首脳会議で、中国の「シ

---

[*13] ランドブリッジ：【訳注】海上輸送から陸上輸送、そしてまた海上輸送という輸送方法。大陸間など長距離の国際輸送を行うときには、海上輸送と陸上輸送を組み合わせて輸送することが多い。

[*14] 『中国与南亜経済合作迎来貿易結構升級関鍵期』、新華ネット
http://news.xinhuanet.com/world/2014-06/07/c_1111031848.htm

ルクロード経済圏（ベルト）」の建設とロシアの「ユーラシア横断鉄道」およびモンゴルの「草原の道」戦略を結合させた、中国・モンゴル・ロシア経済回廊を共同で構築する構想を打ち出した。内容は、鉄道や道路建設などコネクティビティの強化、通関および輸送の利便化推進、国際輸送協力の促進、3者によるクロスボーダーの送電網整備の研究を行い、観光、シンクタンク、メディア、環境保護、防災対策・災害救援などの分野で実務協力を展開するというものである[*15]。

中国・モンゴル・ロシア経済回廊の建設は、この3国の地理的制約の打破に有効であり、資源の移動と最適配分を促進する。北東アジア地域協力の推進を助け、優位性の相互補完、Win-winの関係を実現することから、この構想はロシアやモンゴルから積極的な賛同を得ている。

中国・モンゴル・ロシア経済回廊はアジア北東部の経済の最も活発な地域を1つにつなげ、中国国内で「京津冀」（北京・天津・河北省の総称）経済圏と連結するため、首都圏からの産業移転の受け皿として寄与する。中国を出ると、東は海港都市ウラジオストク、西はユーラシア・ランドブリッジに接続し、貨物は「粤満欧」「蘇満欧」「津満欧」「瀋満欧」[*16]などの国際定期貨物列車によってヨーロッパへ直通輸送することができる。

2015年初頭、中国は専門家を組織し、中国・モンゴル・ロシア経済回廊戦略計画について特別調査研究を実施した。政府・民間・周辺地域の各界関係者で大きな経済ネットワークを構築し、このネットワークによって中国・モンゴル・ロシア経済回廊がアジアとヨーロッパを結ぶ重要なプラットフォームになり、ロケーション効果が高まっていくことが期待された。

---

[*15] 『共同打造中蒙俄経済合作走廊』
http://www.mofcom.gov.cn/article/i/jyjl/j/201409/20140900728588.shtml

[*16] 粤満欧、蘇満欧、津満欧、瀋満欧：【訳注】中国－欧州間の国際定期貨物列車を「中欧班列」と言い、「粤満欧」は広州〜満州里〜欧州、「蘇満欧」は蘇州〜満州里〜欧州、「津満欧」は天津〜満州里〜欧州、「瀋満欧」は瀋陽〜満州里〜欧州を結んでいる。なお、満州里市はモンゴル自治区フルンボイル市に位置する県級市で、中国最大の陸運交易都市である。

## 4．中国・シンガポール経済回廊

　2014年9月、中国・ASEAN10カ国・インドの12カ国の専門家が広西省南寧市に集まり、中国・シンガポール経済回廊の共同構築に関する「南寧コンセンサス」が討議された。出席した専門家から「中国（昆明）－ラオス－タイ－マレーシア－シンガポール」ルートや「中国（南寧）－ベトナム－ラオス（またはカンボジア）－タイ－マレーシア－シンガポール」ルートを含む多くのプランが提出されたが、具体的なルートの確定まで、沿線諸国によるさらなる協議が必要である。

　中国・シンガポール経済回廊はインドシナ半島を貫通する国際陸路経済帯であるが、21世紀「海上シルクロード」の重要な構成部分でもあり、中国とASEAN諸国の海陸一貫輸送の大動脈である（図7-4）。2010年、中国・ASEAN自由貿易圏が発足し、中国・シンガポール経済回廊に大きな活力を与えている。

図7-4　中国・シンガポール経済回廊

「南寧コンセンサス」が取り上げた交通のコネクティビティは、中国・シンガポール経済回廊協力の優先課題であり重点目標である。鉄道・道路・水運航路などの「道」の建設を積極的に推し進め、アジア横断鉄道の東ルート建設の推進、旅客貨物輸送の通関利便化措置の実施を加速し、道路の連結を実施する。また、産業協力や人的交流を強化し、競争優位産業の協力を核としてクロスボーダーの経済協力を推進するなど、産業協力を常に深化・開拓する。貿易や投資の利便度アップやスムーズな貿易取引を実現し、沿線諸国により多くの利益を獲得させる。さらに相互理解を深め、心の通い合いを促進し、中国・シンガポール経済回廊建設協力の社会的基盤を固める。

2009年1月1日、南寧－ハノイ間の国際旅客列車が開通した。2014年になると中国・シンガポール経済回廊の雛形が見えてきた。2014年9月現在、南寧－シンガポール間の道路はほぼ全線開通し、南寧－友誼関（ベトナムとの国境）間の高速道路も完成、防城－東興間の高速道路も着工している。また、中国とベトナムを結ぶ24本の国際道路が認可されており、すでに10本が開通している。

## 5．新ユーラシア・ランドブリッジ

1992年12月1日、国際コンテナ輸送事業に新ユーラシア・ランドブリッジが投入された。東の連雲港から西へ江蘇・山東・河南省・陝西・甘粛・新疆を通り、新疆西北の国境阿拉山口からカザフスタン・ロシア・ベラルーシ・ポーランド・ドイツを経由して、北海への玄関口オランダのロッテルダム港に抜ける貨物鉄道輸送路で、全長約1万900km、ユーラシア大陸を横断し、太平洋と大西洋をつなぐ国際的な大輸送路である（図7-5）。

新ユーラシア・ランドブリッジの開通により、中国は中央アジアの自然資源、ＥＵの資金や技術の利用において好条件を得ることができた。製造業や軽工業が発達していない中央アジア・西アジア地域は、電気製品・自動車・軽工業製品・日用品などを海外から輸入する必要があるからである。中国は資源密集型・労働集約型産業においてはランドブリッジ沿線地域で優位性がある。

### 図7-5　新ユーラシア・ランドブリッジ

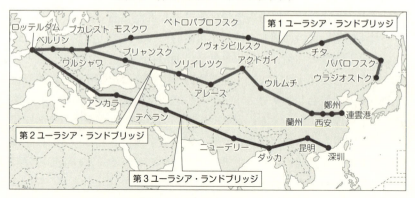

　ランドブリッジ開通以降、沿線地域の輸出入貿易総額はいくぶん上昇したものの、中国の貿易総額に占める割合は比較的小さい。開通からすでに20年余りの歳月が流れたが、ランドブリッジは依然として単なる交通輸送路にすぎず、沿線地域に対する経済牽引作用が発揮されない。そのため、ランドブリッジが「交易の架け橋」の役割を果たしているとは言い難い。

　近年、ランドブリッジ沿線の国や地域が貿易・投資の利便化を積極的に推し進め、地域経済や交通の分野での協力を進めている。基準を統一し、輸送など各段階での関税障壁を取り除き、新ユーラシア・ランドブリッジでのスムーズな物流の確保に努めている。ランドブリッジ輸送を本業とする重点輸送・物流各企業は、北東アジア・東南アジア・中央アジアの各国と輸送分野での協力を強化して、国内外の新市場・新供給源・新規顧客の開拓、越境輸送ルートおよび輸送手段の拡張、港湾サービス機能の拡大を図ってきた。良好な統合型マーケティング、ネットワーク型経営、標準化サービスなどのランドブリッジ運送体系とプラットフォームが構築され、ランドブリッジ輸送のハード面／ソフト面の良好な環境と特例措置が整備されている。

【参考】

コラムQ　港：産業団地配置の重点　　　　　　　　　　　　　　P276

## 7.4 人民元国際化の重要な突破口となる工業団地

多くの「走出去」企業が集まった工業団地は、クロスボーダー・域外金融サービスの大規模で多彩なニーズを、地理的に集約された形で形成する。これによって中国の金融機関の「走出去」が誘発され、人民元オフショア市場が発展し、人民元建て域外資本の運用および大量決済での利用が増加する。ある意味で、工業団地は人民元国際化の重要な突破口になると思われる。

### 7.4.1 貿易ルートの強化による人民元国際化の後押し

中国経済網の報道によると、2013年、中国と「一帯一路」沿線国との貿易額は1兆米ドルを超え、中国の対外貿易総額の4分の1を占めた。過去10年間、中国と沿線国との貿易額は年平均19％増の成長ぶりを見せてきた。今後5年間に中国は10兆米ドルの商品を輸入し、5000億米ドルを上回る対外投資を行い、延べ5億人以上の海外旅行者を排出するという[17]。

「一帯一路」上の工業団地は、今後5年間における中国と沿線国との貿易・投資の要衝である。工業団地は多業態・多企業・多角化投資が並行して行われ、中国とホスト国による多次元協力関係の構築が大々的に進められているからである。

工業団地は労働コストが低いだけでなく、貿易摩擦を回避することもできる。工業団地内の中国資本企業や合弁企業による中国域内の固定資産、商品、技術および労務輸出に対する需要が大きいことに加え、工業団地による経済波及効果によっても現地企業や住民およびホスト国のその他の企業の対中輸出入ニーズを飛躍的に高めている。

中国資本の企業が工業団地に進出する際のこうした「集団海外進出」[18]

---

[17] 『習近平提戦略構想：" 一帯一路 " 打開 " 築夢空間 "』
　　http://www.ce.cn/xwzx/gnsz/szyw/201408/11/t20140811_3324310.shtml

[18] 集団海外進出：【訳注】中国では「集体出海」「集群出海」と表現される。

モデルは、企業に全方位型の附属施設およびサービスを提供するもので、中国とホスト国が産業チェーン協力をするための後押しをし、中国と「一帯一路」沿線国との貿易の爆発的な発展を誘導する。

　中国企業が人民元で貿易決済することが増え、2国間貿易額の増加によって人民元建て決済の規模が大きくなると、「一帯一路」沿線国における人民元建てクロスボーダー貿易決済の範囲が拡大し、人民元国際化の基盤をさらに固める。

　また、工業団地内の企業の国際競争力の高まりに伴い、組織再編やM＆Aなどで投資銀行の需要が大量出現し続ける。そして工業団地で生活する中国・海外企業の管理者、事務作業担当者、技術者など富裕層が互いの国の価値観や経済水準について理解を深めるにつれ、留学・旅行・不動産購入・国際運用などの大きな需要を生み、それらが人民元の国際市場での運用をさらに推し進める。

### 7.4.2　国内金融機関の「走出去」を後押し

　「一帯一路」建設は、中国の優位性ある余剰生産能力の海外移転の受け入れと沿線国のインフラ建設の支援を請け負う重要な役割を担っている。鉄鋼業界など余剰生産能力を持つ業界やインフラ建設業界は、ほとんどが資金密集型の特徴を有し、大量の資金投入を必要とする。しかし、「一帯一路」沿線国の多くは経済が立ち遅れ、財産も少なく、このような大きな資金不足を解消する力は無い。

　中国人の貯蓄水準は高く、元高と産業構造の高度化を背景に、対外投資のインセンティブが強い。2014年の中国の対外投資規模は外資誘致の規模を上回っており、中国が「一帯一路」建設の主要な投資者になることは自明である。

　中国政府の出資で設立したシルクロード基金[19]は急ごしらえだったにもかかわらず、「一帯一路」の先行建設に必要な資金を提供した。アジアインフラ投資銀行（AIIB）[20]も長い目で見ると「一帯一路」戦略の

---

＊19　シルクロード基金：2014年11月、中国は400億米ドル（初期の資本金は100億米ドル）を出資して「シルクロード基金」を設立する計画を発表した。

展開と全面実施のために重要な役割を発揮することが期待される。

　しかしながら、現在、中国国内では政策銀行（国家開発銀行および中国輸出入銀行）はともかく、商業銀行の「一帯一路」沿線域外事業への関心が今ひとつ高まっていない。主な原因は、外資系銀行に対して制限を設けている国が多く、規制が厳しいことにある。カントリーリスクが高いことに加え、信用リスクも決して小さくはないということが中国の商業銀行を尻込みさせるところである。

　工業団地の複合性、相対的閉鎖性、政府の信用背景は、金融機関の海外出先機関の設立や金融サービス提供にあたっての懸念払拭に役立つ。税制上の優遇や手続きの簡略化、効率アップなどの措置によって、中国国内の商業銀行が工業団地に支店などの出先機関を設立しやすくし、非居住者預金、居住者向けの貸付や貿易融資などの展開に素地をつくる。

　また、工業団地のリーディングカンパニーは、その多くが実力、信用度ともに高い成熟した中国企業である。中国の金融機関は国内の信用格付け情報を十分参考にして、工業団地を単位とした融資のシステムを作り出すことができる。例えば、協調融資やシンジケートローン、政府保証、域内保証つき域外貸出[21]などを採用することで、海外進出する企業に必要な金融サービスを提供すると共に、国内金融機関の国際化を加速し、人民元国際化の新しいコマを強くする。

### 7.4.3　オフショア人民元金融市場の発展に拍車

　中国の経済力が高まるにつれ人民元の受け入れ度が増し、オフショア人民元資金の需給規模が増大したことで、香港やシンガポール、ロンドンなどの人民元オフショアセンターが形成された。「一帯一路」による

---

\* 20　アジアインフラ投資銀行（AIIB）：中国で発起設立されたアジア地域における多国間開発機関であり、アジアのインフラ建設への融資・支援を設立の趣旨とする。法定資本金は1000億米ドル、当初の目標引受資本額は500億米ドル。2015年4月15日現在、57カ国が創設メンバーとして加盟を希望。2015年12月に正式発足した。本部は北京。

\* 21　域外貸出：【訳注】資金の貸借を行うとき、債務者と債権者が域外企業であり、保証人が中国企業である国際的な保証を言う。すなわち、域外の会社が域外銀行から借入をするときに、中国企業が保証を差し入れる。

工業団地がインフラと連結することで、人民元のオフショア金融市場に新たな発展がもたらされる。

工業団地の発展は、一般に、創成期・成長期・高度成長期の３段階を踏む。創成期には、金融機関は工業団地の建設と入居企業に基本的な金融サービスを提供する。成長期は、団地内の産業の発展に伴い、金融機関は業務範囲を広げ、基本的な金融サービスから多レベルかつ全方位の金融支援を提供する。高度成長期には、金融機関はオフショア市場の業務を展開する必要に迫られ、工業団地が対外的／対内的に波及効果をもたらすよう、クロスボーダーの金融支援を提供する。

「一帯一路」におけるインフラの相互接続と工業団地におけるインフラの併設は、相乗効果を形成して経済貿易の発展を極めて大きく促進し、巨大な投融資需要をもたらす。政府事業をベースとする域外投資や私企業の域外直接投資は、人民元による資本輸出を誘導する。

工業団地の建設初期においては、交通・管路[*22]・建築などのインフラ整備に大きな資金需要があり、一方、企業の生産・経営においても貿易融資などの大きな需要がある。域外投資する中国企業は、通常は、元金をすべて工場や機械設備などの固定資産の取得に回すため、生産規模の拡大に必要な資金や、貿易業務の代金決済におけるタイムラグによる資金不足を貿易融資で賄う必要がある。中国資本企業の海外運営は、外貨決済売買、国外送金、資金清算、国際業務文書処理、クロスボーダー金融帳簿照会、信用状などの銀行保証サービスや、輸出入前貸手形などの各種クロスボーダーまたはオフショア金融サービスのニーズを生むと同時に、業務の適時性と利便性に対する高いニーズがある。

また、一部の国際市場価格変動の早い商品に対しては、市場シェアの安定のために、企業はパッキングクレジット[*23]、輸出入前貸手形などの形の貿易融資を必要とし、必要な資金援助を得る。とりわけ「一帯一路」沿線国の金融市場はおしなべて発展の初期にあるために、金融規制

---

＊22　管路：【訳注】主に電線や光通信などのケーブルを地下に埋設するための専用の管。

＊23　パッキングクレジット：【訳注】輸出業者が早く資金を回収するために、銀行等に信用状、注文書（パーチェスオーダー）、商取引契約書を差し入れる、または商品在庫を担保とすることにより、資金を借り入れる金融サービス。

が多く、市場は脆弱で価格変動リスクも大きい。リスクを回避するため、企業にはリスクヘッジや、裁定取引の強いニーズがある。

　工業団地は経済主体が複雑で、金融サービスに対し多様化したニーズが集積する。「規模の経済」が形成されるため、中国資本の金融機関に刺激を与えてその地域で業務改革が行われることになる。人民元建て金融商品を豊富に揃え、競争力のある為替相場や手数料率を提供することによって、オフショア人民元の金融市場の構築・発展が促される。

　工業団地内に人民元建て決済などの金融基盤を構築し、人民元のオフショア業務に優遇政策や自由度を提供する。例えば税制上の優遇や人民元オフショア業務を行う金融機関への所得税免除、人民元オフショア業務の為替規制の解除、オフショア人民元に流出入の自由を与える、などである。これらは、工業団地を拠り所とし、オフショア人民元金融市場を発展させ、より多くのチャンスとより良い条件を与えることを意味している。

コラム Q

# 港：産業団地配置の重点

　経済協力回廊の沿線港は、「一帯一路」建設において非常に独特な地位と役割を有している。最近の産業団地の建設において、パキスタンのグワダル港とミャンマーのチャウピュ港は、間違いなく重点突破口になると思われる。

## 1．パキスタンのグワダル港

　中パ経済協力回廊の域外の起点として、グワダル港の開発は中核的な役割を果たしている。中パ経済協力回廊の建設は、グワダル港の役割を十分に発揮させ、グワダル港に大きなチャンスをもたらす。

　ウルムチから海上経由でグワダル港までは約1万5858km。中パ経済協力回廊が建設されれば、その距離を4712kmにまで縮めることができる[*1]。2002年、パキスタン政府と中国は、グワダル港の共同開発協定に合意し、中国の資金援助と、2期に分けて建設を進めることを取り決めた。2005年、グワダル港第1期工事が完成した。2013年、建設と運営権が正式に中国企業に移ると、グワダル港の建設もピッチを上げる段階に入った。2015年初めには、グワダル港のインフラ建設はほぼ終えられており、カラチと結ぶ陸路も開通した。

　次の中パ経済協力の主眼は、グワダル港自由貿易区の建設推進である。報道によると、自由貿易区のための土地の収用は終わっており、面積は約9.2km²、自由貿易区の産業は、インフラ建設、商業施設建築、コンテナ貨物ターミナル、倉庫、集散物流センター、加工製造業などを網羅する[*2]。パキスタン政府は、自由貿易区に多くの優遇政策を供与することを約束した。具体的には、グワダル港を基点として30km以内を免税区とし、20年間、企業所得税・貸付印紙税・消費税・地方税が免除されることや、自由貿易区の建設に必要な材料や設備の輸入企業は、40年間、

輸入関税や消費税が免除されることなどである。

　グワダル港の建設によって、パキスタンの外資導入の規模が拡大され、パキスタン、なかでもバルチスタン州の経済発展が誘導される。住民の就業水準が上昇し、パキスタンの科学技術、教育、文化、衛生事業の発展が促進され、収入が増加し、学校・就職・病院などの問題が解消される。

## 2．ミャンマーのチャウピュ港

　チャウピュ港は、ミャンマーのラカイン州チャウピュ県に位置する港で、ベンガル湾に面している。チャウピュ港の自然条件は良好で、さらなる開発に非常に適しており、細長い海溝を持つ河北省の曹妃甸港によく似ている。チャウピュ港とそれに隣接するマデイ島は、それぞれ中国ミャンマー石油・ガスパイプラインの起点で、重要な戦略的意味と経済的価値を持つ（図7-a）。2013年9月30日、3年にわたった中緬天然ガスパイプラインが全線開通した。設計輸送能力は120億㎥／年。2015年1月30日、中緬石油パイプラインも全線開通し、年間石油輸送2200万トンと予想されている[*3]。

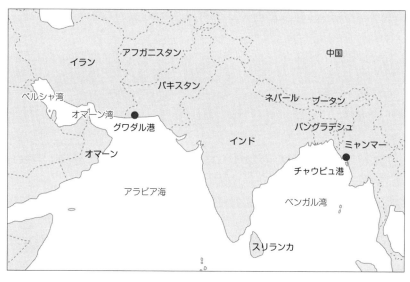

図7-a　グワダル港とチャウピュ港

またチャウピュ港は中国とインドという2大人口大国の間に位置しており、重要な戦略的価値を有し、経済開発の潜在力は極めて大きい。ミャンマー政府は何度も中国を視察に訪れ、特区の建設経験を参考にして、チャウピュ港を、港湾・加工・物流を一体化した総合的な経済特区にしようとしている。

　2014年年末、経済特区の開発業者の入札募集が行われたが、ダウェイ（Dawei）やティラワ（Thilawa）の2経済特区とは異なり、ミャンマー政府は世界中の企業に向けて公開入札を行った。チャウピュ深水港建設第1期の開発面積は4000エーカー（約1620ヘクタール）である。経済特区は、深水港・アパレル工場・工業区・不動産などのプロジェクトで開発を進め、地元住民を雇用している軽工業企業の誘致に力を入れている*4。

*1　『中巴共建経済合作走廊』21世紀網
　　http://jingji.21cbh.com/2013/10-15/zONjUxXzg0NDEzOA.html
*2　「瓜達爾港已具備運営能力正式開放 "隻欠東風"」、『21世紀経済報道』
　　http://m.21jingji.com/article/20150404/e5755768bdc7fa65e8f58400a0a78006.html
*3　『中緬油気管道』百度百科
　　http://baike.baidu.com/link?url=iMZHP4_w8RBIf1XEiAsKbNe5XsW4C44bE9qCAlMT0v8KU4-4QzOFcHkl0iL2aHpltsRRJE4SNNWCZq5h7dfJCK
*4　『緬甸即将設立皎漂経済特区』
　　http://www.mofcom.gov.cn/article/i/jyjl/j/201309/20130900311412.shtml

第8章

人民元国際化を支える
電子商取引

## 8.1　クロスボーダー貿易の新たな発展を促進する電子商取引

### 8.1.1　電子商取引の主な取引形式、特徴および優位性

インターネットなどのオープンなネットワーク環境下では、商品やサービスの取引を電子的に行う電子商取引（e-commerce、ＥＣ、eコマース）によって、伝統的なビジネス活動の各段階の電子化、ネットワーク化が実現される。伝統的な商取引と比べた時、電子商取引には次のような特徴がある。

第1に、取引過程が電子化されている。すなわち、売買交渉から取引契約の締結、代金の支払いまでの全過程が電子化されている。

第2に、「ペーパーレス貿易」である。情報フローによる転送は伝達費用を圧縮するため、コミュニケーションの段階で多額のBTL広告費[*1]の多額の発生を回避し、企業の経営コストを大幅に削減する。

第3に、取引効率が高い。電子商取引は、商業メッセージの瞬間伝送を実現し、情報フローや資金フロー、原料調達・生産・販売・購入・為替・保険・託送などの各フローを短期間で遂行し、取引時間の大幅な短縮を実現する。

第4に、取引が透明化されている。売り手と買い手が取引の商談、契約から代金の支払いまでをインターネット上で行うことができ、情報の偽造が防止され、コストも低い。

中国の電子商取引は、すでに十数年の経験を積んでおり、十分成熟の域にある。「中華人民共和国　電子商取引に関するモデル法」によると、現在主流となっている電子商取引の形式は、B2B・B2C・C2C・B2Gの4種類であるという（表8-1）[*2]。

クロスボーダー電子商取引（以下「クロスボーダーＥＣ」）とは、異

---

＊1　BTL広告費：【訳注】マスメディア4媒体（テレビ・新聞・ラジオ・雑誌）を使ったプロモーションをATL（Above the line）と言うのに対して、ダイレクトメールなどマスメディア4媒体以外を利用した、いわゆる販促活動を中心とした販売戦略系施策をBTLと言う。

表 8-1　主な電子商取引

| 取引形態 | 取引主体 | 特徴 | 例 |
|---|---|---|---|
| B2B | 企業と企業 | 高額・大量取引が中心 | 航空会社とエージェント間の取引 |
| B2C | 企業と個人 | 少額の商品取引が中心 | ゲームポイントカードを販売するゲーム発行元と個人ユーザーの取引 |
| C2C | 個人と個人 | 少額の商品取引が中心 | タオバオ（淘宝）、eBay などオンライン・マーケットプレイス型プラットフォームでの取引 |
| B2G | 企業と政府 | 高額・大量取引が中心 | 各種政府調達プラットフォーム等 |

なる関税領域の取引主体が、「電子商取引」というプラットフォームを介して取引や支払・決済を行い、クロスボーダーな物流を通じて商品を届け、取引を完了する国際ビジネス活動の一種である。

　クロスボーダーＥＣの最大の特徴は、国家間の境界を突き破ったことにある。業務的には従来の電子商取引よりも国際物流、通関、国際決済など段階が増え、貿易の上ではボーダーレス化へと誘導し、世界の経済・貿易に大きな変革をもたらした。

　企業にとっては、電子商取引によって構築されるオープンで多次元、立体的な多国間の経済・貿易協力モデルが、国際市場への参入ルートを開拓し、多国間の最適資源配分と企業間の Win-win の関係を大幅に促進してくれるツールであり、消費者にとっては、電子商取引そのものが、他国の情報をたやすく入手し、安価で良質の商品を買うことのできるツールである。

　電子商取引は、現代的なチャネル（顧客接点）、国際的な空間、デジタル方式といった特徴を有している。「一帯一路」が目指す「貿易の円滑化」と通貨の流通において、より卓越したプラットフォームの構築が可能で、従来のクロスボーダー貿易の方式に比べて、明らかな優位性がある。

　まず、コストが低いことである。取引双方がインターネットを通じて

＊2　B2B は「企業間取引」（Business to Business）。B2C は「企業対消費者間取引」（Business-to-Consumer）。C2C は「消費者間取引」（Consumer-to-Consumer）。B2G は「企業対政府間取引」（Business-to- Government）。

直接取引を行い、国際的な最終消費者とダイレクトに向き合うため、中間段階を省くだけでなく、従来のクロスボーダー貿易で商品の流通によって付加されていたコストが節約される。

次に、貿易の効率が向上することである。ネットワークの発達によって情報の透明化が進み、インターネット上のさまざまな取引プラットフォームによって、買い手は、良質な商品を安価で販売するサプライヤー、信用がおけて安定供給のできるサプライヤーを世界中から手軽に見つけることができる。一方、売り手も、自らにふさわしい買い手を最短期間で探すことができる。

以上により、電子商取引は、急速にクロスボーダー貿易の新たな成長分野となり、重要な発展トレンドとなっている。

### 8.1.2　大きく成長するクロスボーダーＥＣ

金融危機の影響を受けた世界経済は、2008年以降、低迷状態が続いている。一部の国の保護貿易主義の台頭もあって、伝統的な「コンテナ」型の貿易モデルが大きな打撃を受け、貿易会社は相次いで倒産に追い込まれた。また、別の活路を模索せざるを得なくなった貿易会社もある。

海外の輸入業者の一部は、資金繰りの困難さの解消と資金リスクの制御を目的に、大口調達を中・小口調達へ、長期調達から短期調達へとシフトさせる傾向にある。1回の注文金額も大半が3万米ドル以下と著しく減少し、従来の「コンテナ」型の大口取引は、次第に小口で回数を重ねる「多元化」輸出入貿易に取って代わられている。

また、インターネットやIoT（Internet of Things）などのインフラ建設の加速や、モバイルインターネット、ビッグデータ、クラウドなどの技術の進化に伴い、昔ながらの貿易企業もコスト削減、効率アップを狙って電子商取引のサイトを立ち上げるところが増え、インターネットを介して国際市場を開拓している。一方、消費者は、所得の伸びが鈍化したこともあり、ネットワークを通じて海外の安価で良質の商品を直接購入したいと思っている。そのため、クロスボーダー小口取引を主業務とする電子商取引が飛躍的に成長している。

ヨーロッパの権威ある電子商取引サイト yStats[*3] が発表した「Global Cross-Border B2C E-Commerce 2014」（2014年度世界クロスボーダーB2C電子商取引市場レポート）によると、2013年、世界におけるクロスボーダーＥＣの輸出上位６カ国（地域）は、アメリカ・イギリス・ドイツ・スカンジナビア諸国・オランダ・フランスで、同じく輸入上位６か国（地域）は、中国・アメリカ・イギリス・ドイツ・ブラジル・オーストラリアの順であった。なかでもクロスボーダーＥＣが最も活発なのは、アメリカとイギリスである。

アメリカのニールセン社がアメリカ・イギリス・中国・オーストラリア・ブラジル・ドイツの消費者を対象に市場調査した報告によると、2013年、この６大市場の消費者9370万人によるオンラインクロスボーダー調達の金額は約1050億米ドルだったという。

アメリカは、世界最大の電子商取引市場を有し、優良ブランドも多い。インフレ率が比較的低いこともあり、アメリカのウェブサイトは世界中からオンラインショッピングの購入先とされている。アメリカは電子商取引の最大の受益国である。大手通販サイト amazon を例にとると、2012年に610億米ドルの純売上高のうち、43％が北米以外の地域からのものである。

ＥＵ地域では、2013年現在、消費者の４分の１超がネットで非ＥＵ加盟国の商品を購入している。この割合はユーロ圏ではさらに高く、最も高かったのはオーストリアで70％を超えていた。また、イギリス・ドイツ・フランスは、ヨーロッパの中で最も海外消費者に人気のある電子商取引の輸入相手国である。

アジアで電子商取引の割合が最も高いのは、シンガポールのクロスボーダーＥＣで、マレーシアがそれに続いている。日本のネットショッピングは、５分の１がクロスボーダーＥＣによって行われている。

国連貿易開発会議（UNCTAD）は、2015年のクロスボーダーＥＣが世界貿易総額の30〜40％を占めると見込んでおり、その後はさらに高くなるとしている。中国商務省が発表した統計データによると、2013

---

＊3　yStats：【訳注】yStats.com GmbH & Co. KG。日本では調査会社として知られている。

年の全国電子商取引の取引額は3兆1000億元で、輸出入総額の12.1%であったという。その5年前はわずか4.6%にすぎなかったが、2016年には6兆5000億元、輸出入総額の16.9%、年平均成長率は30%超となる見込みである[*4]。

### 8.1.3　黄金期に入った中国のクロスボーダーＥＣ

　中国の電子商取引は、十数年近くの経験を有し、すでに成熟の域に達していると言える。特に伝統企業がこぞって電子商取引に進出したことで、競争が激化し、人材・物流・広告などにかかるコストが右肩上がりとなり、利益幅を狭めている。一方、クロスボーダーＥＣが相対するのは国際市場で、規模が大きい上に旧来の流通段階を踏むことが多く、国による価格差も大きい。クロスボーダーＥＣは、貿易障壁による制限を効果的に回避し、海外の消費者と直接取引をすることでサプライ・チェーンを短縮することもできる。さらに、利益幅も厚く、中国における新たな国際貿易モデルとして、より大きな発展の機会を獲得する。

　近年、クロスボーダーＥＣの発展が社会各界の関心を集め、政府部門も中国のクロスボーダーＥＣの発展を大いに重視している。電子商取引の発展に向けた環境づくりの一環として、電子商取引のための公共インフラの構築や整備を目的にした関連措置が各部門から相次いで出され、企業の電子商取引への参入を積極的に誘導している。

　全国の各省・市もそれぞれの地域の資源を活用し、クロスボーダーＥＣのモデル都市やモデル基地の建設を関連政策によって支援するなど、積極的に取り組んでいる。なかでも福建省・広東省・重慶市・上海市・北京市・杭州市などのモデル都市・モデル基地建設は全国で上位にランキングされている。

　2015年、政府報告で「『インターネットプラス』[*5]行動計画」が示され、電子商取引の発展に注力し、クロスボーダーＥＣの総合試験地域の拡大

---

[*4]　「跨境電子商務是把中国製造転変為中国利潤的最佳契機」、商務部ウェブサイト、2014年11月
　　　http://www.mofcom.gov.cn/article/difang/henan/201411/20141100801686.shtml

が強調された。国家発展改革委員会、外務省、商務省が3月28日に共同で発表した「シルクロード経済ベルトおよび21世紀海上シルクロード建設を推進するビジョンと行動」は、貿易の方式・形態の刷新の必要性を説くものであり、クロスボーダーECなどの新たなビジネス業態を発展させるためのものである。鄭州・西安といった内陸部の都市に、空港や「国際陸港」と呼ばれる内陸港を建設することを支援し、内陸部の通関地と沿海・国境の通関地との協力を強化し、クロスボーダー貿易における電子商取引サービスの試行を展開するものである。

「電子商取引の発展」という新しい情勢に、商務省は、ここ数年来の「促進」を重視した原則を2015年に転換し、新たな電子商取引の特定項目の行動計画を始動させた。計画の重点は主として、
①政策法規および規格基準体系の構築を強化して、電子商取引の発展のための環境を整備すること
②電子商取引の農村への導入を推進し、農村のネット消費潜在力を発掘すること
③電子商取引のコミュニティへの導入を奨励し、サービス型ネット消費の範囲を拡大すること
④電子商取引の中小都市への導入を支援し、ネット消費の利便性を向上させること
⑤クロスボーダーECの発展を促進し、海外市場を積極的に開拓し、電子商取引に従事する企業の「走出去」を助けること
⑥電子商取引と物流の協調発展を推進し、現代的な物流体系の構築を加速すること
⑦電子商取引市場を規範化し、ネットによる権利侵害、模倣品販売等の行為に断固たる打撃を与えること
⑧モデル導入を推進し、企業の革新を奨励・支援すること
⑨電子商取引に関わる人材の育成を強化すること

---

＊5　インターネットプラス：【訳注】インターネットなどの情報技術（ＩＴ）と既存産業との融合によって、付加価値創出を高め、経済構造の高度化を進める国家戦略。具体的には、モバイル、クラウド、ビッグデータ、IoT（Internet of Things、モノのインターネット）などを活用し、電子商取引・物流・金融を軸に、新たな業態・ビジネスの創出を図る。

⑩国際ルールの策定に参加し、またはルール策定を呼びかけ、中国企業の国際市場開拓に良好な国際環境をつくること

である。

電子商取引は、まさに発展の黄金期を迎えたと言える。

## 8.2　人民元の国際化を加速させるクロスボーダーEC

### 8.2.1　人民元の通貨機能とクロスボーダーEC

　人民元国際化の基本は、国際的な取引、金融取引においてインボイス通貨となることである。現在、中国のクロスボーダー貿易で人民元を建値とする割合は、先進国の輸出貿易で自国通貨が建値とされる平均水準（輸入30％、輸出45％）に大きく水をあけられている（表8-2）。

　商品取引の建値には一定の慣習性がある。一度、建値を人民元にすると、中国のメーカーはその範囲内で為替リスクを回避でき、さらにその地域をベースに関連商品の人民元建て取引を進めることができるため、人民元を建値とする取引の範囲が拡大する。かくして人民元建ての効用に気づいた中国本土の電子商取引企業が増え、海外への見積もり、取引の際にも人民元を建値とすることが多くなった。

　中国の消費者が世界最大の電子商取引市場を支えるようになり、購買力の共有を狙う域外の電子商取引企業にも、人民元建て決済のインセンティブが働くことになった。近年のクロスボーダーECの急速な発展により、人民元を決済手段とする割合は次第に高まってきている。中国のクロスボーダーECにおいては、人民元と米ドルを共に建値としており、B2B、B2CクロスボーダーECのウェブサイトでは、90％超が人民元による価格表示に対応している。主なクロスボーダーECのウェブサイトの市場占有率は表8-3のとおりである。

　実際、クロスボーダーECは、卸売りと小売りが同時に人民元建てを進めるため、人民元の国際取引における価値尺度機能が強化されることになる。

## 8.2.2 人民元の通貨機能とクロスボーダー電子決済

クロスボーダー電子決済は、信用貨幣の流通における重要な段階として、人民元国際化の促進に極めて重要な役割を果たしている。第三者決済サービスは、クロスボーダー電子決済機能を介し、民間と政府（公共部門）の「取引」「記帳」の2大職能を結びつけることで、人民元建てクロスボーダー貿易決済の新プラットフォームを共同で構築したものである（図8-1）。

クロスボーダー電子決済は、クロスボーダーＥＣの最も基本的な行為のひとつで、極めて良好な発展のチャンスを得た。個人ユーザーによるクロスボーダー決済は、ネットショッピングやネットオークションなどのネット消費、振替送金で利用されており、なかでもネット消費にクロ

表8-2 主要先進国における、インボイス通貨の選択状況（％）

■輸出

|  | 自国通貨 |  |  |  | 米ドル |  |  |  |
|---|---|---|---|---|---|---|---|---|
|  | 1980年 | 1988年 | 1992－1996年 | 2002－2004年 | 1980年 | 1988年 | 1992－1996年 | 2002－2004年 |
| アメリカ | 97 | 96 | 98 | 95 |  |  |  |  |
| ドイツ | 82.3 | 79.2 | 76.4 | 61.1 | 7.2 | 8 | 9.8 | 24.1 |
| 日本 | 28.9 | 34.3 | 35.9 | 40.1 | 66.3 | 53.2 | 53.1 | 47.5 |
| イギリス | 76 | 57 | 62 | 51 | 17 | ― | 22 | 26 |
| フランス | 62.5 | 58.5 | 51.7 | 52.7 | 13.2 | ― | 18.6 | 33.6 |
| イタリア | 36 | 38 | 40 | 59.7 | 30 | ― | 23 | ― |
| 平均 | 47.6 | 44.5 | 44.3 | 44.1 | 22.3 | ― | 21.1 | ― |

■輸入

|  | 自国通貨 |  |  |  | 米ドル |  |  |  |
|---|---|---|---|---|---|---|---|---|
|  | 1980年 | 1988年 | 1992－1996年 | 2002－2004年 | 1980年 | 1988年 | 1992－1996年 | 2002－2004年 |
| アメリカ | 85 | 85 | 88.8 | 85 |  |  |  |  |
| ドイツ | 43 | 52.6 | 53.3 | 52.8 | 32.3 | 21.3 | 18.1 | 35.9 |
| 日本 | 2.4 | 13.3 | 20.5 | 23.8 | 93.1 | 78.5 | 72.2 | 69.5 |
| イギリス | 38 | 40 | 51.7 | 33 | 29 | ― | 22 | 37 |
| フランス | 34.1 | 48.9 | 48.4 | 45.3 | 33.1 | ― | 23.1 | 46.9 |
| イタリア | 18 | 27 | 37 | 44.5 | 45 | ― | 28 | ― |
| 平均 | 22.6 | 30.3 | 35.2 | 33.2 | 38.7 | ― | 27.2 | ― |

出典：Takatoshi Ito et al.（2010）.

表8-3 クロスボーダーECのウェブサイトの市場占有率

| ウェブサイト名 | 市場占有率（%） |
|---|---|
| アリババ 阿里巴巴 | 43.90 |
| Light InTheBox | 10.00 |
| Dhgate 敦煌網 | 3.62 |
| 金銀島 | 1.50 |
| My steel 我的鉄鋼網 | 1.10 |
| Global Market 環球市場 | 1.31 |
| Toocle 生意宝 | 1.30 |
| 中国製造網 | 1.42 |
| 慧聡網 | 3.95 |
| Global sources 環球資源 | 7.9 |
| ECVV | 1.78 |
| Easy Export 中環出口易 | 1.65 |
| 河北商貿網 | 1.21 |
| その他 | 10.00 |

図8-1 第三者決済サービスと国際通貨機能との関係

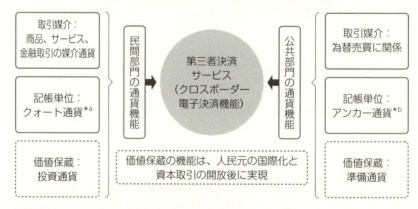

【訳注】
*a　クォート通貨：クォート通貨とは、2つの通貨の交換レートを表示する際に、基準となる通貨（ベース通貨）に対して、実際のレート（プライス）を提示する通貨のことを言う。例えば、米ドル／日本円では、円がクォート通貨であり、1ドル＝110.00円と米ドル（ベース通貨）を基準にしてレートが提示される。
*b　アンカー通貨：国際金融・資本取引における契約通貨としての役割を果たしたり、自国の通貨をある強い通貨と固定レートを維持するなどの為替相場政策運営上の基準となる通貨を言う。

スボーダー決済を利用するユーザーの割合は65.7％と断トツで、常時クロスボーダー決済を利用するネットユーザーは39.5％を占めるという（図8-2）。

クロスボーダー電子決済方式の中でも、第三者決済サービスは、その利便性からネットユーザーたちの人気を呼び、最も重要な支払い手段となっている（図8-3）。

2013年、支付宝（Alipay）、財付通（Tenpay）、銀聯（China UnionPay）、匯付天下（ChinaPNR）、易宝支付（YeePay）をはじめとする17の国内第三者決済サービスが、クロスボーダー電子決済の初の試行資格を取得した。国内の第三者決済サービスは、クロスボーダーECの取引の中で広く認知されるようになり、これらの第三者決済プラットフォームは、少額の電子商取引双方の外貨資金のニーズを収集し、銀行を通じて外貨決済を行っている。

2013年、中国最大の第三者決済サービスである支付宝は、クロスボーダー決済額が15億米ドルに達したが、これは中国のクロスボーダーECによる貿易総額の5％にすぎず、他はPayPalなど海外の第三者決済サービスの独占となっている。

上海自由貿易区では、第三者決済機関がインターネットの決済業務を

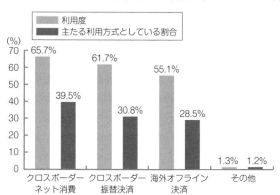

図8-2　クロスボーダー電子決済の利用状況（2012－2013年）

出典：艾瑞咨詢・華泰証

図 8-3 中国消費者の海外クロスボーダーＥＣウェブサイト利用時の支払い方法
(2012 ～ 2013 年)

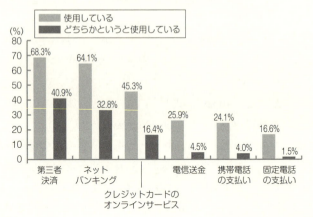

出典：艾瑞咨詢・華泰証券

　直接域外に延伸し、クロスボーダー電子決済のリアルタイム処理プラットフォームを構築することが認められている。居住者による海外での購入や通販のニーズは、これによって大いに便宜が図られたことになる。
　クロスボーダー電子決済の発展を加速するため、中国は、第三者決済業界の参入のハードルを下げた。これによって、2013 年には 17 にすぎなかった第三者決済の試行プラットフォームが、2015 年 1 月 20 日には 269 へと急増した。これと同時に、クロスボーダーＥＣ、通関の簡素化、電子決済における領収書、信用環境、情報の真実性、リスク管理等の政策を策定するなど、ルール作りも行われている（表 8-4）。
　クロスボーダー電子決済は、人民元建てクロスボーダー決済の推進に有益である。2013 年、国家外貨管理局および中国人民銀行等は、クロスボーダーＥＣの小口業務の外貨決済販売という点から、2つのチャネルを開拓した。
　1つめは、2013 年 9 月から、第三者決済でクロスボーダー域外外貨支払・決済を試験的に実施したことである。2015 年 1 月現在、計 269 社の企業が第三者決済ライセンスを取得し、ほとんどの第三者決済サービス運営会社がこの制度を利用して、商品貿易、留学・教育、航空券や

表 8-4　中国クロスボーダー決済に関する政策一覧（2013～2015年）

| 法令 | 公布時期 | 公布機関 | 概要 |
|---|---|---|---|
| 「決済機関のクロスボーダー電子商取引における外貨決済業務試行に関する指導意見」 | 2013年2月1日 | 国家外貨管理局 | 組織や個人による、インターネットを介した電子商取引を利便化するため、クロスボーダー電子決済における決済機関の発展を規範化し、インターネットルートでのマネーロンダリングのリスクやクロスボーダー資金の異常な流れを警戒する |
| 「オンライン両収取管理規則」*a | 2013年3月7日 | 国家税務総局 | 「普通発票」と呼ばれる領収書の管理の強化および国の税収の確保を目的に、オンラインによる領収書の発行・使用を規範化 |
| 「ネット取引管理規則」*b | 2014年1月26日 | 国家工商行政管理総局 | ネットでの商品取引の形式・範囲を明確にし、消費者の返品行為、第三者取引プラットフォームの審査・登録、ネットによる商品取引における信用格付け・普及等の行為について明確に規定 |
| クロスボーダー電子決済業務のライセンス | 2015年1月 | 中国人民銀行 | クロスボーダー電子決済資格を持つ第三者決済プラットフォームを17から269に拡大 |

＊a 【訳注】中国語は「網路発票管理弁法」。ここでの「発票」は「領収書」の意。ただし、日本と異なり、その発行は税務当局に厳格に管理される。なお、巷にある日本語訳「ネット発票管理弁法」「オンライン発票管理弁法」「インターネット発票管理弁法」等はいずれも本法を指す。

＊b 【訳注】中国語は「網路交易管理弁法」。法律関連での「弁法」は「規則・規定」の意。対中関連業界等では、近年、日本語でも「弁法」とすることが常態化しているが、本書では「規則」を採用する。また、「網路」は「ネットワーク」の意である。日本語で「ネット取引管理弁法」「オンライン取引管理弁法」「インターネット取引管理弁法」とされるものはいずれも本法を指す。

ホテル・宿泊などのサービスを展開している。

　2つめは、2014年2月に上海自由貿易区で人民元建てクロスボーダー決済業務が始まったことである。中国人民銀行上海本部は、「上海市の決済機関による人民元建てクロスボーダー決済業務の展開に関する実施意見」を公布し、決済機関がインターネットを通じ、国内外の外貨決済（受取人・支払人）に為替サービスを提供することができるようになった。これには国内外双方向の決済を含み、差額決済は禁止された。

　2014年5月15日に発表された「国務院弁公庁の対外貿易の安定成長支援に関する若干の意見」や、6月11日の中国人民銀行による「『国務院弁公庁の対外貿易の安定成長支援に関する若干の意見』の貫徹・具体化に関する指導意見」は、人民元建てクロスボーダー貿易決済やクロスボーダーECが対外貿易の安定成長支援を促進することを提起している。

　第三者決済プラットフォームが人民元建てクロスボーダー貿易決済を実施するには、3つの原則がある。第1に、クロスボーダーECプラッ

トフォームの域外企業に、人民元を決済通貨として受け入れるインセンティブ（意欲）があること。第2に、域外銀行に、第三者決済プラットフォームが人民元口座を開設するために助力するインセンティブがあること。第3に、域外消費者に人民元を使用するインセンティブがあることである。

つまり、クロスボーダー電子決済は、人民元決済の範囲を拡大させる。特にクロスボーダーＥＣ貿易やクロスボーダー消費といった領域で人民元決済量の増加を促し、人民元国際化プロセスにおける決済機能にプラス方向の促進作用を持っていると言える。

## 8.3 「一帯一路」建設で、クロスボーダー貿易の発展を後押しするクロスボーダーＥＣ

### 8.3.1 中国と「一帯一路」沿線国とのクロスボーダー貿易

2013年、習近平国家主席は「新しい協力モデルによって共同で『シルクロード経済圏（ベルト）』を建設する」、「21世紀の海上シルクロードの建設」なる戦略構想を相次いで打ち出した。これは国際社会の関心と肯定的な反響を呼び、地域各国に行きわたる共通認識、実際の行動段階となりつつある。

「一帯一路」建設の中心目標は、各国の経済的発展の促進、地域の安定と繁栄である。「一帯一路」沿線国のクロスボーダー貿易には以下の際立った特徴がある。

第1に、クロスボーダー貿易の成長率が、世界平均水準より明らかに高い。世界銀行のデータ解析によると、1990年から2013年において、世界貿易の年平均成長率が7.8％であるのに対し、「一帯一路」関連の65カ国の年平均成長率は13.1％であった。とりわけ世界金融危機後の2010～2013年は、「一帯一路」沿線国の対外貿易、外資正味流入の年平均成長率は13.9％と世界平均を4.6ポイントも上回り、世界貿易の回復に大きな役割を果たした。

第2に、「一帯一路」沿線国は、クロスボーダー貿易産業への投資の

依存度が世界平均より高い。試算によると、沿線各国の平均貿易依存度[*6]は、2000年に32.6％、2010年は33.9％、2012年には34.5％となり、同期世界平均の24.3％を大きく上回った。これは、これらの国々のクロスボーダー貿易に経済成長を牽引する強い力があることを示している。

第3に、強い貿易競争力および外資導入の優位性を地域全体で維持している。域内貿易競争力指数[*7]で見ると、この地域が対外貿易全体で黒字を実現したのは1990年で、その時の貿易競争力指数は2.1％であったが、2000年には同指数は12.5％に向上し、優位性が拡大した。2010年、世界金融危機による影響を受け、指数が9.5％に反落したが、その後の数年は10％前後の水準で、全体的に貿易黒字は安定的・持続的に維持されている。

「一帯一路」の域内貿易や投資の増加は、関係国と地域経済全体の成長を促進し、世界経済の成長にも貢献する。世界銀行のGDP（2005年実質米ドルを基準として）の集計結果によると、1990年から2013年の「一帯一路」地域全体のGDPの年平均成長率は5.1％で、同期の世界平均の伸び幅の2倍に相当するという。世界金融危機の影響で世界経済の回復が遅れた2010年から2013年までの間も、「一帯一路」沿線国の年平均成長率は4.7％と、世界平均より2.3ポイント高い。世界全体の経済成長に対する寄与率も、2010～2013年には41.2％と著しく上昇しているが、これは、この時期の世界経済の増分のうち4割以上が「一帯一路」沿線国によるものであることを意味する。

中国は、経済大国としての地位の向上に伴い、世界経済の発展やグローバルガバナンスにおいて、自国の成長レベルに見合った責任を引き受け、世界各国との共同発展を実現しなければならない。「一帯一路」建設でより積極的かつ効果的な役割を果たすことは、こうした包括的成長の重要な内容のひとつである。まさに今、中国は自国の優位性を十分に発揮し、「一帯一路」の貿易投資協力とインフラの相互接続建設の促進に貢

---

[*6] 平均貿易依存度：【訳注】ある国の経済が、貿易に依存している度合いを示す指標。GDPに対する輸出額・輸入額の比率で表す。貿易依存度＝（輸出額＋輸入額）÷ GDP
[*7] 域内貿易競争力指数：【訳注】輸出超過を輸出入の合計で除して求めた指数。日本では「貿易特化係数」と呼ばれることが多い。

献しているところである。

　第1に、「一帯一路」関係国からの輸入を促進し、自国の生産と消費のニーズを満たすと共に、他のメンバー国に対して巨大な商品・サービス市場を提供する。国家外貨管理局による「銀行による顧客代理の渉外収支データ（2014年）」によると、中国と「一帯一路」関係国とのクロスボーダー収入は2兆2350億米ドルで、全クロスボーダー収入の67.74％を占めている。クロスボーダー支出は2兆3028億米ドルで、全クロスボーダー支出の70.4％を占めている。試算によると、今後5年内に、中国の累計輸入は10兆米ドル規模を超え、そのうちの半分程度が「一帯一路」関係国からとなれば、この地域に5兆米ドル以上の輸出のチャンスを提供することになる。

　第2に、国境地域でのクロスボーダー経済協力の構築を強化し、クロスボーダー貿易投資協力のために重要なプラットフォームを提供する。南アジア・西アジア・中央アジア・中欧・東欧などの地域の国と自由貿易協定や投資協定の交渉・締結のスピードを加速し、中国・ASEAN自由貿易圏の高度化に関する交渉を行い、2国間および地域経済統合を深化させ発展を促進させる。

　第3に、中国企業から周辺国へのクロスボーダー直接投資を奨励・支援し、投資先の国と協力して生産団地を構築する。投資企業のために良好な経営環境を作り、地域の各国が連合して出資することにより、アジアインフラ投資銀行（AIIB）やシルクロード基金など開発がオープンな政策金融機関を設立する。そして国際資本導入などの方式で相互接続性の建設に必要な資金を支援する。

　2014年、アジア太平洋経済協力会議（APEC）首脳会議において、習近平国家主席は、中国が400億米ドルを出資してシルクロード基金を設立し、「一帯一路」沿線国のインフラ建設、資源開発、産業協力など関連事業のために投融資による支援を提供すると発表した。アジアで巨大なインフラ投資の需要があるなか、中国とその他20カ国が共同発起し、目標資本金を1000億米ドルとしてAIIBを設立した。

　AIIBは主にアジアの発展途上国に、低金利貸付・無償供与・政策提言・技術支援・株式投資を行う。投資分野は広範になる見込みで、インフラ・

教育・医療・公共管理・環境保護・自然資源管理などが含まれる。AIIBやシルクロード基金の設立は、アジア太平洋地域のインフラ建設に追い風となり、地域的なインフラ投資は競争力と生産性を向上させ、経済回復に有益で、経済の中・長期的な成長を実現する。地域経済の中心地を通じてさまざまな地域を結びつけ、地域経済統合を推進する。

「一帯一路」プロジェクトによって、クロスボーダー貿易や投資の自由化を改善し、地域間の経済協力を促進することができる。2008年以降、中国企業の海外工事請負契約の営業収入は22.5%の安定成長を維持している。2013年、海外請負プロジェクトの営業収入は1370億米ドルで、そのうち25.1%がAIIB参加国から、21.9%がそれ以外のアジア諸国、35%がアフリカ、9.7%が中米である。

### 8.3.2 電子商取引発展の巨大な潜在力を持つ「一帯一路」沿線国

「一帯一路」沿線国では「電子商取引（ＥＣ）」「クロスボーダーＥＣ」「クロスボーダー電子決済」「国民総ネットショッピング」といった概念が流行している。世界最大のオンライン決済プロバイダPayPal社が発表した『2013年の世界のクロスボーダーＥＣ報告書』によると、「一帯一路」沿線国と、クロスボーダーＥＣの規模の大きい中国や欧州・南米などの地域とで構成される「新シルクロード」は、図らずも起点と終点がほぼ一致している。

「シルクロード経済圏（ベルト）」「21世紀の海上シルクロード」沿線国の、中央アジア、中欧、東欧、ASEAN航路、南アジアおよびペルシャ湾航路、紅海およびインド洋西岸航路でのクロスボーダーＥＣ取引量は、世界のクロスボーダーＥＣ取引量に占めるシェアの中では小さいほうである。

輸送ラインの見地からは、「シルクロード経済圏（ベルト）」も「21世紀の海上シルクロード」も、クロスボーダーＥＣの「物流輸送」で必ず経由する地が配置されており、「一帯一路」沿線国は、クロスボーダーＥＣの発展の上で、地の利に恵まれていると言える。

「21世紀の海上シルクロード」沿線諸国のうち、シンガポールは情報

化が世界トップレベルであり、電子商取引の発展環境も東南アジアで1位にランキングされる。マレーシアは、電子商取引の立法が情報化の構築目標と密接に連携しており、国レベルで電子商取引の基本法を制定したアジアで最初の国となった。輸出入企業のために統一された国際商業貿易電子商取引プラットフォームを構築し、クロスボーダーECもすさまじい勢いで発展している。タイのオンライン取引件数も大幅に伸びており、電子商取引は経営者の増収、顧客拡大などの新たな貿易ツールとなっている。しかも、タイの国民は、電子商取引が投資を容易にするだけでなく、現在の経済発展の動向に合致しているとの認識を持っている。ベトナム・カンボジア・ミャンマー・ラオス等は、通信インフラが十分でなく、インターネット利用者数は相対的には少ないが、各国とも電子情報産業は好調に推移し、電子商取引市場の将来性は良好である。

　中国のクロスボーダーECの発展は、世界のどの他の国や地域よりも進んでいる。商務省が発表した統計データによると、2013年中国全土のクロスボーダーEC取引額は3兆1000億元で、輸出入総額の12.1%を占め、2008年より7.5ポイント上昇している。

　権威ある機関の予測によると、「第12次5カ年計画（2011～2015年）」末には、中国のクロスボーダーEC取引額の輸出入総額に占める割合は16.9%に、2016年には6兆5000億元に達する見込みであるという。中国域内で各プラットフォームを通じてクロスボーダーEC業務を行っている対外貿易企業は、2015年にはすでに20万社を超え、プラットフォーム企業は、5000社を超えている。

　中国では、毎年、3億個を超える小包、10億余りの商品が、速達や普通郵便で海外に発送されている。国内商取引企業や製造企業の中にも、B2Cモデルを介してクロスボーダーEC分野への参入を狙う企業も多い。貿易市場はEU・北米からロシア・インド・ブラジル・南アフリカなど他の地域に急速に拡大した。取り扱い品目も、アパレル・ファッション、美容・健康、3C（computer, communication, consumer electronics、コンピュータ・通信・家電）、ホーム&ガーデニング、宝飾品、自動車用品、食品、薬品など手軽に輸送できる商品から、住宅・自動車など大型製品へと拡大している。

クロスボーダーＥＣを利用する対外貿易企業の数は、2014年までの5年間に平均伸び率約50％という勢いで増えてきた[*8]。

中国のＥＣ事業者（売り手）の輸出品のうち、電子製品が41.2％を占め、アパレル・ファッションが11.8％、アウトドア用品が8.1％を占める。これらの商品のほとんどは、中国が以前より優位性を有している輸出品である。そして「一帯一路」建設に関わる国内の沿線都市や地域、特に広東・江蘇・浙江・上海・福建・北京・山東・天津など沿海部の省や市には、電子商取引を行う中国輸出企業の85％超が集中しているため、クロスボーダーＥＣが活発に行われている。

インターネットや電子商取引の購入者の規模は、ヨーロッパ・中央アジアなど「一帯」沿線地域で拡大している。2014年、パキスタンの全電子商取引による取引総額は約3500万米ドルであった。人口1億8100万人の同国で、携帯電話利用者は1億3100万人、インターネット利用者は3100万人である。また、同年の韓国における電子商取引サービスの市場規模は約470億米ドル、ロシアの電子商取引の取引額は、おそらく7000億ロシアルーブル（約179億米ドル）を上回っており、2015年は1兆ロシアルーブル（約256億米ドル）を超える見込みである。中国の電子商取引のプラットフォームを介してロシアに送られる商品の総額は、1日あたり400万米ドルを下らず、小包は30万個近くになる。

### 8.3.3 クロスボーダー電子決済の成長が目覚ましい「一帯一路」沿線国

インターネット金融の重要な構成部分としてのネット支払いによる、伝統的な金融機関や伝統的な支払い方式に対する衝撃は、予想をはるかに上回るものであった。ネットによる第三者決済、特にモバイルインターネット決済の成長が速く、影響力・衝撃力の大きさは、これまでに例を見ないものである。「一帯一路」沿線国では、クロスボーダー電子決済が目覚ましいスピードで発展している。

---

＊8　データ出典：インターネット消費調査研究センター（ZDC）

2014年の中国におけるネット決済業務は、285億7400万件、1376兆200億元であった。前年同期比で、件数が20.70％増、金額では29.72％増で、特に決済金額の伸びが加速し、同年の全国の非現金決済より16.67ポイント高い。このことは、ネット決済が数量重視から実際の取引金額という「質」の重視へと成長・転換したことを示している。かつては支払・決済システムの付け足しにすぎなかったネット決済だが、今、主客は入れ替わり始めている。このペースでいけば、インターネット金融のネット決済は、伝統的な金融機関での支払い方式に取って代わり、支払・決済ツールの主流になる。

　モバイル決済の潜在力は非常に大きく、底力も十分にある。2014年12月現在、中国のネットユーザーは約6億4900万人、携帯電話によるネットユーザーは5億5700万人、携帯電話による決済の利用者は2億1700万人であった。ネットユーザー数に比べ、モバイル決済はまだ4億人余りの潜在顧客があり、携帯電話によるネットユーザーより3億人多い潜在顧客がある。今後、モバイル決済顧客は、幾何級数的成長を示すと思われる。これは間違いなく途方もなく大きな伸びしろである。

　インターネットバンキング支払いシステム（Internet Banking Payment System、IBPS）は、引き続き大幅成長を見せており、2014年末現在、146機関がIBPSにアクセスしている。2014年、IBPSによる処理は、件数が16億3900万件、金額は17兆7900億元で、前年同期比はそれぞれ128.27％増、87.86％増であった。1日平均処理業務は452万8000件、金額は491億4200万元である。ネット決済の「全体を網羅」「多分野」「対話型」といった特徴は、すでに現れていると言える。

　中国銀聯は、東南アジアでの発展が目覚ましく、海上シルクロードの重要な地域も東南アジアである。また、2013年に韓国で外国人観光客が利用したクレジットカードの金額のうち、銀聯カードは40％を占め、第1位となった。日本・シンガポールなどに買い物に出かける中国人観光客も後を絶たない。支付宝は2006年からオーストラリアで事業を展開している。2007年、香港では支付宝で買い物ができるだけでなく、12種類の通貨と交換することもできるようになった。

　タイ中央銀行によると、2014年12月末現在、タイ国内のインターネ

トバンキング、モバイルバンキングといった電子バンキングを使用して決済する銀行取引操作が一気に増えたという。モバイルバンキングシステムのうち、銀行取引を利用するユーザーのアカウント数は累計337万で、前年同期の116万より221万増え、伸び率は190.5％にもなっている。また、ユーザーの取引件数は累計1262万件で、前年同期より670万増え、伸び率は113.2％である。取引金額は累計1560億バーツで、前年同期の790億バーツより770億バーツ増え、伸び率は97.5％である。インターネットバンキングにおけるネット決済の取引では、ユーザーアカウント数が累計866万で、前年同期の803万から63万増え、伸び率は7.85％であった。取引件数は前年同期の1532万から187万件増え、累計1719万件、伸び率は12.2％増である。取引金額は前年同期の1兆7300億から200億バーツ増の累計1兆7500億バーツ、伸び率は1.16％増である。伸び幅は小さいが、依然として成長態勢が維持されている。

## 8.4 「一帯一路」での国際化プロセスを加速させるクロスボーダーＥＣ

### 8.4.1 「一帯一路」沿線国のクロスボーダーＥＣにおける人民元利用の障害

　「一帯一路」沿線国のクロスボーダーＥＣでの人民元利用の第1の障害は、一部の国では電子商取引の受け入れ度が低く、人民元建て決済を進めにくいことである。「一帯一路」沿線は経済が立ち遅れている国が多く、伝統的な貿易モデルが主流である。そうした国々では、電子商取引のようなクロスボーダーの新しい貿易形態に馴染みがなく、社会的にも受け入れ度が低い。とりわけキルギス等シルクロード経済圏（ベルト）沿線国は、内陸の広大な土地に対して、住む人が少なく、インフラの遅れから、電子商取引のコストが割高である。基盤となるクロスボーダーＥＣの発展がなければ、人民元の利用範囲の拡大は難しい。

　第2に、一部の国で電子商取引に必要なインフラや付帯サービスが立ち遅れている。電子商取引は運用環境への要求度が比較的高く、通信、

ネットワーク、コンピュータ技術のサポートが必要であるだけでなく、交通や物流などハードウェアとサービスの付帯によるサポートが必要である。「一帯一路」沿線には、技術の乏しい国や、道路や交通が未整備の国、物流業が未発達の国があり、対外貿易企業がまだ電子商取引のプラットフォームの模索段階にあるという国もある。クロスボーダーECの環境が劣悪で、人民元の電子商取引プラットフォーム上での利用拡大には、物質条件やハードウェアの面で制約がある。

第3には、中国が一部の沿線国での金融サービス能力に欠けることである。中国金融機関の「走出去」のペースは、実体企業より明らかに遅い。金融機関の海外支店の配置は非合理的で、多くが先進国（地域）に集中し、「一帯一路」沿線に設置された拠点は少ない。人民元決済銀行（クリアリングバンク）が指定されていない国もあり、中国の金融の沿線国での影響力を低下させ、人民元建て決済のコストを引き上げた（表8-5）。

### 8.4.2 「一帯一路」沿線国のクロスボーダーECにおける人民元建て決済推進のチャンス

クロスボーダーECは、高効率・低価格の新興貿易形態で、人民元建て決済の新たなプラットフォームとなり、人民元建て決済実現への突破口となっている。クロスボーダー電子決済は、目覚ましく発展する人民元建てクロスボーダー決済の新チャネルとなっている。

「一帯一路」沿線諸国は、経済水準がまちまちで、地理的環境、ビジネスモデル、インフラ整備レベルの差が大きく、クロスボーダーECの発展の3要素「物流・情報フロー・資金フロー」から見ると、「21世紀海上シルクロード」沿線国は、「シルクロード経済圏（ベルト）」沿線国に比べ、クロスボーダーEC発展により好条件を有している（表8-6）。そのため、海上シルクロード諸国で、それぞれに適したクロスボーダーECを推進し、銀行決済や第三者決済サービスの整備を進め、クロスボーダーECの人民元建て決済のために基礎を固めることができる。

まず、海上シルクロード諸国には多数の華僑がおり、華僑は現地の経済生活に大きな影響を与えている。生活や消費習慣の多くが中国と似

表8-5 中国の商業銀行の海外拠点の分布状況

| | 拠点数 | 海外拠点 |
|---|---|---|
| 国家開発銀行 | 3 | カイロ事務所、モスクワ駐在事務所、リオデジャネイロ駐在事務所 |
| 中国輸出入銀行 | 4 | パリ支店、東南部アフリカ事務所、西南部アフリカ事務所、サンクトペテルブルク駐在事務所 |
| 中国工商銀行 | 40 | アブダビ支店、釜山支店、ドーハ支店、ハノイ支店、香港支店、工銀アジア、工銀アルマトイ、工銀インドネシア、工銀マカオ、工銀マレーシア、工銀中東、工銀タイ、工銀国際、カラチ支店、ムンバイ支店、プノンペン支店、ソウル支店、シンガポール支店、東京支店、ビエンチャン支店、アムステルダム支店、ブリュッセル支店、フランクフルト支店、工銀欧州、工銀ロンドン、工銀モスクワ、ルクセンブルク支店、ミラノ支店、パリ支店、ワルシャワ支店、マドリード支店、工銀カナダ、工銀金融、工銀アメリカ、ニューヨーク支店、工銀アルゼンチン、工銀ペルー、工銀ブラジル、シドニー支店、工銀ニュージーランド |
| 中国建設銀行 | 13 | 大阪支店、東京支店、フランクフルト支店、ホーチミン市支店、ニューヨーク支店、ソウル支店、台北支店、シドニー支店、香港支店、シンガポール支店、ヨハネスブルグ支店、ルクセンブルク支店、メルボルン支店 |
| 中国農業銀行 | 13 | シンガポール支店、香港支店、ソウル支店、ニューヨーク支店、ドバイ支店、東京支店、フランクフルト支店、シドニー支店、中国農業銀行（イギリス）、農銀国際（ABC International）、農銀ファイナンス、バンクーバー駐在事務所、ハノイ駐在事務所 |
| 中国銀行 | 24 | マカオ支店、台湾支店、シンガポール支店、タイ支店、日本支店、ベトナム支店、マレーシア支店、インドネシア支店、カンボジア支店、ロシア支店、イギリス支店、フランス支店、ルクセンブルク支店、ベルギー支店、オランダ支店、ポーランド支店、ドイツ支店、イタリア支店、ハンガリー支店、ザンビア支店、アメリカ支店、カナダ支店、パナマ支店、ブラジル支店 |
| 交通銀行 | 5 | 台北支店、マカオ支店、ソウル支店、東京支店、香港支店 |
| 中信銀行 | 5 | 香港支店、マカオ支店、ニューヨーク支店、ロサンゼルス支店、シンガポール支店 |
| 中国光大銀行 | 1 | 香港支店 |
| 中国民生銀行 | 1 | 香港支店 |
| 招商銀行 | 5 | 香港支店、ニューヨーク支店、招銀国際、永隆銀行[*a]、シンガポール支店 |
| 広発銀行 | 2 | マカオ支店、香港代表 |
| 平安銀行 | 1 | 香港代表 |
| 上海浦東発展銀行 | 2 | 香港支店、ロンドン駐在員事務所 |
| 北京銀行 | 1 | 香港代表 |

*a 　永隆銀行：【訳注】香港4大銀行の1行として1933年に設立された銀行。2008年、招商銀行が株式の53.12%を買収、翌2009年に完全子会社となる。

出典：各銀行ウェブサイト

通っていて、中国文化や中国商品に対する共感度も高い。交渉事やコミュニケーションをとる上で言語的な障害が小さく、情報フローのスムーズな流れを保証することができる。

　次に、中国とASEAN諸国とが自由貿易協定を締結したことで、物流に支障がなくなった。中国は、電子商取引の通関を大きく簡素化し、これらの国の企業や個人に中国とクロスボーダーＥＣを行う動機や意欲を刺激している。

　さらに、貿易・通信施設が整備され、金融体系が出来上がっている。中国の沿海部とASEAN諸国は、ビジネスや貿易による交流も盛んで、中国は、韓国・シンガポール・マレーシア・オーストラリアなどで人民元決済銀行を指定し、人民元建て決済の利便化を図り、資金フローをスムーズにしている。

　クロスボーダー人民元建て電子決済を進めるにあたっては、「シルクロード経済圏（ベルト）」沿線国に重点を置くべきである（図8-4）。これらの国々では、クロスボーダーＥＣや電子決済システムの基盤が脆弱

表8-6　「一帯一路」沿線国におけるクロスボーダーＥＣ推進の優位性と劣位性

|  |  | クロスボーダーEC発展の「3要素」 | 21世紀の海上シルクロード | シルクロード経済圏（ベルト） |
|---|---|---|---|---|
| 優位性 | 情報フロー | | 海外華僑が多い | 貿易の2国間関係が良好 |
| | | | 文化的共感が強い | 軽工業基盤が脆弱 |
| | | | 消費、生活習慣が類似 | 輸入に依存しており、発展のチャンスを提供 |
| | | | 通信・電子インフラが完備 | ― |
| | 資金フロー | | 中国沿海部とASEAN諸国の交流が活発 | ― |
| | | | 経済発展の水準が比較的高く、消費力が高い | |
| | 物流 | | 交通が発達し利便化 | ― |
| 劣位性 | 物流 | より強固な貿易パートナー関係の確立 | 広大な土地の割に住民が少なく、物流輸送が不便 |
| | 資金フロー | | 金融的基盤が脆弱 |
| | 情報フロー | | 通信インフラ整備の強化 |
| 結論 | | B2C、B2C、C2C等全種類のクロスボーダーＥＣ貿易の発展に適している | B2B等の大口クロスボーダーＥＣ貿易の発展に適している |

で、中国の支援を必要とするが、それこそが中国のクロスボーダー電子決済に大きな発展の余地を与えてくれるものであり、中国にとって、クロスボーダー電子決済を重点的かつ大々的に発展させ、人民元建て決済の利用率を向上させる商機となり得る。

また、アメリカの超大手第三者決済サービスのPayPal社は、これらの国々でのシェアが相対的に低い。一方、アリババなど国際的に有名なECサイトや、クロスボーダー電子決済システムの支付宝・財付通などの中国のインターネット会社は、「シルクロード経済圏（ベルト）」沿線国における浸透度が高く、歴史的・地理的な影響を受けていることもあって、人民元の受け入れ程度は高い。

もちろん、クロスボーダー人民元建て電子決済を進める際は、条件の比較的成熟した国を突破口として選択する必要がある。例えば、中央アジア５カ国の中では、カザフスタンが最も強い経済力を誇り、中国との貿易も活発で、同国は中国の中央アジア地区における最大のパートナーであると言える。カザフスタンと中国の新疆地区との間で人民元建てクロスボーダー貿易決済の試行が開始された後、人民元とカザフスタンテンゲの直接交換が実現している。人民元建て決済のカザフスタンにおけ

図8-4 「一帯一路」沿線国における、クロスボーダー電子決済推進の優位性と劣位性

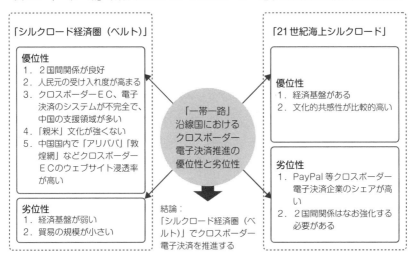

る普及の条件が整ったため、これを皮切りに中央アジアの他の4カ国に展開していくことができる。

### 8.4.3 クロスボーダーＥＣおよび電子決済を構築する人民元利用環境

「一帯一路」沿線国がクロスボーダーＥＣやクロスボーダー電子決済を発展させ、クロスボーダー人民元建て決済業務を推進し、ひいては人民元国際化を推進するには、以下のことを行う必要がある。

（１）クロスボーダーＥＣサイトに働きかけ、人民元の価格表示を増やす。現在、ＥＣサイトでは、「一帯一路」沿線国向け専門クロスボーダーＥＣサイトでも、国内の大手クロスボーダーＥＣサイトでも、価格表示のほとんどが米ドルで、直接人民元で表示されている割合は少ない。商品の価格表示は、人民元が国際社会に仲間入りする最初の関門である。よってクロスボーダーＥＣサイトで人民元による価格表示を行い、クロスボーダー貿易決済の第一歩を踏み出すべきである。

（２）プロセスを最適化して、全面的にクロスボーダーＥＣの高度化を図り、オンライン人民元国際化のための好条件を用意する。まず、国際的大手の宅配企業と中国国内のクロスボーダーＥＣ企業、物流配送企業による多元化協力を奨励し、クロスボーダー物流業の迅速な発展を促進する。

次に、クロスボーダーＥＣを規範化する法律・法規を策定する。電子商取引の情報を共有しながら、ＥＣの信義誠実の原則[*9]に則った取引の仕組みを構築し、クロスボーダーＥＣ貿易における模倣品や粗悪品および業界モラルに違反する行為を厳罰に処する。

最後に、クロスボーダーＥＣ郵便物・小包の高速検査・検疫モデルの構築や、インターネット事業者のＥＣマークおよびネット物品取引基準の策定により、クロスボーダーＥＣの利便性と信頼度を向上させる。

---

＊9　信義誠実の原則：【訳注】相手の信頼にそむかず、誠意を持って行動すべきであるという法原則を言う。「信義則」とも。

（3）「一帯一路」沿線国のクロスボーダーＥＣの国際協力を強化し、良好な人民元建て決済の環境を構築する。

　第1に、各国間の貿易障壁をなくす。「一帯一路」関連国間の自由貿易の交渉メカニズムを確立し、クロスボーダーＥＣに関する条例・ルールの研究・制定を推進し、企業がクロスボーダーＥＣを実施するために必要な条件を作り出す。東アジア地域包括的経済連携（RCEP）構想の2国間、多国間自由貿易圏交渉において、中国のクロスボーダーＥＣ企業の発展について十分に考慮し、WTOなどの国際機関の基準やシステム体系を利用する。そして関連ルールの策定に参加し、内外の電子商取引サイトで人民元を建値とするための条項の策定を推進する。

　第2に、通関業務を最適化する。クロスボーダーＥＣ企業認定メカニズムを構築し、取引主体の真実性を確定すると共に、取引主体と通関業務の連携システムを構築する。直接購入による輸入（直送モデル）[*10]、ネット購入による保税輸入（保税輸入モデル）[*11]等の新型通関監督管理モデルを徐々に整備していく。電子通関為替決済[*12]、税金還付システム・クロスボーダーＥＣプラットフォーム、物流、支払・決済など企業システムのネットワーク化を加速し、通関地点における監督管理の段階別、分類通関管理を実現する。例えば、ロシアは、通関にかかる時間が長く、貨物紛失などが頻繁に発生する。このため、中国商務省および「一帯一路」沿線国には、クロスボーダーＥＣのルール・規約の策定と実施を推進するよう提言する。クロスボーダーＥＣ通関サービス付帯制度や規範、郵便速達の検査検疫の監督管理、製品品質問題の流通経路情報把握システムを含んだもので、クロスボーダーＥＣの全方位的な国際

---

[*10] 直接購入による輸入（直送モデル）：【訳注】海外のＥＣ企業から購入した商品が、個人輸入として国際郵便／EMS、DHL、TNT、UPS、FedEx等で直送される。実質的にはB2C（Business-to-Customer）。

[*11] ネット購入による保税輸入（保税輸入モデル）：【訳注】海外のＥＣサイトで購入した商品が、中国にあるクロスボーダーＥＣサイト管轄の保税区（自由貿易区）の倉庫にいったん保管され、その保税区倉庫から個人消費者に、中国の国内輸送で届けられる。実質的にはB2B2C（Business-to-Business-to-Customer）。

[*12] 電子通関為替決済：【訳注】中国の電子通関を指す言葉として、日本でも中国語をそのまま日本語に置き換えた「電子口岸」が使われることが往々にしてある。「口岸」を日本語にして「電子港」「電子ポート」とする場合もある。なお、「口岸」とは、いわゆる一般的な海の港のほか、空港や内陸部に税関が設置する検問所を指す。

協力体制を構築し、中国国内におけるクロスボーダーＥＣの展開に必要な条件をつくり出す。

第3に、クロスボーダー物流業の発展を推進する。サービス品質基準を公布・実施することで、クロスボーダー物流配送企業の質の向上と効果増進を図る。国内の物流配送企業と海外の大手宅配企業による多元的な連携配送モデルを奨励し、高効率で迅速な「一帯一路」物流体系を構築する。

第4に、中国の電子商取引企業の発展を促す。WTOなど関係国際機関の基準や協議体制を積極的に利用し、国内企業のクロスボーダーＥＣにおける貿易紛争の処理を支援する。主要貿易パートナーや関係する国際機関との電子商取引の国際交流・協力を強化し、クロスボーダーＥＣ適用プロジェクトの試験的実施を推進する。また、華僑団体の組織的役割を果たすことも必要である。

図8-5は、クロスボーダーＥＣと「一帯一路」沿線国による人民元国際化促進の流れを示したものである。

図8-5 クロスボーダーＥＣと「一帯一路」による人民元国際化促進の流れ

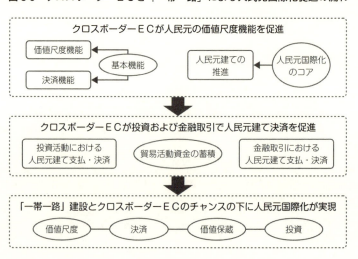

第 9 章

# 結論と提言

## 9.1　主な研究結論

### 9.1.1　RIIの新たな進展により、推進力が持続的に増大

　暫定的な概算によると、2014年、人民元国際化指数（RII）は、前年同期比45.4%増の2.47に達する見込みであるという[*1]。RIIが2を突破するのはこれが初めてで、この概算値は対2009年比100倍増となる。

　構造的見地からは、クロスボーダー人民元建て決済量の前年同期比は、依然として急成長ぶりを見せているが、人民元国際化を推し進める主力が、金融取引に由来することが多くなっている。人民元建て直接投資と、人民元建て債券および手形・小切手残高の対世界比が急上昇し、オフショア人民元建て金融市場は、イギリス・韓国・シンガポールなど世界の金融センターで大きな進展を見た。

　人民元の政府レベルでの受け入れが進み、中国人民銀行は、すでに28の国や地域の通貨当局と総額4兆700万元を超える通貨スワップ契約を締結している。また人民元を投資通貨や介入通貨としている国もある。

　中国は、経済が新常態（ニューノーマル）時代に入り、人民元の国際化を推進する新しいエンジンを矢継ぎ早に出している。経済を従来の粗放型から集約型へと転換させ、経済成長の質を向上させて、人民元国際化の根幹をより堅固なものにしている。そして金利の市場化、株式発行登録制、国有企業混合所有制改革および「簡政放権」[*2]などの改革を深化させ、人民元の貨幣価値安定に対する市場の確信を強めた。

　上海自由貿易区では、資本取引の自由化を全国に先駆けて試行（先行先試）し、その経験を拡大している。特に、「滬港通」は、資本取引の自由化の歩みを加速する積極的なシグナルを伝播し、人民元を金融資産とする国際的吸引力を増強している。

---

*1　執筆時点での予測値。
*2　簡政放権：【訳注】政府機構・行政機能を簡素化して、権限を地方行政部門や企業などに委譲すること。

中国が提唱する「一帯一路」建設は、沿線諸国の熱い反響を呼び、AIIBやシルクロード基金の設立がこの壮大で中国的色彩豊かな地域経済協力計画に保障を与え、実務的にも、人民元国際化のために新たな「戦略の窓」（strategic windows）が開かれた。

## 9.1.2　「一帯一路」建設を契機に、地球公共財の提供が増えた中国

　中国産の絹の売買を起源とする「シルクロード」は、2000年以上も前から世界に知られており、世界遺産としても登録されている。東西が互いに有無相通じる交流を行い、文化を融合させてきた歴史の証人でもある。

　2013年、中国は、「平和協力、開放・包容、相互学習・相互参考、相互利益・Win-win」という古代シルクロードの精神を受け継ぎ、「一帯一路」戦略を提案した。世界最大の経済回廊の潜在的成長力を十分に発掘するには、「貿易の円滑化」を先導的に行うこと、「施設の接続」（コネクティビティを意識したインフラ建設）をベースにすること、「政策の意思疎通」を確保すること、「資金融通」を重要な支えとすること、「人々の相互理解」を動力源とすべきであるということを理念とするものである。

　「一帯一路」建設は、新常態下の中国で最も重要な国家戦略である。中国は、「一帯一路」建設を通じて、地域経済の構造調整を実現することができ、産業構造の最適化・高度化を加速する。輸出の成長のためにエネルギーを提供し、輸出モデルの革新を加速させると共に、中国の対外投資や中国企業の「走出去」（海外進出）をさらに推進し、人民元国際化のために新たな手がかりを見つける。

　覇権力の低下は、アメリカによる地球公共財の供給減少を招いた。このことは、地球規模の問題に対処する国連・IMF（国際通貨基金）・世界銀行・WTO（世界貿易機関）などに、非科学的な管理システムや発展途上国の作用が過小評価されるなどのさまざまな欠陥が存在することを意味する。それが現在の地球公共財の深刻な総供給量の不足を招き、しかも構造のアンバランスから、特に発展途上国に必要な地球公共財を

極端に不足させている。

　地球公共財の供給は、通常は、超大国が主導し、主権国家および一連の国際機関を通して具体化される。中国は現在、世界で最も地球公共財を必要とする国のひとつである。新たに台頭した新興市場国・発展途上国の代表として、中国はグローバル経済の統治メカニズムにおいて大きな役割を果たし、より大きな影響を反映すべきであり、かつそれができる。中国による地球公共財の提供は、まさに現実的な手段である。

　「一帯一路」は、世界で最も魅力的な、相互にメリットのある「協力による運命共同体」を作り上げる。これを契機として、中国は5つの面で地球公共財の供給を増やす。すなわち、①国際協力の新しい理念と新しいモデルをつくる、②効率の高い施設の相互接続性を実現する、③新たな国際通貨を提供する、④新しい国際金融機関を設立する、⑤局地戦争やテロリズムの撲滅のために新しい手段を提供する、である。

### 9.1.3 「一帯一路」建設と、人民元国際化の相互促進

　中国は「一帯一路」建設の提唱国であり、人民元国際化は沿線国間の「資金融通」をストレートに強化し、残りの「四通」[*3]の実現や、地域経済協力の深化に重要な役割を果たす。

　理論研究および実証研究の結果から、
①域内通貨の比率を高める
②域内の金融リスクを効果的に管理する
③取引コストを軽減する
④地域経済全体の競争力を引き上げる
⑤域内の貿易統合と経済統合のプロセスを加速する
ことが明らかになった。

　最大規模の外貨準備高と高貯蓄率を誇る中国は、資本取引の段階的自

---

＊3　【訳注】本書の全章を通じて何度も登場している「五通」の「資金融通」以外を指す。ちなみに「五通」とは、「一帯一路」の戦略骨子「政策の意思疎通、施設の接続、貿易の円滑化、資金融通、人々の相互理解」を中国語で「政策溝通、設施聯通、貿易暢通、資金融通、民心相通」と表現していることから、こう呼ばれる。

由化と人民元のオフショア市場の目覚ましい発展に伴い、沿線諸国の企業や組織機関に十分な人民元の流動性を提供できるようになった。それによって貿易の資金繰り難が緩和され、域内各国間の貿易の発展が促進された。人民元は貿易の建値通貨として、国際貿易の中で次第に受け入れられるようになり、各国の対中貿易コスト削減に貢献し、貿易決済を楽にしている。それはまた同時に、2国間貿易における第三国通貨使用のリスクを回避することにもなっている。

中国は、インフラ建設の分野で特異的な優位性を持ち、新しいタイプの多国間金融機関の設立を通じて世界中の資源を動かすことができる。そして人民元建ての債券・貸付・直接投資など多彩な形式によって重要プロジェクトに金融支援を行い、「一帯一路」建設のための物的基礎を固める。人民元が「一帯一路」において、貿易建値・決済、金融取引、外貨準備の機能を全面的に発揮できたならば、それは中国が沿線国に新たな国際通貨とそのリスク管理メカニズムを提供し、財政・金融政策のアンカーを構築したことを意味し、地域経済と金融の安定を保つために重大な貢献をしたことに他ならない。

「一帯一路」建設は、沿線諸国の人々に幸福をもたらす巨大な事業であり、人民元の国際化にまたとない歴史的とも言うべきチャンスをつくり出した。「相互につながる」ことにより、地域経済の成長が促進されるだけでなく、沿線国の経済関係を密にすることもできる。そしてユーラシア大陸を横断する域内協力の新たな構図を形成する。

国際的な経験に基づくと、一国の全体的な経済力、リスクレベル、貿易の発展レベル、金融の発展レベル、経済成長レベルなどといったものは、その国の通貨が主要通貨になるかどうかを決定する重要な要素である。

中国は世界第2位の経済大国であり、世界貿易や直接投資における最も重要な国のひとつである。「一帯一路」沿線諸国の重要な貿易相手国でもあり、中国の目覚ましい経済発展と金融市場の発展は地域の中でも先進レベルにある。国内の政治も安定しており、文化も栄え、人民元の「一帯一路」上での拡大利用に十分な用意ができている。

人民元の国際的な利用は、利便性の増強や取引コストの削減のための

努力を続けさえすれば、沿線国が「一帯一路」建設の推進と共に、貿易や投融資、金融取引および外貨準備高において人民元のシェアを高め、人民元が主要国際通貨の仲間入りするために十分な原動力を提供してくれる。

### 9.1.4　人民元の国際化と大口商品の決済

　中国は「一帯一路」における最大の輸入国であり、沿線諸国の輸出に安定した市場ニーズと収入保障を提供してきた。「一帯一路」沿線国の対中輸出貿易の中では、食品、エネルギー、農産品や金属など大口商品が重要な地位を占めている。

　実証研究の結果、これらの大口商品を人民元建てで決済することは、米ドル建てによる為替リスクを効果的に回避し、中国の輸入ニーズの安定、および貿易相手国の輸出企業の売上高や純利益の安定に有益で、2国間貿易の成長や経済発展に対する誘導効果があることが明らかとなった。

　中国資本の金融機関は、「一帯一路」沿線国にほぼ100支店を設立している。そして海外拠点の開設と同時に、さまざまなクロスボーダー人民元商品を次々と投入し、企業の決済、融資へのニーズを十分に満たしてきた。現在、国際ファクタリング[*4]、銀行保証状[*5]、スタンドバイ信用状[*6]、フォーフェイティング[*7]などに代表される新型融資商品が普及しており、人民元は世界第2の貿易融資通貨となっている。強大な人民元建て貿易融資能力を持ち、向上を続ける中国資本金融機関のサービス水準は、人民元に大口商品の決済通貨としての競争優位性を与えた。

　中国の先物市場は、ここ数年、加速度的に発展している。現在、市場は3つの商品先物取引所と1つの金融先物取引所とで構成され、46の取引種類がある。これらの先物取引所で「エネルギー・化学工業」「農林・

---

＊4　国際ファクタリング：第5章の＊3（P213）参照
＊5　銀行保証状：第5章の＊4（P213）参照
＊6　スタンドバイ信用状：第5章の＊5（P213）参照
＊7　フォーフェイティング：第5章の＊6（P213）参照

水産」「金属鉱物」「貴金属」「金融商品」の5分野を取り扱い、先物市場は初歩的なリスクヘッジ、価格発見機能[*8]を備えている。

「海外企業向けの国際市場」という形で登場した先物市場の開放は、「一帯一路」沿線国の輸出業者に市場リスクの管理ツールを提供し、世界中の投資家に新しい人民元建て取引商品を提供することができる。そうして人民元が大口商品の決済通貨になるために、有力な金融支援を提供する。

中国経済の動向が全体的に安定すると7％程度の成長が望めるとすると、2015年の世界貿易における人民元建て決済のシェアは、対前年比伸び率30％超の3.4％が見込まれる。国連商品貿易統計データベースを利用した予測では、中国が「一帯一路」沿線国から輸入する大口原材料およびエネルギー商品のうち、50％を人民元建て決済にすれば、前述した大口商品の輸入決済における人民元のシェアは7.05％になるという。

中国のアルミニウム鉱石・鉄鉱石・石炭の輸入元は、主としてアルバニア・アゼルバイジャン・インドネシア・オーストラリア・ロシアである。これを人民元建て決済の重要な突破口のひとつと考えることができる。

## 9.1.5　人民元国際化の効果的な突破口となるインフラ融資体制

「一帯一路」沿線の多くは新興経済国や発展途上国である。工業化・都市化が急速に進められている時期にあるため、インフラ投資の規模は大きく、回収期間が長い。政策リスクも大きく、通常、民間資本は介入しようとしないため、多くの国でインフラの立ち遅れや、経済の安定成長に二進も三進もいかない制約を抱えていた。インフラの大幅な発展は、沿線国が経済の持続可能な発展を実現するために必ず通るべき道であり、それについては、各国の間ですでに共通認識が形成されている。

中国は、インフラ整備において、これまでに目覚ましい成果を上げており、事業の性格や融資方式、政府の関与の程度に基づいて、それぞれ

---

[*8]　価格発見機能：第5章の[*7]（P213）参照

のインフラ融資モデルを決定する。これらの経験は、「一帯一路」沿線国で参考にして広める価値がある。

中国が「一帯一路」建設における金融支援の主導者であり、資金の重要な供給者であることに鑑みれば、人民元がインフラ融資の主要通貨になることに疑問を挟む余地はないはずである。例えば、政府による援助、政策性貸出、混合貸出あるいはインフラ債券発行において、人民元がより多く使用されるのは当然である。したがって、インフラ融資は人民元国際化の新たな突破口になると言えよう。

### 9.1.6　工業団地建設と人民元国際化の持続的な推進

中国は、改革開放路線に転じてから30余年にわたる模索を続け、ここ10年間の海外投資は急激に増加し、国内の工業団地の建設や国際協力による工業団地の共同建設に豊富な経験を積み上げた。工業団地は、効率の向上、イノベーション（技術革新）、インキュベーション（企業支援）、模範・指導、周辺へのスピルオーバー（拡散）といった基本的な役割を果たしている。「一帯一路」戦略がもたらす時代的なチャンスにおいて、工業団地は相互接続性を実現する重要な中継点、実務協力の立脚点となった。

海外と中国経済とが密接に関係する多機能エリアとして、工業団地は、中国とホスト国の深層レベルでの協力を全方位的に推進することができ、人民元国際化の重要な足掛かりとなることができる。

工業団地の発展は、
① 「中国製」（made in Chine）の窮地を打破し、貿易障壁を乗り越えて、投資による輸出促進という新たな対外貿易の構図を構築すること
② 産業集積の優位性を発揮し、政策による優遇の獲得を図り、中国企業がこぞって「走出去」する理想的なプラットフォームを構築することを可能にする。

「一帯一路」沿線国の工業団地の計画・建設において、市場主体が人民元を選択することを促進・誘導し、引き続き人民元のクロスボーダーな資本運用や決済での使用を推進し、人民元オフショア市場の合理的な

配置を促し、世界規模での人民元取引ネットワークを形成する。

### 9.1.7　人民元国際化の基礎力を固める電子商取引

　ＩＴ革命は、人々の生産・生活方式をガラリと変え、電子商取引が各国で新しい貿易形態となった。手軽で効率がよく、安価な電子商取引を取り入れる貿易企業が多くなってきた。中国の消費者が世界最大の電子商取引市場を支えるようになり、シェアを維持するようになったため、国内外の電子商取引では、人民元建てによる価格表示や取引の動機が高まっている。

　クロスボーダー電子決済方式の中でも、第三者決済サービスは、その利便性によってネットユーザーたちの人気を呼び、最もよく利用される重要な支払い手段となっている。支付宝（Alipay）、財付通（Tenpay）、銀聯（China UnionPay）、匯付天下（ChinaPNR）、易宝支付（YeePay）をはじめとする17の第三者決済サービスが、クロスボーダーＥＣの取引に参入し、少額の電子商取引の決済ニーズを集め、銀行を通じて集中処理を行う。民間と政府（公共部門）の「取引」「記帳」の２大機能を結びつけることで、人民元建てクロスボーダー貿易決済の新プラットフォームを共同で構築するものである。

　「一帯一路」沿線諸国は、クロスボーダーＥＣの「物流輸送」で必ず経由する地であり、クロスボーダーＥＣの発展の上で、地の利に恵まれていると言える。華僑の多い海上シルクロード沿線国は、中国文化に対する共感度が強く、言語や消費習慣の面でも障害が小さいため、電子商取引や人民元建ての重点推進地域となる。

　アリババなど有名な電子商取引サイトや、支付宝・財付通などのクロスボーダー決済システムといった中国のインターネット企業の多くは、「シルクロード経済圏（ベルト）」沿線諸国における浸透度が高い。また、歴史的・地理的な影響を受けていることもあって、中央アジア５カ国などでの人民元の受け入れ程度は高い。

　電子商取引に根ざす人民元に対するこうした民間の好感度と受け入れ度には、広汎性と代替不能性がある。このことが人民元の国際的利用の

土台を固め、国際通貨の新たな構図の形成に深遠な影響を与えることは必至であろう。

## 9.2　政策提言

### 9.2.1　実体経済の動向に対応して、人民元国際化の安定的な発展を促進する

　貿易シェアが2010年以降に拡大を続けたことは、人民元国際化に市場の広範な共感を与えた。2014～2015年の2年間は、人民元オフショア市場が世界規模で急速に発展していることから、人民元国際化指数（RII）は堅調に推移している。しかしながら、人民元国際化のプロセスに対しては、冷静な認識を持ち続けるべきである。

　金融取引は、比較的短い期間でRIIの急成長を実現できるが、そうした成長は持続可能性に乏しく、かつ一定のリスクを伴う。長期的に見れば、人民元の国際的利用を増加させるための支えは、「made in China」（中国製）や「Created in China」（中国開発）に対する世界市場の継続的なニーズであり、それが不可欠かつ唯一でもある。

　中国は、「一帯一路」建設という歴史的なチャンスをつかんでそれを確固たるものにし、人民元建て貿易決済のシェアを高めなければならない。そして国際市場における直接投資、貿易融資、および実体経済と密接に関連する貸付や債券発行において人民元の使用をさらに拡大し、人民元国際化の着実な進展を促進しなければならない。

　そのためには、以下の3点に注力するよう提言する。

　第1に、政策性金融支援システムのモデル効果を十分に発揮することである。アジアインフラ投資銀行（AIIB）や新開発銀行（BRICS銀行）、上海協力機構（SCO）開発銀行、シルクロード基金建設などの政策性金融支援システムの構築によって、レバレッジ効果を発揮し、より多くの社会資金を動かして「一帯一路」建設に投入すると共に、米ドル－人民元の二重通貨建てから人民元建てへと徐々に転換していく。

　第2に、国内の金融システムの整備をさらに進めることである。多層

的で効率が高く、多元的な資本市場の構築を早急に構築し、保険やレンタル・リース、格付け、法律サービスなどの仲介機関のプラスの作用を発揮させる。

特に保険会社は、「一帯一路」インフラ債券やシルクロード債券に信用保険商品を提供し、構造的な保険料率引き下げや、支柱となる強力な人民元の投融資ルートの構築を急ぐべきである。

また商業銀行は、海外拠点の設置や内部フローの最適化、製品サービスの革新など積極的に振る舞い、AIIB、シルクロード基金など新興の多国間金融機関や政策銀行と広範にわたって協力すべきである。そして保険会社とリスクマネジメントツールを共同開発し、経営の安全を確保することである。

中国の大手企業の「走出去」に人民元建て貿易融資や決済ツールを提供し、企業の財務コストを軽減する。グループのキャッシュ・マネジメント、クロスボーダー金融サービスなどの優位資源を融合し、クラウドやビッグデータなどの現代ＩＴを活用して、クロスボーダー人民元双方向資金プーリング、集中受領・支払い、資金調達、財務管理等の総合金融サービスを提供する。

第3に、「一帯一路」沿線国における人民元利用の利便性と魅力の向上に努めることである。「一帯一路」沿線国との２国間通貨スワップを引き続き拡大し、人民元オフショアセンターとしての役割を果たすようにする。また、投融資が活性化している国や地域に人民元クリアリングシステムを構築し、沿線国の貿易やインフラ建設投資における人民元建て決済を推進する。

## 9.2.2 さまざまなレベルでの協力体制を構築し、運命共同体をつくる

「一帯一路」は、中国が提唱した新しい地域協力モデルである。中国は、大国としての責任を持ち、積極的かつ自主的に地球公共財を提供し、沿線国の運命共同体をつくり上げるために貢献すべきである。そして「コネクティビティ」（連結性）という戦略目標の実現に向け、早急にマル

チレベルの協力体制を構築すべきである。

　第1に、政府レベルでは、地域に適用する多国間協力の枠組みを積極的に構築する。貿易投資協定や税収協定の締結を急ぎ、法的紛争の解決システム、情報共有システム、危機対応システムを共同構築する。重大な問題における政策協調性や監督管理の一致性を向上させ、地域経済貿易投資協力を深化させるために、良好な制度と法律環境をつくり上げる。

　第2に、「一帯一路」建設の過程で現れる新たな問題や課題に対し、考えを率直に述べ合う場や文化交流、政策の疎通を図る国際プラットフォームを重点的に構築する。ボアオ・アジア・フォーラム、中国・アラブ諸国協力フォーラム（China-Arab States Cooperation Forum）、中国・ASEANフォーラムなどの公的な機構により、シンクタンクや大学、文化団体など民間の交流メカニズムを構築することを奨励する。十分な意見交換を行い、共通認識を持ち、「親、誠、恵、容」[*9]および共同構築・共同所有する価値観の最大公約数を構築し、現実の困難をうまく解決する方向や道を探る。

　第3に、「開放、包容」なる発展理念を堅持し、多国間協力機関を設立する。AIIBの運営モデルに倣い、先進国や域外国から優位資源による「一帯一路」建設への参加を広く歓迎し、人類のさまざまな文明による素晴らしい成果を十分に吸収する。とりわけ、先進国の経済建設、リスク管理、地域協力、多国間ガバナンス（Multilateral Governance）等における叡智や経験を参考にし、学ばなければならない。

　第4に、各種の教育・訓練計画をしっかりと実行する。「一帯一路」沿線国が科学技術やビジネス、金融、法律などの分野で、国際交流できるレベルの人材を育成できるよう支援する。

### 9.2.3　大口商品の人民元建て決済の早期実現のために、有利な条件をつくる

　中国資本の金融機関は、「一帯一路」沿線国の対中大口商品貿易への

---

[*9]　「親、誠、恵、容」:【訳注】「親しくつきあい、誠意を持って接し、経済的な恩恵を与え、包容する」の意。

融資という支援を特に重視し、人民元建てクロスボーダー貿易決済や金融取引において、最大の便宜を与え、取引コストや取引効率を米ドルやユーロなどの主要通貨並みにするよう努力するべきである。それと共に、店頭取引の人民元建て先物、オプションなどのデリバティブを積極的に開発し、さまざまなリスク選好をもつ経済主体の人民元建て金融商品へのニーズを満たすべきである。

　域内の大口商品先物市場を大幅に発展させ、リスクヘッジや価格発見機能をよりうまく発揮させることである。国内の輸入業者が先物取引をより多く運用してリスク管理を行うよう奨励する。上海自由貿易区の「黄金国際板」（金取引の国際市場）の経験を総括し、徐々に外国ヘッジャー（商品の生産・加工業者）やスペキュレーター（投機家）を国内の先物市場に呼び込み、対外開放する大口原材料やエネルギー商品の先物取引の種類を増やす。

　人民元オフショア市場における人民元建て大口商品先物取引の適時実施を支援し、「一帯一路」沿線国の貿易に、安定した価格とリスク管理のメカニズムを提供する。

　ここでは以下のことを提案する。すなわち、
① 大連や鄭州などの先物取引所が人民元オフショア金融センターとの協力モデルを模索する
② 戦略的同盟、Ｍ＆Ａなどの形式で、大口商品先物取引の市場規模や影響力をさらに拡大する
③ 「一帯一路」沿線国の対中貿易における人民元収入の還流メカニズムの幅を広げ、沿線諸国の企業に対し、より多くの人民元建て資産の価値維持・向上ルートを提供する
である。

## 9.2.4　インフラ建設においては、中国規格の推進と人民元の利用に努める

　建築基準の不統一は、「一帯一路」の「施設の接続」の実現を阻害する要因のひとつである。中国の技術基準や製品・設備規格は、発展途上

国の実状に合致しており、アフリカなど多くの国が中国規格の適用で成功している。「一帯一路」のインフラ建設においては、中国の企業や金融機関が沿線国により多くの支援を提供するため、中国規格の適用を積極的に推進すべきである。

「一帯一路」の「施設の接続」が、沿線諸国に幸福をもたらすには、世界中の資源を動員し、共同建設・共同所有することである。中国は主要な資金供給者であるにもかかわらず、依然として、各国との政策の疎通と統合の強化に注力し、新たな投融資協力体制を共同で創出しなければならない。また、沿線国のインフラ整備および運営における人民元の関与の度合いを高めるためにも力を入れなければならない。具体的には以下のとおりである。

第1に、沿線諸国で増えている人民元建て資金のニーズに応え、中国の対外援助、対外投資および事業貸付（政策貸付、商業貸付を含む）において人民元建て商品を増やし、世界銀行、アジア開発銀行、アジアインフラ投資銀行、BRICS銀行などの国際開発金融機関、多国間金融機関での利用率を高めていく。

第2に、国内外の官民連携、シンジケート貸付、産業投資ファンドなどさまざまな方式を模索する。「シルクロード債券」を発行し、人民元建て決済の利用を奨励し、インフラ建設の融資準備での人民元規模を拡大する。

第3に、通貨スワップ協定を深化させる。スワップで人民元が相手国に供給され、その与信システムに組み入れられるよう誘導し、ホスト国でのインフラ建設の資金源を増やす。

第4に、投資受入国の投資関連の法律、土地関連の税収など政策の最適化を推進し、商業環境を改善する。政府、民間部門、業界の協会、国際機関など広範に関わるパートナーシップを構築し、地域および国際協力の枠組みで「施設の接続」の実現を推進する。

## 9.2.5　工業団地建設は旗艦プロジェクトを重視し、人民元の利用を組み合わせるべきである

　工業団地は、経済回廊の建設が拠り所で、「中国・パレスチナ経済回廊」のような旗艦プロジェクトを重視し、「一帯一路」戦略の早期収益獲得を着実に実現する。工業団地の配置は「施設の接続」の目標と調和させるべきであり、統一的な計画を策定し、回廊建設の重点や沿線国の天賦の資源および地理的な優位性に基づき、重要な結節点である都市、沿線港、内陸部の国境税関検問所などに建設すべきである。そうすることによって周囲への波及効果が現れ、最終的に点から線、線から面[*10]への全方位的協力の構図が形成され、地域的な互恵共栄を実現する。

　中国と投資受入国の協力による工業団地の共同建設モデルの採用、政府首脳によるハイレベル対話の仕組みの構築、政策協調機構の設立を行い、双方の代表で構成された工業団地管理委員会が日常運用管理を受け持つよう提言する。

　工業団地の建設と運営は、人民元の国際的使用の拡大に有利な条件をもたらすことができる。

　第1に、団地内に金融業務のための特別区域を設けることができる。特別区域には、税収や監督管理などの面での優遇を与え、国内外の金融機関を「一帯一路」工業団地に誘引し金融サービスの提供を行う。

　第2に、団地の早期建設や団地内の企業経営による大量の投融資ニーズ、貿易決済ニーズを満たすため、中国資本の金融機関は、できるだけ早く工業団地に入居することである。相応の人民元建て金融商品を開発し、現地での人民元の利用シェアを向上させ、人民元の流出・還流メカニズムを形成する。

　第3に、団地が創成期から高度成長期へと発展するに従い、金融機関の業務範囲を拡大する。基本的な金融サービスの提供から多階層・全方位の金融支援体系の構築へと開拓していき、人民元オフショア市場を設立して、「一帯一路」沿線諸国はもちろん、ユーラシア地域へも波及機

---

*10　点から線、線から面：第7章の*11（P260）参照

能を発揮する。

## 9.2.6　クロスボーダーＥＣの障壁をなくし、人民元建て決済を実現すべきである

　中国には、「一帯一路」沿線国を助け、電子商取引の発展における現実的な障害を取り除く実力がある。国内の通信、ネットワーク、コンピュータ技術などの企業の直接投資を奨励し、交通や物流などのハードウェア部分の施設の建設を支援し、通関の利便化、情報セキュリティ、金融・法律面での付帯サービスを徐々に整備するよう奨励すべきである。

　ＷＴＯなどの国際機関の基準やシステム体系の利用、クロスボーダーＥＣのルールや規約の策定と実施、製品の品質問題の追跡メカニズム構築、通関業務や郵便速達の検査検疫への監督管理の強化を行う。主要貿易パートナーおよび関連する国際機関との電子商取引の国際交流と協力を強化し、国内企業のクロスボーダーＥＣの貿易紛争の処理を助ける。

　プロセスを最適化して、全面的にクロスボーダーＥＣの高度化を図り、オンライン人民元国際化のための条件を創造する。国際的大手の宅配企業と中国国内のクロスボーダーＥＣ企業、物流配送企業による多元化協力を奨励し、クロスボーダー物流業の迅速な発展を促進する。電子商取引の情報を共有しながら、ＥＣの信義誠実な取引の仕組みを構築し、クロスボーダーＥＣ貿易における模倣劣悪および業界モラルに違反する行為を厳罰に処する。華僑団体の組織的役割を果たし、クロスボーダーＥＣ適用プロジェクトの試験の実施を推進する。

　クロスボーダーＥＣにおける人民元建て決済を奨励する。クロスボーダーＥＣサイトは、現在の米ドルによる価格表示から米ドル－人民元の二重通貨建てに転換し、将来的には人民元による価格表示を多くし、人民元を主たる建値・決済通貨にしていく。

　国内の第三者決済プラットフォームは、クロスボーダーＥＣと戦略的同盟を結成し、「一帯一路」沿線国の文化や伝統、支払い習慣に基づいて商品開発やサービス提供を行い、共同で人民元建て決済を推進し、その安全性と効率、魅力を向上させるべきである。

## 9.2.7　急がれる、人民元クロスボーダー決済システムの導入

　クロスボーダー人民元建て決済システムは、人民元の国際化に必要な技術的なサポートであり、中国が提供する地球公共財である。「一帯一路」沿線国の現状という観点では、中国の中央銀行の決済システムは、技術的な先進性においてもシステムの完備性においても絶対的優位にあり、「一帯一路」建設にいささかの問題もなく、クロスボーダー決済業務を提供することができる。中国の巨大な外貨準備高を考慮すると、リスクが制御可能な範囲内で対外為替、担保および外貨融資等の業務を引き受けることもできる。

　人民元建てクロスボーダー決済システムが構築・運用を開始するまでは、中央銀行間の通貨スワップ協定を十分に利用し、オフショア人民元のクリアリング銀行指定制度を通じて、沿線国に安価で安全、効率のよい人民元決済サービスを提供する必要がある。現地の支払・決済システムと既存のクロスボーダー人民元決済メカニズムとの連結を実現するために、便宜を提供すべきである。

　日々増える世界各国による人民元建て決済のニーズを満たすため、人民元建てクロスボーダー決済システムの構築を加速しなければならない。人民元国際化の早期段階にできるだけ早くそのシステムを実用化し、早めに「一帯一路」沿線諸国に人民元の使用と受け入れを習慣づけ、将来の通貨代替コストの発生を回避すべきである。それと同時に、「施設の接続」をきっかけとして、クロスボーダー人民元建て決済システムの安全性と効率をさらに向上させることである。

　寧夏西部クラウド基地プロジェクトを利用し、それを円の中心として、送油パイプラインや通信インフラに沿って、西に向けて人民元建てクロスボーダー決済システムの陸路通路を敷設し、銀聯などの第三者決済プラットフォームの事業展開を支援するよう提言する。

　長期的な見地からは、人民元の国際化に関連する政策法規を整理統合し、人民元国際化の立法レベルを引き上げるべきである。クロスボーダー人民元建て決済専門の法律を定め、各主体の権利・義務を明確にし、クロスボーダー人民元建て決済システムの順調な運用のために法的な保障

を提供する必要がある。

# 附錄

附録1

# 人民元建て海外預金・貸付
# および点心債発行の、回顧と展望[*1]

## A1.1　鈍化する人民元建て海外預金の成長

　オフショア人民元市場の成長の基礎は、オフショア人民元プーリングの持続的な成長であり、オフショア人民元の流動性や人民元建て取引、資産業務の展開を維持することである。人民元建てクロスボーダー決済業務の安定した発展に伴い、オフショア人民元プーリングは拡大を続け、人民元建て預金も各オフショア市場がオフショア人民元センターを争うカギを握っている。

　オフショア人民元市場の預金という観点では、香港がオフショア人民元預金全体の55％を占める1兆元で首位である（表A1-1）。現在、オフショア人民元建て預金残高は、中国本土における人民元建て預金残高

表A1-1　主なオフショア市場の人民元建て預金残高

| 国・地域 | 人民元建て預金（億元） | 統計時期 |
|---|---|---|
| 中国香港 | 10036 | 2014年12月 |
| 中国台湾 | 3023 | 2014年12月 |
| シンガポール | 2570 | 2014年 9月 |
| 中国マカオ | 1187 | 2014年 9月 |
| 韓国 | 1000 | 2014年 7月 |
| ロンドン | 251 | 2014年 6月 |
| ルクセンブルク | 67 | 2014年 6月 |
| 合計 | 18134 |  |

＊1　【訳注】本展望は、執筆された2014年時点のものである。

の1〜2％を占めるに過ぎず、しかもアジアに集中しており、まだまだ大幅な伸びしろがある。ヨーロッパ諸国などは、外国為替取引や中央銀行による政策推進の強みを生かし、オフショア人民元建て預金は、2015年に加速度的に増加するものと見られる。

香港の人民元建て預金残高は、2014年末、前月から294億元増の1兆36億元を記録し（前月比6.3％増）、初めて1兆元の大台に乗った。2014年は何カ月も停滞して前進しなかったが、11月・12月にそれぞれ300億元近く増加し、最終的に年末に1兆元を突破した。2014年における人民元建て預金の伸び率は16.6％と、2013年の43％、2011年の87％に比べるといささか低下したものの、全体的には依然として高度成長態勢を維持している。

預金構造から見ると、定期預金が今なお圧倒的なシェアを占めている。2014年末現在の定期預金残高は8266億元、当座預金は1770億元にすぎないが、共に成長の速さは相当なものである。2013年は定期預金の伸び率が48％である一方、当座預金が22％に留まっており、2012年の定期預金の伸び率は16％、当座預金は30％低下した。

将来、香港・台湾地区のオフショア人民元建て預金の伸びは鈍化する見通しで、2011年に記録した前年同期比87％増という爆発的な成長は難しい。主な要因は、為替レートの大幅な変動、通貨価値の下落圧力の増加、オフショアとオンショアのスプレッド（金利差）の狭小化により、貿易決済規模の成長が鈍化し、輸入業者による香港での外貨買い取りが減少したことである。

しかし長期的には、人民元の国際化がますます進展すること、そして「滬港通」や2015年に始動する「深香港」によって、香港における人民元ニーズが増すことを考慮すると、オフショア人民元の預金残高は、依然として増加すると予測する。

## A1.2 低成長の人民元建て海外貸付残高

人民元オフショア市場の貸付という観点では、2014年末現在、域外人民元の貸付残高は、2013年末の1874億元から6.1％（115億元）増の

1989億元に留まっている。人民元国際化の指標の中で、域外人民元の貸付残高のように成長の鈍化したものは稀である。2012年末が1809億ドルだったので、2年間でわずか180億元の増加である。2011年初頭、人民元建て域外貸付の、預金残高に対する比率は約38％、2014年末は20％であった。81兆7000億元の国内人民元建て貸付総額に比べ、域外人民元建て貸付の規模は微々たるもので、域外貸付は国内貸付のわずか0.24％であった。

域外人民元建て貸付の低成長は、海外人民元のニーズが金融取引市場に過度に集中したことを反映している。それに加え、それまで人民元が米ドルに対して相対的に優位（元高）であったことや米ドルの金融緩和による低金利によって、中国本土の企業が米ドル建てによる融資を望んだことによる。

2015年、人民元は小幅な通貨価値の下落圧力に直面する可能性があるため、域外人民元貸借市場の見通しは、相対的に明るいと見ている。人民元相場の先行きに対する不安視は、投資家の元建て資産を保有するインセンティブを打ち砕いたが、最近の米ドル貸付によるヘッジコストの大幅な上昇に伴い、オフショア人民元貸付市場の活況にきっかけを提供した。それまで多くの中国企業（特に不動産業）が米ドル建てによる融資を望んだのは、当時、ユーロドル[*2]のコストが域内人民元コストを大幅に下回っていたためである。また、これらの貸付企業が為替レートの不整合をほとんど相殺しておらず、人民元が通貨価値の下落圧力に直面すると、こうした為替レートの不整合が企業の経営リスクを増大させる。

2014年末には、1年物オフショア人民元の先物レートが2500ポイント以上の記録的高位に跳ね上がっていた。これは、ヘッジコストが4％を超えたことを示しており、米ドル建て借入金のコスト優位性はほぼ完全に払拭されたと言える。ヘッジコストが上昇すると、ドル建てで融資

---

*2　ユーロドル：【訳注】一般に、通貨の発行国外でのその通貨の取引市場をユーロ市場と呼び、これらの市場で取引される円を「ユーロ円」、ドルを「ユーロドル」と呼ぶ。なお、ユーロという言葉が使われているが、通貨のユーロと直接関係はない。ユーロ市場がヨーロッパで始まったためにこの名前が使われてきた。

した優位性が大幅に減少する。

## A1.3　記録的な人民元建て海外債券の発行高

2007年7月に最初のオフショア人民元「点心債」が香港で発行されてから、シンガポールの「獅城債」、台湾の「宝島債」など多くのオフショア人民元建て債券が次々と登場し、ロンドン・ルクセンブルク・シドニーなどでも相次いで人民元建て債券が発行された。

2014年、海外の「点心債」発行は引き続き好調な発展の勢いを見せ、発行総額は高値を更新した。具体的に見ると、次の3つの特徴がある。

第1に、「爆発的」な成長を呈していた。中銀国際（BOCI）の統計によると、2014年全体のオフショア人民元建て債券および人民元建て譲渡性預金（CDs）の発行額は、前年同期比86.6％増の5300億元という歴史的記録をマークした。また、香港金融管理局（HKMA）の統計によると、最も重要なオフショア人民元市場として、2014年末、香港「点心債」の年間累計発行額は1795億元であった。2013年が850億元であったため、前年同期比100％超増である。累計保有額3873億3700万元、そのうち企業債が1833億元、金融債1112億2700万元、国債805億元、転換社債123億1000元である。

第2に、発行主体が多様化している。海外「点心債」の発行は、もはや中国政府や中国本土・香港の企業に留まらず、外国企業にも解禁され、発展の様相を呈している。2014年10月、中国国家開発銀行とイギリス財務省がロンドンで30億元の債券を発行した。これはロンドン市場で最初に発行された人民元建ての準ソブリン債券で、イギリスは中国以外でオフショア人民元建て債券を発行した最初の主権国家となった。2014年11月、中国は、シドニーをオフショア人民元クリアリングセンターに指定し、オーストラリアのニューサウスウェールズ州政府は10億元のオフショア債を発行した。2014年第3四半期、台湾の人民元債券（宝島債）の発行総額は239億元に達した。そのうち、国内企業の発行残高は87億元で、金融監督管理委員会（金管会）が対外的に説明している100億元の枠に近似する。

第3に、中国資本の企業による発行が右肩上がりである。中国本土では、融資コストが上昇を続けているために、国内企業は海外の低コストの資金を求める動きが強くなった。発行主体は国有企業で、中国電建・中国中化・中外運などの中央の国有企業や、北汽グループ・上海浦東発展銀行・北京市インフラ投資公司などの地方の国有企業もある。業種別に見ると、金融債が過去最高の59％を記録して最大シェアを獲得しているが、この伸びは、多くの中国資本銀行が国家発展改革委員会にオフショア人民元建て債券発行を認可されたことと関係していると思われる。工業債が占める割合は17％で、2位にランクインしている。

　2014年の急成長を経た後、2015年の「点心債」の発行額はいくらか鈍化すると見込んでいた。2015年、「点心債」および人民元建て譲渡性預金の発行額は、5000億元台を維持した。成長が停滞する主な要因は、オフショア人民元市場の融資コストが上昇を続けていることにある。

　HSBC「点心債」指数によると、高収益債券や格付けのない「点心債」の平均利回りは、2014年末に6.4％となり、2015年にはさらに高くなる見通しである。金利上昇の主な要因は、国内企業の域外貿易信用や債券融資コストが、通常はLIBORあるいは同期の米国債の利回り上乗せ方式で計算し、さらにCCS、IRSなどのツールによって金利コストが固定化されるため、米ドルの基準金利や米国債市場の変動が、ストレートに中国資本企業の海外融資コストに影響する。

　FRB（連邦準備制度理事会）の政策転換時期が迫るにつれ、2015年の内外金利差はいっそう縮小すると思われる。それと共に「滬港通」や人民元適格海外機関投資家（RQFII）などの先導的政策により、資金フローが誘引されて国内に還流し、資金の還流ルートの拡大が、オフショア人民元資金の逼迫した状況に拍車をかける。

　また、中国国内市場の債券発行環境が改善を続けていることや、政府による融資コスト低減の姿勢が、国内融資コストの下降圧力となるため、中国企業によるオフショア債券発行の融資ニーズはさらに低下する。

出典：曹彤ら『ASEANにおける人民元受け入れ度の四半期評価－2014年上半期』（原題『東盟人民幣接受程度季度評価－2014上半年』）、新浪博客

附録2

# 中央アジア5カ国の税制および経済特区の、税制優遇政策

「一帯一路」は、東アジア・東南アジア・南アジア・中央アジア・ヨーロッパ南部やアフリカ東部にわたる広い地域の約60カ国に及ぶ。ここでは、陸上シルクロードを例に、ビジネス環境の観点から、中央アジア5カ国の税制の基本的特徴について、簡単に紹介する。

中央アジア5カ国（カザフスタン・ウズベキスタン・キルギス・タジキスタン・トルクメニスタン）は、中国の主要な投資および貿易相手国であり、シルクロード経済圏（ベルト）に沿って西へ向かう「最初の駅」にあたる。

シルクロード経済圏（ベルト）共同建設のコンセンサスは、すでに中国と中央アジア5カ国が締結した共同宣言や発展計画などの政治文書に記載されている。中国は、タジキスタン・カザフスタン・キルギスとシルクロード経済圏（ベルト）共同建設における2国間協定をそれぞれ締結している。

カザフスタンの経済政策「光明の道」、タジキスタンの3つの戦略目標「エネルギーの独立性、交通網の行き詰まりの解消、食糧の安全性の確保」（駐日タジキスタン共和国大使館のHPより）、トルクメニスタンの「強盛で幸福な時代」などの国家発展戦略も、すべてシルクロード経済圏（ベルト）の建設と着地点を見出した。実務協力では、双方が積極的に向上しようと取り組み、考え方を刷新し、貿易・エネルギー・交通・金融などの分野における協力関係の新たな局面を開拓した。

2014年、中国と中央アジア5カ国の貿易額は、国際経済の不況の試練を経験して、すでに450億米ドルに達した。しかし、これらの国の税制は、政治制度、宗教、歴史、文化、伝統、経済構造および発展レベル

などの違いにより大きな相違がある。

## A2.1　中国と中央アジア5カ国の税制比較

　中央アジア5カ国の全体的な特徴は、税制が単純で、税負担が軽いことである。これらの国は、体制転換国として、外資の誘致、資本流出の防止、国内における納税者のコンプライアンス向上のため、企業所得税の法定税率を抑えており、25％のタジキスタンを除けばいずれも20％以下で、10％に満たない国もある。基本的には税率が1つしかない単一税制を実施しているが、ある特定の自然資源部門については比較的高い税をかける。例えば、トルクメニスタンの一般税率は8％だが、石油天然ガス資源探査や採掘を手がける企業への税率は20％である。

　企業所得税に比べると個人所得税率は低く、最も高いウズベキスタンでさえ税率は22％に留まっている。しかも3カ国は単一税制を実施しており、税率はわずか10％である。また税制優遇政策も多く、特定の産業や地域（特に経済特区）の投資に対しては減税政策を実施している。パッシブ（受動的）運用型投資信託[*1]の配当金や利息、ロイヤリティに適用される源泉徴収税の税率も低く、技術料や管理費、役員報酬に適用される源泉徴収税の税率も妥当である。しかし注意すべきは、一部の国際機関や仲介サービス機関による中央アジア諸国の税制に対する評価で、これらの国の税制は単純ではあっても、関連する内容が複雑で、実際に執行を担当する税務官僚に相当大きな裁量権を与え、現地における中国の投資家に潜在的な税制上のリスクをもたらす可能性があるという。

　ホスト国におけるビジネスへの影響という観点から見た、中国と中央アジア5カ国の主な税と税率は、それぞれ以下のとおりである（より詳細な内容は表A2-1）。

---

[*1]　パッシブ（受動的）運用型投資信託：【訳注】投資信託などの運用手法による分類のひとつで、運用目標とされるベンチマーク（指標。日本では「日経平均株価」など）に連動する運用成果を目指す運用手法のことを言う。一方、ベンチマークを上回る運用成果を目指す運用手法のことを「アクティブ運用」と言う。

（1）中国：企業所得税（源泉徴収税含む）25％。個人所得税3〜45％。付加価値税17％。営業税3〜20％。消費税3〜45％。不動産税（建物および家屋の取得原価の1.2％または賃料の12％）。
（2）カザフスタン：企業所得税20％。個人所得税10％。付加価値税12％。土地税（税率差が大）。不動産税（1 ㎡あたりの帳簿価額の1.5％）。
（3）キルギス：企業所得税20％、付加価値税12％。不動産税0.8％。売上税2％。土地税（地方当局が定める）の税率は、所在する位置や土地の用途によって異なる。
（4）タジキスタン：企業所得税15％。付加価値税18％。社会保険税25％。売上税3％。土地税（土地の登記地域によって税率が異なる）。不動産税（税率差が大）。
（5）トルクメニスタン：企業所得税は、国内企業8％。海外企業20％。付加価値税15％。社会保険税20％。消費税10〜40％。不動産税1％。特殊目的基金税1％。土地税（税率差が大）。
（6）ウズベキスタン：企業所得税8％。付加価値税20％。個人所得税22％。消費税（製品の種類によって異なる）。純利益税9％。超過利潤税（課税所得額の50％）。土地税（所在地域によって異なる）。不動産税3.5％。

　外国からの直接投資を呼び込んで、自国の経済の発展を促進するため、中国および中央アジア5カ国は、外資誘致の租税政策を行った。外資の利用にあたっては、外国の所有権の保有比率、外国企業の最低投資額、現地会社と提携や合弁を行う外国人投資家の最低持株比率、税制優遇および現地の土地の保有の可否などが詳細に規定されている（表A2-2）。

表 A2-1　中国と中央アジア5カ国税制の概要

| | 中国 | カザフスタン | キルギス | タジキスタン | トルクメニスタン | ウズベキスタン |
|---|---|---|---|---|---|---|
| **A. 直接税：企業所得税** | | | | | | |
| **1. 居住者（法人）** | | | | | | |
| 税源 | 全世界所得*a | 全世界所得 | 全世界所得 | 全世界所得 | 全世界所得 | 全世界所得 |
| 税率 | ・25%<br>・小・零細企業は20% | 20% | ・一般税率10%<br>・金採掘活動には累進個人所得税の税率を適用<br>・リース会社は5%（有効期間2017年1月1日～2021年12月31日） | ・25%<br>・15%（製造業） | ・8%<br>・20%（国有企業、石油天然ガス資源探査・採掘従事企業）<br>・2%（民間企業） | ・一般税率は8%（2013年は9%）<br>・商業銀行は15%（10.5～12%の税率が適用される場合がある）<br>・特定の輸出企業への税率を30%または50%低減が可能 |
| キャピタルゲイン | 込み。企業所得の一部とみなす | 込み。企業所得の一部とみなす | 課税所得の一部とする（一部例外あり） | 込み。企業所得の一部とみなす | 込み。企業所得の一部とみなす | ・非居住者の活動が恒久的機構を構成する場合は、企業所得税を納付<br>・恒久的機構を構成しない場合は、20%の税率で源泉徴収所得税を納付 |
| 単方向型二重課税排除 | あり | あり | なし | あり | なし | なし |
| **2. 非居住者（法人）** | | | | | | |
| 税率 | 25% | 20% | 10% | 15%（任意の税金控除が許されない） | 20% | ・一般税率は8%（2013年は9%）<br>・商業銀行は15%（10.5～12%の税率が適用される場合がある）<br>・特定の輸出企業への税率を30%または50%低減が可能 |
| 居住者企業の株式売却時におけるキャピタルゲイン | 課税。ただし、一部の合併および買収の場合を除く | 込み。企業所得の一部とみなす | 10%。ただし、例外的ケースあり | 課税 | 課税。企業所得の一部とみなす | 課税。企業所得の一部とみなす |

\*a　全世界所得【訳注】所得を国内・国外のどこから得ているかに関わらず、全て課税の対象とすることを全世界所得と言う。

| | 中国 | カザフスタン | キルギス | タジキスタン | トルクメニスタン | ウズベキスタン |
|---|---|---|---|---|---|---|
| 最終源泉徴収税率 | | | | | | |
| 出先機関の利益 | なし | 15% | 10% | 15%(恒久的機構の税引後利益) | 15% | 10% |
| 配当金 | 10% | ・15%<br>・0％(次の条件を同時に満たす場合。①配当金が3年の保有期間を過ぎて支払われた。②配当金を支払う法的実体が1つの人的使用者でない場合。③配当金を支払わなければならない場合) | 10% | 12% | 15% | 10% |
| 利息 | 10%<br>国債：0% | 15% | 10% | 12% | 15% | 10% |
| ロイヤリティ | 10% | 15% | 10% | 15% | 15% | 20% |
| 技術料 | なし | 20% | 10% | 15% | 15% | 0% |
| 管理費 | なし | 20% | 10% | 15% | 15% | 20% |
| 3．特殊な問題 | | | | | | |
| 資本参加による減免 | 域内配当金：なし<br>域外配当金：あり | 域内配当金：なし<br>域外配当金：あり | 域内配当金：なし<br>域外配当金：なし | 域内配当金：なし<br>域外配当金：なし | 域内配当金：なし<br>域外配当金：なし | 域内配当金：なし<br>域外配当金：なし |
| インセンティブ措置 | ・ハイテク企業<br>・国債<br>・農業、林業、牧畜、漁業<br>・環境保護事業<br>・技術移転<br>・国家重点奨励インフラ事業<br>・西部大開発地域 | ・投資優遇<br>・非営利組織の条件に合致した所得への非課税<br>・経済特区で経営に携わっている納税者は免税<br>・課税所得の3％以下の協賛金および寄付金は、課税所得額を相殺減額 | ・投資インセンティブ措置<br>・経済特区の革新技術工業団地は税制を簡素化 | ・資本投資<br>・ハイドロカーボン(炭化水素)エネルギー企業<br>・綿花業界<br>・料金徴収手配<br>・税制を簡素化<br>・畜産<br>・経済自由区域 | なし | ・海外投資<br>・特定タイプの企業に対し、一定期間または無期限の税制インセンティブ／免税措置<br>・新技術への投資<br>・経済特区の税制インセンティブ措置 |
| B．直接税：個人所得税 | | | | | | |
| 1．居住者（個人） | | | | | | |
| 個人所得税率 | ・給料賃金：最高45％(月収8万元を超過した部分)<br>・個人事業主の経営所得：最高35％（年収10万元を超過した部分)<br>・配当金、利息、ロイヤリティ、キャピタルゲイン：20% | 10%の単一税率 | 10%の単一税率 | 累進税率<br>最高税率13％(3600 タジキスタンソモニ超過部分) | 10%の単一税率 | 累進税率<br>最高税率22％(月最低賃金の10倍を超える収入に対し) |

|  | 中国 | カザフスタン | キルギス | タジキスタン | トルクメニスタン | ウズベキスタン |
|---|---|---|---|---|---|---|
| キャピタルゲイン | ・課税所得の一部とみなす<br>・国内上場企業に関し5年以上保有するその出資持分の譲渡：0% | 込み。勤労所得の一部とみなす | 10%（一部例外あり） | 課税 | 課税収入の一部とみなす。ただし、販売・経営活動と無関係な個人資産の売却利益を除く | ・事業活動に起因するキャピタルゲインは、普通所得として課税<br>・経営活動とは無関係な個人資産の売却で得た所得は納税不要 |
| 一方的な解消重複課税 | あり | あり | なし | あり | なし | なし |
| **2. 非居住者（個人）** | | | | | | |
| 個人所得税率 | ・給料賃金：最高45%（月収8万元を超過した部分）<br>・個人事業主の経営所得：最高35%（年収10万元を超過した部分） | 20% | 10%の単一税率 | 累進税率<br>最高税率25%（3600タジキスタンソモニ超過部分） | 10%の単一税率 | ・非居住者自然人のウズベキスタンの恒久的機構に関連する所得は、自然人居住者の適用税率によって源泉徴収税を納付<br>・恒久的機構と関係のない非居住者自然人の所得は、10%の源泉徴収税を納付 |
| 居住者の株式売却によるキャピタルゲイン | 非居住者が保有している国内上場企業の株式譲渡を除き課税 | 課税 | 課税 | 課税 | 課税 | 普通所得の一部として課税 |
| 最終源泉徴収税率 | | | | | | |
| 給料賃金による所得 | 源泉徴収 | 10% | 10% | 25% | 10% | 20% |
| 配当金 | ・20%<br>・国内上場企業の配当金：5%または10% | ・15%<br>・0%（次の条件を同時に満たす場合。①配当金が3年の保有期間を過ぎて支払われた。②配当金を支払う法的実体が1つの人的使用者でない場合。③配当金を支払うべき法的実体の使用者の持ち株比率が50%以下の最低額である場合） | 10% | 12% | 10% | 10% |
| 利息 | ・20%<br>・国債：0% | 15% | 10% | 12% | 10% | 10% |
| ロイヤリティ | 20% | 15% | 10% | 15% | 10% | 20% |

|  | 中国 | カザフスタン | キルギス | タジキスタン | トルクメニスタン | ウズベキスタン |
|---|---|---|---|---|---|---|
| 技術料 | なし | 20% | 10% | 15% | 10% | 0% |
| 役員報酬 | 賃金・給与所得に応じて課税または20％の課税 | 20% | 10% | 15% | 10% | 20% |
| C. 間接税：付加価値税／物品サービス税(Goods and services tax、GST) ||||||||
| 標準税率 | 17% | 12% | 12% | 18％、15.25％（対外サービス） | 15% | 20% |
| 低税率 | 0%、3%、4%、13% | 0% | 0% | 5% | 0% | 0% |
| 高税率 | なし | なし | なし | なし | なし | なし |
| その他 | なし | なし | 消費税の税率は、それぞれ1%、2%、3%と5%であった | なし | なし | なし |

最終更新日
中国　　　　　　：2014年9月1日　　カザフスタン　：2014年3月22日
キルギス　　　　：2014年3月26日　　タジキスタン　：2014年4月4日
トルクメニスタン：2014年4月7日　　ウズベキスタン：2014年3月17日

出典：IBFD資料に基づき著者が整理

表A2-2　中国および中央アジア5カ国の投資の枠組み

|  | 100%の外国所有権 | 外国企業の最低投資額 | 現地会社と提携する海外投資家の最低持株規定 | 免税期間（年） | 土地の外国所有権 |
|---|---|---|---|---|---|
| 中国 | 認める | 業界や組織形態によって異なる | 25% | 西部地域の特定業種に対し、投資後2年間は企業所得税を免除。その後3年間は規定の半額 | なし |
| カザフスタン | 認める | なし | なし | 企業所得税および土地税は最長10年、不動産税は最長5年 | 有限 |
| キルギス | 認める | なし | なし | 業界と場所に応じて異なる | なし |
| タジキスタン | 認める | なし | なし | 最長5年 | なし |
| トルクメニスタン | 認める | 最低賃金(月)の100倍（17万5500米ドル） | 会社の資産の25% | 業種や所在地によって異なる（付加価値税や所得税の免除は最長15年） | なし |
| ウズベキスタン | 認める | 15万米ドル（その他は半額） | 30% | 最長3年 | 有限 |

出典：国連貿易開発会議（UNCTAD）の資料を整理

## A2.2　中央アジア5カ国の経済特区およびその優遇政策

　経済特区は一般に、企業誘致および資金導入を図るため、他の地域にはない税制を含めた優遇措置や特別な政策が講じられる。中国も、まず経済技術開発区や経済特区を設置した。特に経済特区は外国政府と共同で建設したが、中国のように経済特区を設立し、最初は小範囲で通貨・経済・投資政策の自由化を試行し、そのあと全国規模に広げていくのが、経済体制転換国の一般的な経済発展のパターンである。

　国連貿易開発会議（UNCTAD）の統計によると、シルクロード沿線の中央アジア諸国がこぞって経済特区を設立した。これらの特区では、数年前から活発な経済・投資活動が行われている。

### 1．カザフスタン

　カザフスタンでは1999年に「カザフスタン共和国における経済特区」令が公布された。現在、カザフスタンには10カ所の経済特区が設立されている（表A2-3）。経済特区での経営主体（企業）は、企業所得税免除の優遇を受けることができる。経済特区内での販売には、付加価値税が免除され、5年間の地代免除と土地税の優遇が受けられる。

　経済特区には、投資家に規制とサービスを提供する政府の各関連部門によって、ワンストップ型の行政サービスホールが設立されている。経済特区で提供される区画は、道路・電力・水道が完備している。

　経済特区は、外資を誘致して自国経済の多元化を実現するための政策手段として位置づけられている。また、政府も経済特区を利用して、自国の豊富な天然資源備蓄の付加価値を開発する。経済特区で優先的に発展させる特定産業は、表A2-3のとおりである。

　カザフスタンの各経済特区は、戦略的見地から、重要な資源やインフラに近い地域に設置されている。例えば、倉庫、物流、運輸の構築に重点を置く「アクタウ港」は港と隣接していることが考慮されているし、「国営石油化学工業団地」は原油埋蔵地域に近い地域にある。

　カザフスタン最大の経済特区は、「アスタナ・ニューシティ」である。この経済特区では、建設に用いる物品に対して付加価値税の免除が実施

表 A2-3　カザフスタンの経済特区

| 経済特区 | 設立年 | 所在地 | 優先産業 |
| --- | --- | --- | --- |
| アスタナ・ニューシティ<br>(Astana New City) | 2001 | アスタナ市 | 建設、製造 |
| アクタウ港（Sea Port Aktau） | 2002 | マンギスタウ州 | 物流、輸送 |
| イノベーション・テクノパーク<br>(Innovation Technology Park) | 2003 | アルマトイ | 情報技術 |
| 南（Ontustyk） | 2005 | 南カザフスタン州 | 繊維（現地綿花の加工） |
| 国営石油化学工業団地<br>(National Industrial Petrochemical Park) | 2007 | アティラウ州 | 石油・天然ガス、石油化学 |
| ブラバイ（Burabay） | 2008 | アクモラ州（シュチンスク～ボロボイのリゾート地） | 観光 |
| サルィアルカ（Saryarka） | 2011 | カラガンダ市 | 冶金・金属加工、ゴム、プラスチック、建材 |
| パヴロダル（Pavlodar） | 2011 | パヴロダルの北部工業地域 | 化学、石油化学 |
| ホルゴス-東の窓口<br>(Khorgos Eastern Gate) | 2011 | アルマトイ | 貿易、物流、各種製品の製造（特に食品、皮革、繊維製品、鉱業、機械設備、金属） |
| ケミカルパーク・タラズ<br>(Chemical Park Taraz) | 2012 | ジャンブィル州 | 化学、石油化学、ゴム、プラスチック、機械設備 |

出典：国連貿易開発会議（UNCTAD）等の資料を整理

されている。その目的は、この新しい都市の発展に必要なインフラを構築することにある。別の経済特区「ホルゴス-東の窓口」すなわち「中国・カザフスタンホルゴス国際国境協力センター」の設立目的は、中国とカザフスタンとのクロスボーダーの貿易と投資を利便化することである。

## 2．キルギス

キルギスには、ビシュケク・ナリン・カラコル・マイマク、の4つの経済特区が設置されている。キルギスの経済特区に関する法律は、「自由経済区法」および自由経済区に関する行政規則である。経済特区内への搬入取引には、関税が免除される。経済特区内にある企業は、スピード登録、各種租税の免税、簡素化といった税関手続き上の優遇、および公共施設の供給業者によるサービス、などのメリットを享受することができる。

## 3．タジキスタン

　タジキスタンでは経済特区が4カ所指定されているが、現在、具体的に運営が進んでいるのは、ソグド（Sugd）経済特区とパンジ（Panj）経済特区の2特区である。他の2特区のうち1つはダンガラ（Danghara）に位置し、もう1つは本稿執筆時点ではまだ開発段階にある。

　経済特区の企業は、最初の7年間はすべての税が免除される。タジキスタンの経済特区に関する法律は、2008年に公布された「自由経済区法」である。

　ソグド自由経済区は、タジキスタンで最も発展している経済特区である。ソグド州の州都でタジキスタン第2の都市でもあるホジェンドから15kmのところに位置し、国際空港や鉄道にも近い。この特区では外国からの投資1億3000万米ドルを誘致し、主として採鉱、アルミニウム合金加工、太陽光パネル製造、農産物加工などの分野に配分している。

## 4．トルクメニスタン

　トルクメニスタンでは、1993年10月8日に「自由企業経済区法」が公布され、自由貿易区の設立と運営が承認された。現在、トルクメニスタンには10カ所の自由貿易区があるが、いずれも1998年に設置されたものである。

　自由貿易区で事業を営む企業は、税制上の優遇措置が受けられる。具体的には、獲得した利益を輸出指向のハイテク企業に投資すると企業所得税や関税が免除になる、製品を自由に輸出でき、製品価格を決めることができる、などである。

　2007年、カスピ海沿岸の開発を目的としてアワザ観光区が設置された。

　トルクメニスタンの税制の基本法は、観光地域内の観光施設の建設・据付けに対する付加価値税の免除である。

## 5．ウズベキスタン

　ウズベキスタンでは、1996年に「自由経済区法」が公布された。この法律により、政府の提言の下に、議会が各種形式の自由貿易区（工業団地、テクノパーク等を含む）を設立することを承認する。自由貿易区

で事業を行う企業は、通貨交換や税関管理での優遇が受けられ、入国手順が簡略化される。特区内の企業は、税制および関税優遇など広範な恩恵を得ることができる。

ナヴァーイー自由工業経済区は、ウズベキスタンに現有する唯一の経済特区である。2013年1月には、ウズベキスタンと中国が、ジザフに経済特区を設立することを発表した。

## A2.3　税制と中央アジア5カ国のビジネス環境

世界銀行グループと、プライスウォーターハウス・クーパース（PricewaterhouseCoopers、PwC）は、2004年から毎年、「Doing Business」を発表している[*2]。同報告書は、事業運営の難易度に影響を与える要素を、起業・建設許可・電力事情・登記・信用取得・投資家保護・納税・国際間取引・契約強制力・破綻処理の10項目に分類する。

税制の観点から見ると、各経済主体に対するランキングは、中堅規模の企業が当該国で負担する税金の総額と税務申告・納付に要する時間によって評価するものとなっている。総合公的負担率（total tax rate）は、企業が納付するすべての税金の税引き前純利益に占める割合を言う。納税の種類には、利益に係る税、雇用に係る税その他企業が納付すべき税目を含む。納税に要する時間は、1日8時間で換算する。納税は、ビジネス環境を評価する指標のひとつであり、その指標は世界の各国・地域の中堅企業の納税回数、納付に要した時間、納付する税金の当該企業の利益に占める比率である。したがって、納税指標は、全体の経営環境における税務の地位と各国の租税政策の変動傾向を反映する。

2014年10月29日、世界ビジネス企業環境指数の2015年納税報告が公表された（表A2-4）。それを見ると、中央アジア5カ国の間で総合公的負担率の差が大きく、最低のカザフスタンは28.6％であるが、最高のタジキスタンは80.9％とカザフスタンの3倍となっている。

---

＊2　【訳注】厳密には、「Doing Business」レポートは世界銀行グループが発表しているもので、同グループとPwCが共同で発表しているのは「Paying Taxes」である。「Paying Taxes」のサマリーが「Doing Business」レポートに、その1章として掲載されている。

表 A2-4　中国と中央アジア4国の「納税のしやすさ」

| | 世界ランキング(189経済体) | 納税回数 | 納税等に要する時間(時間) | 利益に係る税が占める割合(%) | 労務・社会保険など雇用に係る税が占める割合(%) | その他の税が占める割合(%) | 公的負担率(%) |
|---|---|---|---|---|---|---|---|
| 中国 | 120 | 7 | 261 | 7.8 | 49.3 | 7.4 | 64.6 |
| カザフスタン | 17 | 6 | 188 | 15.9 | 11.2 | 1.5 | 28.6 |
| キルギス | 136 | 52 | 210 | 6.4 | 19.5 | 3.1 | 29 |
| タジキスタン | 169 | 31 | 209 | 17.7 | 28.5 | 34.8 | 80.9 |
| ウズベキスタン | 118 | 33 | 192.5 | 12.1 | 28.2 | 1.9 | 42.2 |

出典：世界銀行グループおよびプライスウォーターハウス・クーパース「Paying Taxes 2015」(2014)

　世界の潮流と同様、中央アジア諸国も近年では自国の積極的に税制改革に取り組んでおり、税率を下げ、税源を広げ、税目を併せて納税額を減らすよう努めている。また電子申告・電子納税を実行するなど、同地域のビジネス環境はいくぶん改善されている。

## A2.4　中国と中央アジア5カ国との2国間租税条約

　二重課税や脱税を防止する2国間租税条約は、生産要素の国境を越えた移動が引き起こす越境収益分配に適応するために生まれたものである。2国間租税条約の締結は、貿易・投資相手国との経済貿易活動の促進や、貿易と投資の一体化の促進に重要な役割を果たしている。

　現在、中国は中央アジア5カ国を含む99カ国と99の2国間租税条約を結んでいる。また、香港やマカオとも2者間の租税協定を結んでいる。

　カザフスタンは40余り、キルギスは20余り、トルクメニスタンは26、ウズベキスタンは60の2国間租税条約を締結した。これらの2国間租税条約では、配当金や利息、ロイヤリティなどにおいて、より優遇された源泉税率が適用される。

　先進的な2国間租税条約のネットワークは、国際的二重課税の排除や徴税リスクの解消、国際的な脱税および租税回避への対応、相互協議を通じた税務上の紛争解決、納税者の合法的な地位の保護を行うことによって、2国間貿易や投資に利便性と確定性を提供する。そして同時に、

表 A2-5　中国と中央アジア5カ国との2国間租税条約

| | 配当金（％） | | 利息（％） | ロイヤリティ（％） |
|---|---|---|---|---|
| | 個人・企業 | 条件に合った企業 | | |
| 国内税率 | | | | |
| 企業 | 10 | 10 | 0／10 | 10 |
| 個人 | 0／5／10／20 | 適用しない | 0／20 | 20 |
| 国 | 協定税率 | | | |
| カザフスタン | 10 | 10 | 10 | 10 |
| キルギス | 10 | 10 | 10 | 10 |
| タジキスタン | 10 | 5 | 8 | 8 |
| トルクメニスタン | 10 | 5 | 10 | 10 |
| ウズベキスタン | 10 | 10 | 10 | 10 |

出典：IBFD（International Bureau of Fiscal Documentation）、www.ibfd.org

税務当局の管理コストや納税者のコンプライアンスコスト[*3]を低下させる。

　中国と中央アジア5カ国が締結した2国間租税条約、すなわち所得に対し二重課税を回避し脱税を防止する協定はすでに発効しており、それぞれ2国間で実施されている。これら5つの2国間租税条約の内容は、条約が適用される人と税目の範囲（表 A2-5）、条約の用語の定義、各所得の源泉地の確定規則と課税方式・税率、二重課税を排除する方法（外国税額控除法）のほか、例えば租税の内外無差別、相互協議の手順と税務情報の交換、税務紛争の解決などの特別規定などにも及んでいる。これらの協定は、国際的な二重課税の回避や脱税の防止、納税者の内外無差別の地位の確保のためのものであり、中国と中央アジア5カ国の間での生産要素の国際移動に利便性を提供すると共に、協定締結国間の貿易および投資の発展と拡大に有力な保障を提供する。

　また、国際輸送収入に対しては、中国とトルクメニスタンが締結した航空協定の租税に関する条項に従って、相互に企業所得税を免除する。中国とカザフスタン、ウズベキスタン、トルクメニスタン、キルギスが締結した航空協定の租税に関する条項に従って、相互に個人所得税を免

---

＊3　コンプライアンスコスト：【訳注】法令を遵守するための管理体制を構築するときや、法令違反をしたときにかかる費用や手間。

除する。中国とトルクメニスタン、キルギス、カザフスタンと締結した航空協定の租税に関する条項に従って、相互に間接税を免除する。

## A2.5　政策提言

「一帯一路」は、中国が国内外の新しい環境に直面した戦略的選択で、中国が中央アジア諸国と共にシルクロード経済圏（ベルト）を建設するには、リスクや危機に対する意識を確立し、勇気を持って困難に立ち向かい、問題解決を図ることが必要である。

企業という観点から見れば、現地のビジネス環境を深く理解し、現地の法的環境に精通しなければならない。特に重要なのは、税法や租税管理システムで、法に基づく納税は、納税リスクを回避する。

企業の「走出去」（海外進出）を支援するため、中国政府は税制改革をさらに深化させ、納税業務のレベルを高めた上で、「一帯一路」建設を支援する税制措置を積極的に検討しなければならない。「一帯一路」沿線国との租税条約の交渉力（条約の更新を含む）を上げ、２国間協議システム、特に租税条約の相互協議手順などを積極的に探求・利用して、中国の対外投資家の域外における税務上の紛争を解決する。企業が多国籍経営する場合の徴税の確実性を高め、国際的二重課税を排除する。現地の経済貿易区の優遇政策を利用し、中国企業の「走出去」を支援する。

ホスト国としての中央アジア５カ国政府は、中国との貿易や投資のために良好なビジネス環境を積極的に作り上げ、国際公約を真摯に履行すべきである。官僚主義的な慣習から脱却し、腐敗現象を排除し、安定を維持した予測可能な税制および税務管理システムを構築すべきである。

中国の税制とシルクロード沿線国との税制協調・租税協力を強化しなければならない。有害な租税競争の発生や劣悪な税務戦略（タックスプランニング）を防止し、タックスフォーラムなど対話協力体制を構築する。そして税制の変更など税務に関する情報、特にリスク警告を投資家に発信することが必要である。

附録3

# 人民元の国際化をめぐる主な出来事（2014年）

| 年月日 | 出来事 | 内容 | 意義 |
|---|---|---|---|
| 2014年1月7日 | アシュモア・グループ（イギリスの投資運用会社）がRQFII（人民元適格域外機関投資家）のライセンスを取得。カストディアンは香港上海銀行（HSBC） | 香港上海銀行（HSBC）銀行（中国）は、ロンドンを拠点とするアシュモア・グループのRQFIIのライセンス取得に協力し、ロンドン初のカストディアンとなったと発表。初のQFII（適格域外機関投資家）カストディアンであり、クリアリング銀行のひとつでもあるHSBCは、香港のRQFIIにカストディサービスを提供する初の外資系銀行。 | アシュモア・グループのRQFIIのライセンスの取得は、人民元資金還流の新ルート開拓に有益であり、ロンドンのオフショア人民元センターとしての地位を向上させる。 |
| 2014年2月20日 | 中国人民銀行が「中国（上海）自由貿易試験区における人民元クロスボーダー利用拡大の支援に関する通達」を発表 | 中国人民銀行（中央銀行、略称PBOC）上海本部が「中国（上海）自由貿易試験区における人民元クロスボーダー利用拡大の支援に関する通達」（銀総部発［2014］22号）を発表。 | 自由貿易区内での各種クロスボーダー人民元業務の新たな試行を支援し、人民元の国際的な利用を奨励・拡大。 |
| 2014年3月7日 3月10日 | 中国農業銀行が「新シルクロード」クロスボーダー人民元国際フォーラムを、フランクフルトとロンドンで開催 | 中国農業銀行が2014年に展開した人民元の「走出去」推進活動の一環。参加者は、中国のマクロ経済の動向と展望、人民元国際化、欧州の人民元市場の発展、人民元資金還流ルートの構築、RQFIIなど、金融市場における投資の注目問題をめぐって熱い議論を交わす。中欧のインターバンククロスボーダー人民元業務の連携強化について、十分なコミュニケーションが図られた。 | 本イベントの成功によって、人民元のクロスボーダー利用の拡大やオフショア人民元市場の発展が後押しされた。農業銀行は、中欧間の経済・貿易交流の活発化や欧州オフショア人民元の急速な発展に伴い、人民元資金力やネットワークの優位性を引き続き発揮し、欧州の同業者と人民元建てクロスボーダー決済、クリアリング及び投融資等で総合的な協力を強化する。中欧の顧客のために新たな架け橋を構築し、経済・貿易協力のためにより質の高い金融サービスを提供する。 |

| 年月日 | 出来事 | 内容 | 意義 |
|---|---|---|---|
| 2014年3月14日 | インターバンク直物為替市場における人民元の対米ドル相場の変動幅を、1％から2％へと拡大 | 中国人民銀行は、2014年3月17日からインターバンク直物為替市場での対米ドル相場の変動幅を1％から2％へ、銀行の対顧客取引相場の値幅制限を基準値の2％から3％へ拡大することを公告にて発表。 | 変動幅の拡大は、市場の役割をさらに発揮させ、中央銀行による常態的な介入を徐々に減らすことを意味しており、人民元は徐々に成熟通貨となる。 |
| 2014年3月14日 | 「財貨輸出貿易の人民元建て決済企業の管理の簡素化に関連する事項に関する通達」を発表 | 中国人民銀行・財政省・商務省・税関総署・国家税務総局・中国銀行業監督管理委員会が、「財貨輸出貿易の人民元建て決済企業の管理の簡素化に関連する事項に関する通達」（銀発［2014］80号）を連名で発表。「輸出貿易企業の重点監督管理企業リスト」の審査権限を委譲。 | 業務管理がさらに簡素化された。 |
| 2014年3月14日 | 域外の非金融企業が中国本土で人民元建て債券を初めて発行 | ダイムラー社（ドイツの自動車メーカー）が、中国のインターバンク債券市場でパンダ債を発行。期間は1年、利率は5.2％。 | 域外非金融企業が中国のインターバンク債券市場で初めて発行するPPN（Private Placement Note、融資ツールの一種）。 |
| 2014年3月19日 | 人民元とニュージーランドドルのインターバンク市場での直接取引が実現 | 中国人民銀行は、中国外貨取引センターに授権し、インターバンク市場で人民元－NZドルの直接取引を開始することを発表。 | 人民元とNZドルの直接取引は、人民元－NZドルの直接レートの形成につながり、両国の両替コストを軽減させる。また、2国間の貿易や投資における人民元とNZドルの利用を促進し、両国の金融協力の強化に貢献する。それによって中国－ニュージーランド間で発達してきた経済金融関係を支援する。 |
| 2014年3月26日 | フランスに800億元のRQFII枠を供与 | 「中華人民共和国とフランス共和国の共同声明」にて、フランスに800億元のRQFII枠の供与を発表。 | RQFII制度は、海外の投資者に対し、中国本土の資本市場への人民元資金による投資に新しいルートを開拓した。RQFIIの安定した試行状況は、人民元のオフショア市場の発展を後押しし、資本市場の対外開放拡大に積極的な作用を発揮した。 |
| 2014年3月28日 | 中国人民銀行とドイツ連邦銀行が、人民元決済制度構築の協力覚書を締結 | 中国人民銀行とドイツ連邦銀行が、フランクフルトにおける人民元決済制度構築の協力覚書を締結。 | 双方が締結した覚書は、フランクフルトに人民元オフショアセンターを創設するという内容。フランクフルトでの人民元決済制度の構築は、中・独両国の企業や金融機関による人民元を用いたクロスボーダー貿易に資するものであり、貿易や投資の自由化・利便性向上をさらに促進する。 |

| 年月日 | 出来事 | 内容 | 意義 |
|---|---|---|---|
| 2014年3月31日 | 中国人民銀行とイングランド銀行が、人民元決済制度構築の協力覚書を締結 | 中国人民銀行とイングランド銀行が、ロンドンにおける人民元決済制度構築の協力覚書を締結。双方は、十分な協議と相互協力を重ね、関連業務の監督管理、情報交換を行い、持続的な評価や政策の整備をしていく。 | ロンドンでの人民元決済制度の構築は、中英両国の企業や金融機関による人民元を用いたクロスボーダー貿易に資するものであり、貿易や投資の自由化・利便性向上をさらに促進する。 |
| 2014年3月31日 | 外貨取引センターが、人民元と84の未上場通貨の参照レートを公表 | 中国外貨取引センターは、3月31日より毎月定時に、ウェブサイトにおいて同センターに上場していない84通貨と人民元の参照レートを公表。現在、同センターで上場取引されている通貨は、米ドル、ユーロ、日本円、ロシアルーブルなどの10主要通貨で、インドルピーや、ブラジルレアルなど新興市場の主要通貨は、人民元と取引を行っていない。 | これによって、人民元と各通貨の交換レートをより直接的に把握できる。すべての顧客が取引センターのこのルートから参照価格を知ることができ、取引や決済をより便利にする。 |
| 2014年4月10日 | 証券監督管理委員会（以下、「証監会」）が「滬港通」の原則および制度について公告を発表 | 証監会が公告を発表し、「滬港通」の原則・制度を明確化。「滬港通」の総額は5500億元、「港股通」に参入する個人投資家は、50万元以上の資金口座の残高を有することを条件とした。上海および香港取引所は、両地の投資家が、各々の地の証券会社（または仲介業者）を通じて、相手側取引所に上場されている株式の規定範囲内での売買を許可する。 | 証監会は、「滬港通」について、①新しい協力体制により、中国資本市場の総合力を増強する。②上海と香港の両金融センターの地位を固め、上海市場の投資家構造を改善する。③人民元国際化を推進し、香港がオフショア人民元業務の中心になることを支援するという3つの意義があるとした。専門家は、「滬港通」は人民元のオフショア市場からオンショア市場へのスムーズな還流ルート構築に資するものであり、シンメトリーかつ完備された「オンショアーオフショアーオンショア」の人民元市場サイクルの構築を助けるとしている。 |
| 2014年4月11日 | 中国銀行（バンクオブチャイナ）が「オセアニア債」（Oceania Bond）を発行 | 中国銀行シドニー支店が、オーストラリアで20億元の「オセアニア債」を発行。期間は2年、固定金利は3.25%。 | オーストラリア市場初の人民元建て債券。 |
| 2014年4月23日 | 香港取引所が商品先物取引の人民元建て契約を発表 | 香港取引所が初のアジア商品先物4銘柄を発表。いずれも現金決済。うち、アルミニウム・銅・亜鉛の契約は人民元建て。これは香港取引所が2012年末に22億米ドルでロンドン金属取引所（LME）を買収して以来、初めて登場した商品先物取引。 | ロンドン市場のマーケットメーカーの多くは、欧州通貨のほか人民元建て取引も採用しており、それによってロンドン市場の活況が大きく促進されると思われる。しかも上海・香港両市の協力が進めば、その人民元建て決済ニーズの効果は、幾何級数的に拡大する。このことは、人民元国際化にとって大きな意味がある。 |

| 年月日 | 出来事 | 内容 | 意義 |
|---|---|---|---|
| 2014年4月25日 | 中国人民銀行がニュージーランドの中央銀行と2国間通貨スワップ協定を更新 | 中国人民銀行とニュージーランド中央銀行が、250億元／50億NZドルの中国ーニュージーランド2国間通貨スワップ協定を更新。有効期限は3年、双方の同意により延長可。 | 2国間通貨スワップ協定の期間延長は、人民元の国際的な流通をさらに推し進め、中国・ニュージーランド両国の関係を強化する。 |
| 2014年4月26日 | 人民元が、世界で最も利用されている通貨の第7位に | 「中国支払決済発展報告（2014）」*¹が、「SWIFT（国際インターバンク通信協会）のデータによると、2014年、人民元はスイスフランを抜き、世界で最も利用されている決済通貨の第7位となった」と言及。 | 人民元国際化が好ましい進展を遂げたことを表すと同時に、中国の支払・決済システムの国際化に対し、より高い要求を突きつけた。支払・決済システムの国際化の推進は、人民元国際化の不可欠なステップである。リスク管理の下、支払・決済システムの国際化を絶えず進めることが必要。 |
| 2014年4月28日 | シンガポールが、世界第2位のオフショア人民元取引センターに | シンガポールがロンドンを抜き、香港に次ぐ世界第2位のオフショア人民元取引センターになった。SWIFTのデータによると、シンガポールは、全オフショア人民元決済取引の6.8％を占め、ロンドンが5.9％、香港は72％を占めている。 | シンガポール市場の成長ぶりは、人民元の急速な国際化だけでなく、欧州とアジアの金融センターがオフショア人民元業務から競うように分け前を得ようとしていることも著明に表している。人民元の国際舞台での台頭は、主として貿易金融での利用に有益である。 |
| 2014年5月4日 | 中国建設銀行が、中国・ASEAN人民元クロスボーダー業務センターを設立 | 中国建設銀行中国・ASEAN人民元クロスボーダー業務センターが、広西省南寧市に設立された。これは、建設銀行が中国・ASEAN自由貿易圏の進化版建設ニーズに応えたものであり、国境地域の金融改革に積極的に関わり、クロスボーダー人民元建て金融サービスのレベルを向上させる重要な措置。 | 除幕式で、胡哲一建設銀行副頭取は、同銀行が中国・ASEAN人民元クロスボーダー業務センターの整備を進め、国内外の連携と多角化経営の優位性を頼りに、積極的にASEANとの金融協力の架け橋を構築すること、また人民元のクロスボーダー双方向流通、ASEANの通貨取引や両替、人民元建てクロスボーダー投融資、クロスボーダー人民元決済チャネルの構築、個人のクロスボーダー金融などにおける金融協力を深化させ、国境地域の金融改革を支援することを表明した。 |
| 2014年5月4日 | 人民元がアフリカの外貨準備の中心通貨となると期待される | 李克強首相がアフリカ4カ国とアフリカ連合本部を訪問。双方の協力関係の深化に伴い、アフリカの一部の政府および大手企業は「点心債」を発行し資金を調達するようになると予測。遠くない将来、人民元はアフリカの中央銀行で外貨準備の主要通貨になる見込み。 | 現在、人民元は、アンゴラ・ナイジェリア・タンザニア・ガーナ・ケニア・南アフリカ共和国の外貨準備の構成通貨となっている。中国の国際的地位の向上につれて、人民元の準備通貨としての注目度も上がる。 |

附録3　人民元の国際化をめぐる主な出来事（2014年）

| 年月日 | 出来事 | 内容 | 意義 |
|---|---|---|---|
| 2014年5月4日 | 中国人民銀行が、「上海金取引所国際業務ボード設立の同意に関する回答」を発表 | 中国人民銀行が、「上海金取引所国際業務ボード設立の同意に関する回答」を発表し、上海金取引所の国際ボード開設計画を原則的に承諾した。域外顧客は上海金取引所指定の決済銀行に金投資決済用資金の専用口座を開設し、関連規定に従ってクロスボーダー決済をする。 | 金の国際市場（中国語で「黄金国際板」）は、人民元による価格公表を採用し、保証金もオフショア人民元を使用。これにより人民元の国際化に寄与する。 |
| 2014年5月9日 | 中国銀行が、ルクセンブルクで「シェンゲン債」を発行 | 中国銀行ルクセンブルク支店が、ルクセンブルクで15億元の「シェンゲン債」(Schengen bond)を発行。期間は3年、固定金利は3.5％。 | ルクセンブルク市場で初めて発行された人民元建て債券であり、中国企業がヨーロッパで初めて発行した人民元建て債券である。 |
| 2014年5月16日 | 多国籍企業（本社）による外貨資金の集中管理が、上海自由貿易区で試行 | 国家外貨管理局「多国籍企業外貨資金集中運営管理規定（試行）」の実施についての決定に基づき、5月16日、多国籍企業本社による外貨資金の集中管理の最初の試行が、上海自由貿易区で正式に稼動。具体的には、多国籍企業の口座体系の刷新、書類審査の簡素化、グループ企業間の資金融通の利便化、外貨資本金の元転におけるネガティブリスト*2管理の採用、リスク管理強化などが含まれている。 | 多国籍企業による外貨資金集中管理の試行は、人民元国際化と資本取引の開放につながるものであり、この政策は、投融資における通貨交換の利便性追求を旨とし、人民元の資本取引の交換可能性における経験を蓄積することができる。また、多国籍企業の域内外における外貨資金の集中管理を支援し、従前のクロスボーダー人民元業務と共に、完備された自由貿易区の資金運営体系を構成するなど、重大な意義を有する。 |
| 2014年5月19日 | 中国建設銀行が、「ゲーテ債」を発行 | 中国建設銀行フランクフルト支店が、フランクフルトで15億元の「ゲーテ債」を発行。期間は2年、利率は3.38％。 | 監督管理、法律、決済の実践などさまざまな面でドイツのオフショア人民元業務の革新を推進し、フランクフルトでの人民元決済センター創設を一気に進めた。 |

349

| 年月日 | 出来事 | 内容 | 意義 |
|---|---|---|---|
| 2014年5月22日 | 「中国（上海）自由貿易試験区分離記帳勘定業務実施細則（試行）」および「中国（上海）自由貿易試験区分離記帳勘定業務リスク慎重管理細則（試行）」が公布 | 中国人民銀行上海本部が、「中国（上海）自由貿易試験区分離記帳勘定業務実施細則（試行）」および「中国（上海）自由貿易試験区分離記帳勘定業務リスク慎重管理細則（試行）」を公布。前者は、自由貿易試験区における分離記帳勘定業務の展開とそれに関連する要求事項に重点を置くものであり、上海地区における金融機関の内部に分離記帳勘定による管理制度の具体的な要求や、自由貿易口座の開設、口座資金の使用と管理などの内容を定めたものである。後者は、マクロプルーデンス[*3]やリスク管理の要求に基づき、試験区における分離記帳勘定業務管理の会計基準による合格基準、業務の会計指標による合格評価・検収、リスク管理、資金移動監視の早期異常警報および各種の暫定的規制などを明確に規定。 | 自由貿易区における金融改革で最も意義のあるものとなったこの2つの細則の誕生は、中国人民銀行の「金融による中国（上海）自由貿易区の建設支援に関する意見」における「リスク管理口座体系に寄与する政策の枠組み」が基本的に形作られたことを意味し、試験区で全国に先駆けて試行されている資本取引の自由化などの金融部門の改革に向けたツールと媒体を提供する。試験区内の経済主体は、自由貿易口座（FTA口座）という媒体を頼りに、投融資、為替などの新事業を積極的に展開できる。各関連部門はこのツールと媒体を利用し、「ひとつずつ成熟させ、推進する」という全体原則に基づき、実施規則を別途に制定し、試験区における個人のクロスボーダー投資、資本市場の開放、クロスボーダー融資の利便化などの改革の試行を行うことができる。そして企業環境の最適化を進め、金融サービスに対する実体経済のニーズにより応えられるようにし、試験区がより高いステージで国際競争に参加するよう働きかける。この件によって、人民元の自由交換は、さらなる一歩を踏み出した。このことは、区内の企業にとって「大きなプレゼント」であり、企業が域外融資で得た低コスト資金を域内貸付の返済に用いることができることを意味し、企業の融資コストを大幅に削減する。 |
| 2014年5月30日 | 中国人民銀行が、2国間通貨スワップ協定に基づき、初の外国通貨により融資 | 中国人民銀行が、中韓通貨スワップ協定の下、4億ウォン（約240万元、約4000万円）を使用し、中国企業の貿易融資を支援した。これは2国間通貨スワップ協定における同行初の相手側通貨の使用となる。 | 中国人民銀行による今回の韓国ウォンの初使用は、2国間通貨スワップ協定下の協力レベルをさらに強化するもので、節目的な意義をもつ。韓国側の視点では、ウォンによる貿易決済を促進するものであり、中国側の視点では、人民元の国際化を推進するもので、後続の他通貨スワップ協定に基づく使用に対して強いモデルケース的意義がある。本件は、2国間の貿易金融関係の発展促進に資するものであり、主要決済通貨への依存を軽減し、自国通貨決済の機能を発揮させる。 |

附録 3　人民元の国際化をめぐる主な出来事（2014 年）

| 年月日 | 出来事 | 内容 | 意義 |
|---|---|---|---|
| 2014 年 6 月 3 日 | 人民元建て金利スワップ、上海清算所での一元的な決済に | 上海清算所（Shanghai Clearing House、SHCH）が公告を発表、金融機関 5 行が人民元建て金利スワップの一元決済業務統括決済メンバーとなり、35 機関が一般会員になった。5 機関は、工商銀行・交通銀行・浦発銀行・興業銀行・中信証券。一般会員の 35 機関には、国家開発銀行・輸出入銀行・農業銀行など商業銀行 17 行、中国国際金融（CICC）など証券会社 7 社、および香港上海銀行（HSBC）（中国）など外資系金融機関 9 社を含む。 | 人民元建て金利スワップの一元決済代理業務の実施を、2014 年 7 月 1 日以降に金融機関の間で新たに合意した人民元建て金利スワップ取引に集中決済を義務づけた中国人民銀行の施策を、上海清算所が具体的に実行したもの。ほどなく展開される人民元建て金利スワップの一元決済代理業務の基盤を築いた。 |
| 2014 年 6 月 11 日 | 中国人民銀行が、『『国務院弁公庁による対外貿易の安定成長の支持に関する若干の意見』の貫徹・具体化に関する指導意見」を発表 | 中国人民銀行が『『国務院弁公庁による対外貿易の安定成長の支持に関する若干の意見』の貫徹・具体化に関する指導意見」（銀発［2014］168 号）を発表。銀行業金融機関が、個人向けの商品貿易やサービス貿易のクロスボーダー人民元建て決済サービスを提供できるようになった。 | 人民元建てクロスボーダー決済のプロセスの簡素化に寄与し、クロスボーダー人民元資金の集中管理業務、個人のクロスボーダー人民元建て貿易業務、クロスボーダー EC での人民元業務を展開し、対外貿易や企業の「走出去」の発展を促進する。 |
| 2014 年 6 月 17 日 | 中国農業銀行と中国銀行が、ロンドン証券取引所とクロスボーダー人民元協力の覚書を締結 | 中国農業銀行と中国銀行が、ロンドン証券取引所グループとクロスボーダー人民元戦略的協力覚書を締結した。 | 中・英双方のねらいは、クロスボーダー人民元商品のイノベーションと協力の強化にある。業務や人的な交流を活発化し、ロンドンオフショア人民元市場の発展を促進することで、人民元および中国企業の欧州進出をバックアップする。これは、人民元国際化の発展プロセスをさらに推し進め、ロンドンオフショア人民元センターの構築を助けると共に、中国企業がイギリスやヨーロッパで上場、起債およびデリバティブ商品の取引を行うことに利便性を提供する。 |
| 2014 年 6 月 17 日 | 中国人民銀行が、建設銀行をロンドンにおける人民元業務のクリアリング銀行に指定 | 中国人民銀行が、中国建設銀行（ロンドン）に授権し、同行をロンドンにおける人民元業務のクリアリング銀行とすることを決定。 | 中国の中央銀行が、アジア以外の国（地域）でクリアリング銀行を初選定。中・英両国ないしは中欧間の経済貿易協力・交流の促進、ロンドンオフショア人民元センターの建設促進に大きな意味を持つ。中国人民銀行は、ロンドンでの人民元クリアリング制度の構築が、中英両国の企業や金融機関の人民元を使用したクロスボーダー取引に資するものであり、貿易・投資の自由化と利便性向上をさらに促進すると述べた。 |

| 年月日 | 出来事 | 内容 | 意義 |
|---|---|---|---|
| 2014年6月18日 | 上海市の金融機関が、自由貿易口座（FTA口座）業務を初始動 | 中国人民銀行上海本部が、自由貿易口座業務発式を挙行。銀行7行と関連企業とが自由貿易口座の開設契約を締結した。5行は自由貿易口座を開設する機能を実現し、中国銀行上海支店が初の自由貿易口座を開設。自由貿易口座業務が正式に開始された。 | 自由貿易口座の開設は、中国人民銀行の「金融による中国（上海）自由貿易区の建設支援に関する意見」の中心的内容であり、投融資や為替の利便性追求、金融市場の開放の拡大および金融リスク防止における重要な施策である。 |
| 2014年6月18日 | 中国人民銀行が、中国銀行フランクフルト支店を人民元業務のクリアリング銀行に指定 | 中国人民銀行が、中国銀行フランクフルト支店に授権し、同行をフランクフルトにおける人民元業務のクリアリング銀行とする。中国はドイツに、RQFII運用枠800億元を設定。 | フランクフルトでの人民元クリアリング制度の構築は、中・独両国の企業や金融機関の人民元を使用したクロスボーダー取引に資するものであり、貿易・投資の利便性向上をさらに促進する。 |
| 2014年6月19日 | 人民元とイギリスポンドが、インターバンク外為市場での直接取引を開始 | 中国人民銀行からの授権により、中国外貨取引センターが、インターバンク外為市場で、人民元と英ポンドとの直接取引開始を発表。 | 中・英両国が共同で、2国間貿易関係のさらなる発展を推進する重要な措置。人民元－英ポンドの直接レート形成に寄与し、経済主体の両替コストを軽減する。人民元と英ポンドの2国間貿易や投資での利用を促進し、2国間の金融協力の強化に資するもので、中・英間で発展を続ける経済金融関係をサポートする。 |
| 2014年6月28日 | フランス・ルクセンブルクと人民元建て決済制度を構築 | 中国人民銀行が、フランス銀行およびルクセンブルク中央銀行と、それぞれパリ、ルクセンブルクにおける人民元決済制度構築の協力覚書を締結。 | 人民元建て決済制度の構築は、中・仏、中・ルの企業や金融機関の人民元を使用したクロスボーダー取引に資するものであり、貿易・投資の利便性向上をさらに促進する。 |
| 2014年7月3日 | 中・韓両国の中央銀行が、ソウルで人民元建て決済制度構築の覚書を締結。中国人民銀行により、交通銀行ソウル支店がソウルにおける人民元業務のクリアリング銀行に指定され、韓国にRQFII運用枠800億元を付与 | 中・韓両国の中央銀行である中国人民銀行と韓国銀行が、ソウルで人民元建て決済制度構築の覚書を締結。中国人民銀行から、交通銀行ソウル支店がソウルにおける人民元業務のクリアリング銀行に指定され、中国は韓国にRQFII運用枠800億元を設定。 | ソウルでの人民元建て決済制度の構築は、人民元オフショアセンターの北東アジアにおける始動を意味し、中・韓両国の経済貿易の互恵関係ひいては北東アジア各国の経済貿易の発展、オフショア人民元センターの構築に重大な意義を持つ。韓国の金融機関は、交通銀行ソウル支店に開設された口座を通じて、ストレートに人民元決済業務を処理することができ、韓国ひいては北東アジア地域全体における人民元の利用効率が著しく上がり、人民元資金の海外での運用ルートを効果的に広げる。 |
| 2014年7月7日 | ドイツにRQFII運用枠800億元を付与 | 独メルケル首相の訪中期間中、李克強首相が、ドイツにRQFII運用枠800億元を設定すると発表。 | 双方の通貨による直接取引を支援し、人民元のオフショア市場の中心としてのフランクフルトの地位を固めた。 |

| 年月日 | 出来事 | 内容 | 意義 |
|---|---|---|---|
| 2014年 7月15日 | BRICS銀行（本部上海）を設立 | 中国・ブラジル・ロシア・インド・南アフリカのBRICS 5カ国が、ブラジルのフォルタレザで協定を締結し、BRICS銀行（新開発銀行）、BRICS緊急時外貨準備金基金を設立した。BRICS緊急時外貨準備金基金の設立は、道標的意味があり、BRICS各国のグローバル経済統治への建設的な参加に協力プラットフォームを提供し、国際問題におけるBRICS国家の影響力と発言権を向上させた。BRICS銀行は、IMFや世界銀行の有益な補完を目指すものであり、人民元国際化のプロセス加速にも資するものである。 | BRICS銀行の運営において、中国は、人民元を用いて他のBRICS諸国や新興市場国への貸付を行うことができる。そして人民元は、インフラ建設事業における融資通貨として、大いにその値打ちがある。発展途上国のインフラ建設支援を主たる任務のひとつとするBRICS銀行は、自ずと人民元国際化を推進する有力な手段となる。 |
| 2014年 7月18日 | 中国人民銀行が、アルゼンチンの中央銀行との2国間通貨スワップ協定を更改 | 中国人民銀行が、アルゼンチン中央銀行と更改金額700億元／900億アルゼンチンペソの中・爾2国間通貨スワップ協定を締結。 | 人民元のクロスボーダー決済に資金基盤を提供し、人民元の国際化の推進に寄与する。 |
| 2014年 7月21日 | 中国人民銀行が、スイス国立銀行と2国間通貨スワップ協定を締結 | 中国人民銀行が、スイス国立銀行と1500億元／210億スイスフランの中・瑞2国間通貨スワップ協定を締結。 | 2国間の経済貿易交流に流動性の支援を提供し、金融市場の安定を維持する。 |
| 2014年 8月7日 | 中・韓両国の銀行が、人民元建て債券のレポ取引協定を締結 | 中国工商銀行ソウル支店と韓国スタンダードチャータード銀行が、人民元建て債券のレポ取引（RP）協定を締結。韓国国内の銀行が、中国資本銀行と人民元建て債券のレポ取引協定を締結するのは、今回が初めて。 | 韓国ウォン建て債券を対象債券とする取引は、人民元直取引市場に対するウォンの流動性を促進し、ウォン建てに対する中国資本銀行のニーズ拡大に有益である。人民元の調達という観点からは、今回の合意は資金調達コストの削減効果をもたらし、人民元の運用という観点からは、資金運用手段の多様化を実現できる。 |
| 2014年 8月21日 | 中・蒙両国の中央銀行が、2国間通貨スワップ協定を更改 | 中国人民銀行が、モンゴルの中央銀行と150億元／4兆5000万モンゴルトゥグルグの中・蒙2国間通貨スワップ協定を締結。 | 通貨スワップの増額、自国通貨による貿易決済の支援は、2国間貿易の利便性向上と迅速化を確保する。通貨スワップの増額は、人民元の国際化実現に資するものであり、通貨スワップの増額であれ、直接的な貸付融資であれ、モンゴル経済に利益はある。 |
| 2014年 8月25日 | スリランカの中央銀行が、中国のインターバンク債券市場への参入を許可される | 中国人民銀行が、スリランカの中央銀行と「中国人民銀行がスリランカ中央銀行の代理として、中国インターバンク債券市場へ投資する代理投資協定」を締結。 | 協定の締結は、両国の金融協力の拡大に寄与する。中国のインターバンク債券市場への参入の機会を得たことで、スリランカの中央銀行は、外貨準備で中国の債券を購入することが可能となる。 |

附録3 人民元の国際化をめぐる主な出来事（2014年）

| 年月日 | 出来事 | 内容 | 意義 |
|---|---|---|---|
| 2014年9月1日 | 韓国の商業銀行が、中国資本銀行と人民元建てローン・コミットメント*4を締結 | 韓国KB国民銀行が、韓国の人民元業務のクリアリング銀行である交通銀行と、人民元建てローン・コミットメントに調印した。KB国民銀行は今回の合意によって、1年の間にいつでも6億元の借り入れが可能。また、ハナ銀行も同日、中国工商銀行ソウル支店と5000万米ドル相当額の人民元建てローン・コミットメントを締結。 | 今回の韓国の商業銀行と中国資本銀行による人民元建てローン・コミットメントの締結は、外貨供給元の多様化を実現した。人民元建て金融商品への投資と関連サービスの拡大に着目したことで、韓国の外貨当局による外貨流動性への監視に対応できる。 |
| 2014年9月4日 | 中国農業銀行が、「酋長債」をドバイで初めて発行 | 中国農業銀行が、グローバルMTNプログラムを通じて、ドバイで10億元の人民元建て債券「酋長債」(Emirates Bond)を発行。中東地域で初めて人民元建て債券を発行した中国資本機関となった。 | 農業銀行による本件「酋長債」は、ムーディーズ格付けがA1で、中東などの国際投資家の応募超過を招いた。このことは、農業銀行の国際金融ブランドに対する国際投資家からの高い受け入れ度を示すものであり、農業銀行が再度オフショア人民元建て債券市場の開拓に成功したことを物語っている。ドバイでの人民元建て債券の発行は、中東地域における人民元業務発展に重要な意義を有している。 |
| 2014年9月4日 | 「滬港通」4者協定が、上海証券取引所で締結 | 「滬港通」4者協定が上海証券取引所で締結された。4者協定は、上海証券取引所・香港証券取引所(香港聯合取引所有限公司)*5・中国証券登記決済有限責任公司(CSDC)・香港中央決済有限公司(HKSCC)が、「滬港通」業務の4者協力を行うための基本文書である。4者の権利義務を明確にするため、「滬港通」の基本業務の詳細が網羅された内容となっている。 | 協定の締結は、「滬港通」プロジェクトが全面的に「成功に直結した道」に入ったことを表す。それは株式市場に限ったことではなく、人民元のクロスボーダー利用にとっても重要な役割分担である。「滬港通」の実現は、人民元国際化の推進レベルの深化であり、人民元の資本取引下での自由化度をさらに増すものである。 |
| 2014年9月5日 | 中国銀行・建設銀行がそれぞれ、台湾で20億元の「宝島債」を発行 | 中国銀行と建設銀行の台北支店がそれぞれ、台湾で20億元の「宝島債」(Formosa Bond)を発行。中国銀行の「宝島債」は、同行台湾支店で初めて発行された人民元建て債券。 | 今回の中国銀行台北支店の「宝島債」発行は、台湾の現地投資家の積極的な反響を呼び、台湾市場の人民元業務への高い関心と中国銀行ブランドに対する受け入れ度を反映している。 |
| 2014年9月5日 | 中国人民銀行が、中国銀行をパリの人民元クリアリング銀行に指定 | 中国人民銀行が、中国銀行パリ支店に授権し、同行をパリにおける人民元のクリアリング銀行とする。 | パリにおける人民元建て決済機構の構築は、中・仏の企業や金融機関の人民元を使用したクロスボーダー取引に資するものであり、貿易・投資の利便性向上をさらに促進する。 |

| 年月日 | 出来事 | 内容 | 意義 |
| --- | --- | --- | --- |
| 2014年9月5日 | 中国人民銀行が、中国工商銀行をルクセンブルクの人民元業務クリアリング銀行に指定 | 中国人民銀行が、中国工商銀行ルクセンブルク支店に授権し、同行をルクセンブルクにおける人民元業務クリアリング銀行とする。 | ルクセンブルクにおける人民元建て決済機構の構築は、中・ルの企業や金融機関の人民元を使用したクロスボーダー取引に資するものであり、貿易・投資の利便性向上をさらに促進する。 |
| 2014年9月15日 | 国家開発銀行が、ロンドンで人民元建て債券を発行 | 国家開発銀行が、ロンドンで20億元の人民元建て債券を発行。 | ロンドン市場に初登録された中国の人民元建て準ソブリン債券。人民元のオフショア市場発展の促進に積極的意義を持つもので、中英金融協力をより深化させる重要な成果であり、オフショア人民元市場発展のまたひとつの道標である。 |
| 2014年9月15日 | 中国銀行が、パリで「凱旋債」を発行 | 中国銀行パリ支店が、パリで人民元建て債券「凱旋債」（Arc de Triomphe Bond）を発行し、汎欧州証券取引所に上場。欧州の主要市場に初上場した中国金融機関の人民元建て債券。 | 「凱旋債」の発行は、人民元国際化の発展プロセスをさらに推し進め、パリオフショア人民元センターの構築に寄与する。中国企業のヨーロッパ進出に伴う投融資ルートの開拓、大口商品取引に利便性を提供する。 |
| 2014年9月16日 | 中国工商銀行が、シンガポールで「獅城債」を発行 | 中国工商銀行シンガポール支店が、40億元のオフショア人民元建て債券を発行。この発行額は、これまでの「獅城債」（Lion City Bond）の単独発行記録を達成。 | 今回の債券発行は、シンガポールオフショア人民元センターとしての地位が徐々に固められたことを反映したもので、人民元国際化プロセスの絶え間ない加速も反映している。シンガポール市場と台湾市場の重複上場の試みでもある今回の債券発行は、両地の資金の流動性向上に資するもので、投資家の選択肢を増やし、オフショア人民元センター間の連携を強化する。 |
| 2014年9月16日 | 中国とスリランカ両国の中央銀行が、2国間通貨スワップ協定を締結 | 中国人民銀行とスリランカ中央銀行が、100億元／2250億スリランカルピーの中・斯2国間通貨スワップ協定を締結した。 | この協定の締結は、2国間の貿易と投資を促進し、両国中央銀行の金融協力を強化するものである。 |
| 2014年9月18日 | 上海金取引所国際ボード（市場）が上海自由貿易区で正式に始動 | 上海金取引所の国際ボード（市場）が上海自由貿易区で正式に始動。中国銀行は国際取引の第1陣A類会員の一員として、現物の金の入庫など準備作業を真っ先に終えた。同日寄りつきで金の国際ボード初取引が成約。 | 人民元建ての大口商品市場の発展に向けた第一歩を踏み出した。金の国際取引は、人民元建て決済であり、また国内外の投資家のために、国内外の市場を連携させた。これは、世界市場における上海の地位向上に資するものであり、開放が改革を促進し、発展を促進する有益な試みである。国内市場が人民元国際化を推し進める作用を発揮する新しいルートを開拓したと言える。 |

| 年月日 | 出来事 | 内容 | 意義 |
|---|---|---|---|
| 2014年9月22日 | マレーシアで「金虎債」を発行 | マレーシアの抵当証券流動化機関チャガマス社（Cagamas Berhad）が、15億元のオフショア人民元建て債券を発行した。 | マレーシアの発行人による最初のオフショア人民元建て債券の発行であり、この時点の東南アジアにおける最大金額の人民元建て債券。 |
| 2014年9月28日 | 中国人民銀行が、「域外機関による域内発行の人民元債務融資ツールのクロスボーダー人民元建て決済関連事項に関する通達」を発表 | 中国人民銀行事務局が「域外機関による域内発行の人民元債務融資ツールのクロスボーダー人民元建て決済関連事項に関する通達」（銀弁発〔2014〕221号）を発表。 | 中国債券市場で、域外非金融企業による域内融資のルートが本格的に構築を開始したことを意味し、インターバンク市場の発展プロセスでは重要な意義を有する。域外非金融企業が域内で人民元建て債券を発行することは、金融イノベーションに資するもので、中国債券市場の対外開放をさらに促進する。また、人民元のクロスボーダー利用を拡大することが、資本市場の双方向の開放と中国の国際収支均衡の推進につながり、人民元の資本取引における自由化度を増強する。実体経済への金融サービスを助け、経済の構造調整や構造転換、高度化をさらに進める。 |
| 2014年9月29日 | 人民元とユーロのインターバンク市場直接取引が実現 | 中国人民銀行の授権により、中国外貨取引センターが、インターバンク市場で人民元-ユーロの取引方式を整備し、人民元とユーロの直接取引を発展させた。人民元と直接取引する世界主要通貨としては、日本円・米ドル・豪ドル・NZドル・英ポンドに続き、ユーロは6番目。 | 人民元とユーロの直接取引は、中国とユーロ圏加盟国との2国間貿易・投資の促進に有益で、人民元とユーロの貿易・投資決済における利用の利便化が図られる。また経済主体の両替コスト軽減のニーズを満たすことができる。 |
| 2014年10月9日 | イギリス政府が、人民元建てソブリン債券発行プログラムを開始 | イギリス財務省が、人民元建てソブリン債券の発行プログラムを正式に稼動し、今回の発行の引き受け機構として、中国銀行・香港上海銀行（HSBC）・スタンダードチャータード銀行に委任すると発表した。 | イギリス政府による人民元建てソブリン債券の発行は、第1に、ロンドンのオフショア人民元市場の発展を推進し、ヨーロッパのオフショア人民元市場競争においてトップの座を保持し続けることができる。第2に、今回の債券発行により、オフショア人民元建て債券市場に収益率基準が生まれると思われ、このことは、イギリスが、債券の価格形成において先行していることの表れと見ることができる。 |
| 2014年10月10日 | 中国工商銀行ソウル支店が、韓国で初めて人民元建て信用貸付資産を譲渡 | 中国工商銀行ソウル支店が、初の人民元建て信用貸付資産の譲渡業務を扱い、同行が保有していた4億元の人民元建て貸付金を韓国新韓銀行へ譲渡した。 | 韓国市場初の人民元建て信用貸付資産の金融機関間の譲渡が実現。韓国オフショア人民元市場に新たな商品が追加されたと同時に、従来の人民元建て信用貸付資産の流動性改善にも資する。 |

| 年月日 | 出来事 | 内容 | 意義 |
|---|---|---|---|
| 2014年10月11日 | 中・韓両国の中央銀行が2国間通貨スワップ協定を更改 | 中国人民銀行と韓国の中央銀行が、3600億元／64兆ウォンの中・韓2国間通貨スワップ協定を更改した。期間は3年、双方の同意により延長可能。 | 通貨スワップ協定の更改は、2国間の金融協力の強化に有益で、両国の貿易と投資を促進し、地域の金融安定性を維持する。 |
| 2014年10月13日 | 中・露両国の中央銀行が2国間通貨スワップ協定を締結 | 中国人民銀行とロシアの中央銀行が、1500億元／8150億ルーブルの中・露2国間通貨スワップ協定を締結した。期間は3年、双方の同意により延長可能。 | 通貨スワップ協定の締結は、2国間貿易及び直接投資を利便化するもので、ロシアルーブルや人民元の貿易決済における使用機会を拡大し、両国の経済発展を促進する。この協定は、国際金融の安定化を確保する特別なツールになり、緊急状況下で流動性資金を引き寄せるチャンスもある。 |
| 2014年10月14日 | イギリス財務省が、初の人民元建てソブリン債券を発行 | イギリス財務省が、初の人民元建てソブリン債券を30億元相当額発行した。債券発行による資金は、イギリスの外貨準備に充てられ、人民元は、米ドル・ユーロ・日本円・カナダドルに次ぐ5番目の外貨準備構成通貨となる。人民元国際化の「新たな道標」を築いた。 | イギリスが世界に先駆けて人民元建てソブリン債券を発行したことは、人民元債券市場の多様化、人民元オフショア市場の推進、特に安定した収益構造の構築、人民元の国際的地位の向上に資するものである。また、今回、人民元建て債券発行で得た収入を外貨準備に含める選択をしたことは、中国および人民元国際化の将来性をイギリスが認知したものといえる。 |
| 2014年10月14日 | 中国工商銀行が、韓国で「キムチ債」を発行 | 中国工商銀行ソウル支店が、韓国で1億8000万元（期間2年）の人民元建て「キムチ債」を発行。中国資本の金融機関が韓国取引所に登録し、人民元建て債券を発行するのはこれが初めて。 | 韓国におけるオフショア人民元センター構築が重要な一歩を踏み出したことを象徴。人民元建てクロスボーダー取引もより活発化し、韓国の現地投資家に新たな投資ルートを提供した。 |
| 2014年10月17日 | 人民元建てクロスボーダー決済システム（CIPSシステム）の上海での運用が正式決定 | 上海市人民政府と中国人民銀行が、北京で「上海金融市場のインフラ建設の加速に関する実務協力覚書」（以下「覚書」）の調印式を挙行。「覚書」に基づき、人民銀行は上海金融市場のインフラ構築を積極的に支援し、人民元建て国際決済を主な機能とする「人民元建てクロスボーダー決済システム」（China International Payment System、CIPS）の運用を上海で実施することを決定、早期本格稼働を推進する。 | 国内外の直接関係者をつなげ、人民元建て貿易・投資などのクロスボーダー支払い業務を処理するシステム。主なタイムゾーン（アジア・アフリカ・欧州・米国）の人民元建て決済ニーズに対応でき、業務取り扱い時間も従来の8時間から17時間へ倍増。 |

| 年月日 | 出来事 | 内容 | 意義 |
|---|---|---|---|
| 2014年10月20日 | シンガポール取引所が、人民元先物取引を開始 | シンガポール取引所（SGX）で、人民元先物取引が正式に開始。米ドル／CNH先物とCNY／米ドル先物取引があり、取引単位はそれぞれ10万米ドル、50万元。 | シンガポール取引所による人民元先物取引の開始は、オフショア人民元商品を豊かにし、世界中の人民元保有者がよりうまくリスク管理できるようにする。また人民元の国際的な利用を活発化し、シンガポールのオフショア人民元センターおよび外貨取引センターとしての競争力を増強する。 |
| 2014年10月24日 | アジアインフラ投資銀行設立 | 中国・インド・シンガポールを含む第1期創設メンバー21カ国の代表者が、北京人民大会堂で調印し、アジアインフラ投資銀行の設立を共同決定した。これは、中国の提唱によって設立されるアジア圏の新たな国際開発金融機関が、新たな建設準備段階に入ったことを意味する。 | AIIBの設立は、人民元国際化のプロセスを推進する。アジア諸国のインフラ関連製品・サービスの輸出においては、人民元建て決済のニーズが高い。AIIBの設立は、こうしたニーズを満たすと同時に、人民元の周辺国における影響力を高めることに有益である。 |
| 2014年10月28日 | 人民元とシンガポールドルのインターバンク市場直接取引が実現 | 中国人民銀行の授権により、中国外貨取引センターが、10月28日からインターバンク市場で人民元とシンガポールドルの直接取引を開始すると発表。 | 人民元とSGドルの直接取引は、①人民元とSGドルの直接レートの形成に資する、②経済主体の両替コストを軽減する、③人民元とSGドルの2国間貿易・投資における利用を促進する、④両国の金融協力の強化に資する、⑤発展し続ける両国の経済金融関係を支援する。 |
| 2014年10月28日 | 香港がフランスと、両地のオフショア人民元業務の共同発展について、協力覚書を締結 | 香港金融管理局が、フランスの中央銀行とパリで両国のオフショア人民元業務の共同発展について、協力覚書を締結した。双方は、香港とパリの金融機関およびその他企業間の交流と協力を促進し、両地の人民元建て貿易・投資取引や人民元資金の流動性、人民元建て商品・サービスを推進・発展させ、人民元建て取引が安全かつ有効に行われる市場での取り決めやインフラ建設を支援する。 | 香港とパリの人民元業務上の交流をランクアップするもので、両地の人民元取引の拡大に寄与し、金融機関や企業に、人民元国際化がもたらす大きなチャンスを十分につかめるようにした。また、両地の人民元決済や金融サービスの範囲や充実度を増強し、中国本土－香港－パリ間の貿易や投資の取引をさらに促進する。 |
| 2014年11月1日 | 中国人民銀行が、「多国籍企業グループによるクロスボーダー人民元資金集中運営業務展開の関連事項に関する通達」を発表 | 中国人民銀行が、「多国籍企業グループによるクロスボーダー人民元資金集中運営業務展開の関連事項に関する通達」（銀発〔2014〕324号）を発表。 | 多国籍企業によるクロスボーダー双方向人民元資金プーリング業務、および経常項目下のクロスボーダー人民元受領・支払の一元的な業務展開を後押しする。 |

| 年月日 | 出来事 | 内容 | 意義 |
|---|---|---|---|
| 2014年11月2日 | 人民元通貨スワップ協定が、パキスタンの経済危機を回避 | パキスタン国立銀行のアンワル（Yaseen Anwar）元総裁が、「パキスタンが外貨不足と通貨価値の下落に直面している状況下で、中・パ2国間通貨スワップ協定は、資本市場の衝撃をうまく食い止め、パキスタンに経済危機を回避させた」と指摘。 | 中・パ2国間通貨スワップ協定のパキスタンへの突出した作用に照準を合わせ、人民元国際化は貿易決済における「深化した準備通貨」の地位に向かって発展し始めた。外貨不足、為替レートへの衝撃、通貨価値の下落、経常収支の不均衡という状況にあるパキスタンにとって、人民元を他の交換可能通貨と示したことは、資本市場の衝撃を食い止め、為替危機を回避するという面で重大な意義を生んだ。また同時に、国際通貨体制の発展にとっても大きな意味がある。 |
| 2014年11月3日 | 中国とカタール両国の中央銀行が、2国間通貨スワップ協定およびドーハにおける人民元決済制度構築の協力覚書を締結し、カタールは、300億元のRQFII運用枠を獲得。中国人民銀行は、中国工商銀行を人民元業務クリアリング銀行に指定 | 中国人民銀行とカタールの中央銀行が、ドーハにおける人民元建て決済制度構築の協力覚書、および350億元／208億カタールリヤルの2国間通貨スワップ協定を締結した。中国側は、カタールにRQFII運用枠300億元を供与したことを発表。中国人民銀行は、中国工商銀行ドーハ支店をドーハにおける人民元業務クリアリング銀行に指定した。 | 中国本土の資本市場が初めて中東の国に開放された。この一件は、中国とカタール両国の金融協力が、新たな一歩を踏み出したことを象徴しており、両国の企業や金融機関が人民元を利用したクロスボーダー貿易を行いやすくする。そして2国間貿易・投資の利便性の向上を促進し、地域の金融安定性を維持する。 |
| 2014年11月6日 | 中国人民銀行が、「人民元適格域内機関投資家による域外証券投資関連事項に関する通達」を発表 | 中国人民銀行が、「人民元適格域内機関投資家による域外証券投資関連事項に関する通達」（銀発[2014]331号）を発表した。 | 人民元の「走出去」プロセスのもうひとつの重要な出来事。域内人民元資金の双方向移動ルートを拡大し、人民元適格域内機関投資家による域外証券投資活動の利便性を図る。 |
| 2014年11月8日 | 中国とカナダ両国の中央銀行が、2国間通貨スワップ協定およびカナダにおける人民元決済制度構築の協力覚書を締結。中国人民銀行は、中国工商銀行を人民元業務クリアリング銀行に指定 | 中国人民銀行とカナダの中央銀行が、カナダにおける人民元建て決済制度構築の協力覚書、および2000元／300億加ドルの2国間通貨スワップ協定を締結した。中国側は、カナダにRQFII運用枠500億元を供与したことを発表。中国人民銀行は、中国工商銀行（カナダ）有限公司をトロントにおける人民元業務クリアリング銀行に指定した。 | カナダは、北米初の人民元オフショアセンター。中国とカナダ両国の金融協力が、新たな一歩を踏み出したことを象徴しており、両国の企業や金融機関が人民元を利用したクロスボーダー貿易を行いやすくする。そして2国間貿易・投資の利便化を促進し、地域の金融安定性を維持する。 |

| 年月日 | 出来事 | 内容 | 意義 |
|---|---|---|---|
| 2014年11月8日 | シルクロード基金設立 | 中国が400億米ドルを出資してシルク基金を設立し、主として「一帯一路」沿線国のインフラ、資源開発、産業、金融協力および「コネクティビティ」（連結性）関連のプロジェクトに対し、投融資支援を行う。 | 「一帯一路」インフラ建設の加速に寄与し、中国の過剰生産能力を大量に送り込む。人民元をアジア・アフリカ・ラテンアメリカなどの発展途上国に投入し、それによって人民元の国際化を推進し、「三期疊加」*6段階に入った中国経済の課題に対応する。 |
| 2014年11月10日 | 中国とマレーシア両国の中央銀行が、人民元決済制度構築の協力覚書を締結 | 中国人民銀行とマレーシア国立銀行が、クアラルンプールにおける人民元決済制度構築の協力覚書を締結した。 | クアラルンプールにおける人民元決済制度の構築は、中国とマレーシア両国の企業や金融機関の人民元を使用したクロスボーダー取引に資するものであり、貿易・投資の利便性向上をさらに促進する。 |
| 2014年11月10日 | 中国人民銀行と証券監督管理委員会が、共同で「上海および香港株式市場における取引の相互接続制度試行の関連問題に関する通達」を発表 | 中国人民銀行と証券監督管理委員会が、共同で「上海および香港株式市場における取引の相互接続制度試行の関連問題に関する通達」（銀発〔2014〕336号）を発表。 | 上海と香港の株式市場の相互接続制度モデルの順調な実施の保証に資するもので、関連する資金移動を規範化する。 |
| 2014年11月17日 | 中国とオーストラリア両国の中央銀行が、人民元決済制度構築の協力覚書を締結。中国人民銀行は、中国銀行シドニー支店を人民元業務クリアリング銀行に指定 | 中国人民銀行とオーストラリア準備銀行（RBA）が、オーストラリアにおける人民元決済制度構築の協力覚書を締結した。中国側は、オーストラリアにRQFII運用枠500億元を供与したことを発表。中国人民銀行は、中国銀行シドニー支店をシドニーにおける人民元業務クリアリング銀行に指定した。 | 人民元国際化が大きく前進したことを象徴する。人民元の取得がさらに便利になり、人民元で決済するオーストラリアの企業が増えると思われる。人民元建て決済サービスは、中国とオーストラリアのクロスボーダー貿易を利便化するだけでなく、企業の経営コストや為替リスクの軽減に寄与する。 |
| 2014年11月17日 | 「滬港通」が正式始動 | 「滬港通」（上海・香港ストックコネクト）が本格的にスタートした。「滬港通」には、「滬股通（香港サイドからの上海株の売買）」と「港股通（上海サイドからの香港株の売買）」があり、1日の取引限度額（上限）は、それぞれ130億元、105億元。 | 「滬港通」の開通は、中国本土と香港の金融資源をうまく統合することができ、それによって中国金融市場の国際的な影響力を拡大し、上海や香港の国際金融センターとしての競争力を向上させる。また「滬港通」は、主たるオフショア人民元業務の枢軸としての香港の地位を固めることや、人民元の国際化、資本取引の自由化およびクロスボーダーな監督・協調のさらなる推進に重要な役割を果たす。 |

附録3　人民元の国際化をめぐる主な出来事（2014年）

| 年月日 | 出来事 | 内容 | 意義 |
|---|---|---|---|
| 2014年11月19日 | オーストラリア・ニューサウスウェールズ州が、オフショア人民元建て債券を発行 | オーストラリアのニューサウスウェールズ州政府財務公社（TCorp）が、10億元の1年満期のオフショア債券を発行。 | オーストラリア政府機関の初のオフショア人民元建て債券の発行。イギリス政府、カナダ・ブリティッシュコロンビア州政府に次いで3番目にオフショア人民元建て債券を発行した先進国の政府機関となる。 |
| 2014年11月21日 | 中国人民銀行が、非対称な金利引き下げを発表 | 中国人民銀行が非対称な金利引き下げを発表し、同時に預金金利変動区間の上限を基準金利の1.2倍に調整した。これは2012年6月に預金金利の上限を1.1倍に拡大して以来の、預金金利市場化改革の重要施策。 | 将来、最終的に預金・貸出基準金利を撤廃するための積極的な試みであり、金融機関の自主的なプライシングの幅を拡大し、市場価格形成力を向上させる。 |
| 2014年11月22日 | 中国人民銀行と香港金融管理局が、通貨スワップ協定を更新 | 中国人民銀行と香港金融管理局（HKMA）が、4000億元／5050億香港ドルの通貨スワップ協定を更新。 | 2国間貿易・投資の利便化促進に寄与し、地域の金融安定性を維持する。 |
| 2014年11月30日 | 「預金保険条例（討論稿）」を発表 | 国務院法制弁公室は、中国人民銀行が起草した「預金保険条例（討論稿）」を発表し、パブリックコメントに付した。預金保険に補償上限制を実行することを明確にし、最高補償額を50万元とした。 | 預金保険条例の制定の加速は、金利の市場化のさらなる基礎固めとなり、障害物を取り除く。預金保険制度の確立は、預金者の利益保護、預金者の信頼の安定化、金融体系の安定維持に資する。 |
| 2014年12月1日 | 人民元と韓国ウォンのインターバンク市場直接取引が実現 | ソウル外国為替市場で韓国ウォン―人民元の直接取引がスタート。人民元と直接取引可能な通貨として、韓国ウォンは、シンガポールドルに次いで、10番目。 | 人民元と韓国ウォンの直接取引は、韓国オフショア人民元市場発展におけるひとつの象徴的な出来事であり、人民元の中・韓貿易や投資での利用推進に寄与する。ウォンと人民元の直接取引市場の構築は、中・韓企業の外貨両替コストを軽減し、第三国通貨の変動による為替リスクを回避する。 |
| 2014年12月4日 | 中国工商銀行ルクセンブルク支店が、人民元決済サービスを正式に開始 | 中国工商銀行ルクセンブルク支店が、人民元決済サービスの本格的な開始を発表した。本サービスを利用して、ルクセンブルク、欧州および世界の他地域の商業銀行が、工商銀行ルクセンブルク支店に開設した口座を通じて、人民元業務を直接行うことができる。 | 中国工商銀行ルクセンブルク支店による人民元決済サービスの本格始動は、人民元の世界規模での送金為替の効率化や使い勝手を著明に向上させ、人民元資金の世界での運用ルートを効果的に広げる。 |

| 年月日 | 出来事 | 内容 | 意義 |
|---|---|---|---|
| 2014年12月14日 | 中国とカザフスタン両国の中央銀行が、2国間通貨スワップ協定を更改 | 中国人民銀行とカザフスタン国立銀行（MBK）が、70億元／2,000億カザフスタンテンゲの2国間通貨スワップ協定を締結した。期間は3年、双方の同意により延長可能。 | 中国・カザフスタン両国の新たな2国間通貨スワップ協定締結後、両国の自国通貨建て決済は、国境貿易から一般貿易へと拡大された。両国の経済活動の主体は、自らの決定により自由交換可能通貨、人民元・カザフスタンテンゲを用いて商品やサービスの支払・決済を行うことができる。これらの施策は、両国の通貨金融協力の深化、2国間貿易・投資の利便化、地域の金融安定維持に資するもので、両国の金融協力が新しい段階に入ったことを象徴している。 |
| 2014年12月15日 | 「南沙金融革新15条の政策」を公布 | 「中国人民銀行、発展改革委員会、財政省、商務省、香港アモイ事務弁公室、台湾事務弁公室、銀行業監督管理委員会、証券監督管理委員会、保険監督管理委員会、外貨管理局による広州南沙新区における広東・香港・マカオ・台湾金融協力の深化および金融改革・革新の模索の支援に関する意見」（銀発〔2014〕337号）を正式に公布し、南沙新区の金融改革および革新の位置づけを明確にした。すなわち、南沙新区が政策の優位性、地の利、産業の優位性を十分に発揮するよう支援し、科学技術金融や海運金融など特徴的な金融業を積極的に発展させる。そして広東・香港・マカオ・台湾の金融サービス協力を推進し、金融総合サービス体系を整備して、人民元の資本取引における自由化先行試験の実施を探求する。 | この「意見」は、「広州南沙新区発展計画」の南沙における金融の発展に対する機能の位置づけ、特にこの計画が提唱する人民元の資本取引における自由化先行試験を徹底的に実施するものである。国が特別に南沙新区に、より具体的で、より操作性のある金融政策を打ち出し、自由貿易区建設の推進と21世紀海上シルクロードの足がかり構築のために、良好な基礎を築いた。南沙が、より多くの国の金融開放領域における「先行先試」政策を引き受けることは、海上シルクロードの沿線国との金融協力の拡大および深化を可能にする。 |
| 2014年12月15日 | 中国外貨取引センターが、人民元ーカザフスタンテンゲのインターバンク地域取引を開始 | 中国人民銀行の承認を経て、中国外貨取引センターが、人民元ーカザフスタンテンゲのインターバンク地域取引を正式に開始した。 | 中国・カザフスタン両国の通貨・金融協力の深化、2国間貿易・投資の利便化、地域金融安定の維持に資するものであり、両国間の金融協力が新たな段階に入ったことを表す。 |
| 2014年12月17日 | 人民元が正式にNZドル貿易加重指数の対象通貨に組み込まれる | ニュージーランド準備銀行が、NZドルの貿易加重指数の計算方法を12月17日から変更し、対象通貨を従来の5通貨から17通貨に拡大した。新しい計算方法では、人民元の加重割合が20％を超えて第2位、米ドルの12.34％より高くなる。 | ニュージーランド準備銀行が、人民元を貿易加重対象通貨に加えたことは、人民元国際化のさらなる発展の最新事例である。国際貿易において存在感を増している中国の影響力を背景に、人民元もニュージーランドで重視されている。 |

| 年月日 | 出来事 | 内容 | 意義 |
|---|---|---|---|
| 2014年 12月17日 | 中国とネパールが、「シルクロード経済圏（ベルト）」共同建設の了解覚書を締結 | 中国商務省とネパール財務省が、「中華人民共和国商務省およびネパール政府財務省による、中国・ネパール経済貿易合同委員会の枠内における『シルクロード経済圏（ベルト）』共同建設推進に関する了解覚書」(MOU) に調印した。双方は、「シルクロード経済圏（ベルト）」の共同建設、貿易・投資協力、経済技術協力、インフラ建設、金融・観光分野における協力などの議題をめぐり、一連のコンセンサスを得た。 | 「シルクロード経済圏（ベルト）」の建設を加速化し、人民元国際化を促進する。 |
| 2014年 12月18日 | 雲南国境付近で、人民元建てクロスボーダー貸出試行 | 中国人民銀行が、「雲南省沿辺金融総合改革試験区における人民元建てクロスボーダー貸出管理についての暫定規則」を正式に承認した。これは、人民元建てクロスボーダー貸出の試行に、また新たな進展があったことを意味する。現在、人民元建てクロスボーダー借入のできる地域は、上海自由貿易区・深圳前海・蘇州昆山・雲南省・広西などである。 | 「人民元の地域化」を含めた沿辺（国境付近）の金融開放の新しい幕開けを意味する。上海自由貿易試験区に続き、中国が承認した第2の地域総合改革試験区案。 |
| 2014年 12月22日 | 中国人民銀行とタイ銀行が、人民元決済制度構築の協力覚書を締結し、2国間通貨スワップ協定を更改 | 中国人民銀行とタイ銀行が、タイにおける人民元決済制度構築の協力覚書を締結すると共に、2国間通貨スワップ協定を更改し、規模を700億元／3700億タイバーツにした。期間は3年、双方の同意により延長可能。 | 中・タイ両国の金融協力が、新たな一歩を踏み出したことを象徴する。両国の企業や金融機関が人民元を利用したクロスボーダー貿易を行いやすくし、2国間貿易・投資の利便化を促進する。 |
| 2014年 12月23日 | 中国人民銀行とパキスタン国立銀行が、2国間通貨スワップ協定を更改 | 中国人民銀行とパキスタン国立銀行が、100億元／1650億パキスタンルピーの中・パ2国間通貨スワップ協定を締結。 | 協定の締結により、2国間の金融協力が強化され、貿易・投資が促進され、地域の金融安定性が維持される。 |
| 2014年 12月23日 | 中国とネパールの中央銀行が「中国人民銀行とネパール国立銀行による2国間決済および協力協定の追加協定」を締結 | 中国とネパールの中央銀行が、「中国人民銀行とネパール国立銀行による2国間決済および協力協定の追加協定」を締結し、2国間決済が国境貿易から一般貿易に拡大された。 | 中国・ネパール間の人民元建て決済が国境貿易から一般貿易に拡大し、地域範囲も拡大した。このことは、2国間貿易と投資の成長をさらに促進する。 |

| 年月日 | 出来事 | 内容 | 意義 |
|---|---|---|---|
| 2014年12月31日 | 「広西地域クロスボーダー人民元業務プラットフォーム」が正式に始動 | 「広西地域クロスボーダー人民元業務プラットフォーム（南寧）」が正式に稼動した。プラットフォームの完成により、広西地域の47銀行2500拠点はこのプラットフォームを通じて、クロスボーダー人民元建て支払い業務を処理することができる。 | このプラットフォームは、銀行と顧客向けに全方位のクロスボーダー人民元取引ルートを提供し、クロスボーダーな人民元の流出流入業務を一元処理するもので、クロスボーダー人民元建て支払い業務の実施を推進する。 |
| 2014年12月 | 人民元が、世界第5位の決済通貨に | 2014年12月現在、人民元の決済通貨シェアが2.17%の最高値を記録し、国際決済で使用される通貨ランキングで、米ドル・ユーロ・英ポンド・日本円に続き、第5位になった。 | 人民元が5大決済通貨入りを果たしたことは、重要な道標であり、人民元国際化を支援する有力な根拠でもある。ここに、人民元が新興国通貨から常用決済通貨へ転換したことが確認された。 |

\*1 「中国支払決済発展報告（2014）」：【訳注】原題は『中国支付清算発展報告（2014）』。中国社会科学院金融研究所支払決済研究センターが発行している白書（年次報告書）。

\*2 ネガティブリスト：【訳注】ブラックリストのこと。

\*3 マクロプルーデンス：【訳注】金融システム全体のリスクの状況を分析・評価し、制度設計・政策対応を図ることで安定を確保するとの考え方で、金融機関全体に対する業務規制や、自己資本比率を規制するバーゼル規制といったものがある。

\*4 ローン・コミットメント：【訳注】銀行と予め契約した期間・融資枠の範囲内で、顧客の請求に基いて行う融資の方式をいう。

\*5 香港聯合取引所有限公司：【訳注】「香港聯合取引所有限公司」（The Stock Exchange of Hong Kong Limited、SEHK）は、香港取引所（Hong Kong Exchanges and Clearing、HKEx）の傘下企業で、現物取引を取り扱う「香港証券取引所」を運営する。

\*6 三期畳加：【訳注】直訳は「3つの期間の重なり」。この「3つの期間」とは一般に、①経済法則に基づく減速期、②構造改革の困難期、③前段階刺激策（4兆元景気対策）の消化期を指す。

附録 4

# 人民元の国際化をめぐる主な出来事（2015 年）

| 年月日 | 出来事 |
| --- | --- |
| 2015 年 1 月 5 日 | 中国人民銀行（PBOC）が、中国銀行（BOC）をクアラルンプールにおける人民元クリアリング銀行に指定 |
| 1 月 6 日 | 中国人民銀行が、中国工商銀行（ICBC）をバンコクにおける人民元クリアリング銀行に指定 |
| 1 月 12 日 | セビリアで、人民元による国際決済が開始 |
| 1 月 21 日 | 香港上海銀行（HSBC）が自由貿易口座サービスを開始 |
| 1 月 21 日 | 中国人民銀行がスイス国立銀行と業務提携の覚書に調印。スイスは 500 億元の RQFII 運用枠を獲得 |
| 1 月 28 日 | 適格域内投資家域外投資（QDIE）の試行資格の適用が数日前より本格的に開始されたと報道。 |
| 2 月 9 日 | シドニー人民元クリアリング銀行が正式に始動 |
| 2 月 13 日 | 信託会社が人民元国際投融資業務を開始 |
| 2 月 16 日 | 中国外貨取引センター（CFETS）が、インターバンク市場で標準化人民元建て為替スワップ取引を開始 |
| 2 月 19 日 | ハンガリー国立銀行が人民元プロジェクトを開始 |
| 3 月 4 日 | 中国建設銀行（CCB）が中国資本の機関として初めてヨーロッパで RQFII ライセンスを取得 |
| 3 月 6 日 | 非金融機関が世界で初めて韓国で人民元建て債券を発行 |
| 3 月 16 日 | サムスンが人民元と韓国ウォンの直接取引を導入 |
| 3 月 17 日 | モスクワ取引所が人民元／ロシアルーブルの先物取引を開始 |
| 3 月 18 日 | 中国人民銀行とスリナム中央銀行（CBvS）が 2 国間通貨スワップ協定を締結 |
| 3 月 19 日 | 中国銀行が「域内外の債券信用投資および融資環境差異指数」（CIFED）を発表 |
| 3 月 24 日 | 雲南省瑞麗で中国・ミャンマー通貨両替センターが発足 |
| 3 月 25 日 | 中国人民銀行とアルメニア中央銀行が 2 国間通貨スワップ協定を締結 |

| 年月日 | 出来事 |
|---|---|
| 3月25日 | 中国工商銀行（ICBC）とトロント証券取引所が「了解覚書（MOU）」を締結 |
| 3月25日 | ヨーロッパで初の人民元建て RQFII 通貨 ETF が発行 |
| 3月28日 | 「一帯一路」のルートマップが正式に発表 |
| 3月30日 | 中国人民銀行とオーストラリア準備銀行（RBA）が2国間通貨スワップ協定を更新 |
| 4月 7日 | 中国がウクライナの脱貧困支援のため、中国・ウクライナ通貨スワップ協定を始動 |
| 4月10日 | 中国人民銀行と南アフリカ準備銀行（SARB）が2国間通貨スワップ協定を締結 |
| 4月14日 | 中東地域の人民元クリアリング銀行第1号が正式に始動 |
| 4月14日 | クアラルンプール人民元クリアリング銀行が正式に始動 |
| 4月17日 | 中国人民銀行とマレーシア国立銀行が2国間通貨スワップ協定を更新 |
| 4月21日 | 広東自由貿易試験区が正式に始動 |
| 4月22日 | バンコク人民元クリアリング銀行が正式に始動 |
| 4月29日 | ルクセンブルグが 500 億元の RQFII 運用枠を獲得 |
| 5月 1日 | 「預金保険条例」が施行 |
| 5月10日 | 中国人民銀行とベラルーシ国立銀行が2国間通貨スワップ協定を更新 |
| 5月15日 | 中国人民銀行とウクライナ国立銀行が2国間通貨スワップ協定を更新 |
| 5月20日 | 中国財政省、香港で人民元建て国債を発行 |
| 5月22日 | 「アジアインフラ投資銀行（AIIB）規約」発表 |
| 5月25日 | 宝島債の利回り曲線（Yield curve）を公表 |
| 5月25日 | 中国人民銀行とチリ中央銀行が2国間通貨スワップ協定を締結。チリは 500 億元の RQFII 運用枠を獲得 |
| 5月25日 | 中国人民銀行が中国建設銀行を南米地域初の人民元クリアリング銀行に指定 |
| 6月 3日 | 中国人民銀行が「域外人民元クリアリング銀行、域外参加銀行によるインターバンク市場における債券レポ取引の展開に関する通達」を公布 |
| 6月24日 | 日本初の人民元建て債券「フジヤマ債」が発行 |
| 6月24日 | モンゴルで初めて人民元建て債券が発行 |
| 6月27日 | 中国人民銀行とハンガリー中央銀行が業務提携の覚書に調印。ハンガリーは 500 億元の RQFII 運用枠を獲得 |
| 6月30日 | 中国建設銀行がフランスの汎欧州取引所に人民元建て RQFII 通貨 ETF を上場 |
| 6月30日 | 中国工商銀行（ICBC）と汎欧州取引所が戦略的提携協定を締結 |
| 7月 3日 | スイスの銀行が人民元口座サービスの開始を発表 |

| 年月日 | 出来事 |
| --- | --- |
| 7月7日 | 中国人民銀行と南アフリカ準備銀行（SARB）が人民元決済システム構築の業務提携の覚書を締結 |
| 7月8日 | 中国人民銀行が中国銀行を南アフリカにおける人民元クリアリング銀行に指定 |
| 7月9日 | 韓国で人民元建て債券の即時決済システムが始動 |
| 7月10日 | BRICSの各中央銀行が、緊急外貨準備アレンジメントの中央銀行間協定を締結 |
| 7月13日 | 広東自由貿易試験区の南沙新区および横琴新区で、クロスボーダー人民元建て貸出政策が正式に始動 |
| 7月14日 | 泉州金改区が泉州－台湾クロスボーダー人民元建て貸出業務試行地域に認定 |
| 7月14日 | 中国人民銀行が「域外中央銀行、国際金融機関、政府系ファンド（ソブリン・ウエルス・ファンド、SWF）による、人民元を運用したインターバンク市場への投資に関する通達」を公布 |
| 7月20日 | 中国工商銀行シンガポール支店が、初の人民元建て債券の買い戻しを実施 |
| 7月20日 | 中国銀行（香港）有限公司（中銀香港）が、人民元即時決済システムによる決済サービス提供時間を延長 |
| 7月22日 | アモイで台湾に対するクロスボーダー人民元貸出業務の試行が開始 |
| 7月23日 | 中国工商銀行（ICBC）がパキスタンで人民元決済システムを開始 |
| 7月24日 | 域内原油先物取引が人民元による建値・決済になる |
| 7月28日 | ロンドン金属取引所（LME）が人民元を担保通貨として受け入れる |
| 7月31日 | 上海自由貿易試験区で大口商品のクロスボーダー人民元建て直物取引が始動 |
| 8月4日 | 中国工商銀行（ICBC）シンガポール支店が24時間人民元決済サービスを開始 |
| 8月9日 | 綏芬河でロシアルーブル現金利用の試行が始動 |
| 8月11日 | 中国人民銀行が人民元の対米ドル相場の基準値を調整 *1 |
| 8月13日 | 中国域内でモンゴル通貨の現金両替・取り扱い業務が正式に始動 |
| 9月3日 | 中国人民銀行とタジキスタン中央銀行が2国間通貨スワップ協定を締結 |
| 9月7日 | 中国人民銀行がクロスボーダー双方向人民元資金プーリング業務政策を調整 |
| 9月15日 | 企業の外債発行が届け出（登記）制となる |
| 9月17日 | 欧州中央銀行（ECB）が新たな通貨バスケットで人民元のウェイトを引き上げる |
| 9月17日 | 中国人民銀行とアルゼンチン中央銀行が、人民元決済システム構築の業務提携の覚書を締結 |
| 9月18日 | 中国工商銀行（ICBC）がアルゼンチンで人民元クリアリング銀行としての業務を開始 |

| 年月日 | 出来事 |
|---|---|
| 9月18日 | 国家発展改革委員会が「企業の外債発行に係る届け出登記制管理改革の推進に関する通達」を公布 |
| 9月19日 | 人民元国際投融資ファンドが広西で発足、新たな進展を迎える |
| 9月22日 | 国際商業銀行がインターバンク市場での人民元建て債券発行を許可される |
| 9月23日 | 中国銀行新疆支店が人民元・パキスタンルピーの為替レートの公表を開始 |
| 9月29日 | 香港上海銀行（HSBC）と中銀香港（BOC香港）が、国際商業銀行として「パンダ債」を発行 |
| 9月29日 | 中国人民銀行とザンビア中央銀行が、人民元決済システム構築の業務提携の覚書を締結 |
| 9月30日 | 中国人民銀行が、海外の中央銀行に類する機関のインターバンク市場への参入を認める |
| 10月6日 | 人民元が日本円を抜いて世界第4位の決済通貨 |
| 10月6日 | 中国が正式に国際通貨基金（IMF）の特別データ公表基準（SDDS）に基づいてデータを公開する |
| 10月8日 | 人民元建てクロスボーダー決済システム（CIPS）のオンライン運用開始 |
| 10月20日 | 中国銀行（BOC）が人民元建て債券取引指数を発表 |
| 10月20日 | 中国人民銀行とイングランド銀行が2国間通貨スワップ協定を更新 |
| 10月20日 | 中国人民銀行が初めて海外で人民元建ての中央銀行手形を発行 |
| 10月22日 | 国務院常務会議で適格域内個人投資家（QDII2）による域外投資の試行開始が決定 |
| 10月23日 | 人民元現金のロシアへの越境調達ルートが確立 |
| 10月23日 | 中国本土初の非金融企業によるオフショア人民元建て債券がシンガポールで発行 |
| 10月24日 | 預金金利の上限を撤廃 |
| 10月29日 | 上海取引所、ドイツ取引所および中国金融先物取引所により「中欧国際取引所」を設立 |
| 10月30日 | 上海自由貿易試験区で「金改40条」*2が公布される |
| 11月2日 | 韓国のRQFII運用枠が1200億元に拡大 |
| 11月2日 | 台湾で人民元クリアリング銀行およびクリアリング銀行と取引する参加銀行の手仕舞い規定を緩和 |
| 11月9日 | インターバンク市場で人民元とスイスフランの直接取引が開始 |
| 11月16日 | 中国人民銀行とトルコ中央銀行が2国間通貨スワップ協定を更新 |
| 11月17日 | シンガポールのRQFII運用枠が1000億元に拡大 |
| 11月18日 | 中欧国際取引所が開業 |
| 11月23日 | マレーシア、500億元のRQFII運用枠を獲得 |

| 年月日 | 出来事 |
|---|---|
| 11月25日 | 海外中央銀行に類する機関が初の中国インターバンク市場参入 |
| 11月26日 | 中国人民銀行と欧州中央銀行による2国間通貨スワップのオペレーションテストが終了 |
| 11月27日 | カナダのブリティッシュコロンビア州が中国のインターバンク市場に60億元の人民元建て債券の発行を登録 |
| 11月27日 | 中国財政省が3カ月および6カ月国債の利回りを初公表 |
| 11月30日 | 国際通貨基金（IMF）は理事会を開き、人民元を特別引出権（SDR）バスケットの構成通貨として採用することを決定 |
| 11月30日 | アメリカで「The Working Group on U.S. RMB Trading and Clearing」（人民元取引・決済ワーキンググループ）が発足 |
| 12月3日 | 中国銀行（BOC）が「一帯一路」における人民元の為替レート指数を初公表 |
| 12月13日 | 中国とタジキスタンの間で自国通貨によるクロスボーダー決済が正式に始動 |
| 12月14日 | 中国人民銀行とアラブ首長国連邦（UAE）中央銀行が、2国間通貨スワップ協定を更新、アラブ首長国連邦は500億元のRQFII運用枠を獲得 |
| 12月15日 | 韓国が海外ソブリンとして初めて「パンダ債」を発行 |
| 12月17日 | タイが500億元のRQFII運用枠を獲得 |
| 12月18日 | アメリカ連邦議会で、2010年のIMFクォータ（出資割当額）およびガバナンス改革が承認 |
| 12月21日 | 中国、ジンバブエに対し2億6000万元の債務を免除 |
| 12月25日 | アジアインフラ投資銀行（AIIB）が正式に発足 |
| 2016年 1月4日 | 中国インターバンク市場の取引時間が拡大 |

＊1　【訳注】この日、人民元の対米ドル基準相場を前日比1.9％安の1ドル＝6.2298に設定。事実上の人民元相場切下げとなった。

＊2　金改40条：【訳注】中国人民銀行・商務省・銀行業監督管理委員会・証券監督管理委員会・保険監督管理委員会・国家外貨管理局・上海市人民政府の7部署連名で出された「中国（上海）自由貿易試験区の金融開放革新試行のさらなる推進、上海国際金融センター建設の加速プラン」（銀発[2015]339号）を指す。

# あとがき

　今回、前書『人民元──国際化への挑戦』の続編として、中国人民大学国際通貨研究所による『人民幣国際化報告2015』を翻訳する機会に恵まれた。まずは、この光栄な出来事に感謝申し上げたい。

　前書の「おわりに」で、私は僭越にも「今後の日本語版出版の見通しは『人民元の国際化の進展次第』」とし、その理由を「翻訳版が出ること自体が人民元の国際化の進展度、あるいは国際的注目度のバロメーターであるからだ」と記した。

　それから約２年。人民元は IMF（国際通貨基金）の SDR（特別引出権）バスケットに採用されることが決定し、翌 2016 年 10 月 1 日付けで、米ドル、ユーロ、日本円、英ポンドに次ぐ 5 番目の構成通貨として、晴れて正式に SDR 入りした。

　時系列を追うと、日本で前書が出版された 2013 年秋、中国の習近平国家主席はカザフスタンとインドネシアで、後に「一帯一路」と呼ばれる「シルクロード経済圏（ベルト）」、「21 世紀海上シルクロード」に言及するスピーチをしていた。2014 年 10 月に AIIB（アジアインフラ投資銀行）の設立覚書の調印が行われ、翌月の 11 月にはシルクロード基金が設立された。年明けて 2015 年 3 月には、「一帯一路」の具体的な内容を示した『シルクロード経済圏および 21 世紀海上シルクロード建設を推進するビジョンと行動』（ビジョンと行動）が発表され、同じ年の 11 月に人民元の SDR 入りが承認された。

　大きく前進した人民元の国際化が、今回の続編邦訳版の出版につながったことは、火を見るよりも明らかであろう。続編邦訳版の出版は、前編出版にも増して意義深いことであり、今回も翻訳に携わることができたことを率直に嬉しく思い、言い知れぬ喜びと誇りを感じる。

　前書では、他国の通貨国際化の事例を深く研究しながらも、単純な模

倣に甘んじることなく、あくまでも自国の事情に最適な方法を模索する中国の姿勢が浮き彫りになったが、本書では、その「自国の事情」に即した構想として、「一帯一路」が根幹をなすことが明らかにされている。中国が世界経済の中心として機能していた古代シルクロードの再現を夢見ながら、アフロ・ユーラシア大陸に跨る一大経済圏の構築を目指す「一帯一路」は、これからの人民元の行方を占ううえで切り離すことのできない国家戦略である。この、従来とは趣を異にする壮大な国際化戦略「一帯一路」構想が、人民元の国際化にどう作用するのか。本書では、本格的に始動した「一帯一路」戦略の内容とともに、とても詳しく書かれている。

第1章、第2章は前書を踏襲した「人民元国際化指数（RII）」「人民元の国際化の現状」という章立てで、読み比べると人民元の歩みが手に取るようにわかる。RIIとは、要するに「国際化を目指す人民元が現在どの位置にいるのか？」「国際通貨としての機能をどの程度果たしているのか？」を客観的に把握する指標である。そして人民元国際化の現状について、貿易決済、金融、投資、外貨準備、人民元相場、資本取引の自由度というキーワードで解説している。第3章では一章を使って「一帯一路」構想について説明するとともに、その実現の過程で直面する文化衝突や領土問題など乗り越えるべき課題にも触れており、第4章以降で「一帯一路」と「人民元の国際化」について、さまざまな観点から論じている。決済通貨やインフラ融資での利用にとどまらず、近年、実績を上げている工業団地や、目覚ましい勢いで拡大している電子商取引とも絡めて論じているのは、自国のシンクタンクならではの視点といえよう。

本書の特徴は、「はじめに」で挙げられている点に集約される。翻訳にあたっては、それらの特徴を踏まえ、前書同様、原書の論理の明快さと品格を維持しつつ、日本語として自然でわかりやすい表現でアウトプットするよう心掛けた。

尊敬する石橋春男先生、橋口宏行先生には、今回も監修として専門用語や論理構成のチェック、内容の検証など、終始懇切丁寧なご指導を賜った。先生方の手厚いお力添えがなければ、中国語独特の表現に隠された

真理の解明に頭を抱えることも多かったことと思う。本当に、いくら感謝してもし尽くせない思いでいっぱいである。また、前書に引き続き、本書の翻訳の機会を与えてくださった科学出版社東京株式会社代表取締役社長の向安全氏、実務面でお骨折りくださった柳文子氏、編集・組版・装丁を担当してくださった豊浦史子氏、越郷拓也氏、真志田桐子氏ほか本書の出版に関わってくださったすべての皆様に、この場を借りて厚くお礼を申し上げたい。

　最後に、これも前書と同様であるが、著者ならびに版元の合意の下、原書のうち中国の読者限定と思われるローカルな内容の部分を割愛し、原書にない最新データの一部を附録4として挿入したことをお知らせする。ご了承いただければ幸いである。

2017年2月吉日

訳者　岩谷貴久子

■著者紹介
**中国人民大学国際通貨研究所**（International Monetary Institute、IMI）
　2009年12月20日に設立された非営利の専門学術研究機関。新しいタイプのシンクタンクとして、貨幣金融理論・政策戦略の研究を行っている。「大金融」の枠組みと考え方を踏襲し、「中洋（中国と西洋）の理解・学問の伝承・政府への助言・国民の啓発・実事求是」をモットーに、国際化・専門化・差別化を目指す。調査研究・国際交流・研究顧問はもとより、「中洋両文化の上を自由に闊歩する」国際金融パーソンの育成にも高い功績がある。

■監修者略歴
**石橋　春男**（いしばし・はるお）
　松陰大学経営文化学部教授・大東文化大学名誉教授。早稲田大学第一政治経済学部卒業、早稲田大学大学院商学研究科博士課程修了。中央学院大学商学部専任講師、大東文化大学経済学部教授・環境創造学部教授、日本大学商学部教授を経て現職、日本消費経済学会名誉会員。
　主要著書・訳書に、『中国経済データブック』（監修、科学出版社東京）、『人民元――国際化への挑戦』（監修、科学出版社東京）、『レオン・ワルラスの経済学』（訳書、文化書房博文社）、『レオン・ワルラス：段階的発展論者の経済学』（訳書、多賀出版）、『レオン・ワルラスの経済思想』（共訳、慶應義塾大学出版会）、『ジェヴォンズの経済学』（共訳、多賀出版）、『マクロ経済と金融』（共著、慶應義塾大学出版会）、『マクロ経済学』（共著、創成社）、『マクロ経済の分析』（共著、慶應義塾大学出版会）、『現代経済学』（成文堂）、『現代経済分析』（編著、創成社）、『経済学の歴史と思想』（共著、創成社）、『消費経済理論』（編著、慶應義塾大学出版会）などがある。

**橋口　宏行**（はしぐち・ひろゆき）
　大東文化大学非常勤講師。明治大学法学部卒業。大和証券投資信託販売株式会社（現三菱UFJモルガンスタンレー証券株式会社）に入社。平成12年より有限会社SRNを設立、代表取締役として大学生・社会

人向け研修等の講師を務め、現在に至る。大東文化大学大学院経済学研究科修士課程修了、経済学修士。日本証券アナリスト協会検定会員。日本消費経済学会会員。

　主要著・訳書に『人民元——国際化への挑戦』（監修、科学出版社東京）、『70％とれる証券アナリスト合格テキスト証券分析第2次の攻略法』（中央経済社）、『70％とれる証券アナリスト合格テキスト経済・財務分析第2次の攻略法』（共著、中央経済社）、主なビデオに『映像で学ぶ日本企業で働くためのビジネススタイル』、『就職活動の面接対策講座』、『実践！営業話法』、『必ず決める！交渉力講座』（日本映像教育社）などがある。

■訳者略歴
**岩谷　貴久子**（いわや・きくこ）

　翻訳家・翻訳講師。大学在学中および卒業後に中国南開大学に留学。企業勤務、中国語講師を経て、1993年より専業で翻訳に従事。中国の経済発展に伴う国家プロジェクト、国家間プロジェクトなどの重要案件を数多く経験し、その徹底した調査と言語特性や文化背景を意識した丁寧な翻訳ぶりで各界の定評を得る。2010～2012年版『ジェームス・リーの予言』（東洋出版など）の翻訳に参加。2014年より翻訳会社の運営に携わり、企業などに翻訳や異文化理解に関わる助言・提案を行う。

　主な訳書に『本場に学ぶ中国茶』、『ジャイアントパンダ　中国の自然に生きる』（共に、科学出版社東京）、『人民元——国際化への挑戦』、『中国絵画の精髄　国宝に秘められた二十五の物語』、『郎世寧全集』、『王羲之王献之書法全集』（いずれも共訳、科学出版社東京）、『本格チャイニーズ前菜100——簡単！ヘルシー！おいしい！』、『本格チャイニーズおもてなし前菜』（共に監訳、科学出版社東京）などがある。

人民元Ⅱ　進む国際化戦略

2017年3月25日　初版第1刷発行

| 著　　者 | 中国人民大学国際通貨研究所 |
|---|---|
| 監 修 者 | 石橋春男　橋口宏行 |
| 翻 訳 者 | 岩谷貴久子 |
| 発 行 者 | 向安全 |
| 発　　行 | 科学出版社東京株式会社 |

　　　　　〒113-0034　東京都文京区湯島2丁目9-10　石川ビル1階
　　　　　TEL 03-6803-2978　FAX 03-6803-2928
　　　　　http://www.sptokyo.co.jp

| 編　　集 | 豊浦史子 |
|---|---|
| 組　　版 | 越郷拓也 |
| 装　　丁 | 真志田桐子 |
| 印刷・製本 | モリモト印刷株式会社 |

ISBN 978-4-907051-18-1　C0033

『人民幣国際化報告(2015)』©2015 International Monetary Institute, Renmin University of China
Japanese copyright © 2017 by Science Press Tokyo Co., Ltd.
Japanese translation rights arranged with China Renmin University Press Co., Ltd.
All rights reserved original Chinese edition published by China Renmin University Press Co., Ltd.

定価はカバーに表示しております。
乱丁・落丁本は小社までお送りください。送料小社負担にてお取り換えいたします。
本書の無断転載・模写は、著作権法上での例外を除き禁じられています。

― 既刊本紹介 ―

## アジア発の世界通貨誕生か？
## 今知っておきたい人民元台頭の全てを
## 解き明かした一書。

# 人民元
## 国際化への挑戦

中国人民大学国際通貨研究所 [著]
石橋春男・橋口宏行 [監修]
岩谷貴久子・古川智子 [翻訳]

複雑な中国経済を「人民元国際化」の角度からわかりやすく解読。人民元国際化の意義を詳説し、国際化に至るまでのプロセスと重要な節目における理論や政策を明らかにするとともに、中国経済の今を知るための解説書。

A5判／304ページ　定価：本体3,800円＋税
科学出版社東京